Klaus Hoffmann   Das weiße Gold von Meißen

Klaus Hoffmann

Das
weiße Gold
von
Meißen

Ein Zeitgemälde
aus der Epoche
Augusts des Starken

Die Geschichte von der
Entdeckung des Porzellans –
Leben und Abenteuer
des J. F. Böttger

Scherz

Inhalt

1. Goldmacher am Werk

Rätselraten um einen Klumpen Gold

Erwartungsvolle Spannung herrschte in dem halbdunklen Raum. Noch einige geübte Handgriffe – dann ließ sich der Geldschrank öffnen. Doch die prickelnde Neugier machte bald zunehmender Enttäuschung Platz: Der Geldschrank enthielt lediglich einige Papierbündel. Versteckt unter diesen Akten fanden sich schließlich noch zwei Kästchen. Ob darin das Gesuchte war?

Aus der größeren, mit kostbarem Samt ausgeschlagenen Schachtel kam ein schwärzlichgraues Stück Metall zum Vorschein. Von seltsam halbkugliger Form, maß es einige Zentimeter im Durchschnitt und wog 200 Gramm. Glänzendes Metall blinkte hervor, als mit einem spitzen Gegenstand der Belag an einer Stelle abgekratzt wurde: Silber.

Im anderen Samtkästchen lag ein ähnlich geformter metallener Regulus. Deutlich kleiner, besaß er etwa das gleiche Gewicht. Bereits der erste Blick genügte, um den Fund zu identifizieren: Gold!

Das merkwürdig geformte Stück Gold von präzis 170 Gramm, das heute in der Staatlichen Porzellansammlung Dresden wie ein Schatz gehütet wird, ist aber nicht nur eine Kostprobe des heißbegehrten Edelmetalls. Angeblich ist es künstliches Gold! So jedenfalls will es ein Aktenvorgang glaubhaft machen, der eine mysteriöse Geschichte zu berichten weiß. In Gegenwart Augusts des Starken, des Kurfürsten von Sachsen und Königs von Polen, und einiger seiner Vertrauten waren die beiden Metallproben im Jahr

1713 von Johann Friedrich Böttger auf alchemistische Weise gewonnen worden. Böttger, Administrator der Porzellanmanufaktur Meißen, hatte während des Schmelzprozesses Kupfer in Silber und Blei in Gold «umgewandelt». Das soll ihm mit Hilfe einer wundersamen Tinktur gelungen sein. Studiert man die über diesen Vorgang angelegten Aktendokumente, kann daran nicht der leiseste Zweifel bestehen.

Zehn Jahre nach jenem Goldmacherexperiment, im Oktober 1723, ließ sich August der Starke in seiner Residenz die Aufzeichnungen Böttgers vorlegen. Sie waren bis dahin im Geheimen Kabinett verwahrt worden, in einem mehrfach versiegelten Päckchen, das Böttgers geheimsten Nachlaß enthielt. Als der König in den Schriftstücken Böttgers zu blättern begann, stieß er plötzlich auf ein kleines, in Pergament gebundenes Buch. Es war eng beschrieben, und zwar ebenfalls von Böttgers Hand. Daran zweifelte August nicht, hatte er doch in den langen Jahren, als Böttger ihm diente, Bittgesuche, Briefe und Beschwerden gleich stößeweise von ihm bekommen. Des Königs Interesse wuchs, denn offensichtlich berichtete Böttger darin von dem seit langem gesuchten «Arkanum», von jenem Geheimnis, wie man Gold künstlich herzustellen vermag.

Seinerzeit nahm man an, mittels einer kostbaren Essenz gewöhnliche Metalle in Gold umwandeln zu können, «Lapis philosophorum», Stein der Weisen, auch das «große Elixier» oder «die rote Tinktur» und anders genannt. Ein «Stein zweiter Ordnung», das «kleine Elixier», die «weiße Tinktur», diente dagegen zur Umwandlung in reines Silber. Jahrhundertelang hatten Alchimisten nach diesem Geheimmittel zur Transmutation von Quecksilber, Zinn oder Blei in Gold oder Silber gesucht. Jener Stein der Weisen sollte seinem Besitzer nicht nur zu Goldreichtum verhelfen, sondern ihm auch ein langes Leben in ewiger Jugend garantieren. Die Tinktur, so behaupteten die Anhänger der Alchemie, sei nämlich auch ein Allheilmittel gegen Krankheiten und die Gebrechen des Alters – ein Lebenselixier.

Studiert man die faktenreiche Geschichte der «Goldmacher-

10

kunst», so können danach nur wenige Auserwählte diesen köstlichen «Stein» besessen haben. Alte alchemistische Traktate verkünden, daß das Geheimnis seiner Zubereitung mit dem letzten großen Adepten ins Grab gesunken sei. Betrügerische Goldmacher, Schwindler und Scharlatane haben schließlich die Alchemie in Mißkredit gebracht.

Böttger aber, dafür wollte August II. seine Hand ins Feuer legen, wußte um das Arkanum der alten Adepten. Wiederholt hatte dieser Alchemist Gold und Silber fabriziert, nicht nur in winzigen Mengen, sondern auch in gewichtigen Proben. Böttgers Rezept mußte sich, davon war August überzeugt, in jenem Notizbüchlein finden. Der König behielt es zurück. Alle übrigen Schriftsachen aus Böttgers Nachlaß packte August der Starke wieder zusammen. Briefe des Goldmachers, Pläne und Verträge über die geplante Goldproduktion verschwanden in einem Paket, das August am 31. Oktober 1723 mit seinem königlichen Siegel verschloß. Erst rund einhundertdreißig Jahre später sollten diese Dokumente wieder das Licht der Öffentlichkeit erblicken: Das Originalsiegel war noch unversehrt, der Inhalt aber inzwischen vergilbt und kaum noch zu lesen.

Was aber war aus dem Pergamentbüchlein mit Böttgers geheimen Aufzeichnungen geworden? Kehren wir nochmals zurück zu jenen Oktobertagen des Jahres 1723, als sich König August mühte, Böttgers Aufzeichnungen zu entziffern. Tagelang ließ er nicht von seiner Lektüre ab. Wohl selten hat ein Monarch, allen dringenden Staatsgeschäften zum Trotz, seine Zeit so sehr für das Dechiffrieren eines Alchemistentextes verschwendet wie August II. an jenen Tagen. Am 2. November 1723, als der König genug erfahren zu haben glaubte, warf er das Pergamentbüchlein kurz entschlossen ins Feuer.

Im tiefsten Gewölbe der königlichen Münze

Die beiden Edelmetalle sollten jedoch nicht das Los der anderen zahllosen Gesteins- und Erzproben teilen, die in der königlichen Mineraliengalerie verstaubten. Im Jahre 1750 wurde das von Böttger hergestellte Silber und Gold erneut bewundert. Sachsens Kurfürst Friedrich August II., als Polens König August III. genannt, wollte Böttgers Geheimnis ergründen und beauftragte seinen Konferenzminister, Graf Johann Christian von Hennicke, mit einer eingehenden Untersuchung. Hennicke, der schon unter August dem Starken gedient hatte, wußte seit langem um das Gold Böttgers. Glaubt man den Versicherungen der Nachwelt, ist der damals Siebzigjährige «weder an Geist noch Charakter hervorragend, vielmehr eine gemeine Natur, aber durch Geschick, Schlauheit und Gewissenlosigkeit zu allem brauchbar» gewesen. Jetzt wollte Graf Hennicke seine Karriere mit einem spektakulären Erfolg krönen. Er wollte dem sächsischen Hof beweisen, wie man Gold machen könne.

Auf Hennickes Befehl mußte der Verwalter der königlichen Mineraliengalerie, Bergrat Christian Heinrich Eilenburg, alle sorgsam gehüteten alchemistischen Reliquien aus dem Berg-, Gold- und Silberstufen-Kabinett hervorkramen. Vor Jahren waren diese Schaustücke noch im Grünen Gewölbe des Residenzschlosses, in der «Geheimbden Verwahrung», der Schatzkammer der sächsischen Kurfürsten, aufbewahrt worden. Erst später fanden sie einen Platz in der Mineraliengalerie.

Kuriose Dinge kamen bei dieser Inspektion ans Tageslicht: zunächst «ein klein dick Stückgen Gold, einen halben Ducaten groß». Kurfürst August I. – er regierte von 1553 bis 1586 – soll es bei seinen zahllosen alchemistischen Experimenten gewonnen haben. Dazu gesellten sich «zwey Stück chymisches Gold», die ein anderer Goldmacher am Hofe Augusts des Starken, Hector Johann von Klettenberg, aus unedlen Metallen herbeigezaubert hatte. «Aurum per Transmutationem» – unter dieser Bezeichnung sind sie in einer aus dem Jahre 1721 stammenden Inventarliste vermerkt. Schließlich fanden sich auch jene zwei Proben der edlen Goldmacherkunst, auf die Graf Hennicke so großen Wert legte. Wie in einem Katalog nachzulesen, handelte es sich dabei um «ein rundes Stück gegossenes und laborirtes Gold von Baron Böttger, wiegt 11 Loth, 3 Quentchen», sowie um «ein rund gegossenes und laborirtes Stück Silber, ebenfalls von Baron Böttger, wiegt 11 Loth 3½ Quentchen» (170 bis 180 Gramm).

Im tiefsten Gewölbe der königlichen Münze, ganz in der Nähe des Dresdner Schlosses, fand sich daraufhin am 3. April 1750 ein auserwählter Kreis zu einem Experiment zusammen. Einem zeitgenössischen Protokoll entnehmen wir folgende Einzelheiten: Lediglich Graf von Hennicke, der Münzmeister und der Münzwardein waren anwesend. Ein Stückchen von Böttgers Gold wurde mit der achtfachen Menge Blei zusammengeschmolzen und das Blei durch weiteres Erhitzen (Kupellation) verflüchtigt. Zurück blieb ein Goldkorn, das genausoviel wog wie die Ausgangsprobe. Es hatte sich also nicht vermehrt. Ein noch weniger erwartetes Resultat gab es beim Experimentieren mit einer Probe des Alchemistensilbers. Die Akten berichten darüber: Das «philosophische Silber, so Böttger tingiret», wurde gleichfalls mit Blei kupelliert. Nach Erkalten der Schmelze erhielt man jedoch ein Lot, zwei Quentlein weniger Silber.

Welche Schlußfolgerungen zog man nun aus diesen höchst negativen Resultaten? «Daß die Verwandelung der unedlen Metalle in Gold und Silber kein non Ens sey, sondern ihre Richtigkeit habe», lesen wir im Protokoll vom 3. April 1750, «kann das in hiesigem Naturalien-Cabinet befindliche auß Blei und Kupfer . . . gemachte Gold und Silber überzeugen.» Allerdings sei es nicht gelungen, räumte Hennicke ein, hinter das Geheimnis der vor siebenunddreißig Jahren erfolgreich verlaufenen Transmutation zu kommen. Wie alle großen Adepten habe auch Böttger sein geheimes Wissen mit ins Grab genommen. Böttgers Gold- und Silberklumpen fanden wieder Aufnahme im Naturalienkabinett des Zwingers. Heute befinden sie sich in der Staatlichen Porzellansammlung Dresden.

Für den Inspektor der Mineraliengalerie war diese Affäre des Jahres 1750 ein Anlaß, die Bestände neu zu ordnen und einen aktuellen Katalog zu verfassen. Der Katalog verrät uns, daß die Kollektion damals 531 Einzelstücke umfaßt hat: Stufen gediegenen Goldes, Golderze, Proben aus Elbsand gewaschenen Goldes. Darunter befanden sich dreizehn verschiedene Muster «philosophischen Goldes, womit verschiedene Künstler die Königliche Mineraliengalerie bereichert haben und alle Zweifel überführen wollen, daß die Verwandlung der geringen Metalle in das alleredelste gar möglich sei». Die gewichtigen Gold- und Silberreguli Böttgers waren auch dabei.

Eilenburg stützte sich bei der Abfassung des neuen Verzeichnisses auf die Niederschriften seines Vorgängers, Johann Heinrich Heucher. Dieser, ein Zeitgenosse Böttgers, war seit 1713 Leibarzt Augusts des Starken gewesen und hatte 1718 mit der Erfassung und Neuorganisation der kurfürstlichen Sammlung begonnen. Als er das Gold des «famosen Barons Böttcher» und andere Zeugnisse alchemistischer Kunstfertigkeit erfaßte, schrieb er in sein Manuskript: Angesichts solcher «unwidersprechlicher Proben» wäre es vergeblich und unnütz, «sich in den Streit der Goldmacherey einzulaßen . . .»

In den Annalen der Alchemie finden sich neben zahllosen Fällen von offenkundigem Betrug stets auch überzeugend klingende Berichte. Berühmten Adepten ist es immer wieder gelungen, goldgierige Landesfürsten mit ihren Experimenten zu verblüffen. Aber niemals wieder hat ein Goldmacher ein derartiges Aufsehen erregt und einen solchen Wirbel entfacht wie an jenem 1. Oktober 1701 der neunzehnjährige, bis dato unbekannte Gehilfe des Apothekers Zorn aus Berlin. Über Nacht wurde dieser Goldmacher berühmt, und sein Ruf verbreitete sich in Windeseile über alle deutschen Staaten. Zwei Könige haben um den Besitz dieses kunstfertigen Adepten gestritten und dabei sogar einen Krieg riskiert. Es war dies einer der spektakulärsten Fälle von Goldmacherei, die es je gegeben hat.

14

Das sensationelle Experiment
eines Berliner Apothekergesellen

«Endlich Ruhe!» Mit diesen Worten verschloß der Apotheker
Zorn die Tür seiner Apotheke am Molkenmarkt in Berlin, nachdem sein letzter Kunde gegangen war.

Hastigen Schrittes begab sich der Prinzipal in sein Laboratorium. Für damalige Verhältnisse war es mustergültig eingerichtet.
Im ersten Stockwerk des Hauses, in dem sich dieses Labor befand,
warteten bereits ungeduldig die geladenen Gäste: Zorns Schwiegersohn, der Prediger Johann Porst aus Malchau bei Berlin, dessen Amtskollege, der Diakon Johann Josef Winkler aus Magdeburg, der sich gerade in besonderer Mission in Berlin aufhielt, und
Zorns Ehefrau. Bescheiden im Hintergrund hielt sich der Apothekergeselle, der eigentlich die Hauptfigur abgeben sollte, denn
allein seinetwegen war es zu dieser Zusammenkunft gekommen.

Nur zögernd hatte Zorn den Grund für seine Einladung bekanntgegeben: Sein Gehilfe behaupte seit einiger Zeit, er könne
demonstrieren, wie man aus unedlen Metallen im Handumdrehen
pures Gold macht. Anfänglich war Zorn über solch unverfrorene
Anmaßung recht ungehalten gewesen. Dann aber begann er, den
Worten seines Lehrburschen Glauben zu schenken, besaß dieser
doch erstaunliche Kenntnisse in der Geheimwissenschaft der Alchemie. Im praktischen Laborieren, das wußte Zorn, stand der
Geselle seinem Lehrmeister kaum nach. So kam es, daß der Apotheker eines Tages seine Einwilligung gab. Doch sollte es in Gegenwart ehrbarer Zeugen geschehen. Der Apotheker Zorn achtete
streng auf seinen Ruf und wollte nicht als «Goldmacher» ins Ge-
rede kommen.

Zwei Fackeln an der Wand und mehrere Kerzen erhellten die
Szenerie nur notdürftig. Ihr Schein spiegelte sich irrlichternd auf
den vielen im Raum verteilten Retorten, Flaschen, Kolben, Phiolen und anderen Glasgeräten wider. Unter dem als Abzug dienenden Rauchfang stand ein Windofen, den der Geselle soeben mit
Holzkohle beschickte. Ruhig bediente er dazu den Blasebalg.

Flammen züngelten jäh aus dem Kohlebecken empor, und die Gestalt des am Abzug hantierenden Goldmachers warf einen Riesenschatten an die Wand. «Bei Gott, der Leibhaftige selbst», entfuhr es dem Prediger Porst. Seinem Magdeburger Amtsbruder dünkte das Ganze wie böser Teufelsspuk in einer Hexenküche.

Inzwischen fing der im Windofen aufgestellte Schmelztiegel zu glühen an. Der junge Adept erbat sich vom Apotheker einige Streifen Blei. «Plumbum purissimum» stand auf der Flasche, die Zorn hervorkramte, um einige Unzen davon abzuwägen. «Nicht doch», hielt ihn Pfarrer Winkler zurück. «Das Blei könnte von Eurem Famulus praeparieret sein!» Er schlug vor, ein anderes Metall, Silber, zu nehmen, und zückte bereitwillig seine Geldbörse, um fünfzehn Zweigroschenstücke abzuzählen. Sie repräsentierten zusammen Silber im Gewicht von 3 Lot, also fast 50 Gramm.

Zorns Gehilfe wollte protestieren, doch schließlich lenkte er lächelnd ein. Pfarrer Winkler, der scheinbar wieder Mut gefaßt hatte, erbot sich, den Blasebalg zu bedienen. In Wirklichkeit suchte er nach einem Vorwand, näher beim Feuer stehen zu dürfen, um die Handgriffe des Goldmachers überwachen zu können. Betrug witternd, verlangte Winkler kategorisch, daß nicht der Adept, sondern jemand anderes die Münzen in den Tiegel geben sollte. Mit einer Zange packte Zorn die Silberlinge und ließ sie einzeln in den Tiegel gleiten, wo sie bald zu einer Lache silbrigen Metalls zusammenschmolzen.

Der Apothekergehilfe trieb den Magdeburger Pfarrer zu größerem Eifer an: Das Feuer sei noch nicht stark genug. Dann schien der große Augenblick gekommen zu sein. Aus einem silbernen Büchschen entnahm der Adeptulus zwei Körnchen eines im Feuerschein rotfunkelnden Kristallpulvers. «Dies ist der göttliche Stein der Weisen», meinten die Anwesenden. In einen Pfropfen Wachs eingeknetet, mußte diese Wundersubstanz zu dem geschmolzenen Silber gegeben werden. Zorn tat es selbst, sprang aber zugleich erschrocken zurück, denn eine grelle Flamme schoß empor. Dichter Qualm lagerte wie ein erstickender Nebel im Raum. Hustend wandten sich die Umherstehenden ab, rissen die

16

schmalen Fenster auf, um frische Luft hereinzulassen. Nur dem jugendlichen Goldmacher schien das alles nichts auszumachen. «Das große Werk ist vollendet», rief er theatralisch aus.

Zorn nahm den noch immer glühenden Tiegel vom Feuer und goß die flüssige Schmelze in ein Gefäß, das im kühlenden Wasserbad stand. Ein Wunder war geschehen: Das erstarrende Metall strahlte im hellen Glanz des Goldes, den Schein des flackernden Kohlenfeuers lebhaft reflektierend.

Die Nachricht von dem geglückten alchemistischen Experiment verbreitete sich wie ein Lauffeuer durch Berlin, wurde zum Stadtgespräch. In der Offizin des Apothekers Zorn riß der Besucherstrom nicht ab. Die Ladenglocke kam nicht mehr zur Ruhe. Einwohner aus nah und fern und viele Durchreisende wollten den Zauberlehrling in Zorns Apotheke sehen. In Scharen eilten sie herbei, kauften alles mögliche, suchten den Prinzipal in ein Gespräch zu verwickeln und waren hochbeglückt, wenn sie bei dieser Gelegenheit das «Wunderkind» zu Gesicht bekamen.

Es wäre nun leicht, diesen spektakulären Vorfall in das Reich der Fabel zu verweisen, wie es zahlreiche überlieferte Goldmachergeschichten in der Tat nicht anders verdienen. Aber so einfach geht es diesmal nicht. Es existieren Zeugnisse ernst zu nehmender Zeitgenossen, die uns die Authentizität des Vorgefallenen bescheinigen. Auch ist seinerzeit über das staunenswerte Experiment in mehreren deutschen Zeitungen berichtet worden.

Wer war dieser junge Apothekerbursche, der Gold zu machen verstand, sich Johann Friedrich Böttger nannte und an jenen Oktobertagen des Jahres 1701 Berlin in einen Goldrausch versetzte?

2. Apothekerkunst und Alchemie

Familienchronik

Schleiz, eine Stadt im Vogtland, Residenz der Grafen von Reuß-Schleiz, ist der Geburtsort Johann Friedrich Böttgers. Im Jahre 1666 hatte Heinrich I. die Herrschaft über Schleiz erhalten. Er zählte zu jenen Territorialfürsten, die nach Beendigung des Dreißigjährigen Krieges Einfluß und Macht auf Kosten der kaiserlichen Zentralgewalt erweitern konnten. Kaiser Leopold erhob ihn 1673 in den Reichsgrafenstand.

Heinrich I. residierte bis zu seinem Tode im Jahr 1692. Herausragende Leistungen für das Wohl der Stadt und ihrer Bürger sind in den Annalen nicht zu entdecken. Zwar ließ er eine neue Schloßkapelle erbauen, «Zur Heiligen Dreifaltigkeit» benannt, und trieb den Ausbau des Schlosses voran, um seiner Macht repräsentativen Ausdruck zu verleihen. Er beglaubigte 1671 die Stadtstatuten und führte 1684 eine neue Marktordnung ein, um den Handel zu fördern. Weiteres ist nicht erwähnenswert. Von seinen Bauten ist nichts mehr erhalten geblieben. Ein Großbrand im Jahre 1689 legte die Neustadt mit dem Rathaus, der Stadtkirche, der Schule, den Pfarrhäusern, das burggräfliche Schloß und die neue Kapelle, das Amtshaus und über zweihundertfünfzig Bürgerhäuser der Innenstadt in Schutt und Asche.

Wie alle Landesherren seiner Epoche war auch Graf Heinrich I. bestrebt, sich Privilegien zu schaffen und zu bewahren. Dazu gehörten das Bergregal und das Recht des Münzschlagens. Nachdem vierhundert Jahre lang in Schleiz keine Münzen geprägt worden waren, sollte die Stadt wieder zur Münzstätte werden. Anlaß dazu gab nicht etwa die erneute Fündigkeit der hiesigen Silbergruben, sondern das Streben nach Gewinn: In Brandenburg, Sachsen, Thüringen prägte man seinerzeit geringwertige Geldsorten, die der landesherrlichen Münze beträchtliche Zusatzeinkünfte einbrachten.

Heinrich I. ließ das herrschaftliche Färberhaus am Stadtteich zu einer Münzwerkstätte ausbauen. Das architektonisch eigenartige Gebäude am Schleizer Neumarkt blieb vom Großbrand des Jahres 1689 wie durch ein Wunder verschont.

Wie damals üblich, übertrug Heinrich I. das Ausmünzen fremden Münzmeistern. Sie konnten gegen Zahlung einer Pacht, des sogenannten Schlagschatzes, ihr Handwerk ausüben. Ein im Fürstlichen Hausarchiv Schleiz entdeckter Vertrag vom 27. März 1679 nennt den Namen des Magdeburger Münzmeisters Christoph Pflug als Pächter der Schleizer Münze. Leider kam das Reuß-Schleizer Geld durch die ungezügelte Gewinnsucht des Landesherrn und das verantwortungslose Verhalten Pflugs bald in Verruf. Daran änderte sich auch nichts, als Heinrich I. auf Empfehlung Pflugs den Magdeburger Münzkassierer Johann Adam Böttger nach Schleiz berief. Anfang Juli 1679 finden wir seinen Namen bereits als Taufpaten im Schleizer Kirchenbuch verzeichnet. In Zusammenarbeit mit dem Schleizer Münzwardein Dannies versuchte Adam Böttger sein Bestes mit handwerklichem Geschick. Für den schönen Schleizer Dreifaltigkeitstaler von 1679, den es in zwei Ausfertigungen gibt, hat Böttger den Stempel selbst geschnitten, wie sein Monogramm «J. A. B.» verrät.

Johann Adam Böttger, der sich drei Jahre später des Ranges eines «Reußisch-Plauischen Müntzmeisters» erfreuen sollte, übte sein Handwerk in alter Familientradition aus. Sein Vater, der den gleichen Namen wie er trug, gehörte zu den angesehensten Goldschmieden Magdeburgs. Im Jahre 1676 heiratete Johann Adam Böttger junior Ursula Pflug, die Tochter des Magdeburger Ratsmünzmeisters Christoph Pflug. Das Heiratsdatum fand sich in der

Familienbibel, die Johann Friedrich Böttger verwahrte. Mit eigener Hand hatte Adam Böttger eingetragen, daß er zur Hochzeit sechsundzwanzig, seine Braut vierundzwanzig Jahre alt gewesen ist. Im Frühjahr 1679 wurde in Magdeburg der erste Sohn, Christoph Dietrich, geboren. Nach der Übersiedlung erblickten in Schleiz im Juni 1680 eine Tochter, Maria Sophie, und im Februar 1682 Johann Friedrich das Licht der Welt.

In den Kirchenbüchern von Schleiz findet sich eine Eintragung, wonach «Johannes Friedrich . . ., H. Johann Adam Böttigers, Müntz-Cassirers, Söhnlein», am 5. Februar 1682 getauft worden ist. Erst ein Nachsatz, der gut hundert Jahre später hinzugeschrieben sein dürfte, erklärt, daß Johann Friedrich Böttger am 4. Februar, einem Sonnabend, geboren sei. Urkundlich verbürgt ist diese Mitteilung nicht, sondern vermutlich nur Ergebnis einer Deduktion: Bei der hohen Sterblichkeit der Neugeborenen war es seinerzeit üblich, bereits einen Tag nach der Geburt die Taufe zu vollziehen. Bis man jene Notiz eines Tages im Schleizer Taufbuch auffand, gab es manches Rätselraten um das wahre Geburtsdatum. Böttger selbst wußte nicht so recht, wie alt er war, und lieferte später auf Befragen widerstreitende Angaben. Allerdings glaubte er fest daran, ein Sonntagskind zu sein.

Daß die Familie des Münzmeisters Böttger im Schleizer Münzhaus gewohnt hat, ist so gut wie erwiesen. Mit einigem Recht kann deshalb die alte Münze als Geburtshaus Johann Friedrich Böttgers bezeichnet werden. Die Schleizer Stadtverwaltung war sich dessen nicht so sicher und ließ eine Erinnerungstafel 1882 am Rathaus anbringen.

Wegen der starken Geldabwertung mußte die einheimische Münze 1681 wieder geschlossen werden. Das wird für Adam Böttger Anlaß gewesen sein, die Stadt zu verlassen. Trotz des kurzen, etwa zwei Jahre währenden Aufenthalts muß sich der Münzmeister in Schleiz einen guten Ruf erworben haben. Wir leiten dies aus dem Umstand ab, daß zu den Paten seiner in Schleiz geborenen Kinder angesehene Honoratioren der Stadt gehörten. Für die Tochter Maria Sophie ließen sich Sibylla Engelschall, Frau des

Bürgermeisters, Rosina Schütter, Ehefrau eines stadtbekannten Handelsmannes, und der Stadt- und Landrichter David Dantz ins Taufregister eintragen. Und bei Johann Friedrich Böttger standen die begüterten Kaufleute und Ratsherren Oswald Leupold und Josef Bergmann sowie die Gastwirtsehefrau Eva Engelschall Pate. Ein Wort zur Familie des Schleizer Kaufmannes Schütter. Mit seinem Namen verknüpft ist das Schicksal der gräflich-reußischen Residenz. Im Haus der verwitweten Rosina Schütter entstand am 24. Juni 1689 durch das Ungeschick eines Lehrjungen ein Feuer, das sich zu jenem verheerenden Brand ausbreitete, der Schleiz damals fast vernichtete.

Kindheit und Jugend in einer Festungsstadt

Kirchenakten der Supertintendentur Magdeburg verraten uns, daß Vater Böttger im Jahre 1682 in dieser Stadt beerdigt und im folgenden Jahr sein jüngster Sohn, Sigismund, geboren worden ist. Johann Friedrich Böttgers Eltern waren demnach noch im Jahre 1682 von Schleiz weggezogen, um sich wieder in Magdeburg anzusiedeln.

Ein Blick in die Chronik der Stadt beantwortet auch die bislang ungeklärte Frage, warum Vater Böttger nicht bereits 1681, als die Schleizer Münze ihre Pforten schloß, sondern erst ein Jahr später in die Heimatstadt zurückgekehrt ist: In der zweiten Jahreshälfte 1681 brach in Magdeburg die Pest aus. Von Wien über Böhmen, Dresden nach dem Raum Magdeburg sich ausbreitend, erreichte der schwarze Tod im Juni 1681 die Stadt und wütete dort ein halbes Jahr. Als die Epidemie erlosch, hatte Magdeburg über 2600 Tote zu beklagen, ein Drittel der Stadtbevölkerung.

Magdeburg ist die eigentliche Heimat der Familie Böttger und ihres Sohnes Johann Friedrich. Die einst so stolze Reichsstadt, durch Handel und Schiffahrt zu Reichtum gelangt, war während des Dreißigjährigen Krieges dem Erdboden gleichgemacht worden. Unter Tillys Befehl hatten kaiserliche Truppen im Frühjahr

1631 Magdeburg nach kurzer Belagerung im Sturm erobert, die wenigen einheimischen und schwedischen Soldatentrupps aufgerieben und die Stadt nach einer beispiellosen Mord- und Plünderungsaktion eingeäschert. Allein Dom und Domplatz waren auf besondere Intervention hin von der Brandschatzung verschont geblieben. Fast hundert Jahre sollten bis zum Wiederaufbau der Stadt vergehen. Um das Jahr 1650 waren kaum mehr als 400 Häuser und Hütten bewohnbar, von einstmals 1900 prächtigen Bürgerhäusern. Darin lebte nur noch ein Zehntel der früher 25 000 bis 30 000 Einwohner zählenden Stadtbevölkerung. Im Jahre 1683 gab es in der Magdeburger Altstadt noch immer über 500 in Trümmer liegende und leerstehende Häuser sowie zahlreiche Baustellen.

Nach dem Tod des kursächsischen Administrators fiel die Stadt an Brandenburg-Preußen, wie es im Westfälischen Frieden vereinbart worden war. Die strategische Zielsetzung des brandenburgischen Kurfürsten Friedrich Wilhelm, Magdeburg zur stärksten Festung seines Landes auszubauen, bestimmte von nun an das gesellschaftliche Leben in der Stadt. Grundstücke und Häuser wurden erfaßt und ein Stadtgrundriß angefertigt. Dabei tat sich der Magdeburger Kondukteur Tiemann hervor, wie die Annalen der Stadt zu berichten wissen. Festungsanlagen, Wälle, Gräben, Bastionen entstanden. Auf einer kleinen Insel zwischen den Elbarmen, der Stadt vorgelagert, wuchs eine mächtige Zitadelle empor: gleichsam als Symbol der landesherrlichen Gewalt über das einst so selbstbewußte Bürgertum. 1683 setzte der Kurfürst von Brandenburg eine Reform der Stadtverwaltung durch und befahl eine Bevölkerungszählung. Sie ergab die bescheidene Zahl von 5155 Einwohnern.

Als Johann Adam Böttger mit seiner Familie 1682 in seine Heimatstadt zurückkehrte, fand sich für die Tätigkeit eines Münzmeisters keine rechte Arbeit mehr. Das muß zunächst verwundern, denn Magdeburgs Münzwesen hatte seit 1661 einen neuen Aufschwung genommen. Der alte Ratsmünzmeister Christoph Pflug, der sein Amt in der Stadt seit 1672 versah, wußte zu erzählen, wie er Speziestaler, Gulden, halbe Gulden, Groschen und Dreier in Hülle und Fülle geschlagen, die Groschen oft mit wechselndem Stempel. Aber nachdem Magdeburg dem Kurstaat Brandenburg zugefallen war, erlosch das städtische Münzrecht. Die letzten halben Groschen, die in der eigenen Münze geprägt wurden, datieren aus dem Jahr 1682. Pflug, Münzmeister bis 1683, übte seine Funktion noch einige Jahre als «Fürstlich-Anhaltinischer Gesamtmünzmeister» im benachbarten Zerbst aus. In Magdeburg ließ sich eine Filiale der kurbrandenburgischen Münze nieder, deren Amt der städtische Münzmeister Ehlers versah.

Wir gehen sicher nicht fehl in der Annahme, daß des jungen Böttgers Interesse an der edlen Kunst des Metallscheidens und des Verarbeitens von Gold und Silber durch Christoph Pflug, seinen Großvater mütterlicherseits, geweckt worden ist. Als Beamter (Münzwardein), der über den Edelmetallgehalt der Münzen zu wachen hatte, besaß Pflug gewisse Kenntnisse in der Chemie, um den Gold- und Silbergehalt ermitteln zu können. So wird der junge Johann Friedrich des öfteren zugesehen haben, wie Münzmeister Pflug und seine Gehilfen ihr Handwerk ausübten: das Rohmaterial, alte Münzen und Metallbarren, im Tiegel schmolzen, mit Zusätzen versahen, den Gehalt überprüften und das Münzmetall schließlich in Stäbe gossen, um diese zu Platten und Streifen auszuwalzen. Daraus stanzten sie dann kreisrunde Scheiben, aus denen Münzen geprägt wurden.

Diese chemisch-metallurgische Kunst des Umgangs mit Edelmetallen, ihre Anreicherung, Scheidung und Reindarstellung, das Legieren mit anderen Münzbestandteilen und das Verarbeiten zu Schmuckgegenständen, wird den jungen Böttger frühzeitig fasziniert haben. Es sei daran erinnert, daß die Goldschmiedekunst in der Familie Böttger eine lange Tradition hatte. Der Großvater, Johann Adam Böttger senior – in den Magdeburger Stadtarchivalien findet sich auch die Schreibweise «Böttiger» oder «Böttcher» –, wird bereits 1643 als Mitglied der Goldschmiedeinnung urkundlich erwähnt. Er besaß ein Haus auf Magdeburgs prächtigster Bürger- und Geschäftsstraße, dem Breiten Weg. Seine beiden Söhne, Johann David und Johann Adam, erbten 1674 das väterliche Geschäft, das David Böttger allein weiterführte, als sein Bruder nach Schleiz zog. Nach Johann David Böttgers Tod verblieb die Goldschmiedekunst weiter in der Familie, denn der Geselle Georg Bertram heiratete die Witwe Böttger und wurde Prinzipal. Keine Frage also, daß sich der junge Johann Friedrich nicht selten im Juwelierladen Böttger-Bertram sehen ließ, um etwas von den Handwerkskünsten eines Goldschmieds zu erlauschen.

Einige biographische Darstellungen sprechen davon, daß Johann Friedrich Böttger als Kind den Experimenten des Vaters in der Schleizer Münze zugesehen habe. Auch soll Vater Böttger seinem sich frühzeitig für chemische Arbeiten interessierenden Sohn ein kostbares Vermächtnis hinterlassen haben: ein Rezept, wie man Gold machen kann. Dies alles deckt sich nicht mit dem historischen Sachverhalt. Johann Friedrich Böttger hat seinen Vater nicht kennengelernt. Adam Böttger starb, wie erwähnt, im selben Jahr, 1682, als sein Sohn geboren wurde.

Ganz sicher brachte der plötzliche Tod des Familienvaters für Ursula Böttger und ihre vier unmündigen Kinder Probleme mit sich. Sie wurden erst aus der Welt geschafft, als sich Frau Ursula 1685 mit dem Magdeburger Bürger Johann (Jost) Friedrich Tiemann verheiratete. Als Witwer brachte er zwei Kinder in die Ehe mit, einen Sohn und eine Tochter. Tiemann war Ingenieur und Kondukteur, wie man damals das Aufsichtspersonal bei Vermessungs- und Festungsbauarbeiten nannte. Später avancierte er zum Stadtmajor.

Materielle Sorgen dürften in der Familie Tiemann-Böttger nicht eingekehrt sein. Jost Tiemann besaß mehrere Häuser Magdeburgs, darunter seit 1690 ein stattliches Wohnhaus, Katzensprung 7, «Zum Kronprinzen» genannt. Möglicherweise hat dort Johann Friedrich Böttger seine Jugendjahre verbracht. Als Christoph Pflug 1689 starb, trat Tiemann zusammen mit seiner Frau Ursula auch dessen Erbe an.

Aufgeweckt und begabt, soll Johann Friedrich bereits frühzeitig

24

Lesen und Schreiben beherrscht und sich nach dem Besuch der Lateinschule solide Kenntnisse erworben haben. «Rechnen und Schreiben, so viel, als einem Menschen ohne Profession darvon zu machen nöthig, habe (ich) schon in meinem achten Jahre in ziemlicher Vollkommenheit gekunt», heißt es dazu in einer kurzen, am 28. März 1709 niedergelegten autobiographischen Darstellung Böttgers. Stiefvater Tiemann unterrichtete ihn und einige Gleichaltrige in Geometrie, Fortifikation (Festungsbaukunst) und Feuerwerkerei. Und Böttger erwähnte in seiner Niederschrift aus dem Jahre 1709 mit Stolz, daß er oft selbst, vierzehnjährig, diesen Unterricht gehalten habe, wenn sein Stiefvater verhindert gewesen sei.

Für Johann Friedrich Böttgers weiteren Lebensweg mag der Kontakt zur Familie des am Markt wohnenden Kaufmannes Johann Schrader bestimmend gewesen sein. Böttger hatte sich mit dessen Sohn angefreundet. Johann Christoph Schrader, 1683 geboren, sollte das Apothekerhandwerk erlernen. Und auch Tiemann ließ sich überreden, daß sein Stiefsohn ein tüchtiger Pharmazeut oder Medikus werden könnte. Er folgte dem Rat einiger Ärzte und gab den Jungen zu einem Apotheker in die Lehre. Aber nicht in Magdeburg sollte Böttger das Apothekerwesen erlernen, sondern in der Residenz. Das entsprach auch den Plänen, die Kaufmann Schrader mit seinem Sohn hatte.

Mit vierzehn Jahren (1696) kam Johann Friedrich Böttger nach Berlin zum Apotheker Friedrich Zorn in die Lehre. Sein Jugendfreund Schrader begann mit seiner Ausbildung zwei Jahre später. «Ich weiß zwar nicht mehr zu gedencken, worzu ich in der Jugend die meiste Neigung geführet», erinnerte sich Böttger in seinem Memorandum vom 28. März 1709, «meine Eltern aber hatten mich zum Studio Medico gewiedmet, in welchen Absehen ich auch auff Einrathen gewißer Doctorum einige Zeit die ersten Principia dieser Wißenschafft in Berlin zu begreiffen mir Mühe gegeben . . .»

Berlin – Ausgang des 17. Jahrhunderts

Die Schrecken des Dreißigjährigen Krieges hatten auch die beiden an der Spree gelegenen Schwesterstädte Berlin und Cölln in Mitleidenschaft gezogen. Es dauerte Jahrzehnte, bis sich die Lebensbedingungen in der brandenburgischen Residenz wieder normalisierten. Unter der Herrschaft des Kurfürsten Friedrich Wilhelm begann eine rege Bautätigkeit. Stadtmauern und Wälle, Straßen und Wege wurden befestigt und angelegt. Die alten Städte Berlin, Cölln und Friedrichswerder bekamen Zuwachs. Neue Stadtteile, wie Friedrichstadt, Dorotheenstadt, Neucölln, entstanden, und die zerstörten Vorstädte wurden wieder aufgebaut. Gegen Ende des 17. Jahrhunderts stieg die Einwohnerzahl Berlins sprunghaft an. Zählte man 1688, als der Kurfürst Friedrich Wilhelm starb, knapp 20 000 Bewohner, so lebten um die Jahrhundertwende in Berlin-Cölln bereits 28 000.

Das Stadtbild Berlins gewann mehr und mehr ein ansprechendes Äußeres, wie Besucher in dieser Zeit lobend hervorhoben. So lesen wir im Bericht des englischen Philosophen Toland über eine 1701 durchgeführte Reise folgendes über Berlin: «Die Straßen darinnen sind sehr breit, reinlich und besser gepflastert als man sonst gemeiniglich in Deutschland findet, und sind an den meisten Orten der Stadt . . . Bäume und Linden reihenweise gesetzt. Ingleichen gibt es auch allda hübsche Kanäle, welche durch die Abtheilungen der Stadt fließen, mit saubern Aufziehbrücken . . . Die darin aufgerichteten neuen Häuser sind meistentheils nach der besten Baukunst aufgebaut und gemeiniglich von außen nach den Gassen schön ausgezieret, auch inwendig nicht übel möbliret. Die wenigen alten Häuser aber, so noch stehen, sehen gegen die andern ganz krumm und übel aus.»

Zur Verschönerung des Stadtbildes hat auch der Nachfolger des Kurfürsten, Friedrich III., beigetragen. Unter seiner Herrschaft entstanden in Berlin und Cölln mehrere bedeutende Bauten, wie der Marstall und das Zeughaus – mit Schlüters berühmten Masken sterbender Krieger –, die massiv steinerne Kurfürstenbrücke,

26

auch Lange Brücke genannt, das Akademiegebäude, das Friedrich-Hospital, das Kornhaus am Stralauer Tor, mehrere Schulen und Kirchen.

Vorangetrieben wurde auch der Ausbau des zerstörten und verfallenen Schlosses. Mit diesem Projekt war der seit 1694 in brandenburgischen Diensten stehende Hofbildhauer Andreas Schlüter beauftragt worden. Zu seinen bemerkenswertesten Bauten gehört auch das am Rande Berlins im italienischen Stil errichtete, in einem Park gelegene Schloß Lützelburg, das spätere Charlottenburg. Eosander führte den Bau zu Ende. Das Schloß war prachtvoll mit Möbeln, Tapeten, Gemälden ausgestattet. Einer der Innenräume, als Porzellankabinett hergerichtet, enthielt kostbare chinesische und japanische Porzellangegenstände. Nach der Einweihung dieses Barockschlosses im Juli 1699 residierte dort die Gemahlin Friedrichs III., Sophie Charlotte. Sie war gebildet, beherrschte Französisch, Englisch, Italienisch wie ihre Muttersprache und glänzte inmitten ihres Hofstaates mit Charme und Esprit. Hier, bei geselliger Kaffeerunde, das neuartige Getränk genießend, pflegte die Kurfürstin den Umgang mit prominenten Zeitgenossen. Zu ihrem bevorzugten Kreis gehörte auch der Beichtvater Augusts des Starken, der welterfahrene Jesuit Moritz Vota. Als Mann von Einfluß sollte er auch in Böttgers Leben eine Rolle spielen. Bekannt geworden sind jedoch vor allem jene Diskussionen, die Sophie Charlotte mit Leibniz führte.

Gottfried Wilhelm Leibniz war ein Gelehrter von universeller Bildung. Friedrich III. bemühte sich sehr, den berühmten Mann nach Berlin zu ziehen. Für den Staatsmann und Gelehrten aus Hannover gab es in der brandenburgischen Residenz eine anziehende Aufgabe: die Einrichtung einer Kurfürstlich-Brandenburgischen Sozietät der Wissenschaften. Die Stiftungsurkunde datiert vom März 1700. Leibniz wurde ihr erster Präsident. Es war dies ein weiterer Schritt auf dem Weg zur Verwirklichung des Akademiegedankens. Immer mehr hatten sich die in Paris und London bestehenden Akademien zu geistig-wissenschaftlichen Zentren ihrer Länder herausgebildet.

So feindlich sich Friedrich III., wie die meisten deutschen Souveräne, Frankreich gegenüber verhielt, so eifrig strebte er danach, die Hofhaltung des «Sonnenkönigs» Ludwig XIV. und den französischen Lebensstil bis ins Detail nachzuahmen. Die Staatsgeschäfte gerieten dabei nicht selten ins Hintertreffen. Als im Januar 1696 Sachsens Kurfürst Friedrich August I., der Starke genannt, mehrere Tage in Berlin-Neucölln zu Gast weilte, demonstrierte der brandenburgische Hof, zu welcher Prachtentfaltung er fähig war.

Mit dem kursächsischen Herrscherhaus verwandtschaftlich verbunden – Johann Georg IV. und sein Bruder und Thronfolger Friedrich August I. waren mit Hohenzollernprinzessinnen vermählt –, zeigte sich der brandenburgische Kurfürst von der freundschaftlichsten Seite. August der Starke wurde mit dreifachem Salut empfangen. Im besten Einvernehmen zeigten sich beide Kurfürsten auf Hofbällen und bei anderen Festlichkeiten. Zu Ehren des Gastes und seiner Belustigung wurden Reitturniere, Wettschießen, Ringewerfen, Lanzenfangen, Tierkämpfe, Tierhatzen und Jagdspiele veranstaltet. Besonderer Beliebtheit erfreute sich eine neue «Spielart», die Gewandtheit im Reiten verlangte: das Stechen nach Türkenköpfen.

Das Bild der zur Schau getragenen brüderlichen Eintracht zwischen den Kurfürsten von Brandenburg und Sachsen schien auf Jahre hinaus ungetrübt. Niemand hätte vorauszusagen gewagt, daß zwischen beiden bald Rivalität, ja Feindschaft ausbrechen würde. Der Anlaß dafür sollte lächerlich genug sein: Jeder glaubte nämlich, ein Anrecht auf den Besitz eines – Apothekergesellen zu haben.

Beim Apotheker Zorn in der Lehre

Bürger der beiden Städte Berlin und Cölln, die die älteste Kirche Berlins, St. Nikolai, einen altgotischen Bau aus dem 12. Jahrhundert, besuchen wollten, spazierten gewöhnlich am Fischmarkt und an dem anliegenden Molkenmarkt entlang. Dabei stießen sie

28

zwangsläufig auf das Haus Molkenmarkt Nummer 4, das an der Straße zum Stralauer Tor lag. Ein Schild am Glockenzug wies auf den Besitzer hin: «Friedrich Zorn, Pharmacopoeus».

Das andere, in die gleiche Häuserfront des Molkenmarktes eingereihte Eckgebäude gehörte dem Bruder des Apothekers, dem bekannten Arzt Dr. Bartholomäus Zorn. Viele Einwohner nutzten die enge Nachbarschaft der Häuser und ließen sich vom Medikus Zorn Heilmittel verschreiben, die sie dann vom Apothecarius Zorn ausgehändigt bekamen. Wegen ihrer zentralen Lage erfreute sich die Apotheke am Molkenmarkt regen Zuspruchs.

Von der Apotheke Friedrich Zorns zu berichten heißt, aus der Altberliner Apothekergeschichte zu erzählen. Das erste urkundlich nachweisbare Privileg zum Betreiben einer Apotheke in Berlin stammt aus dem Jahre 1482. Kurfürst Joachim II. vergab 1556 zwei weitere Privilegien: für eine Apotheke in Berlin am Berlinischen Markt, dem späteren Molkenmarkt, und für eine Apotheke an der Langen Brücke in Cölln. Im Jahre 1695 gab es insgesamt acht Stadtapotheken, und bis 1701 erhöhte sich ihre Zahl auf vierzehn.

Uns interessiert die Apotheke am Molkenmarkt, die 1635 in den Besitz der Familie des Apothekers Bartholomäus Zorn senior kam. Sein ältester Sohn, Bartholomäus junior, ergriff den Beruf eines Medikus. Der 1643 geborene Friedrich Zorn erhielt dagegen seine Ausbildung in der väterlichen Apotheke und vervollkommnete sein Wissen auf einer der damals üblichen Bildungsreisen quer durch Europa. Da es zu dieser Zeit an den Universitäten kein Lehrfach «Pharmazie» gab, blieb dies der einzige Weg, um Kenntnisse und praktische Erfahrungen zu sammeln. Nach dem Tod des Vaters (1667) übernahm Friedrich Zorn die Apotheke. Er wurde bald ein über die Grenzen des Landes hinaus bekannter Apotheker und ein angesehener, vermögender Handelsherr. Bei ihm begann 1696 der junge Böttger seine Lehre.

Als der junge Böttger zum erstenmal Zorns Apotheke betrat, war er sichtlich beeindruckt. Die Vielfalt der Substanzen, Pulver, Säfte,

Sirupe, Pillen, Pflaster, Essenzen und Tinkturen verwirrte ihn. Der Duft, der von ausgestellten exotischen Gewürzen und Spezereien ausging, nahm ihm fast den Atem. In der Mitte des Verkaufsraumes, Offizin genannt, befand sich ein großer Rezeptiertisch, auf dem Zorn die gewünschten Arzneizubereitungen fertigte. Mehrere Schalenwaagen gehörten dazu. Auf dem Verkaufstisch stand eine größere Waage mit schönem ornamentalem Messinggestell und kunstvoll verziertem Gewichtssatz. Böttger brauchte einige Zeit, um sich in den absonderlichen Apotheker- oder Medizinalgewichten zurechtzufinden. Für jedes Gewicht war, in Verbindung mit dem Zahlenwert, ein schwerverständliches Kurzzeichen festgelegt. Bald hörte man den neuen Lehrling diese Gewichte herunterbeten: «Ein Pfund ist gleich zwölf Unzen, eine Unze ist gleich acht Drachmen, eine Drachme ist gleich drei Skrupel, ein Skrupel ist gleich zwanzig Gran...» Erst Jahre später bürgert sich bei den Apothekern das Gramm und Milligramm ein: 1 Pfund entsprach in Preußen und Sachsen 350,8 Gramm, 1 Gran 61 Milligramm.

Was war in Zorns Offizin noch zu sehen? Um den Rezepturtisch gruppiert befanden sich mehrere hohe Schränke mit zahlreichen Schubkästen und Fächern. Sie waren sorgfältig numeriert und ausgeschildert. Auf Regalen, Aufsätzen und Ablagen, die den Raum ausfüllten, standen Töpfe, Büchsen, Kruken aus Holz, Fayence, Steingut, Glas, Zinn und andere Metalle. Sie waren verziert, bemalt und beschriftet. In kantigen und runden, schlanken und bauchigen Flaschen mit engem oder weitem Hals, einige mit geschliffenem Glasstöpsel und mit Schildern in Emaillemalerei, bewahrte Zorn getrocknete und pulverisierte Kräuter, Extrakte, Salben, Pulver, Granulate und Pillen auf. Ausgesprochene Gifte, wie Opiate, Narkotika, Bilsenkraut, Schierlings- und Nieswurzextrakte, Kantharidin (der Giftstoff der Spanischen Fliege), Merkurial-(Quecksilber-)Salze, Saturnina (Bleiverbindungen) und Arsenik, mußten jedoch gesondert und festverschlossen im sogenannten Giftspind sichergestellt werden. Den Schlüssel dazu trug stets der Prinzipal bei sich.

In einem Nachbarraum der Apotheke, der Defektur, wurden größere Vorratsmengen an Arzneistoffen aufbewahrt. Dort entdeckte der neue Lehrjunge auch Gewürzreiben, Drogenmühlen, Pressen und Mörser. So nannte man die zur Zerkleinerung von Materialien benutzten Reibschalen. Ein besonders großer Mörser fesselte sofort die Aufmerksamkeit Böttgers. Er bestand aus einem Steintrog, aus dem ein mannshoher Stößel aus Eichenholz herausragte. Ein Gehilfe des Apothekers, «Stößer» genannt, geriet immer ins Schwitzen, wenn er damit größere Substanzmengen zerkleinern mußte. Leichter war die Arbeit mit den kunstvoll verzierten Bronzemörsern und lustiger dazu: Klang es doch wie Glockengeläut, wenn der Stößer und die Lehrlinge damit hantierten.

In den Kellergewölben lagerten die aus Pflanzen, Kräutern, Essenzen und anderen Rohstoffen gewonnenen Extrakte, Säfte, Destillate und Öle. Auch eine große Kräuterpresse befand sich dort. Unterm Dachfirst des Hauses, wo es trocken und luftig war, hatte der Apotheker seinen Kräuterboden eingerichtet. Hier trockneten die von seinen Helfern gesammelten Pflanzen und Blumen, Wurzeln, Samen und Früchte. Daraus wurden heilkräftige Tinkturen und Tee hergestellt.

Auf den jungen Lehrling wirkte ein Raum besonders anziehend, der verschlossen war. Er befand sich im ersten Stockwerk des Hauses, und seine Fenster wiesen auf den Hinterhof. Ohne Aufsicht ließ der Prinzipal darin niemanden arbeiten: im «chymischen» Laboratorium der Apotheke. Dieser gewölbeartige Raum war mit Steinplatten ausgelegt und enthielt chemisch-pharmazeutische Gerätschaften verschiedenster Art. In einer Ecke hatte man den Rauchfang installiert, der 20 Fuß im Durchmesser maß, wie die Vorschrift besagte. Dort hantierte Zorn, wenn beim Experimentieren gefährliche Dämpfe und Gase zu erwarten waren. Auch ein kleiner Kapellenherd und ein Schmelzofen befanden sich unter dem Abzug. Daneben, doch so konstruiert, daß die Rauchgase ungehindert ins Freie gelangen konnten, hatte ein stattlicher Feuerherd von ungewöhnlicher Bauart Platz gefunden. Als Böttger seinen Lehrherrn darüber befragte, meinte Zorn vielsagend, dies sei «der faule Heinz». Im «Deutschen Artzney-Buch» von Philipp Grueling, 1676 in Frankfurt und Leipzig gedruckt, fand Böttger schließlich die gewünschte Auskunft: «Man hat auch eine sonderliche Art eines Destillir-Ofens, der faule Hentze genannt, weil er gut für faule Laboranten ist, die des Nachts nicht gerne aufstehen und zur Arbeit sehen. Eine solche Art hat eine kupferne oder eiserne Röhre ... Diese wirfft man voller Kohlen, von unten an biß oben auf und macht oben zu, daß keine Lufft darein gehen kan. So brennet alleine das Feuer unten auf dem Roste und nicht höher, ... sinken die Kohlen, so darüber seynd, immer merklich nach ..., auf solche Weise kan man zwölf oder vierzehn Stunden continue nacheinander Feuer haben.»

Auf den Arbeitstischen und dem Fußboden lagen und standen Geräte und Apparaturen herum: gläserne Kolben und Gefäße, aus Kupfer gefertigte Destillationsblasen, dreibeinige Stative. Abdampfschalen, Standgläser, Retorten, Scheidetrichter, Meßzylinder, Gefäße zum Dekantieren und Filtrieren, Schmelztiegel und Zangen und eine Balkenwaage vervollständigten das Bild. Dazu kam noch eine Destillierapparatur, die zur Gewinnung von ätherischen Ölen aus pflanzlichem oder tierischem Material diente. Auf Wandregalen geordnet, sah man Mörser verschiedener Größe. Gläser und Büchsen mit Chemikalien, Drogen und anderen pharmazeutischen Substanzen standen dort neben Flaschen mit klaren oder trüben, farblosen oder bunt gefärbten Flüssigkeiten.

Gegenüber dem Abzugskamin hatte sich Apotheker Zorn einen Schreibplatz eingerichtet. Dort notierte er in sein Journal alles Wissenswerte über seine Labortätigkeit. Eine Tafel mit alchemistischen Zeichen hing über diesem Platz und kündete von dem weitgefächerten «Berufsinteresse» des Apothekers. In dieser Schreibecke vertiefte sich Zorn in alte Folianten, blätterte in handschriftlichen Manuskripten. Unterdessen brodelte es in den Retorten, glühten die Kohlenbecken unter den Sand- und Wasserbädern, spuckte der große Destillierapparat ununterbrochen Dampf.

In der für die Apotheker Berlins verbindlichen «Churfürstlich-

Brandenburgischen Medicinal-Ordnung und Taxa, 1693» sind auch Bestimmungen über die Anstellung und den Dienst der Apothekenhelfer enthalten. Lehrjungen mußten «von ehrlicher Ankunfft, gutem Gerüchte und lehrsamen Kopfe und dabey der lateinischen Sprache, soviel ihnen bei ihrer Handthirung nöthig, kundig seyn». Diese Anforderungen galten auch für Böttger. Wie üblich, wird Zorn mit ihm einen Lehrkontrakt abgeschlossen haben. Im Beisein des Vaters verpflichtete sich darin der Lehrjunge, «zur Erlehrnung der berümbten Apothecker-Kunst sich auf fünf Jahre in Diensten zu begeben». Sein Lehrherr bekräftigte mit seiner Unterschrift, daß er ihn «in arte pharmaceutica beßtermaßen unterweisen» werde. Und schließlich setzte der Stadtphysikus (Amtsarzt) noch sein Siegel zur Beglaubigung unter das Dokument. Gegen Entrichtung des Lehrgeldes erhielt der Lehrjunge, auch Discipulus genannt, beim Apotheker daraufhin Wohnung und Kost.

Nach den Ausführungen der brandenburgischen Medizinalordnung war der Dienst in Berlins Apotheken streng geregelt. Ein Geselle hatte jeden Tag von frühmorgens bis 22 Uhr zu tun; der Lehrling brauchte nicht ganz so lange zu arbeiten. Während dieser Zeit mußten beide «das Sauffen, Spielen, Müßig- und Spatzirgehen gäntzlich meiden». Falls sie einmal – mit des Prinzipals Erlaubnis – ausgingen, hatten sie anzugeben, wohin, damit sie jederzeit kontrolliert und zurückgeholt werden konnten.

Böttgers Ausbildung bei Zorn war interessant und vielseitig. Er lernte nach und nach alle Handgriffe und Arbeitsmethoden, die ein zukünftiger Apotheker beherrschen muß. Bücher aus Zorns Bibliothek standen ihm zur Verfügung. Bekannte Titel waren darunter, wie die «Pharmacopoea medicophysica» des Frankfurter Stadtarztes Johannes Christian Schroeder, ein seit 1641 in vielen Auflagen verbreitetes Lehr- und Nachschlagewerk. Erschöpfend sind darin die Tätigkeit eines Apothekers und die seit Paracelsus aufblühende chemische Arzneikunde abgehandelt. Auch Johann Joachim Bechers Buch «Tripus hermeticus» von 1680 besaß Zorn. Der namhafte Alchemist und Pharmazeut gab darin in Wort und Bild seine Kenntnis über pharmazeutische Arbeitsgeräte und Methoden zum besten. Natürlich befanden sich in Zorns Offizin auch jene großformatigen, sorgfältig illustrierten Kräuterbücher, die sich seither in Apothekerkreisen großer Beliebtheit erfreuen. Selbst Dr. Bartholomäus Zorn hatte 1673 solch ein «Kräuter- und Gewürzbuch» herausgegeben, das später unter dem Titel «Botanologia medica» bekannt wurde. Gern blätterte Böttger auch in dem 1675 in Paris erstveröffentlichten Buch «Cours de Chymie» des Franzosen Nicolas Lémery. Mit informativen Abbildungen versehen, wurde dieses Lehrwerk der Chemie von praktizierenden Apothekern gern benutzt. Es ist in alle Sprachen Europas übersetzt worden. Eine 1698 erschienene deutsche Übersetzung trägt den Titel «Der vollkommene Chymist».

In den deutschen Teilstaaten existierte im 17. Jahrhundert eine Vielzahl von Verordnungen über das Apothekenwesen und den Arzneihandel, sicher auch eine leidige Konsequenz der politischen Zerrissenheit Deutschlands nach dem Dreißigjährigen Krieg. Der Rat jeder Stadt, die etwas auf sich hielt, gab seine eigene Ordnung und Taxa für die hiesigen Apotheken heraus. Erst allmählich setzten sich Arzneiverzeichnisse durch, die nicht nur für eine einzelne Stadt, sondern für das jeweilige Land verbindlich waren.

Das erste Arzneibuch der Mark Brandenburg erschien 1698. Alphabetisch geordnet finden wir darin rund einhundert pharmazeutisch verwertbare Substanzen aufgeführt, die meisten davon sind Composita. Natürlich fehlen auch zwei schon im Altertum geschätzte Wundermittel nicht, die aus sechzig und mehr Einzelsubstanzen mit Honig zu einer Latwerge verrührt werden: Theriak und Mithridat. Auch Friedrich Zorn bot diese Heilmittel in seiner Offizin feil: universell verwendbar gegen alle inneren Krankheiten und Vergiftungen. Ihre Wirkung beruhte vornehmlich auf suggestivem Glauben, der mit der Zeit immer mehr schwand, bis eines Tages auch die Wundermittel selbst aus dem Arzneiangebot verschwunden waren.

Das Studium früherer Apothekerordnungen und Arzneikataloge ist lehrreich. Es vermittelt ein realistisches Bild von dem damals verfügbaren Arznei- und Chemikalienschatz. Allerdings darf man die Palette pharmazeutischer Substanzen, wie sie sich zu jener Zeit so buntschillernd anbot, nicht mit heutigen Maßstäben messen. Denn trotz systemvoller Einordnung gab es in einer Apotheke aus jener Zeit ein recht seltsames Nebeneinander zu bestaunen: gedörrte Kröten, getrocknete Regenwürmer und Krebsaugen neben venezianischem Borax, Indisch- und Hirschhornsalz; Hundefett und Affenschmalz neben destillierten Ölen, Spirituosen und Konfekt; zerstoßene Edelsteine, denen man besondere Heilwirkung zuschrieb, neben Wurzeln, Drogen, Pflanzen; Fischbein, Purpurschnecken, Bezoarpulver neben Bolus alba, Steinmark, Kreide und Alabaster. Im «Catalog oder Verzeichnüß sowohl aller chymischen als galenischen Artzneyen, die in Ihro Churfürstl. Durchlaucht zu Sachsen Hof-Apotheke in Dreßden mit höchstem Fleiß praepariret und zu finden seynd», 1683, ist darüber hinaus erstmals eine neue Art von «Anregungsmitteln» verzeichnet: Herba Cha (Tee), bon Coffi grana (Kaffee), Cacao.

Apothekerordnung und Eid schrieben Zorn auch vor, wie er mit seinem Lehrjungen umzugehen habe. Die Herstellung einfacher pharmazeutischer Substanzen, der «Simplicia», konnte er Böttger anvertrauen. «Composita» aber und «Chymica» durfte Zorn «nur selbst oder durch genügsam verständige Gesellen, keineswegs aber durch unerfahrene Jungen ... zubereiten». Arzneien, meist Composita aus verschiedenen Substanzen, mußten genau so hergestellt werden, wie es der Medikus auf seinem Rezept verordnet hatte.

Literatur für Goldmacher und solche, die es werden wollen

Nach der Darstellung seines Biographen Carl August Engelhardt hat sich der junge Böttger in seiner Lehrzeit anfangs «durch Fleiß, Wißbegier und seltene Talente, besonders durch den lebendigsten Sinn für Chemie» ausgezeichnet. Bald aber ging er eigene Wege.

35

Anstatt die Pharmazie und Chemie seiner Zeit zu studieren, beschäftigte sich der neue Lehrjunge am liebsten mit Alchemie. Anlaß zu diesem Sinneswandel gaben ein verkappter Alchemist namens Ebers, ein früherer Gehilfe des Herrn Zorn, und ein Apotheker namens Köpke, der öfter in der Offizin am Molkenmarkt vorsprach. Eines Tages überreichte Köpke dem Apothekerburschen einen abgegriffenen Oktavband. Es war eins jener damals in großer Zahl kursierenden, handschriftlich vervielfältigten Traktate über den Stein der Weisen. Das Buch strotzte von mystischem Unsinn, doch soll der in Latein verfaßte Text den Schriften vielgerühmter Goldmacher entlehnt worden sein. So jedenfalls hieß es, und Namen berühmter Alchemisten wurden zitiert, wie Raimundus Lullus, Theophrastus Paracelsus, Andreas Libavius und Basilius Valentinus.

Jede Gelegenheit nutzend, studierte Böttger das Manuskript in der Hoffnung, hinter das Geheimnis der alten Adepten zu kommen. Doch so sehr Böttger nach einer «chymischen» Vorschrift zur Bereitung des Steines der Weisen suchte, er fand sie in jener Niederschrift nicht. Wie die meisten alchemistischen Traktate war das überreichte Manuskript weitschweifig und unverständlich abgefaßt, voller kabbalistischer Zahlenspiele und Beschwörungsformeln und religiöser und astrologischer «Vorübungen».

Bislang war nicht bekannt, um welche Alchemistentexte es sich dabei im einzelnen handelte. Lediglich J. M. Steinbrück, Böttgers Schwager, teilte einmal mit, daß Böttger die Schriften des Paracelsus, des Valentinus und des Libavius studiert habe. Im Nachlaß Böttgers fand sich nur das Buch «Volumen Medicinae paramirum» von Paracelsus. Auch Kunckels «Ars vitraria» hat Böttger besessen. Doch beide Bücher können nicht eigentlich als Lehrbücher der Goldmacherkunst gelten.

Bei unseren Nachforschungen stießen wir auf den Namen Basilius Valentinus. Im 17. Jahrhundert waren die Taten dieses Benediktinermönches in aller Munde. Er soll den Stein der Weisen besessen haben. Er wurde von den Jüngern der Alchemie sehr verehrt, doch wußte kaum jemand etwas Genaues über das Schicksal dieses Mannes. Im Jahre 1677 erschienen in Hamburg die gesammelten Werke des Basilius Valentinus unter dem Titel «Chymische Schriften». Eine erste Ausgabe seines Werkes «Tractat von dem großen Stein der Uhralten, daran so viel tausendt Meister anfangs der Welt hero gemacht haben» war bereits in den Jahren 1599 und 1612 gedruckt worden. Als Herausgeber zeichnete ein Johann Thölde, den viele für Valentinus selbst halten.

Böttger waren die Publikationen des Benediktinermönches bekannt. Wie unzählige andere wird er die Verheißungen des Basilius Valentinus von den «Schlüsseln» zum großen Magisterium zunächst Wort für Wort geglaubt haben. Durch jene «Schlüssel», zwölf an der Zahl, sollten «die Thüren zu dem uhralten Stein unserer Vorfahren eröffnet und der unerforschliche Brunnen aller Gesundheit gefunden» werden.

Es ist wie im Märchen. Böttger öffnet eine Tür nach der anderen, hinter jeder das verheißene Glück erhoffend. Er reinigt die Ausgangsstoffe – darunter auch Gold – nach den beschriebenen Verfahren. Beim zehnten Schlüssel erhält er einen ersten wichtigen Hinweis: «... denn der Stein wird gemacht in einem leeren Ofen dreyfacher Bewahrung, fest verschlossen, eingesperrt unnd durch stetiges Fewer gekochet, biß alle Nebel und Dünste verschwunden.» Beim «zwölften Schlüssel» angekommen, ist der wissenshungrige Adept nicht viel klüger geworden. Zu seiner Verwunderung erfährt er, daß alles Bisherige nur das Fegefeuer gewesen sei, das jeder begnadete Alchemist durchlaufen müsse. Wenn das mit Erfolg geschehen sei, fände der geläuterte Chymikus den gesuchten Stein der alten Philosophen gleichsam wie von selbst. Mit diesen schlauen Worten schließt die frühe Abhandlung des Valentinus über den Lapis philosophorum. Und keiner der wißbegierigen Schüler des großen Meisters hat erfahren, wie der wundersame Stein auf chemischem Weg erzeugt werden kann, von dem 1 Teil genügt, um 1000 Teile Metall in Gold zu verwandeln. Erst in einer neuen Edition, erschienen im Jahre 1625, die sich auch in den gesammelten Werken findet, ist eine praktikabel scheinende Vorschrift enthalten, werden Einsatzstoffe, Reagenzien, chemische

Verfahrensschritte beim Namen genannt, die zum «großen Elixier» führen sollen.

Mehrere Monate sind erforderlich, um die stufenweise Darstellung des Lapis philosophorum nach dem Verfahren des Basilius Valentinus zu realisieren. Gold ist der Ausgangsstoff. Mühsam sind alle Operationen. Überall lauern Tücken und Gefahren, die zum Abbruch des Experiments und zu neuem Anfang zwingen können. Zu bewundern ist jeder gläubige Alchemist, der die letzte «Synthesestufe» erreicht hat: «Als dann brauche den 4ten Gradt des Fewrs, so werden die Nebell und Dünst allgemach nachlassen unnd dein Glaß wird scheinen, als wenn es inwendig mit guldenen Stücken überzogen; Alß dann halt mit stetigem Fewr ahn, so werden die Goldtstrahlen auch verlöschen ..., deine Materi wirst du unden liegen sehen wie ein braunes Oell, welches endtlich, wann das trocken worden, wie ein Granatstein anzusehen ...»

«Wer nuhn diß erlangt», heißt es bei Basilius Valentinus weiter, «der dancke Gott, seinem Schöpfer, dann Armut ist bey ihme verschwunden, Kranckheit muß von ihm fliehen und Weißheit hat ihn besessen ...» Böttger hat das Goldmacherrezept des Basilius Valentinus gekannt und nachweisbar danach gearbeitet. Als er später für August den Starken Gold herstellen sollte, verlangte Böttger ausdrücklich ein Erz, das Valentinus als unverzichtbare Vorbedingung für das Gelingen des großen Werkes angegeben hat: Grauspießglanz aus Ungarn. Wir werden darauf zurückkommen und dann auch das Rätsel lösen, hinter dem sich die Wahrheit über den «Stein der Weisen» versteckt hält.

Doch zurück zu jener Zeit in Zorns Apotheke, als Böttger über den «Lehrbüchern» der Alchemie brütete. Zweifellos hat die Alchemistenlektüre auf seine geistige Verfassung einen nachhaltigen Eindruck ausgeübt. Böttger hat diese seelisch-geistige Verwirrung, in die er dadurch bereits in jungen Jahren geriet, niemals ganz überwunden. Andererseits hatte jene frühe Beschäftigung mit der Alchemie auch ihr Gutes: Sie weckte in Böttger den unbändigen Drang nach experimenteller Tätigkeit. Hier sehen wir die Wurzeln für seine später zur Meisterschaft entwickelte Experimentierkunst, hier bewährte sich zum erstenmal Böttgers Gespür für neue, originelle Lösungswege, begannen sich bei ihm Eigenschaften zu formen, die den engagierten Naturforscher auszeichnen.

Böttger ließ es nicht beim Studium verbotener Literatur bewenden. In ihm war der Experimentator erwacht. Er wollte selbst aus Quecksilber oder Blei das schönste Gold und aus Kupfer blankes Silber fabrizieren. Des Nachts, wenn alles schlief, schlich er ins Apothekenlabor, um dort nach Zauberlehrlingsart die großen Geister der Alchemie zu beschwören. Nicht lange blieb dieses heimliche Tun und Treiben unbemerkt. Zorn verbot Böttger jedes eigenmächtige Experimentieren, doch der Lehrling hielt sich nicht daran. Die Folgen waren katastrophal. Einmal rissen Alarmrufe die Hausbewohner aus dem Schlaf. Durch Böttgers unvorsichtiges Hantieren war im Labor Feuer ausgebrochen. Und eines Tages, als man erneut nach dem ungehorsamen Lehrling suchte, fand man ihn schließlich bewußtlos im Labor liegen, von giftigen Chemikaliendämpfen betäubt. Böttger hatte nach erprobtem Alchemistenrezept Kupfer zu Silber «tingieren», also färben wollen. In den Schriften der alten Goldmacher ist zu lesen, daß beim Zusatz von Arsenik zu geschmolzenem Kupfer die rote Metallfarbe verschwindet und «Silber» entsteht. Um sich hochgiftiges Arsenik zu beschaffen, hatte es der Lehrling verstanden, dem Prinzipal den Giftschrankschlüssel zu entwenden.

Begreiflich, daß der Herr des Hauses wegen der Allüren seines Lehrjungen in Zorn geriet. Vorwürfe und Beschuldigungen hagelten auf den Ungehorsamen herab. Auch an beißendem Spott über die Goldmacherei und ihr jüngstes Opfer ließ es der Apotheker bei der mittäglichen Tischrunde und im Kreis seiner anderen Helfer nicht fehlen.

Böttgers Verstimmung wuchs immer mehr. Er hatte es schließlich satt, Zorns «unwillige Reden fast täglich auf'm Brod zu essen», wie er sich ausdrückte. Anfang Mai 1698 nahm Johann Friedrich Böttger Reißaus, wandte dem ungastlichen Berlin den Rücken und wollte sein Glück anderswo versuchen. Von Verzweiflung gepackt, kehrte er jedoch vor den Toren der Stadt Breslau um. Reumütig sprach Böttger wieder beim Apotheker Zorn vor, der ihn erneut zu sich nahm. Wir verdanken die Kenntnis von dieser Episode einem bei den Böttger-Akten befindlichen Brief vom 10. Mai 1698. Ein Magdeburger hatte damals Berlin bereist und sich auch nach Böttger erkundigt. Dies geschah auf Bitten einer «Mademoiselle Köhlau», vielleicht einer Jugendliebe Böttgers.

Nur für kurze Zeit entsagte Böttger dem Zauber alchemistischer Experimentierkunst, erschien ihm doch das begehrenswerte Ziel, vor dem so viele Adepten gescheitert waren, verlockend nah. In aller Heimlichkeit schaffte er Pulver, Tinkturen, Säuren, Alkalien, Metalle und Geräte beiseite, um sie zu einem Amateurchymikus von zweifelhaftem Ruf zu bringen. Dieser laborierte in seiner Behausung vor dem Leipziger Tor seit langem glücklos am Stein der Weisen. Christian Siebert war sein Name.

Im Sommer 1700 verließ Böttger seinen Lehrherrn ein erneutes Mal, um sich bei Siebert einzuquartieren. Wie lange er es dort aushielt, wissen wir nicht genau.

Aufschluß bieten jedoch jene «Species facti», die sich als Anlage zu einem Brief des brandenburgischen Kabinetts an den Statthalter Fürstenberg in Dresden finden. In diesem Bericht vom 14. November 1701 heißt es unter anderem: Johann Friedrich Böttger habe «vor 5 Jahren sich zur Apothecker Kunst nach Berlin bey Friedrich Zorn begeben und etliche Jahre nacheinander gar übel aufgeführt, biß er vor ¼ Jahren wegen seines übeln Verhaltens gar davongelauffen und über 15 Wochen bald hier, bald dar bey liederlichem Gesindel sich aufgehalten . . .»

Krönung eines Königs

Am 1. November 1700 war jenes Ereignis eingetreten, das die europäische Diplomatie seit langem erwartet und in Atem gehalten hatte: Der letzte spanische König aus der Habsburger Linie, Karl II., war ohne Erben verstorben. Fast augenblicklich flammte der

Kampf um die reiche spanische Krone und ihren Kolonialbesitz auf, ausgetragen zwischen den mächtigsten europäischen Herrschaftshäusern, den Bourbonen und Habsburgern. Zwölf Jahre währte der Spanische Erbfolgekrieg, in den halb Europa verstrickt war. Einige deutsche Territorialstaaten, darunter das Kurfürstentum Bayern, ergriffen die Partei Ludwigs XIV. von Frankreich. Andere bemühten sich ängstlich um Neutralität. Zu denen, die zu Kaiser und Reich standen, gehörten die Kurfürsten von Hannover und Brandenburg – weniger aus Nationalbewußtsein als um des eigenen Vorteils willen.

Friedrich III., der König werden wollte, nutzte die Gunst der Stunde. Sein seit zwei Jahren vergeblich am kaiserlichen Hof in Wien vorgetragenes Ersuchen fand endlich Gnade. Gedrängt durch die Zeitumstände, gab Kaiser Leopold seine Einwilligung. Im drohenden Krieg mit Frankreich brauchten die Habsburger dringend die brandenburg-preußischen Legionäre. Am 16. November 1700 kam der Kronvertrag zustande: Deutschlands Kaiser gewährte Friedrich III. die Königskrone, doch nicht für Brandenburg, sondern für Preußen. Dieses inmitten des polnischen Königreiches liegende Herzogtum gehörte zum Hause Brandenburg. Der Kronvertrag befand sich kaum unter Dach und Fach, als Kaiser Leopold 1701 den «Reichskrieg» gegen Ludwig XIV. proklamierte.

Im brandenburgischen Kabinett gab es nicht wenige bedenkliche Stimmen gegen die vorgesehene Rangerhöhung des Kurfürsten. Paul von Fuchs, Mitglied des Geheimen Rates, der obersten Staatsbehörde, warnte vor Konsequenzen, besonders hinsichtlich der prekären Finanzlage des Landes. Im Kabinett Friedrichs III. betreute Minister Fuchs neben den auswärtigen Angelegenheiten, der Justiz und der Postverwaltung auch Kirchen- und Universitätssachen. Die Stiftung und Einrichtung der Universität Halle 1694, die zu einer Freistatt des Pietismus und der Frühaufklärung werden sollte, ist sein Werk. Mit seiner reservierten Haltung in Fragen der Königswürde konnte sich Fuchs jedoch nicht durchsetzen. Seine Einwände zerschellten an dem Emporkömmling Johann Kasimir Colbe, dem späteren Grafen von Wartenberg. Dessen Karriere begann 1698. Als Oberkammerherr nahm Colbe im brandenburgischen Hof-, Zivil- und Militärstaat eine Sonderstellung ein, die er politisch auszubauen verstand. Die Staatsgeschäfte des Hauses Brandenburg sind fünfzehn Jahre lang maßgeblich von Colbe-Wartenberg bestimmt worden.

Erwähnenswert ist, daß das brandenburgische Junkertum den absolutistischen Bestrebungen des Landesherrn nicht so starken Widerstand entgegensetzte wie der Adelsstand in Frankreich oder Kursachsen. In Brandenburg-Preußen gab es kein starkes Bürgertum. Rittergutsbesitzer und Gutsherren hatten keine Einschränkung ihres Besitzes und ihrer Machtbefugnisse zu befürchten, weder von der durch die zweite Leibeigenschaft fest angeketteten Landbevölkerung noch durch die Bürger in den Städten.

Friedrich III. war über die Erfüllung seines Lieblingswunsches so «enthusiasmiert», daß er gar nicht erst eine angenehmere Jahreszeit für die Reise abwartete. Am 17. Dezember 1700 setzte sich der designierte König mit seinem Hofstaat nach Königsberg in Bewegung. Es war eine der imposantesten Hofkavalkaden, die man je gesehen hat. Dreihundert Karossen und Rüstwagen quälten sich den beschwerlichen Landweg entlang. Vier Wochen später, am 18. Januar 1701, wurde der brandenburgische Kurfürst Friedrich III. zum König Friedrich I. in Preußen gekrönt.

Die Rückkehr des Königs am 6. Mai 1701 glich einem glänzenden Triumphzug. Kein Ende nehmen wollte die Prozession, die sich durch das Berliner Georgentor und die Georgenstraße, die man in «Königstor» beziehungsweise «Königsstraße» umtaufte, zum jetzigen Königsschloß in Cölln bewegte. Unter den Schaulustigen, die die Straßen säumten, befand sich sicher auch Johann Friedrich Böttger. Er war in die Apotheke am Molkenmarkt zurückgekehrt. Zorn, der den aufgeweckten, wenn auch unsteten Burschen in sein Herz geschlossen haben mußte, hatte ihm nochmals verziehen.

Zu den Höhepunkten der bis zum 22. Juni 1701 dauernden Festivitäten zählten eine festliche Illuminierung der Stadt und ein

Feuerwerk vor dem Leipziger Tor. Die Residenz erstrahlte im Glanz eines nie zuvor gesehenen Lichtermeers aus Lampen, Fakkeln, Freudenfeuern und berstenden Feuerwerkskörpern.

Es war vorhersehbar, daß der Aufwand, den Friedrich I. betrieb, um seinen Status, seinen Hof, sein Heer zu erhalten, sich nur durch weitere Steuerlasten kompensieren ließ. Zunächst besteuerte man jeden Kopf im Lande Brandenburg-Preußen. Der König ging «mit gutem Beispiel voran» und entrichtete von bereits eingezogenen Steuergeldern 4000 Taler, die Königin 2000, der Kronprinz 1000. Sämtliche Militärs, vom Generalfeldmarschall bis zum Stabsoffizier, hatten einen Monatssold abzuführen. Das meiste mußte jedoch die von den Junkern geknechtete Bevölkerung aufbringen, besonders die Bauern. Das Los der Landarbeiter verschlechterte sich in katastrophaler Weise. Das Gewerbewesen konnte sich kaum entfalten, wie es in Kursachsen der Fall war, und damit kam es zu keinem ökonomischen Aufschwung. Es gab eine Strumpf-, Schuh-, Stiefel-, Pantoffel-, Hutsteuer. Besteuert wurde jeder Luxus. Das Tragen von Gold und Silber wurde besteuert. Wer eine Perücke aufsetzen wollte – und es gab in der barocken Welt nur wenige Köpfe, die diesen modischen Aufputz missen wollten, der mit dem Rang der betreffenden Person in die Höhe wuchs –, der mußte Steuern zahlen. Wer Tee, Kaffee oder Schokolade genießen wollte, bedurfte dazu eines «Erlaubnisscheins». Gleichzeitig ordnete Friedrich I. an, daß in den Hauptstädten seiner Länder und Provinzen öffentliche Tee- und Kaffeehäuser zu etablieren seien. Man sieht, an Einfällen fehlte es dem neuen König und seinem Kabinett nicht, um die leeren Staatskassen zu füllen.

Um sich auch in anderer Beziehung den Gepflogenheiten der gekrönten Häupter Europas anzupassen, hielt sich Friedrich I. eine Mätresse und erwählte dazu die Gräfin Wartenberg. Ihren Gemahl, den Oberkammerherrn Colbe von Wartenberg, beförderte er zum Premierminister.

Prachtvolles Goldrubinglas

Nach seiner reuevollen Rückkehr hatte Johann Friedrich Böttger seinem Lehrmeister Zorn versprechen müssen, «sich hinführo alles Sudelns und Laborirens zu enthalten und blos die Apothecke zu versehen». Aber war es Böttger Ernst mit dieser Beteuerung? Sollte er seine Hoffnungen und Sehnsüchte begraben? Den Verlockungen der Circe Alchymia konnte der junge Adept auf die Dauer nicht widerstehen.

In diese Zeit fiel Böttgers Bekanntschaft mit zwei prominenten Zeitgenossen, die seinen weiteren Lebensweg nachhaltig beeinflussen sollten: Kunckel und Lascaris.

Johann Kunckel gehört zu den herausragenden Forscherpersönlichkeiten seiner Zeit, die sich um die Chemie als Wissenschaft bleibende Verdienste erworben haben. In der Person Kunckels tritt uns neben dem Alchemisten bereits der Chemiker entgegen. Kunckel bewies einen lebendigen Sinn für die praktische Chemie. Scharfes Beobachten beim Experiment und kluges Analysieren zeichneten ihn aus. Im festen Glauben an die Macht des Verstandes suchte er das alchemistische Ideengut mit naturwissenschaftlicher Erkenntnis zu vereinen.

Der aus einer norddeutschen Glasmacherfamilie stammende und wahrscheinlich 1630 in Holstein geborene Kunckel hatte sich seine Kenntnisse autodidaktisch erworben. Bereits 1659 trat Kunckel als Kammerdiener und Chymikus in den Dienst der Herzöge von Sachsen-Lauenburg und leitete die dortige Hof- und Leibapotheke. Die damals übliche Bildungsreise führte ihn nach den Niederlanden. Dort lernte er die venezianisch-holländische Glastechnik und die Fayenceherstellung kennen.

Angelockt von Kunckels Ruf, berief Johann Georg II. von Sachsen den Alchemisten zum geheimen Kammerdiener und Direktor der kurfürstlichen Laboratorien nach Annaburg und Dresden. Diese «Laboratorien» waren mittelalterlich anmutende Goldküchen, die sich damals jeder Despot hielt. Bereits hundert Jahre früher hatten im Dresdner «Goldhaus» Alchemisten für die sächsischen Kurfürsten gearbeitet. Vielversprechend war das Angebot, das man Kunckel machte: Ein kurfürstliches Reskript vom April 1672 gibt darüber Auskunft. Man gestattete ihm, das im Labor gewonnene Gold an Leipziger Kaufleute zu veräußern, um dafür Silber für weitere «Transmutationen» erwerben zu können. Auch war es Kunckel erlaubt, eine Münzpresse aufzustellen und aus dem künstlichen Gold Dukaten prägen zu lassen. Sachsens Kurfürst war sehr daran interessiert, das angehäufte Silber seiner Schatzkammer in Gold «umzumünzen». Gleichsam nebenbei sollte Kunckel jene Rezeptur wiederentdecken, wie man in beliebigen Mengen Gold herstellen kann. In den Wirren des Dreißigjährigen Krieges war dieses so schätzenswerte Arkanum, über das die sächsischen Herrscher verfügt haben sollen, bedauerlicherweise verlorengegangen. Auch Kunckel fand es nicht wieder, und der Kurfürst entzog ihm seine Gnade und das Gehalt. «Sie sagten dabey als hochverständige Leute», schrieb Kunckel in seinen Erinnerungen voller Bitterkeit, «könte ich Gold machen, so bedürffte ich kein Geld; könte ich aber solches nicht, warum solte man mir dann Geld geben?»

In den Jahren 1676/78 wirkte Kunckel an der Universität Wittenberg als Dozent. Georg Caspar Kirchmaier, Professor für Rhetorik, ein auch in Geschichte, Naturwissenschaften und in Alchemie engagierter Mann, hatte den befreundeten Kunckel, einen Nichtakademiker, an die Alma mater geholt. «In Wittenberg war damahliger Zeit kein Professor, der ein Collegium Chymicum experimentale hätte halten können», erläuterte Kunckel seinen Entschluß.

Aus der Wittenberger Zeit stammten einige bemerkenswerte Publikationen Kunckels, wie seine «Chymischen Anmerckungen, darinnen gehandelt wird von denen Principiis chymicis», 1677, oder seine «Öffentliche Zuschrifft von dem Phosphoro mirabili und dessen leuchtende Wunder-Pilulen», 1678. Kunckels eigene Arbeiten zur Herstellung des gerade entdeckten Phosphors, dessen «kaltes Leuchtfeuer» die Alchemisten faszinierte, ermunterte auch Kirchmaier zu einer gelehrten Abhandlung über diesen geheimnisvollen «Lichtstoff».

In Wittenberg war es bald ein offenes Geheimnis, daß die beiden großen «K», Kunckel und Kirchmaier, nichts anderes mehr im Sinn hätten, als Gold zu machen. In der Einleitung zu seinen «Chymischen Anmerckungen» stellte Kunckel deshalb unter dem Datum «Wittenberg, 14. Februar 1677» richtig: Seine Zusammenarbeit mit Kirchmaier bestehe allein darin, «in genauer Erkenntniß derer Mineralien und allermeist Metalle... klare, in die Augen leuchtende Experimente zu demonstriren, nicht aber, wie vielleicht manche unnöthig hierob Bekümmerte sagen dürfften, nur zum Goldmachen».

Existenzsorgen ließen Kunckel auch in Wittenberg nicht zur Ruhe kommen. «Ich fand gleichwohl auch, daß es ein sauer Bissen Brodt ist, von Studiosis sich zu ernehren», beklagte er sich. Und der Vielgeplagte, der schon Dresden mit seiner vielköpfigen Familie verlassen mußte, schnürte erneut sein Bündel. Trotz aller Kunstfertigkeit, so meinte Kunckel, habe er «die Kunst, Hunger zu leiden, nicht lernen können». Danach finden wir ihn in brandenburgischen Diensten. Kurfürst Friedrich Wilhelm hatte dem erfahrenen Praktiker 1678 die Leitung der vier Jahre zuvor gegründeten Glashütte übertragen. Dort konnte der Alchemist sein Können entfalten. Kunckel gelang die Fabrikation eines qualitativ hochwertigen, vollkommen klaren Kristallglases. Auf verschiedene Weise verstand er es anzufärben. Er stellte Gläser her, die venezianischen Importen ebenbürtig waren.

Berühmt geworden ist Kunckel durch die Herstellung des Goldrubinglases. Er entdeckte, daß blei- und boraxhaltige Glasflüsse feinverteiltes Gold oder Goldsalze auflösen können. Bei schnellem Abkühlen entsteht zunächst eine farblose Masse, die beim Erwärmen in ein prachtvoll gefärbtes, tiefrotes Glas übergeht. Kunckels Verdienst besteht darin, als erster ein technisch praktikables Verfahren gefunden zu haben, größere Rubingläser von bisher unerreichter Farbqualität herzustellen.

Zweifellos verdankt Kunckel diese hochgeschätzte Erfindung

seinen reichen Experimentalerfahrungen. Auch ein wenig Glück war im Spiel gewesen. Wie alle Goldmacher hatte Kunckel bei seinen alchemistischen Experimenten versucht, Gold aufzulösen. Das gelingt eigentlich nur mit Aqua regis, dem aus Salz- und Salpetersäure hergestellten Königswasser. Aus den so erhaltenen Goldsalzlösungen kann das Metall nach Zusatz von Zinnsalzen in feinstverteilter Form ausgeschieden werden. Diese kolloidale Goldsuspension ist schon in geringster Konzentration tiefrot gefärbt und wird nach dem vermeintlichen Entdecker Cassiusscher Goldpurpur genannt. Sie ist zwar auch eine «rote Tinktur», allerdings nicht der vielgesuchte Stein der Weisen.

«Aurum potabile» nannte man dieses «flüssige» Gold, weil es «trinkbar» ist. Man schrieb ihm Wunderkräfte zu. Es ist zuerst in den Schriften Glaubers eingehend besprochen worden. Johann Rudolf Glauber ist einer der großen Alchemisten und Naturforscher des 17. Jahrhunderts gewesen, die ihre chemische Experimentierkunst nutzbringend anwandten. Seinem Fleiß und Genie verdankt die Chemie eine Fülle von Erkenntnissen, Arbeitsmethoden, Verfahren zur Herstellung von Salzen, Säuren, Naturstoffen, organisch-chemischen Produkten. Alle bekannten Chemiker des 17. und 18. Jahrhunderts haben Glaubers kenntnisreiche Schriften studiert und zur Grundlage ihrer eigenen Arbeit gemacht. Sein Hauptwerk «Furni novi philosophici», erstveröffentlicht in Amsterdam 1648/50, ist eines der grundlegenden Lehrbücher dieser Zeit. Wie schon der Titel verheißt, befassen sich ganze Kapitel des Buches mit dem Bau, der Erprobung und Anwendung neuer Brennöfen. Kunckel für seine Glasherstellung und Böttger für seine alchemistischen und keramischen Arbeiten haben nachweislich vom Erfahrungsschatz eines Glauber profitiert.

In mehreren Publikationen schlugen sich auch Kunckels Erfahrungen nieder. Seine Abhandlung «Ars vitraria experimentalis oder Vollkommene Glasmacherkunst», 1679 und später in Neuauflage erschienen, gehört zu den klassischen Werken der Glasfabrikation und der Chemie. Es ist die kommentierte Übersetzung eines im Jahre 1612 vom Pater Antonio Neri aus Florenz herausgegebenen Werkes, das die Erfahrungen der italienischen und holländischen Glasmacher wiedergibt. Kunckel hat eine lateinische Übersetzung des Neri-Buches sorgsam überarbeitet, mit Hinweisen und Korrekturen versehen und die in den deutschen Ländern gebräuchlichen Rohstoffe, Techniken und Geräte eingeführt. Das Buch, das auch in Böttgers Besitz gewesen und von ihm zur Konzipierung seiner praktischen Arbeiten benutzt worden ist, enthält eine Fülle von chemisch-technologischen Informationen zur Herstellung von ungefärbten und farbigen Gläsern, Emaillen, porzellanähnlichen Massen, Übersichten über Gerätschaften, Skizzen von Brennöfen und anderes mehr.

Mit dem Aufblühen der Potsdamer Glashütte stieg Kunckels Ansehen beim Kurfürsten. Friedrich Wilhelm schenkte ihm 1685 die Havelinsel Pfauenwerder, später Pfaueninsel genannt. Hier errichtete Kunckel seine eigene Glashütte, die er mit einem verbesserten Schmelzofen ausstattete. Auf der Pfaueninsel fertigte er wertvolle Farbgläser und auch Glasperlen für die afrikanische Handelsfaktorei. Lange Zeit erfreute sich Kunckel der Gunstbezeigung des Kurfürsten. Doch mit dem Tod Friedrich Wilhelms im Mai 1688 erlosch sein Glücksstern. Brandenburgs neuer Landesherr, Friedrich III., der spätere König Friedrich I., hatte keinen Sinn für Kunckels Arbeiten und warf ihm Veruntreuung von Staatsgeldern vor. Der Beschuldigte wurde zur Rückzahlung einer großen Geldsumme verurteilt. Kunckel mußte sein Haus und seinen Besitz veräußern und wurde dabei zum armen Mann. Zu allem Unglück vernichtete ein Brand seine Glashütte auf der Pfaueninsel: Brandstiftung, provoziert durch seine Feinde und Neider bei Hof. In diesen Jahren der Demütigung und Not erreichte Johann Kunckel eine ehrenvolle Berufung. König Karl XI. lud ihn ein, nach Schweden zu kommen. Kunckel sollte seine Erfahrungen für die Erschließung schwedischer Kupfererzvorkommen zur Verfügung stellen. Für seine Verdienste wurde er zum Bergrat ernannt und als «Kunckel von Löwenstern» in den Ritterstand erhoben.

Wieder in Berlin und auf seinem Gut «Dreißig Hufen» in der

Marklebend, beschäftigte sich Kunckel mit chemischen Experimenten. Auch das Problem der künstlichen Herstellung von Gold ließ ihn nicht los. An der Verwandelbarkeit der Metalle in Gold hat Kunckel nie gezweifelt: «Wer nicht sehen kan, daß die Transmutatio metallorum eine gewisse und wahrhafftige Kunst ist, wie etliche aus grober Unwissenheit solche leugnen und spöttlich davon reden, denen gehören Midas-Ohren, und solte man solchen, die nichts anders wissen, als die Schelmereyen und Betrüge anzuführen, das Maul mit etwas anders füllen.»

In Berlin und Cölln an der Spree gehörte Kunckel zu den stadtbekannten Persönlichkeiten. Des öfteren weilte er in der Runde des gastfreundlichen Apothekers Zorn und kam dort auch mit Zorns talentiertem Lehrjungen ins Fachsimpeln. Er merkte bald, daß in Böttger Begabung und Liebe für die chemische Experimentierkunst steckten, und schenkte ihm seine ganze Sympathie.

Kunckels letztes Bemühen galt der literarischen Aufarbeitung seines Lebenswerkes. Aber erst 1716, lange nach seinem Tod am 20. März 1703, sollte sein «Collegium physico-chymicum experimentale oder Laboratorium chymicum» erscheinen.

«Unter den Alchemisten befand sich stets ein Kern echter Naturforscher», urteilte Justus von Liebig in seinen «Chemischen Briefen» aus dem Jahr 1844. «Was Glauber, Böttger, Kunckel in dieser Richtung leisteten, kann kühn den größten Entdeckungen unseres Jahrhunderts an die Seite gestellt werden.»

Gold! Künstliches Gold!

In jener Zeit, als Böttger mit Kunckel Bekanntschaft schloß, soll sich in Berlin ein Abenteurer von legendärem Ruf herumgetrieben haben. Er liebte es, in wechselvoller Gestalt aufzutreten, einmal wie ein Fürst, das andere Mal wie ein Bettelmann. Zeitgenossen berichten, wie er, zumeist als Mönch verkleidet, durch die Lande zog: Um den Leib trug er einen blauen polnischen Rock mit einer Scharlachbinde, auf dem Kopf eine ungarische Mütze, in der

Hand einen langen Pilgerstab. Lascaris hieß der geheimnisvolle Unbekannte, der aus Griechenland kam und ein ehrwürdiges Alter besaß. «Lascaris» ist der Name eines alten griechischen Herrschergeschlechts. Auch einige byzantinische Gelehrte trugen ihn, die im 15. und 16. Jahrhundert durch Europa zogen, um verschiedenen Herrscherhäusern ihre Dienste anzubieten, und dabei zu Ehren gelangten.

Lascaris eilte der Ruf voraus, einer jener wenigen begnadeten Adepten zu sein, die im Besitz des Steins der Weisen gewesen sind. «Dieser Bettler führete einen solchen Reichtum in seiner in ziemlicher Quantität verfertigten ... Tinktur mit sich herum», erzählt Kanzleirat Dippel in seinem 1733 erschienenen Buch «Aufrichtiger Protestant», «daß er allezeit wäre capabel gewesen, so viele unreine Metalle in (der) Zeit von etlichen Stunden in Gold zu verwandeln, als zu Ausmüntzung von 20 Millionen Ducaten erfordert mag werden.»

Nach anderen Quellen soll Lascaris sogar schon zu Beginn des 17. Jahrhunderts, also rund hundert Jahre früher, an verschiedenen Orten Deutschlands gesehen worden sein. Damals habe er sich «in den besten Jahren befunden». Verwunderung ist hier fehl am Platze: Lascaris besaß ja das Lebenselixier, das ihm trotz hohen Alters ewige Jugend bescherte.

Seine Streifzüge durch die Welt führten den Griechen nach Berlin, «einem Ort, der in Teutschland einer von denen merckwürdigsten ist», fährt Dippel in seinem Bericht fort. Im ersten besten Gasthaus erkundigte sich der Fremde, «ob an dem Ort ... auch Medici oder andere Laboranten ... in der Alchymie sich exercirten». Der Wirt versicherte ihm, «daß dergleichen Narren, wie er sie nennte, in Berlin eine ziemliche Anzahl wäre», und verwies auf den Famulus des Apothekers Zorn. Im Gewand eines Bettelmönches begab sich Lascaris daraufhin zur Apotheke am Molkenmarkt. Er ließ sich eine Heilsalbe zubereiten und verwickelte dabei den Lehrling, der ihn bediente, in ein Gespräch über die Mysterien der Alchemie.

Angetan von Böttgers «munterem Naturell und so frühzeitigem

Eifer», so berichtet Dippel weiter, begann Lascaris, ihn in die Geheimnisse der hermetischen Kunst einzuweihen. Jede freie Stunde verbrachte Böttger bei dem Alten. Zum Abschied schenkte Lascaris seinem hoffnungsvollen Schüler eine Probe des köstlichen Steins der Weisen. Wie der Meister versicherte, reichte 1 Gran des rotkristallinen Pulvers aus, um 8 Lot Blei in Gold umzuwandeln. Schließlich teilte er dem Apothekerlehrling sogar das größte Geheimnis der Adepten mit, den «Process» nämlich, wie Böttger den Lapis philosophorum herstellen könne.

Gleichsam über Nacht war Böttger ans Ziel seiner heimlichen Wünsche gelangt. Aber er vertraute den Beteuerungen des Lascaris nicht blindlings. In einer alten Akte fand sich dazu ein Bericht vom 3. November 1701. Darin äußerte sich Böttger über Lascaris wie folgt: «Nach deßen Abreise habe ich aus Curiosité, und zwar weil ich des Mönches Vorgehen vor (für) eine menschliche Schwachheit gehalten, im Beyseyn einigen Leuten etwas weniges von obgedachtem Pulver an 2 Loth vom Mercurio probiret und wider Verhoffen mit Erstaunen befunden, daß alsbald draus feines Gold worden . . .»

Auch dieses erste gelungene Goldmacherexperiment Böttgers vom Juli 1701 ist historisch belegt, aber nicht weiter bekannt geworden. Seine Mitwisser schwiegen darüber. Erst nachdem Böttger gestorben war, glaubten sie, von ihrer Schweigepflicht befreit zu sein. Es existierte eine protokollarische Niederschrift über Böttgers alchemistische Tätigkeit in Berlin, verfaßt von seinem Lehrkameraden Schrader.

Was war an jenem Abend im Juli 1701 geschehen? In Sieberts Alchemistenküche vor den Toren Berlins hatten sich Gäste eingefunden, um der Schautransmutation beizuwohnen: der Gewürzkrämer Friedrich Röber, der Geldgeber von Siebert und Böttger, und ein Advokat aus Berlin. Unter ihren Blicken laborierte Böttger mit bestem Erfolg. Aus 2 Lot Quecksilber gewann er einen Goldklumpen von gleichem Gewicht, also etwa 33 Gramm.

Kühn geworden durch diesen Erfolg, wollte Böttger in einem weiteren Versuch erproben, welche Zauberkräfte der rotfunkelnde

Stein des Lascaris noch in sich barg. Er verabredete sich mit seinem Schulfreund, dem nur knapp ein Jahr jüngeren Johann Christoph Schrader, der wie er beim Apotheker Zorn in die Lehre ging. Zum Ort der verbotenen Handlung bestimmten die beiden Zauberlehrlinge das Apothekenlabor, in das sie sich zu nächtlicher Stunde einschlossen. Auch bei diesem Versuch «verwandelte» sich das Quecksilber in künstliches Gold. Daß es sich bei jenem «Aurum artificiale» wirklich um Gold handelte, konnten die beiden einfach nachweisen: Sie warfen in einen mit Mercurius vivus, flüssigem Quecksilber, gefüllten Mörser verschiedene Metalle. Aufgrund ihres im Vergleich zu Quecksilber geringeren spezifischen Gewichts schwammen sie obenauf. Das Gold aber sank.

Dem Prinzipal blieb der Vorfall natürlich nicht verborgen. Verärgert über die Eigenmächtigkeit seines Lehrjungen, doch auch verwundert über den Erfolg dieser «Transmutation», wußte Zorn zunächst nicht, was er von diesem Spuk halten sollte. Hinzu kam, daß ihn ein vornehmer Herr aufgesucht und sich lobend über die «chymischen Künste» des Apothekerlehrlings Böttger ausgesprochen hatte. Es war der Geheime Etatsrat Friedrich Adolf von Haugwitz, ein alter, erfahrener Haudegen auf diplomatischem Parkett. Unter dem sächsischen Kurfürsten Johann Georg III. hatte Haugwitz als Geheimer Kriegsrat und Obersteuerdirektor hohe Staatsämter bekleidet. Er überlebte noch die Regierungszeit Johann Georgs IV., doch 1697 wurde er aller Funktionen enthoben. Seitdem stand er in brandenburgischen Diensten. Wie alle hohen Herren besaß auch Haugwitz ein Faible für die edle Goldmacherkunst. Eines Tages lernte er Böttger kennen und «laborierte» mit ihm «auf zwei Capellen» – erfolgreich, wie es hieß.

Im September 1701 war Johann Friedrich Böttgers Lehrzeit beendet. Die brandenburgische Medizinalordnung von 1693 sah vor, daß sich ein Apothekerlehrling darauf dem Collegium medicum oder dem Physikus vorstellte. Nachdem er dort seiner «erlernten Kunst und Wissenschaft halber befraget», bekam er sein Zeugnis und wurde losgesprochen.

Zu Böttgers Zeit hielten es die privilegierten Apotheker Berlins noch nach altem Brauch. So dürfte Zorn die Freisprechung Böttgers selbst vorgenommen und das Testimonium (Lehrbrief) ausgestellt haben: Ab sofort war Johann Friedrich Böttger nicht mehr Discipulus (Lehrjunge), sondern Domicellus (Geselle). Ausschlaggebend für Zorns Gesinnungswandel über die Goldmacherkünste seines Gesellen dürfte das wohlwollende Urteil Kunckels gewesen sein. Kunckel nahm den hoffnungsvollen jungen Mann sogar mit auf sein Gut «Dreißig Hufen», wo Böttger eine «Demonstration auf fein Silber» geglückt sein soll.

Einem Brief Röbers vom 17. September 1719 zufolge soll Kunckel «ins größte Elend gerathen» sein, weil Böttger ihm vom «Prozeß des Universals» nur zwei Teile genannt, den dritten aber, den wichtigsten, verschwiegen hätte.

Der neunzehnjährige Böttger muß schon damals über erstaunliche chemische Spezialkenntnisse und großes experimentelles Geschick verfügt haben. Ihm berichtete Kunckel in einem Schreiben vom Juli 1702 von seinen erfolglosen Experimenten. Schließlich überreichte er seinem jungen Freund einen ganzen Katalog von Fragen: «... bitte mir zu melden, wie starck wohl der erste Grad (des Feuers) ohngefehr seyn muß ... so steigt ein schönes rubinrothes Sublimat auf, (doch) fällt kein Pulver zu Boden. Ob etwan hier eine Irrung ist? ... so giebt es ein schön Saltz ... Ob dieses zu bewußter Sache kan gebrauchet werden, bitte sehr um Nachricht.»

Kein Zweifel, Kunckel ist mit seinem chemischen Latein am Ende gewesen. Als er nach der Goldmachervorschrift des Basilius Valentinus zu arbeiten begann – der Name wird im Brief erwähnt –, geriet er in eine Sackgasse. «Es blieb ein röthliches Pulver, das will nicht tingiren», beklagte sich Kunckel. «Mein Bley war wieder, wie ichs eingesezt, ... ich meinete, ich hätte es nicht recht gemacht.» Nun erhoffte er sich von Böttger Rettung. Wir erfahren aus dem Brief auch, daß Kunckel das ersehnte Alchimistengold bitter nötig brauchte, um seine Schulden zu bezahlen.

Zwei geachtete Persönlichkeiten, Johann Kunckel und Geheimrat von Haugwitz, waren also von Böttgers Qualitäten überzeugt. Das mußte Zorn nachdenklich stimmen. Um nicht als Ignorant dazustehen, freilich auch, um die eigene brennende Neugier endlich zu stillen, organisierte der Apotheker jenes Goldmacherexperiment in seinem Hause. Und seit diesem 1. Oktober 1701 wußte alle Welt, daß ein Berliner Apothekergeselle den lang gesuchten Stein der Weisen gefunden hatte.

Zeitgenossen berichten

Die Fülle von Berichten über die Verwandlung unedler Metalle in Gold ist überraschend.

Widmen wir uns einmal der Lektüre solcher zeitgenössischen Berichte. Ihr besonderes Kolorit läßt den Geist der damaligen Zeit lebendig werden. Und noch eins ist von Wert: Es handelt sich dabei um die frühesten Publikationen, die über Johann Friedrich Böttger erschienen sind.

Als ein streitbarer Publizist galt damals Johann Franz Buddeus, Professor für Moralphilosophie an der Universität Halle. Geschickt verband er in seinen Schriften die Theologie mit allgemein interessierenden Fragen seiner Zeit. So veröffentlichte er 1702 eine Streitschrift, «Quaestionem politicam: An Alchemistae sint in Republica tolerandi?» betitelt. Buddeus erwähnt in seiner Publikation auch das Goldmacherexperiment für so mitteilenswert, daß er bei Drucklegung einen Nachsatz aufnehmen ließ. Darin gab er weitere, inzwischen ermittelte Einzelheiten bekannt und auch den Namen des Wunderknaben: Johann Friedrich Böttger.

Ein anderer Autor, Christian Paullini, hat in seinem 1703 erschienenen Buch «Anmuthige Lange Weile oder Allerhand feine, außerlesene, seltene und curieuse Discursen» eine genaue Schilderung hinterlassen, die auf persönliche Information schließen läßt. «Was von dem Berlinischen Goldmacher zu halten sey» nannte er seinen Bericht. Paullini – eine Persönlichkeit von universeller Bildung, Mitglied fast aller damals existierenden gelehrten Gesellschaften – erzählt von «etlichen guten doppel Groschen, so an Gewicht drey Loth», die der Apothekerbursche in Gold verwandelt habe.

In den Akten des Geheimen Kabinetts Augusts des Starken findet sich ein Schreiben Friedrich Zorns vom 28. Dezember 1701, gerichtet an seinen Kollegen Heinrich Linck in Leipzig, den Besitzer der Löwenapotheke. «Nur dienet zur Nachricht wegen meines gewesenen Discipuli», teilte Zorn darin mit, «daß in Gegenwart meiner von 3 Loth 2-Groschenstücken, so ich selbst geschmoltzen, durch seine Tinktur, welches als ein dunkelrothes Glass war und nur 1 Gran (0,06 Gramm) schwer, indem er es darein gethan, alsofort das feinste Gold an 3 Loth schwer geworden und alle Proben ausgehalten . . .»

Selbst Gottfried Wilhelm Leibniz nahm an diesem Goldmacherstücklein ungewöhnlich regen Anteil. Das erfahren wir aus dem französisch geführten Briefwechsel des Gelehrten mit seiner Gönnerin, der Kurfürstin Sophie von Hannover.

«Man sagt, daß der Stein der Weisen hier blitzartig aufgetaucht und innerhalb eines Augenblicks wieder verschwunden ist», informierte Leibniz am 8. November 1701 die Kurfürstin Sophie. «Ein junger Apothekerlehrling hat sich ungeachtet der Einwände und Ratschläge seines Lehrmeisters, des hier recht gut bekannten Apothekers Zorn, der Alchemie verschrieben. Sie haben sich deshalb so überworfen, daß der Lehrling das Haus verließ und seine Arbeiten bei einem Freund weiterführte, der ihn schließlich dazu bewog, sich mit seinem Meister wieder zu versöhnen und auch wieder zu ihm zurückzukehren. Da er jedoch wie zuvor weitermachte, gerieten sie häufig in Streit, wobei der junge Mann dem Apotheker und seiner Frau, die Pietistin ist (wie man diese Leute nennt), mit devoter Miene sagte, sie müßten doch befürchten, gegen Gott zu sündigen, wenn sie so leichtfertig seine Wunder in Abrede stellten . . .» Dann schilderte der Gelehrte eingehend das Experiment und dessen Ausgang und fügte hinzu: «Ich bin außerordentlich neugierig, was sich daraus entwickeln wird. Denn ich zögere, allem Glauben zu schenken, wage jedoch nicht, so vielen Zeugen die Stirn zu bieten, da ich absolut keine gültigen Gründe finden kann, die ihre Aussagen widerlegen könnten.»

Leibniz verbarg also seine Skepsis nicht. «Ich hoffe, daß weder der junge Mann noch eine andere verdächtige Person die Geldstücke in den Tiegel getan hat, sonst wäre das Experiment zweifelhaft. Um alles besser beurteilen zu können, werde ich selbst mit den Augenzeugen sprechen und sie auch über die Folgen befragen.» Und der Philosoph machte sich auf den Weg, um jene inzwischen stadtbekannten Zeugen zu interviewen: Diakon Winkler und den Apotheker Zorn. Beide hätten ihn in seinen Zweifeln keinesfalls bestärkt, sondern ihm «im großen und ganzen alles bestätigt», teilte Leibniz am 3. Dezember der Kurfürstin mit.

3. Diplomatische Verwicklungen

Flucht nach Wittenberg

Nach einem dreiviertel Jahr Regentschaft als König sah sich Friedrich I. mit dem unaufhaltsamen Verfall der Staatsfinanzen konfrontiert. Königskrönung sowie die monatelangen Feierlichkeiten und Staatsempfänge hatten eine Summe von mehr als sieben Millionen Talern verschlungen. Die jährlichen Staatseinkünfte beliefen sich dagegen nur auf etwas mehr als drei Millionen. Auch rigorose Steuereintreibungen konnten die Kosten für die verschwenderische Hofhaltung nicht mehr wettmachen.

In dieser desolaten Situation drang an den Berliner Hof die Kunde von einem Goldmacher, der in der Residenzstadt sein «Handwerk» ausübe. Unverzüglich befahl der König den Apotheker Zorn mit dem Stück künstlichen Goldes zu sich. Über den Ausgang seiner Audienz beim König äußerte sich Zorn ziemlich ungehalten. Im Brief an den Apotheker Linck ließ er seinem Ärger freien Lauf: «Ich habe das Stück Gold von 30 Dukaten Wert Ihro Königl. Majestät als meinen allergnädigsten Herrn überreichen müssen . . .» Friedrich I. ließ diese Probe glänzender Alchemistenkunst in seinem Kabinett verschwinden. Er wies sein Kabinett an, Maßnahmen einzuleiten, um diesen unbezahlbaren Alchemisten auf ewig an sich zu ketten. Den Apotheker Zorn ließ er wissen, daß man den «Goldjungen» dringend am Hof zu sehen wünsche.

Als ihm sein Prinzipal diese mit königlichem Siegel versehene

Vorladung aushändigte, überfielen unseren Goldmacher Gewissensängste. Jetzt gab es für ihn nur einen Ausweg: die Flucht. Ohne sich von Zorn zu verabschieden, verschwand Böttger am 26. Oktober 1701 aus Berlin – diesmal auf Nimmerwiedersehen.

Am Berliner Hof löste Böttgers Verschwinden nicht wenig Bestürzung aus. Geheimrat Haugwitz hatte die Botschaft überbracht. König Friedrich war wütend. Unausgesetzt schalt er seine Kabinettsminister, weil sie «auf solch brauchbaren Kerl nicht besser Attention gehabt». Der Maître des Requêttes, ein Herr von Wedel, wurde beauftragt, den Goldmacher wieder einzufangen.

Drei Tage und drei Nächte lang hielt sich Böttger ängstlich in der Berliner Vorstadt im Haus des Kaufmanns Röber verborgen. In der Öffentlichkeit durfte er sich nicht blicken lassen. 1000 Taler Belohnung sollte es für seine Ergreifung oder Auslieferung geben.

Die Nacht des 29. Oktober nutzte Böttger zur weiteren Flucht. Röber brachte ihn in das nahe Dorf Schöneberg zu Verwandten, die Böttger in einem Planwagen versteckten und außer Landes schafften. Als der Wagen mit dem Flüchtling davonrumpelte, überfielen den geschäftstüchtigen Kaufmann quälende Bedenken. Wie leicht hätte er den goldenen Vogel ausliefern können, der sich ihm freiwillig in die Hände gegeben hatte! Selbstvorwürfe dieser Art beunruhigten Röber offensichtlich sein ganzes Leben lang. Auch noch im Jahre 1717 forderte er von Böttger dreist eine Entschädigung in Höhe jener 1000 Taler, die er sich seinerzeit als Fangprämie so leicht hätte verdienen können.

Von seinem schaukelnden Gefährt herab erblickte Böttger am späten Abend des 30. Oktober 1701 die Silhouette der kursächsischen Grenzstadt Wittenberg. Schon von fern konnte man die Dominanten des Stadtbildes erkennen: Schloß, Rathaus, die doppeltürmige Stadtkirche und die Universität mit dem Collegiumsgebäude und dem Augusteum. Dieser Anblick gab dem Verzweifelten seine Zuversicht zurück. Hier, nach Passieren der Grenze, glaubte er vor Nachstellungen endlich sicher zu sein. In Wittenberg würde auch sein sehnlichster Wunsch in Erfüllung gehen: ein Studium an der berühmten Universität. Kunckel, Böttgers väterlicher Freund, hatte ihn dazu ermuntert und ihm auch erklärt, wie er es anstellen müsse, um in die Academia Vitembergensis aufgenommen zu werden. Student in Wittenberg: Im Vorgefühl des kommenden Glücks dachte Böttger nicht im entferntesten daran, daß Ereignisse eintreten könnten, die seinem Leben eine dramatische Wendung geben würden.

Die Träume des Studiosus Böttger

Einen Tag nach seiner Ankunft spazierte Böttger durch das im Nordwesten gelegene Schloßtor, eins der drei Stadttore Wittenbergs. Sein erster Blick fiel auf das kurfürstliche Schloß. Böttger konnte nicht ahnen, daß er hier einige Zeit unfreiwillig seinen Aufenthalt nehmen würde. Das Wittenberger Schloß präsentierte sich damals als ein ziemlich verfallener Frührenaissancebau mit zwei massiven Rundtürmen und Ziergiebeln an den Steildächern. Die kastellähnlichen Schloßgebäude dienten zu Verwaltungszwecken und nur noch vereinzelt als Wohnräume. Stadtkommandant Otto von Rosen hielt sich darin auf. Auch der kursächsische Kreishauptmann Wolfgang Dietrich von Werthern und der Amtmann Dr. Johannes Jacob Ryssel hatten hier ihren Sitz.

Auf seinem Rundgang durch Wittenberg überquerte Böttger zwei kleine Flüsse, der Faule und der Rasche Bach genannt, die das Stadtgebiet in drei Teile trennten. Böttger bahnte sich durch ein Gewirr von Gassen mit winkligen Bürgerhäusern den Weg. Um zur Universität im Osten der Stadt zu gelangen, mußte Böttger ganz Wittenberg durchqueren. Dort, in der Collegiengasse, sollte auch Professor Kirchmaier wohnen.

Einst besaß die Wittenberger Universität einen glänzenden Ruf. Als Luther und Melanchthon dort lehrten, galt Wittenberg als ein europäisches Zentrum der Reformation und des Humanismus. Von alldem war im Jahre 1701 nicht mehr viel zu spüren. Wittenbergs Ansehen als berühmte Universitätsstadt war merklich verblaßt.

Die Universität gliederte sich in vier Fakultäten auf: Theologie, Jura, Medizin und Philosophie. An der philosophischen Fakultät lehrten 1701 neun Professoren, die doppelte Anzahl wie in den anderen Abteilungen. Ein Mediziner, Professor Dr. Christian Vater, der noch Kunckels Kolleg besucht hatte, trug im Herbst 1701 die Würde des Rector magnificus.

Es muß überraschen, daß die philosophische Fakultät die meisten Professoren besaß. In der Geschichte der Universität nahm bisher die Theologie die dominierende Stellung ein. Aber mit ihrer starren, wissenschaftsfeindlichen, orthodoxen Lehre konnte die theologische Fakultät im Zeitalter der beginnenden Aufklärung ihren Führungsanspruch nicht länger aufrechterhalten. Beispiele aus jüngster Vergangenheit zeigten jedoch, wie diese Fakultät ihre Vormundschaft durchzusetzen verstand: Im Jahre 1674 hatte ein Wittenberger Professor der Medizin ein Gutachten für einen «Hexenprozeß» anzufertigen. Unter dem Druck der theologischen Fakultät mußte er erklären, daß die von der Angeklagten gesammelten Kräuter «zur Zauberrey und andern bösen Händel» verwendet würden. Daraufhin ließ man die Beschuldigte als Hexe foltern, um von ihr das gewünschte Geständnis zu erpressen.

Bei seinen ausgeprägt naturwissenschaftlichen Neigungen kam für Johann Friedrich Böttger nur ein Studium an der medizinischen und philosophischen Fakultät in Frage. Böttger selbst ließ verlauten, er möchte sich «in der Apothecker Kunst und in artem chymicum perfectioniren» und zu diesem Zweck «sowohl humaniora als philosophiam fleißig treiben». An einer anderen Stelle findet man in den Akten den Hinweis, daß Böttger sich zudem «in der Latinität informiren laßen» wollte.

Wenn Böttger jedoch behauptet, er habe sich an der Wittenberger Universität immatrikulieren lassen, so stimmt das nur bedingt oder gar nicht. In den vollständig erhaltenen Inskriptionslisten Ostern bis Michaelis 1701 (159 Studenten) beziehungsweise Michaelis 1701 bis Ostern 1702 (102 Studenten) ist sein Name jedenfalls nicht aufgeführt. Aber immerhin fühlte sich Böttger ganz als

Student. Er mietete sich im Augusteum ein Studierstübchen. Dann machte er sich auf den Weg zu Professor Kirchmaier. Dort erwartete ihn allerdings eine herbe Enttäuschung. Kunckels Freund, Georg Caspar Kirchmaier, war im vergangenen Jahr gestorben. Die Witwe und der Sohn, Georg Wilhelm Kirchmaier – seit Februar 1701 ordentlicher Professor für griechische Literatur an der philosophischen Universität –, versprachen jedoch, Böttger zu helfen.

Kirchmaier junior instruierte den angehenden Studiosus über die Freuden und die Gefahren des Studentenlebens. Dabei ließ er es nicht an wohlgemeinten Ratschlägen fehlen: Der junge Herr möge fleißig lernen, sich aber im Studium des Guckgucks zurückhalten. «Guckguck» wurde das weithin berühmte Stadtbier genannt. Und für die Wittenberger Studenten fand man damals keinen treffenderen Namen als «Guckgucksbrüder». Zuletzt kam Kirchmaier auf den Ernst des studentischen Lebens zu sprechen. Böttger erfuhr zu seinem Erstaunen, daß es zwischen den Wittenberger Studenten, Bürgern und Soldaten oftmals Auseinandersetzungen gab, die nicht selten in blutigen Straßenschlachten endeten. Erst jüngsthin, am 8. Oktober, war wieder eine Revolte ausgebrochen. Aufgebracht durch Übergriffe bei militärischen Werbeaktionen, hatten sich zweihundert bis dreihundert Studenten zusammengetan, um lärmend und die Soldaten vor sich her treibend durch die Gassen zu ziehen.

Verantwortlich für Ruhe und Sicherheit in der Stadt zeichnete der Festungskommandant General von Rosen. Als er von den demonstrierenden Studenten hörte, reagierte er gereizt und überängstlich. «... ziehe auch gleich die Guarnison zusammen und laße ein paar Feld Stückgens bey die Hauptwache, so vorm Schloß, umb meine Wohnung bringen, damit ich in guter Position sey, wenn etwa eine Revolte entstünde», lesen wir in seinem Bericht vom 12. Oktober 1701. Als Wittenbergs Kommandant daraufhin zum Rektor, Professor Christian Vater, fahren wollte, wurde seine Kutsche unterwegs von Studenten umringt und am Weiterfahren gehindert. «Sie belegten mich mit allerhand harten, trotzigen Worten», beschwerte sich Rosen, «zückten auch zum Theil ihre Degen schon halb auß der Scheide, in Willens, mich zu attaquiren.» Schließlich gaben die Aufrührer den Weg frei. Sie zogen weiter zum Schloß, belagerten die Hauptwache und das Haus des Stadtkommandanten und überhäuften die dort aufmarschierten Soldaten mit Spott und Hohn.

Inzwischen hatte sich die Szenerie wieder etwas beruhigt. Kirchmaier, der Böttger davon berichtete, meinte aber, es wäre nur die Ruhe vor einem neuen Sturm. Ein Anlaß würde nicht lange auf sich warten lassen, der wie ein zündender Funke den studentischen Unmut aufs neue zum Auflodern brächte.

General von Rosen hatte kaum die rebellierenden Studenten unter Kontrolle gebracht, als ein Wachoffizier mit einer neuen Hiobsbotschaft aufwartete: Draußen vor den Toren der Stadt sei ein Trupp brandenburgisch-preußischer Soldaten eingetroffen, die ihre Pferde fast zu Tode geritten hätten. Die Preußen vor Wittenberg! In welcher Absicht waren sie gekommen, als Freund oder Feind? Vorsichtig ließ Rosen das fremde Militär observieren. Dann gestattete man dem Leutnant als einzigem, das Stadttor zu passieren. Da er in ziviler Angelegenheit zu kommen vorgab, verwies man ihn an das kursächsische Kreisamt.

Der Aktuar, Johann Samuel Rappe, brachte die Anzeige des Leutnants Menzel zu Papier. Die Niederschrift ist heute noch vorhanden. Hier sind in originalgetreuer Schreibweise die ersten Zeilen daraus:

«Registratura, den 1. November 1701. Acto meldet sich im Creiß Ambte H. Carl Menzel aus Berlin, anbringende, welchergestalt bey Daniel Goldtmann in hießiger Vorstadt ein Kerl sich aufhalte, welchen mann in Berlin, woselbst er die Apothecker Kunst bey H. Zornen erlernet und von dar nun kürzlich herkommen wehre (wäre), gewißer Ursachen halber in Verdacht gehabt. Weil Denunciant nun von dem Maitre des Requettes, H. von Wedel zu Berlin, Befehl habe, daß er gemeldten Kerl, wie er ihn antreffe, zur Hafft bringen laßen solte, als wolte er gebethen haben, daß mann sich sowohl seiner Persohn als auch der Sachen halber, die er bey sich habe, versichern möchte . . .»

Kreisamtmann Dr. Ryssel überließ den offensichtlich belanglosen Fall seinem Faktotum Rappe und schickte diesen mit einem Wachsoldaten in die Vorstadt hinaus.

«Hierauf bin ich, der Actuarius, hinaus zu Goldtmannen gegangen und habe gedachten Kerl, welcher sich Johann Friedrich Böttger nennet, annoch im Bette angetroffen, welchen ich sogleich den Arrest angekündiget und ihn mit herausgenommen und aufs hiesige Schloß in leidliche Verwahrung bringen laßen. Seine Sachen aber, so er annoch bey Goldtmannen gehabt, als ein Kuffer, ein paar Stieffeln, ein Glaß, in welchem einige Liquores, ein Degen, ein Huth Futteral habe ich, und zwar den Kuffer erstlich, versiegelt ins Ambt bringen laßen. Alldieweil Denunciant auch schon viele Sachen herein in die Stadt in der Frau Professor Kirchmaierin Hauß gebracht, als bin ich zu den H. Magnif. Dr. Vatern gegangen und habe ihm versichert, daß er gemeldte Sachen gleichergestalt versiegeln und in genaue Verwahrung bringen laßen möchte, welches auch sofort geschehen.»

Bei Böttgers Inhaftierung dürfte es nicht ganz ruhig zugegangen sein. Wir schließen das aus einer den Akten beliegenden Quittung über 5 Groschen «vor (für) Töpffer Arbeit an einem Offen bey Arretirung eines Passagiers von Berlin».

Die Träume vom Studentenleben hatten ein rasches Ende gefunden. Wahrscheinlich wurde dies auch Böttger sofort bewußt, denn auf dem Weg zum Schloß äußerte er sich voller Unmut. «Er merckte wohl, was es seyn würde, so ginge es einem Kerl, der was könte, aber er wolle sein Kunst Stück doch niemanden offenbahren, und wenn man ihn gleich an den höchsten Galgen hienge!» Mit Sicherheit ist Rappe aus diesen geheimnisvollen Andeutungen nicht klug geworden.

Pflichtgemäß sah Kreisamtmann Ryssel nach dem «Neuankömmling», den man in den Elbturm des Wittenberger Schlosses eingesperrt hatte. Bei dieser Gelegenheit mußte Böttger von seinem Berliner Aufenthalt berichten. Verfänglichen Fragen wich er geschickt aus. Er gab nur zu, die Apothekerkunst gelernt und mit bekannten Leuten, wie Haugwitz und Kunckel, hin und wieder in der Alchemie experimentiert und dabei manch «sonderbares Kunst Stück» gezeigt zu haben. «Weiter aber hat er sich auff mein Fragen zu nichts herauslaßen wollen», schrieb Ryssel enttäuscht in einem am 1. November nach Dresden abgesandten Bericht.

Menzel äußerte sich zufrieden über die rasche Erfüllung seines Anliegens und wollte den Gefangenen gleich am nächsten Tag mit nach Berlin nehmen. Aber da geriet er bei Ryssel an die falsche Adresse: Dieser verlangte zunächst eine Ordre des Preußenkönigs. Bis zum Eintreffen einer solchen Vollmacht und genauer Instruktionen seitens der kursächsischen Regierung müsse sich der Herr Leutnant gedulden. In aller Eile fertigte Menzel eine Stafette an den Maître des Requêttes nach Berlin ab. Dann erklärte er dem Kreishauptmann, nicht eher aus dem Schloß und von der Seite des Häftlings zu weichen, bis er diesen aufgeliefert bekäme.

Vorgeplänkel

Zunächst wußte kein Mensch, weshalb der junge Apothekergeselle von den Preußen gesucht würde. Auch Menzel hütete sich, jene «gewissen Ursachen» näher zu erläutern. Vielleicht also wäre Böttger freigelassen worden und hätte in Wittenberg sein Studium wiederaufnehmen können, und das vor den Toren der Stadt lagernde preußische Militärkommando wäre abgezogen. Aber zu allem Unglück tauchte gleich am nächsten Tag, dem 2. November, der Berliner Krämer Röber in Wittenberg auf, der Böttger gefolgt war. Er brachte erstaunliche Nachrichten mit. Dem Aktuar Rappe sträubte sich fast die Feder, als er notierte, was der Berliner zu erzählen wußte: «Böttger sey ein guter Alchymist, habe sich auch in Berlin in große Aestim gebracht, bis endlich verlauten wollen, daß er in dieser Kunst würklich so weit avanciret, daß er veritabel GOLD praepariren könne.» Ein Goldmacher! Das war des Rätsels Lösung. Vom Kreisamtmann daraufhin scharf verhört, gab Böttger alles zu und berichtete nun im Detail von seinen Berliner Transmutationsversuchen.

Die Gründe für Böttgers Flucht nach Wittenberg waren nun nach Röbers Indiskretion kein Geheimnis mehr. Ja, wir gehen sogar so weit, den «aufrichtigen Freund» Böttgers schnöden Verrats zu bezichtigen. Denn wer sonst, wenn nicht Röber, sollte den preußischen Häschern Böttgers Aufenthaltsort genannt haben? Woher hatte Menzel sofort gewußt, daß sich der Gesuchte bei einem gewissen Goldmann in der Wittenberger Vorstadt aufhielt? Friedrich Röber spielte in der Tat eine verwerfliche Rolle. Auch dem brandenburgisch-preußischen Kabinett machte er mit seinen Extravaganzen einen Strich durch die diplomatische Rechnung. Premierminister Colbe von Wartenberg hatte nämlich das von Menzel angeforderte Requisitorialschreiben sofort ausfertigen und siegeln lassen. Ein königlich preußischer Offizier brachte es am nächsten Tag nach Wittenberg.

Ryssel überlegte, wie er die Auslieferung Böttgers verhindern könnte, und kam auf folgende Idee: Gegen die verlangte Auslieferung sollte Böttger selbst protestieren. Dieser Appell müßte an ihn, den Kreisamtmann, noch besser an den Landesherrn, König August II. von Polen, gerichtet sein. Als Jurist verfügte Ryssel über solide Rechtskenntnisse, und dieses Wissen nutzte er jetzt aus. Er arrangierte es, daß Johann Friedrich Böttger am 3. November 1701 zwei Schriftsätze unterschrieb. Inzwischen hat sich erwiesen, daß der mit Juristenlatein gespickte Text nicht als von Böttger verfaßt gelten kann.

Einige charakteristische Passagen sollen trotzdem zitiert werden, denn sie gehen auf sachdienliche Informationen Böttgers zurück. «Auf was Arth ich unversehens alhier zu Wittenberg, alwo ich studiren wollen ... in Arrest gerathen, solches wird meinem hochgeehrten H. CreysAmtmann selbst beßer als mir bekandt seyn.» So beginnt die Eingabe Böttgers, die er an Ryssel gerichtet hat. «Aus was Ursachen aber solches geschehn, solches weiß weder derselbe noch ich selbst. Vermutlich haben bey Ihro Königl. Mayestät in Preußen und Churfürstlichen H. zu Brandenburg mich einige von meinen Mißgönnern und Feinden durch falsche Beschuldigungen, die ich nicht einmahl zu errathen weiß, zu verunglimpfen gesucht ...» Böttger beteuerte, keine Missetat begangen zu haben. Mit Recht verwies er darauf, daß auch im Reskript des preußischen Königs «nicht das geringste von einigen Verbrechen gedacht worden». Wozu also die Auslieferung? Wozu überhaupt die Haft?

Acht Folioseiten umfaßt das zweite von Böttger unterzeichnete Bittgesuch, das für August den Starken bestimmt war. Dieser von Ryssel inszenierte Brief ist taktisch geschickt aufgebaut. Ausführlich wird darin von Böttgers Goldmacherkünsten berichtet, um Majestät die Sache schmackhaft zu machen. Dabei vergaß Böttger nicht sein persönliches Anliegen:

«Indeßen ist meine gäntzliche Resolution dahin gegangen, daß ich nun meine Apothecker Kunst und artem chymicam mehr zu perfectioniren und dermalens Gott und meinem Nechsten darmit zu dienen, mich von Berlin auf die Universitaet Wittenberg begeben und daselbst sowohl humaniora als philosophiam fleißig treiben wolle, gestalt ich auch vor wenigen Tagen daselbst ankommen, auch mich bereits zur Inscription angegeben habe. Allein ich bin wieder alles Verhoffen und Verschulden von dem hiesigen H. Creys Amtmanne in Arrest genommen worden, und hat Ihro Königl. Majestät in Preußen und Churfürstl. Durchlaucht zu Brandenburg an denselben, um mich nach Berlin abfolgen zu laßen, allergnädigst rescribiret, worüber von Herzen bestürtzet worden. Denn erstens bin ich mir nichts Böses bewußt und kan mit gutem Gewißen schweren (schwören), daß ich dergleichen Tractament mit keinem Verbrechen verdient habe ... Also ist hiermit mein allergehorsamstes Bitten, Ew. Königl. Mayestät und Churfürstl. Durchlauchtigkeit geruhen, daß auf dero löbl. Universitaet Wittenberg ich ungehindert studiren möge, allergnädigst zu verstatten, dero Creys Amtmann aber, H. Dr. Johann Jacob von Ryssel, daß er mich anderswohin nicht abfolgen laßen, sondern vielmehr meinen Arrest relaxiren solle, in hohen Gnaden anzubefehlen.»

Gleich in den ersten Tagen der Haft muß es Johann Friedrich Böttger gelungen sein, seinen Freund Johann Kunckel von seiner Not zu verständigen. Vielleicht half ihm ein Student bei der Beförderung des aus dem Gefängnisturm geschmuggelten Schreibens. Jedenfalls hat Kunckel Böttgers Hilferuf erhalten. Es war ein Schreiben ohne Datum, das der Adressat allerdings mit großer Verspätung bekam. Denn Kunckel machte sich zu einer Zeit auf die Reise nach Wittenberg, als Böttger schon längst nicht mehr dort war. Was nutzte es, daß Johann Kunckel Tränen über den verlorenen Sohn vergoß, er kam nie mehr zurück. Voller Verzweiflung verfaßte er einen Brief «A Mons. Jean Friderich Betkern, presentement». Wir datieren das abschriftlich bei den Akten liegende Schreiben auf Juli 1702. Wie dem Text zu entnehmen ist, benötigte Johann Kunckel nicht nur Böttgers klugen Rat in der Chemie. Er wünschte sich den jungen Mann auch dringend selbst zurück und versprach, auf ihn zu warten: vierzehn Tage lang, entweder in Wittenberg oder in Treuenbrietzen, auf halbem Weg nach Brandenburg und Berlin gelegen.

Kunckels Schreiben ist eine umfangreiche Anlage beigegeben, ein Fragespiel an Böttger zu chemischen Problemen. Das Anschreiben soll im vollen Wortlaut folgen, weil es die persönlichen Beziehungen zwischen den beiden erhellt:

«Hertzvielgeliebter Sohn.
Sein Schreiben habe erhalten, weiß nicht, wie alt es ist, dennoch habe mich alßoforth nach Wittenberg gemacht und muß erwarthen, was passiret. Ich habe mein Tage etzliche tausend Brieffe

67

gekriegt, aber mein Lebetag hat mir keiner mehr erfreuet, alß dießer; In was Gefahr und Angst ich seinethalben geweßen, will ietz nicht gedencken. Ich hätte ihn angeben sollen, weil man außspioniret, daß er bey mir geweßen. Wie ich hörete, daß er seiner Freyheit beraubet, hat mein Frau und ich unsere Trähnen darüber vergoßen und steths vor ihn zu Gott geseuffzet, Gott helffe unß wieder zusammen.

Ich habe das Verlangte hier beysenden wollen. Mein lieber Sohn, er versichere sich aller väterlicher Liebe und Treue. So ich ihme in etwas dienen oder helffen kan, kan er mir beßer als seiem natürlichen Vater trauen, wanns mit meinem Bluthe ohne Verletzung meines Gewißens geschehen könte, Gott gebe, daß dießes zu stelle kömpt, ich will 14 Tage entweder in Wittenberg oder Treuen Brietzen warten, ob in der Zeit einige Post von ihme kriegen kan. In Wittenberg logire ich bey H. Professor Kirchm., in Brietzen bey dem PostMeister Zießen, darnach kan er sich richten. Gott gebe ihm doch die edle Freyheit wieder, ich wolt gern dahin contribuiren. Wanns möglich, bitte nachmahlen umb alles, worum ich im Einschluß (Anlage) gebethen, denn mein Hertz ist sehr beängstiget, wenn es mir fehlen solt. Mehr kan nicht schreiben, alß daß ich mit Seel und Gemüth sein treuer Vater leben und sterben werde. Gott zum Trost und Beystandt. Solt ich nicht bey Zießen logiren, so weiß er doch, wo ich sonsten anzutreffen bin.

Den 10. Aug. reiße, ob Gott wil(l), mit der Post von hier.

Vale(t).»

Der kalte Krieg beginnt

Für den Wittenberger Kreisamtmann wurde die Situation immer beängstigender. Täglich trafen aus dem Brandenburgischen unbekannte Personen ein, dunkle Gestalten, vermummte Pietisten, auch ein Kammerkurier mit vornehmer Equipage. Alle schlichen sie um das Schloß herum, suchten nach einer Möglichkeit, den

Gefangenen zu erspähen oder mit ihm einige Worte wechseln zu können. Am meisten Sorge machte Ryssel der fremde Kurier, der überall herumhorchte. Dann faßte er einen Entschluß. Er schnürte Briefe, Akten und den soeben verfaßten Bericht zu einem Bündel zusammen und beauftragte einen zuverlässigen Mann, die Post auf schnellstem Weg nach Dresden zu bringen: Mögen doch das Geheime Ratskollegium oder die Landesregierung entscheiden, was aus der vertrackten Goldmacheraffäre wird!

In Dresden besaß Ryssel einen Vetter, den Geheimen Kammersekretär Gottfried von Ryssel, der über alle Vorkommnisse bei Hofe bestens informiert war. Dieser übersandte dem Kammerrat Georg Gabriel von Wichmannshausen am 4. November 1701, einem Buß- und Bettag, die Wittenberger Akte über den Goldmacher Böttger. Wichmannshausen betrachtete das versiegelte Paket mit keineswegs begeisterten Blicken. So viel hatte er beim flüchtigen Durchlesen des Begleitschreibens mitbekommen, daß es sich hierbei um eine brisante Staatsaffäre handeln müsse, der man besser aus dem Weg ginge. Unter dem Vorwand, er wisse nicht, ob der Vorgang ressortmäßig ins Justiz-, Kammer- oder Bergkollegium gehöre, was Wichmannshausen entscheiden möge, hatte ihm Ryssel die Akte zugeschoben.

Folgen wir weiter den persönlichen Aufzeichnungen Wichmannshausens. Dieser ging die Akte durch, las die Berichte, «soviel in Eyl geschehen konte», und fand darin «einige sehr bedenckliche Umbstände». Das veranlaßte ihn, sogleich den Statthalter, Egon Fürst zu Fürstenberg, zu informieren, der bei Abwesenheit des sächsischen Kurfürsten und polnischen Königs das höchste Staatsamt versah. Doch dieser war in Dresden nicht aufzufinden. Fürstenberg hatte sich ins Schloß Moritzburg zurückgezogen, um den religiösen Feiern und Zeremonien der Protestanten aus dem Weg zu gehen, die ihm, dem Katholiken, zuwider waren. Erst abends kehrte er in die Residenzstadt zurück. Sofort meldete sich Wichmannshausen bei ihm «zum Vortrag einer pressanto Sache» und überreichte dem Statthalter das geheime Aktenmaterial. Zu seinem Leidwesen wurde er es nicht los, sondern bekam es beim Abschied wieder ausgehändigt: Fürstenberg verlangte einen «Extract ex Actis», dazu Wichmannshausens Gutachten in dieser heiklen staatspolitischen Angelegenheit. Beides sollte zu einer für den kommenden Tag frühzeitig anberaumten geheimen Konferenz vorliegen.

Eigentlich wollte Fürstenberg diese Besprechung noch in der Nacht abhalten. Doch als er den Geheimen Ratsdirektor Nikolaus von Gersdorff dazu rufen ließ, einen dreiundsiebzigjährigen kränkelnden Mann, der schon im Bett lag, bekam er nur eine mürrische Absage. Gersdorff konnte sich das leisten, denn er hatte in seinem langen Leben nicht weniger als fünf Kurfürsten gedient.

Am nächsten Morgen fand sich Gersdorff mit dem Feldmarschall von Steinau und Wichmannshausen in Fürstenbergs Palast ein. Auch den Kanzler, Freiherrn von Friesen, zog man noch schnell hinzu, weil die Landesregierung ebenfalls eine Nachricht aus Wittenberg erhalten hatte. Zunächst gab Wichmannshausen zu verstehen, daß «die verlangte Ausfolgung an sich billich und rechtens» wäre. Glücklicherweise sei Böttger nicht, wie behauptet, ein angeborener Untertan der königlichen Majestät in Preußen, sondern aus Schleiz gebürtig. Auf diesen entscheidenden Punkt hatte bereits Kreisamtmann Ryssel hingewiesen. Wichmannshausen deklarierte Böttger deshalb kühn zum «gebohrenen Sachßen», was freilich genausowenig zutrifft. Aber immerhin sah man jetzt eine juristische Handhabe, um den Preußen die Auslieferung zu verwehren. Kritisch war die Situation trotz alledem, weil «bey itzigen Conjuncturen allerhand schwere Besorgnis entstehen» mußte und die Beziehungen zwischen Sachsen und Brandenburg-Preußen empfindlich belastet würden. Der Goldmacher könnte zu einem gefährlichen «pomum eridos» (Zankapfel) werden, wie Wichmannshausen formulierte. Aber würden die Preußen einen Krieg riskieren, eines entlaufenen Apothekergesellen wegen?

Fünf Stunden tagte die Geheimkonferenz hinter verschlossenen Türen. Gersdorff hatte sich allerdings früher verabschiedet. Dann fällte Fürstenberg das Urteil: Böttger werde nicht ausgeliefert! Eine eilige Stafette ging nach Warschau ab. Statthalter Fürstenberg unterrichtete seinen König über das Vorgefallene und begründete die schwerwiegende Entscheidung: Jener Berliner Apothekerbursche könnte «wegen des (zu) hoffenden Effects solcher chymischen Wissenschafft Ew. Mayestät hohem Hause und dem Publico den größten Nutzen schaffen». Anders ausgedrückt: August der Starke brauchte einen Goldmacher selbst sehr nötig. Im Hinblick auf die Staatsfinanzen gab es da kein Zögern.

Schlag auf Schlag folgten die nächsten Ereignisse. Nach Wittenberg erging sofort der Befehl, die Sicherheitsvorkehrungen für den Arrestanten zu verschärfen. Niemand dürfe mehr mit Böttger sprechen oder von seiner Sache erfahren, auch der Aktuar nicht. Einzige Ausnahme bildete der Kreisamtmann, der von nun an auch alle Protokolle und Briefe eigenhändig auszufertigen hatte. Böttgers Sachen sollten auf das sicherste verwahrt werden. Vor allem dürfe man «das Glaß mit dem Liquore von keinem Menschen anrühren» lassen, lautete der Befehl. Für die Affäre Böttger galt ab sofort die höchste Geheimhaltungsstufe. Neue Verhaltensregeln wurden auch für den Kontakt mit Abgesandten des Preußenkönigs ausgegeben. Die Wittenberger sollten die Brandenburger «mit gutem Glimpf und Bescheidenheit abweisen», sie aber dabei «stets höflich tractiren undt zu amüsiren suchen».

Einen listigen Vorschlag steuerte Gottfried Ryssel bei. In einem Brief an den Statthalter ging er ganz richtig von der Überlegung aus, daß «Königliche Mayestät eine Persohn, die besage der Acten im Goldmachen sehr erfahren, so bloßerdings nicht aus Händen laßen werden». Andererseits würden die Forderungen des Preußenkönigs nach Auslieferung Böttgers immer heftiger. Wäre es da nicht das klügste, spekulierte der Geheime Kammersekretär, mit Böttger einen Fluchtplan zu verabreden, um ihn an einen unbekannten, sicheren Ort, wie den Königstein, zu bringen, wo er seine Kunst in Ruhe ausüben könne?

Während der Geheimkonferenz in Dresden waren alle möglichen Varianten auf ihr Risiko hin abgewogen worden. Den größten Unsicherheitsfaktor stellten nicht etwa die preußischen Soldaten dar, die an der Grenze lauerten, sondern – die eigenen Studenten! Auf diese Gefahr hatte schon Gottfried Ryssel seinen «hochgeehrten Herrn Vetter» aufmerksam gemacht: Der Gefangene habe sich bereits als «Immatriculatum» bezeichnet. Deshalb würden die Studenten wohl alles tun, um Böttger als einen der Ihren aus der Haft zu befreien. Daß es unter dem Wittenberger Studentenvolk immer noch brodelte, war bekannt.

Ein starker Mann wurde von Dresden nach Wittenberg beordert, um wieder Ruhe und Ordnung herzustellen: Generalmajor von Albendyll. So lautete zumindest die offizielle Version. Insgeheim aber war Albendyll, der sich am 6. November im Wittenberger Schloß einquartierte, nur Johann Friedrich Böttgers wegen gekommen. Das wissen wir aus einer für ihn bestimmten vertraulichen Instruktion, die von Fürstenberg ausgedacht und von Generalfeldmarschall Steinau unterzeichnet worden ist.

Gleich nach seiner Ankunft in Wittenberg sah Albendyll nach dem Staatsgefangenen. In Begleitung des Kreisamtmannes Ryssel inspizierte er «das Behältnüß, worinnen der Arrestirte verwahret wird, mit aller Behutsamkeit, ob nun wohl solches zu seiner Custodie zulänglich seyn möchte». Hierbei fand er freilich einiges zu beanstanden. Böttger wurde im Schloß ein neues Quartier angewiesen. Dieses lag nun «an vier Etagen hoch» und bildete eine unüberwindliche Barriere für Fluchtabsichten, ja selbst für die Kommunikation mit der Außenwelt.

Um Böttger die Gefangenschaft so angenehm wie möglich zu machen, behandelte ihn Albendyll sehr zuvorkommend und speiste mit ihm an einem Tisch. An des Goldmachers guter Laune mußte allen gelegen sein. Sonst aber war die Bewachung streng: Vor jeder Tür und dem Fenster standen doppelte Schildwachen.

Etwas Besonderes hatte man sich einfallen lassen, um die «Reliquien» des großen Adepten sicherzustellen, die sich in seinem ledernen Reisesack und seinem Koffer befanden: ein Kästchen mit «Testasche», die Flasche mit der Wundertinktur, von Böttger vorsichtshalber als «Aqua regis» deklariert, etwas Quecksilber und andere Utensilien, darunter ein Calendarium magicum. Diese Sachen mußten versiegelt «in ein sicheres, vor Brand und Einbruch wohlbewahrtes Gewölbe» geschafft werden, das mit drei Schlössern versehen war. Sonst bewahrte man dort die königlichen Gelder auf. Albendyll, Rosen und Ryssel besaßen je einen Schlüssel. Das dazugehörige Schloß wurde aber von einem der beiden anderen versiegelt. So mußten sie alle drei anwesend sein, wollte jemand das Tor zum Gewölbe öffnen. Die drei Schlüssel legte man in eine Schatulle, die wiederum mit dem Siegel der drei Genannten verschlossen wurde.

Neue Schachzüge

In Wittenberg erreichte der diplomatische Dschungelkrieg unterdessen eine neue Stufe der Eskalation. Verfolgen wir dazu die Eintragungen in Böttgers Acta requisitionis. Am 5. November «hat sich eine frembde und unbekannte Persohn im Ambte angegeben und nach Herrn Menzel gefragt». Einen Tag später «giebt sich eine andere frembde Persohn von Berlin an, führet sich in Reden und Kleidung als ein Pietist auff, und nachdem dieselbe mit H. Menzeln bey zwei Stunden auf seiner Stube apart gewesen, begehren beyde, mit dem Arrestirten zu sprechen».

Der Pietist, der sich «Böttger» nannte und als «Verwandter» ausgab, hatte eine Botschaft des Königs Friedrich zu übermitteln: Man werde dem Inhaftierten «Salvum conductum», also sicheres Geleit, zugestehen, wenn er nach Berlin zurückkehre. Und plötzlich kursierte wieder ein Schreiben, in Ichform verfaßt und mit der Unterschrift Johann Friedrich Böttgers versehen. Werthern und Ryssel, an die der Brief gerichtet, wurden darin aufgefordert, Böttger freizulassen, weil der König in Preußen («mein allergnädigster Landes Vatter») außer dem Salvum conductum auch seinen Pardon geben werde.

Dieser «Böttger-Brief» vom 6. November ist ganz sicher eine Fälschung. Das gleiche gilt für ein ebenfalls von fremder Hand aufgesetztes Schreiben mit Datum 8. November 1701, das man

Böttger zuspielen wollte. Beim Vergleich bestimmter Ausdrücke, die sich in diesen Briefen und in Eingaben Menzels wiederholen, fällt sofort auf, daß hier derselbe Unbekannte am Werke gewesen ist, der im verborgenen die Fäden spann. Böttger war eines solchen juristisch gefärbten Ausdrucksstils nicht mächtig.

Kein Tag verging, da sich Menzel nicht beim Kreisamtmann vorgestellt hätte, um mit immer neuen Argumenten Böttgers Auslieferung zu betreiben. «So ist ja nichts Lächerliches zu hören, alß wann ein Königlich Preußischer Unterthan, der gesündiget, sich heimlich nach Sachßen begeben, daselbst umb sich deßen Jurisdiction zu entziehen», polterte der Leutnant los. Schließlich verlor Ryssel die Geduld. Ohne an die Instruktion zu denken, wonach die «Brandenburger stets höflich zu tractiren» sind, hielt er dem aufdringlichen Berliner eine staatsbürgerkundliche Lektion: Die ständige Reklamierung Böttgers als preußischer Untertan wäre absolut unbegründet. Böttgers Geburtsort sei Schleiz. Solange er in Magdeburg und Berlin sich aufgehalten, wäre er nur ein «subditus temporarius», ein temporärer Untertan, gewesen. Der Anspruch auf seine Person sei erloschen, als Böttger die Grenze überschritten habe, um hier in Wittenberg als Civis academicus, als akademischer Bürger, zu leben. Abgesehen davon, halte es König Friedrich auch nicht besser in seinem Lande mit den geflüchteten Hugenotten. Er liefere sie dem König in Frankreich nicht nur nicht aus, sondern siedele sie sogar in der Mark Brandenburg an.

Menzel wußte darauf nichts zu erwidern und suchte Zuflucht zu einer anderen Spielart der Diplomatie. Für den Fall nämlich, daß man Böttgers Auslieferung weiterhin verweigere, sei er zur Abgabe einer Erklärung ermächtigt. «Wenn man den Arrestirten nicht abfolgen ließe», drohte der Leutnant, «würden Ihro Königliche Majestät, sein Herr, Repreßalien zu brauchen wißen oder wohl gar einige Mannschafft, seine Verabfolgung zu poußiren, beordern können.»

Ryssel erschrak. War das der Casus belli, jener befürchtete Kriegsfall? Äußerlich gab sich der Kreisamtmann gelassen, als er erwiderte: «So schnell schießen die Preußen nicht!» In den Akten steht, Ryssel habe den Abgesandten trotz dessen Aggressivität «mit Bescheidenheit zur Geduld umb Resolution verwiesen». Eine offene Konfrontation konnte also nochmals vermieden werden.

In Berlin-Cölln schlug man jetzt eine schärfere Tonart an. Geflissentlich wurden alle Einwände wegen der Untertanenzugehörigkeit Böttgers übergangen: Es habe sich herausgestellt, daß Böttger ein Kriminalverbrecher sei! Der entflohene Apothekerbursche habe nicht nur Betrügereien verübt, sondern auch in zwei Fällen Gift statt Arznei verabreicht. «Man ist dannenhero an dießem Hofe sehr verwundert darüber», las Ryssel in einem persönlichen Schreiben des Maître des Requêttes Wedel, «daß der Herr Creyß Haubtmann so viele Schwierigkeit machet, einen Criminellen, welcher Sr. Königl. Mayestät in Preußen Verbrecher ist, abfolgen zu laßen.»

In einer mehrere Folioseiten füllenden Aufstellung, «Species facti» genannt, finden wir weitere angebliche Missetaten Böttgers aufgezählt: Apotheker Zorn habe große Differenzen in seinen Chemikalien- und Arzneibeständen entdeckt, und seit dem Weggang des ehemaligen Lehrburschen vermisse er auch einen kostbaren Ring von 1500 Taler Wert.

Als auch diese Variante die Wittenberger Behörden nicht zum Einlenken bewog, war in Berlin und Cölln guter Rat teuer. Jetzt konnte nur noch ein Mann helfen, der in der Vergangenheit schon oft seine diplomatischen Fähigkeiten in schwierigen Situationen unter Beweis gestellt hatte: Paul Friedrich von Fuchs. Der brandenburgisch-preußische Kabinettsminister machte seinem Namen alle Ehre und versuchte, mit einem listigen Schachzug zum Ziel zu gelangen: Es müsse den Sachsen klargemacht werden, daß man in Berlin-Cölln keinen Wert mehr auf den entlaufenen Burschen lege. Die Herren Sachsen würden ersucht, die auf Betreiben des brandenburgisch-preußischen Kabinetts erfolgte Arretierung Böttgers wieder aufzuheben und ihn laufenzulassen. Um glaubwürdig zu erscheinen, hatte sich Fuchs etwas Besonderes ausge-

75

dacht. Er befahl Stiefvater Tiemann und Apotheker Zorn zu sich und erläuterte seinen Plan: Alle Anschuldigungen gegen Böttger müßten fallengelassen werden. Die angeblich aus Zorns Apotheke entwendeten Sachen, der Brillantring inbegriffen, hätten sich wiedergefunden, auch habe Tiemann bei Zorn eine gewisse Kaution hinterlegt.

Angetan von seiner Idee, ließ Fuchs sofort ein offizielles Schreiben ausfertigen, in das er diese Argumente einflocht. Es gipfelte in dem von Friedrich I. vorgetragenen Ersuchen, «Johann Friedrich Böttichern, alß Ihren angebohrenen Unterthanen, der auf Ihr Ansuchen inhafftiert worden, nunmehro hinwiederumb der Hafft zu entschlagen und auf freyen Fuß zu stellen, ihm auch Frey- und Sicherheit zu verschaffen, daß er, wohin er wolle, sich begeben möge». Als Beweggrund für diese überraschende Entscheidung wurde unter anderem genannt: Böttgers Stiefvater habe «gantz beweglich» um diese Freilassung ersucht, weil «seine Frau, wie sie ihres Sohnes Haft vernommen, darüber dermaßen erschrocken, daß sie gantz gefährlich kranck worden».

Als Friedrich I. dieses von Fuchs konzipierte Schreiben vorgelegt bekam, erreichte seine Verärgerung den Gipfelpunkt. Die Wittenberger Affäre wirkte für den König seit Tagen wie ein rotes Tuch. Menzels Depeschen brachten immer unerfreulichere Meldungen. Erbittert über die erfolglose Mission seines Leutnants, wollte Friedrich I. bereits einige Regimenter Kavallerie und Infanterie nach Wittenberg entsenden, um Böttger mit Gewalt herauszuholen. Warnungen seiner Kabinettsbeamten, daß eine solche bewaffnete Aktion zwangsläufig zu einem Krieg mit August führen würde, schlug er in den Wind: Der starke August sei irgendwo in Polen und werde in Litauen von den Truppen des Schwedenkönigs Karl XII. bedrängt. Und jetzt empfahl einer seiner Kabinettsminister, Böttger den Sachsen ohne Kampf zu überlassen?

In dieser Situation muß es kompliziert gewesen sein, den König von der Nützlichkeit einer friedlichen Lösung zu überzeugen. Fuchs gelang es schließlich, und Friedrich setzte, wenn auch zögernd, am 10. November 1701 seinen Namen unter das vorgelegte Dokument. Er vertraute ein letztes Mal den Fähigkeiten des altgedienten Staatsmannes. Dieser hatte dem König versichert: Wenn Böttger erst frei wäre, würde er augenblicklich wieder eingefangen, aber diesmal von preußischen Soldaten. Das war überhaupt der Trick bei der Sache.

Stiefvater Tiemann greift ein

Wittenberg, am 12. November. Der Kommandant Otto von Rosen hielt mit dem Kreishauptmann von Werthern Mittagsmahlzeit, als plötzlich ein Wachposten hereinstürmte und meldete: Am nördlichen Stadttor hätten soeben «zwey Fremde aus Berlin» Eintritt begehrt. Kurz darauf passierten sie bereits die Schloßwache und verlangten den Kommandanten zu sprechen. Rosen wollte sie abweisen, doch die beiden Besucher hielten der Wache eine Resolution mit dem Siegel des Preußenkönigs als Legitimation entgegen. Die beiden Fremden waren Böttgers Stiefvater Tiemann und Zorns Schwiegersohn Porst.

Festungskommandant Rosen nahm den königlichen Brief entgegen, las ihn durch und reichte ihn mit den Worten zurück: Diese Sache gehe ihn nichts an. Darüber habe der Kreishauptmann oder der Amtmann zu befinden. Werthern drehte das Papier eine Weile in den Händen hin und her und stellte schließlich fest, daß es gar nicht an ihn gerichtet sei. Mit sichtlicher Verärgerung verfolgten Tiemann und Porst den respektlosen Umgang mit der königlichen Appellation. Man werde den Brief zu den Akten reichen und um Resolution ersuchen. Das war alles, was die beiden Abgesandten erreichten.

Bedingt durch die Ereignisse der letzten Zeit, war Dr. Johann Ryssel gleichsam über Nacht zu einer gesuchten Persönlichkeit geworden. Alle Welt wollte etwas von ihm. Stadtbekannte Leute luden Ryssel zu sich ein und brachten das Gespräch geschickt auf das, was sie zu erfahren hofften: Neuigkeiten über den im Schloßverlies gefangenen Goldmacher. Nach Möglichkeit vermied Ryssel solche Begegnungen. Einer Einladung des Stadtrichters Gottfried Nicolai konnte er jedoch nicht aus dem Weg gehen. Nicolai stellte die gleiche Frage nach Böttger wie die anderen. Widerstrebend machte der Kreisamtmann einige Bemerkungen. Aber bald begann ihn die Geschichte des Stadtrichters zu interessieren. Nicolai hatte nämlich von Böttgers Lehrmeister Zorn einen Brief erhalten, worin dieser sich für die Freilassung seines ehemaligen Gesellen einsetzte. «Wenn es am Gelde mangeln möchte», so Zorn, «würde er sich des Arrestirten annehmen, und wenn es auch 300 Thaler wären.» Ein weiterer Bestechungsversuch? Ryssel reagierte zurückhaltend. «Ich habe diesen Discurs unter Vorwandt, daß die Sache in der Appellation wäre, abgebrochen», heißt es in seiner Aktennotiz.

Am nächsten Tag zog sich der Kreisamtmann in seine Amtsstube zurück. Doch schon kurze Zeit später standen Tiemann und Porst an der Türschwelle. Eingedenk seiner Instruktion mußte Ryssel ihre erneute Bitte, den Stiefsohn zu sprechen, abschlagen. «Der Stieff Vater ist mir den ganzen Tag nicht vom Halse gegangen», schrieb Ryssel ins Aktenprotokoll. Dazu legte er einen Brief, den Tiemann an seinen Sohn zu übermitteln bat. Böttger hat ihn nie zu Gesicht bekommen:

«Lieber Sohn Johann Friedrich Böttiger.
Mit waß Bestürtzung Ich und deine Mutter zu Magdeburg vernommen, daß du allhier zu Wittenberg inhaft genommen, ist darauß leicht zu schließen, da deine liebe Mutter darüber vor Schreck in eine tödlige Kranckheit gefallen, undt noch nicht weiß, ob sie von der Kranckheit genesen wehre.
Ich habe mich deshalb nach Berlin an Ihre Königl. Majestät selbsten gewendet, auch bey deroselben so viel erhalten, daß du gegen H. Zorns Versprechen undt meine Caution der hiesigen Hafft erlaßen seyn soltest; finde aber leyder! hier nicht einmal Gelegenheit, daß ich mündlich mit dir sprechen könte. Undt

will dennoch meine gantze Reiße biß hierbei dazu angefangen gewesen, daß ich bloß nur deine Mutter zu trösten möchte, ob dir wohl oder übel in dieser Gefangenschaft gehe, so wirst du (die) so gute Frau undt durch Zeiger dieses mit traurigen Worten durch eine schriftl. Antwordt wissen laßen, wie es dir alhier gehe, weil denn itzo nach unferichteter Sache wieder von hier ab nachher Berlin reisen muß, schließl. verbleibe d. Vatter (Wittenberg, 13. November 1701)   J. Fr. Tiemann.»

Daß nicht alles stimmen wird, was Vater Tiemann in den Briefen berichtet, liegt auf der Hand. Äußere Zwänge haben die Feder mitgeführt. Auch die «tödlige Kranckheit» der Mutter dürfte nur eine taktische Finesse gewesen sein. Ursula Tiemann hat ihren Sohn Johann Friedrich um mehrere Jahre überlebt.

Tiemann und Porst zogen am 13. November wieder ab. Auch Menzel verließ am selben Tag Wittenberg und nahm seine Soldaten mit über die Grenze. Als der Leutnant ein letztes Mal im Kreisamt vorsprach, ließ er verlauten, es hätten «seine Königliche Majestät in Preußen dem Arrestirten pardoniret». Seine Mission wäre damit beendet. Böttger könne «in Wittenberg seine Studien prosequieren».

Im Verfolg des von Fuchs ausgearbeiteten Feldzugplanes wurde Tiemann erneut auf die Reise geschickt. Mit sich führte er mehrere Schriftstücke: ein gewichtiges Schreiben des preußischen Königs vom 14. November 1701, von Minister Fuchs ausgearbeitet, dem als Anlage ein «Sachstandsbericht» beigegeben war, sowie ein von Fuchs inspirierter Brief Tiemanns an Friedrich I., in dem er seinen Stiefsohn einen Betrüger nannte – ein kluger Schachzug von Fuchs, der diesen Brief in Kopie den sächsischen Behörden zustellen ließ. Friedrich I. beschwerte sich in scharfen Worten über die Widersetzlichkeit der sächsischen Behörden. Erneut reklamierte er Böttger «als unseren angebohrenen Unterthan», der unverzüglich «auff freyen Fuß gestellet werden möge». Diesmal war die diplomatische Protestnote für den Statthalter bestimmt. In Wittenberg machte Tiemann lediglich kurze Station, in der Hoffnung, das Kreisamt würde einlenken, wenn er das für den Statthalter bestimmte Memorial vorzeigte. Aber nichts Derartiges geschah. Mit der Drohung, daß er sich in Dresden schon Gehör verschaffen wolle, reiste Tiemann weiter.

Die diplomatischen Interessen Augusts des Starken am brandenburgischen Hof vertrat seit 1699 der Graf von Manteuffel, bis er im Sommer 1701 nach Dresden zurückkehrte. In einer Spottschrift hatte Manteuffel die königliche Mätresse, Gräfin Wartenburg, mit spitzer Feder «beleidigt». Daraufhin mußte er den Dienst quittieren. Nach seiner erzwungenen Abreise war am Berliner Hof mehrere Monate lang kein sächsischer Diplomat mehr tätig, der über die Entwicklung in Brandenburg-Preußen hätte berichten können. Erst Anfang November 1701 – im Hinblick auf die Böttger-Affäre gerade noch zur rechten Zeit – akkreditierte sich dort der kursächsische Legationssekretär Hennig Siegmund Wolters. Dem Ersuchen des sächsischen Kurfürsten und polnischen Königs vom 2. November 1701, Wolters «zur Unterhaltung guter Correspondenz an Ew. Majestät Hoffstadt substiren zu laßen», hatte Friedrich I. stattgegeben. Ab sofort begann der sächsische Gesandte regelmäßig Berichte nach Dresden zu schicken. Sie lieferten aufschlußreiche Informationen von allen möglichen Geschehnissen. Als Gesandter seines Landes vertrat Wolters natürlich auch die Interessen des kursächsischen Staates. Deshalb schwingt in seinem Bericht an Fürstenberg vom 9. November 1701 deutlich die Begeisterung mit über den geglückten Fang:

«Wir haben uns dahero zu gratuliren, wenn dieser Goldmacher in Sachßen sein viel Gold praipariren und den Mangel ersezzen wolte; Man möchte auf ihn genau acht haben und selbigen ja festhalten.»

Fürstenberg beherzigte den Rat seines Botschafters. In der Diplomatie nicht weniger erfahren als sein Gegenspieler Paul von Fuchs, ließ er sich Zeit. Erst am 24. November 1701 bequemte er sich zu einer Antwort auf die eilige Note des Königs Friedrich I. Zu diesem Zeitpunkt war die Entscheidung längst gefallen.

Autograph Friedrichs I. von Preußen

Ein Abenteurer namens Pasch

Joachim Wilhelm Pasch, aus Stargard in Pommern gebürtig, war eine Abenteurernatur. Im September 1698 hatte er sich in Wittenberg immatrikulieren lassen. Als Rädelsführer eines Studententumults war er im Mai 1700 mit fünf anderen Kommilitonen verhaftet und aufs Wittenberger Schloß gebracht worden. Von dort gelang ihm und seinen Freunden die Flucht. Daraufhin von der Wittenberger Universität auf zehn Jahre relegiert, setzte Pasch sein Studium im August 1700 in Halle fort, wo er zum Doctor medicinae promovierte. Dann ging er nach Berlin. Minister Fuchs, der für die Universitäten seines Landes verantwortlich zeichnete, hatte von Paschs Lebensweg Kenntnis erhalten und glaubte, in ihm ein wertvolles Werkzeug gefunden zu haben.

Es begann damit, daß dem Generalmajor Albendyll am 17. November 1701 zwei verdächtige «Kerle im braunen Habit» auffielen. Der eine befragte im Ort alle möglichen Leute, der andere schlich im Schloßhof umher und wollte von einem Lakaien wissen, wo der Goldmacher Böttger säße. Als Albendyll davon erfuhr und Alarm schlug, war der Unbekannte bereits verschwunden. So blieb dem Generalmajor nichts weiter übrig, als darüber ein Protokoll anzufertigen.

Einen Tag später konnte man drei finstere Gestalten im Wittenberger Ratskeller beim Guckguck sitzen sehen. Einer von ihnen, der das Wort führte, wurde von den anwesenden Studenten mit großem Hallo als der Relegatus Pasch erkannt. Doch diesem war der laute Jubel gar nicht recht. Flüsternd sprach er auf die Studenten ein. «Er würde was drumb geben, wenn er mit dem arrestirten Böttger, als seinen guten Freund, sprechen könnte.»

Daß Böttger wegen seiner Goldmacherkünste in Haft saß, war unter den Studenten Wittenbergs wohlbekannt. Derselbe Spitzel, der dem Kreisamtmann von den Plänen Paschs berichtete, hatte einmal ein Gespräch Böttgers mit einem Studenten belauscht. Zu dieser Zeit saß Böttger noch nicht «vier Etagen hoch» im Schloßturm. Wie die Akten berichten, habe Böttger damals davon gesprochen, daß «sein Aurum sophisticum in der Capelle hielte», also echtes Gold sei. Worauf jener Student dem vorlauten Goldmacher «Silentium imponiret und gewarnt hatte, daß er dergleichen ja, so lieb ihm sein Leben wäre, verschweigen solte, maßen ... es ihm den Kopf kosten könte». Keine Frage, daß am nächsten Tag die Studenten aller Fakultäten Wittenbergs über das traurige Geschick des «Goldmachers» Johann Friedrich Böttger Bescheid wußten.

Pasch plante die Befreiung des unglücklichen Adepten. Zu diesem Zweck wollte er seinen Helfern den Weg beschreiben, wie er damals aus dem Schloßgefängnis geflohen war. Wir sind sicher, daß Pasch der Plan gelungen wäre. In seinem Leben hat er noch ähnliche Husarenstücke vollbracht. Diesmal aber war sein Inkognito frühzeitig gelüftet, seine Absicht erkannt. Ryssel und Albendyll konnten entsprechende Vorkehrungen treffen. Auch die kühne Idee Paschs, im Fall des Scheiterns seines ursprünglichen Vorhabens die gesamte Studentenschaft zu einem Sturm auf die Bastille Wittenbergs aufzurufen, scheiterte an den Gegenmaßnahmen Ryssels. Am 20. November konferierte der Kreisamtmann mit dem Vizerektor der Universität, Dekan Professor Gottfried

Strauß, und dieser leitete sofort die Fahndung nach dem Relegatus ein. Beim Betreten des Universitätsgeländes wäre Pasch unweigerlich verhaftet worden. Um seiner eigenen Sicherheit willen mußte Pasch deshalb die Stadt verlassen. Doch sein Ziel, Böttger zu befreien und dem Preußenkönig auszuliefern, gab er nicht auf.

Auf Befehl Augusts des Starken

Es war am 19. November spät abends, als vor den Festungsmauern der Residenzstadt Dresden ein Reisewagen mit dem sächsisch-polnischen Wappen hielt. Todmüde kletterte der Kutscher von seinem Sitz und öffnete den Wagenschlag, um dem einzigen Passagier, Vizelehnssekretär Michael Nehmitz, ins Freie zu helfen. Fünf Tage und Nächte hatte die strapaziöse Fahrt von Warschau, der Residenz des Polenkönigs, bis nach Dresden gedauert. Eine wichtige Botschaft für den Statthalter mußte überbracht werden. Doch die Tore der Stadt waren bereits geschlossen.

Erst am Morgen des folgenden Tages konnte Nehmitz dem Statthalter seine Reverenz erweisen und die am 14. November 1701 im Schloß zu Warschau ausgefertigte Botschaft überreichen. August der Starke erteilte darin den Befehl, daß der gefangengehaltene Goldmacher «unter genugsam sicherem Geleite von Wittenberg nachher Dresden und daselbst in ein wohlverwahrtes Hauß gebracht, auch darinnen zwar nicht in Arrest behalten, sondern ihme vielmehr satsame Freyheit gelaßen». Böttger sei, so las Fürstenberg weiter, «aufs Glimpflichste und Beste zu tractiren und zu versichern, daß Wir ihm in Unsere gnädigste Protection genommen». Seine Schriften und «Liquores» aber sollten sofort nach Warschau geschickt werden. Natürlich müsse alles getan werden, Böttger das Arkanum zu entlocken. Verpflichtete Sachverständige sollten deshalb die Aufsicht führen. Dafür am besten geeignet erscheine der Oberzehnte von Freiberg, Gottfried Pabst von Ohain, ein Metallurge, Bergwerks- und Hüttenfachmann ersten Ranges. Des weiteren möge sich Fürstenberg überlegen, wie man von dem Geheimrat Haugwitz Auskünfte über Böttgers chemische Künste erfahren könne. Was aber den Protest Seiner Königlichen Majestät in Preußen anbelange, so möge sich Friedrich an den König in Polen persönlich wenden. Bekanntlich hatte König Friedrich über seinen Warschauer Botschafter bei August dem Starken interveniert. Doch dieser Vorstoß zerschellte wie die vorangegangenen Attacken an der unnachgiebigen Haltung des Monarchen. August der Starke gab seinem königlichen Herrn Vetter in Berlin-Cölln zu verstehen: Böttger sei kein Preuße, sondern Reuße, weil in Schleiz geboren. Friedrich könne ihn nicht als Untertan reklamieren. Auch habe sich der Apothekerbursche um den persönlichen Schutz des sächsischen Kurfürsten und polnischen Königs bemüht und diesen auch gewährt bekommen.

Dieser für Böttgers weiteres Schicksal so bedeutsame und folgenschwere Befehl vom 14. November 1701 war von einem der mächtigsten Männer am sächsisch-polnischen Hof, dem Großkanzler und Premierminister Wolf Dietrich Graf von Beichlingen, ausgefertigt worden. Als dieser von dem Fang des Goldmachers hörte, hielt er es in Warschau nicht mehr aus. Beichlingen, selbst ein erklärter Liebhaber der geheimen Wissenschaften, wollte so rasch wie möglich die Bekanntschaft Böttgers schließen. Er traf deshalb Anstalten für seine Rückreise nach Sachsen.

Der Vorschlag, den Oberzehnten Pabst von Ohain zur Bewachung Böttgers abzustellen, ging ebenfalls auf den Großkanzler zurück. Was den Großkanzler am meisten interessierte, war das Rezept Böttgers zur Herstellung des künstlichen Goldes. Er schrieb am 26. November 1701 an den Oberzehnten Pabst von Ohain, mit dem er schon länger über alchemistische Fragen korrespondierte: «Ich bitte aber, mein Herr theile mit, was er ohn Zweifel gründlicher erfahren oder vielleicht gar ins Schwarze treffen wird, wenn er, dem Künstler die Zunge zu lößen, auf eine Zeitlang zur Gesellschaft als ein Candidat zugesellet werden möchte.» Für den Goldmacher hielt Beichlingen auch eine geeignete Unterkunft

bereit: Bautzen, nicht weit von der Herrschaft Hoyerswerda entfernt, also ganz im Einflußbereich des Großkanzlers gelegen. «Auf
dem Schloß zu Bautzen wäre mir des Künstlers Gesellschaft angenehm.» Doch fügte er hinzu, um das Interesse Augusts des Starken wissend, daß er sich werde «wohl schwerlich Hoffnung dazu
machen dürfen».

Wittenberg, am 25. November 1701. Lange bevor die Sonne ihre
ersten Strahlen in den anbrechenden Morgen schickte, setzte sich
früh um 4 Uhr ein Reisewagen in Bewegung. Drei Insassen befanden sich in dem Wagen: Böttger, Albendyll und Nehmitz. Die
Wegstrecke war schlecht, denn man wählte mit Absicht eine wenig
befahrene Reiseroute. Am 27. November traf die Equipage im
Schloß Moritzburg bei Dresden ein, wo Fürstenberg sie empfing.

Über den weiteren Verlauf der Dinge informiert uns Pabst von
Ohain in seinem an Beichlingen adressierten Bericht vom 28. November 1701. Auf Fürstenbergs Befehl hatte sich der Oberzehnte
von Freiberg einige Tage zuvor nach Dresden begeben. Am
Abend des 27. November trafen Fürstenberg und Nehmitz mit
Böttger an der Festungsmauer der Stadt ein. Pabst erwartete sie
dort, und alle vier gingen darauf in das Fürstenbergische Haus, wo
Böttger ein Zimmer gleich neben des Statthalters Gemach bezog.
Am folgenden Tag hatte Pabst von früh bis abends Zeit, um den
jungen Alchemisten ausführlich befragen zu können. «Er verlanget nicht mehr als königlichen hohen Schuz, darbey aber, gegen
justorische Caution, seine Freyheit», schrieb Pabst an Beichlingen.
«So getrauete er sich mit Gott, zu Königlicher Majestät und deßen
ganzen Landes Nuzen, viel Gutes zu schaffen, führnehmlich auch
in den Gebürgen und bey den Bergwercken ... Wenn er bey seiner
blühenden Jungend wider Verhoffen sollte eingesperrt werden,
wäre es ihm unmöglich, und wenn er gleich das Leben, so er ohnedem nicht achtete, darüber einbüßen sollte, welches alle seine eigenen Worte, wie er selbige auch gegen des Herrn Stadthalters
Durchlaucht mit mehreren wiederholet.»

Pabst erwies sich als ein guter Psychologe, der sich lebhaft in die Lage Böttgers versetzen konnte. Er studierte den jungen Mann gründlich und beobachtete ihn keinesfalls ohne Mißtrauen, denn er kannte die Tricks betrügerischer Adepten. Pabst hatte selbst in den Jahren 1678 bis 1681 in Wittenberg Mathematik, Physik, Chemie, Metallurgie, Pyrobolie (Feuerwerkskunst), Jura sowie Zivil- und Militärarchitektur studiert und wußte auch einiges über Kunckel zu berichten. Vielleicht war das der Grund, daß Böttger sofort Vertrauen zu ihm faßte und dieses während der langen Jahre seiner Zusammenarbeit mit Pabst niemals verlor. Pabst hatte gleich zu Beginn einen außerordentlich guten Eindruck von Böttger gewonnen, wie er in seinem Bericht an den Großkanzler hervorhob. Er stellte bei dem damals knapp Zwanzigjährigen ungewöhnliche Charaktereigenschaften und Geistesanlagen fest, wenn ihm auch manches in Böttgers Psyche zunächst rätselhaft bleiben mußte.

Zweifellos wiegt die Einschätzung Pabsts schwer, denn er ist ein kluger Kopf gewesen. Besonders gilt das für seine Beurteilung über die naturwissenschaftliche Leistungsfähigkeit Böttgers. «Deßen Gemüthe und Humeur anlangend», urteilte Pabst über seinen Schützling, «so finde solches ganz gut und aufrichtig, darbey von wahrer Pietät und bey so wenigem Alter von 18 Jahren sonderliche Erkänntnüß in rebus naturalibus (et) naturae secretis, bey welchen Umbständen kein Zweifel, daß er nicht was Gutes haben und schaffen sollte, ... und muß sagen, daß bey diesem, obwohl sehr jungen Menschen ich dennoch eine solche Resolution finde, dergleichen bey Erwachsenen schwerlich anzutreffen, und dahero judicire, daß was Sonderbares und Extraordinaires bey ihm verborgen liegen müsse, welches mir vielfältige Gedancken verursachet ...»

So seltsam es zunächst klingen mag: In dem Moment, als August der Starke sich der Person Böttgers bemächtigte, entschärfte sich der bedrohliche Konflikt mit Brandenburg-Preußen. In erster Linie war die Überführung Böttgers nach Dresden eine taktische

Maßnahme gewesen. König August ließ das Streitobjekt ins sichere Hinterland bringen, um nicht einen militärischen Grenzkonflikt zu provozieren. Es kam also zu keiner kriegerischen Auseinandersetzung zwischen den beiden Königen, eines Apothekerburschen wegen. «Ich bedaure den armen Goldmacher», schrieb Sophie von Hannover am 19. November 1701 an Leibniz. «Er hätte es eher als zu ihrer Zeit die schöne Helena verdient, daß man um ihn einen Krieg führt . . .»

4. In der Residenz Augusts des Starken

Dresden zu Beginn des 18. Jahrhunderts

Wer damals kreuz und quer durch Sachsen reisen wollte, benutzte im allgemeinen die Post. Befördert wurden nicht nur Briefe, Pakete, Kaufmannsgüter, sondern auch Personen. Kursächsische Postkutschen waren ein beliebtes und wichtiges Verkehrsmittel. Mit Reisenden vollgestopft und mit Lasten hochbeladen, gehörten sie zum vertrauten Alltagsbild.

Gewöhnlich ging die fahrende Post wöchentlich einmal von jeder größeren Stadt nach Dresden, Leipzig und in Richtung Berlin-Cölln auf die Reise. Eine Ausnahme stellte die Route von Dresden nach Leipzig dar, dem bedeutendsten sächsischen Handelsplatz. Zwischen beiden Städten verkehrte außer der «ordinairen» auch eine «geschwind fahrende» Post. Sie bewältigte die Entfernung von dreizehn Meilen – eine kursächsische Postmeile entsprach etwas mehr als neun Kilometern – in fünfzehn bis sechzehn Stunden. Zweimal wöchentlich ging von beiden Städten die «ordinaire» Post ab: am Sonntag und am Donnerstag früh acht Uhr, um am Mittwoch beziehungsweise Sonntag gegen Abend zurückzukehren. Wer es ganz eilig hatte und in seiner Hast sowohl die «ordinaire» wie die «geschwind fahrende» Postkutsche versäumte, der konnte sich immer noch eine «Extrapost» mieten. Dafür standen an jeder Station die besten Pferde bereit.

Im Jahre 1695 hatte man begonnen, hölzerne Postmeilensäulen links und rechts des Weges aufzustellen, versehen mit Entfernungsangaben, dem kurfürstlichen Wappen und der Jahreszahl. Zuerst wurde die vielbefahrene Strecke zwischen Dresden und Leipzig damit ausgestattet, bald aber auch der gesamte kursächsische «Postcours». Einige Jahre später ersetzte man die hölzernen durch steinerne Postmeilensäulen, von denen sich bis heute zahlreiche erhalten haben. Nach jeder Stunde Fahrzeit zeigten sie den ermüdeten Passagieren an, wie lange man noch bis zum Reiseziel benötigte. Denn angenehm war das Reisen seinerzeit nicht, vielmehr recht beschwerlich. Die schlecht gefederten Postkutschen ratterten im Stakkato über unbefestigte Straßen und Wege bis zur nächsten Poststation, wo die Pferde gewechselt wurden.

Hin und wieder hielt der Kutscher auch aus anderem Anlaß an. Das geschah nicht selten auf der Fahrt nach Dresden, wenn der Reisewagen die finsteren Hohlwege passiert und die letzten, mit dichten Wäldern und Gestrüpp bewachsenen Anhöhen hinter sich gelassen hatte. Dann lud die schöne Aussicht auf Dresden und das weitausladende Elbtal zum Verweilen ein. Die Reisenden sahen auf eine idyllisch gelegene, von gepflegten Gärten und Parkanlagen umsäumte Stadt, die Residenz der sächsischen Kurfürsten. In einem weiten Bogen umschloß die Elbe die Stadt und teilte sich dabei in das am rechten Ufer gelegene Alt-Dresden und in Neu-Dresden mit dem kurfürstlichen Schloß. Wuchtige, mit Kanonen bestückte Festungsanlagen und starke Bastionen schnürten beide Teile ein.

Einen bedauernswerten Anblick bot das ehemalige Alt-Dresden, das zahlreiche wüste Flächen aufwies. Eine Feuersbrunst hatte im Jahre 1685 die aus Holzhäusern bestehende Stadt vernichtet. Jetzt traf man Vorbereitungen für ihren Wiederaufbau. Die ersten am elbseitigen Festungsring errichteten steinernen Bürgerhäuser gruppierten sich schon um das Rathaus.

Zu Beginn des 18. Jahrhunderts bildete Dresden einen Anziehungspunkt für Besucher aus aller Welt. Tagtäglich passierten Reisekutschen die Tore der Stadt. Reisende aus dem Brandenburgischen durchquerten zunächst die im Wiederaufbau befindliche Altstadt, entrichteten am Brückentor ihren Zoll und fuhren in ihren Kutschen oder sprengten auf ihren Pferden die Brücke entlang, die beide Stadtteile miteinander verband. Hinter massiven Befestigungsanlagen erhob sich die Residenz: das Schloß mit seinem fast einhundert Meter hohen Turm, langgestreckte Häuserfronten mit Erkern und Giebeln, im Hintergrund die Kreuzkirche und die alte Frauenkirche. Im östlichen Stadtteil konnte man das Zeughaus sehen, daneben das Gießhaus und den großen eckigen Pulverturm mit seinem spitzen Dach. Nirgendwo waren die Festungswälle Dresdens höher und stärker als hier, auf der sogenannten Jungfernbastei. Gleichsam den strengen Eindruck mildernd, erhob sich jedoch am äußersten Ende ein im italienischen Renaissancestil gehaltenes Lusthaus.

Auf den Festungswällen zog sich ein mit schwarzbemalten Brettern roh zusammengezimmerter, mit schmalen Fenstern versehener und einem Ziegeldach bedeckter Gang entlang. In der sächsischen Chronik wurde dieser «Schwarze Gang» schon Mitte des 17. Jahrhunderts erwähnt. Er war streng bewacht, und nur wenige besaßen einen Schlüssel zu den schweren eisernen Türen der Festung, die man passieren mußte, um über eine Wendeltreppe in den Gang zu gelangen. Trockenen Fußes konnte man dann um die ganze Stadt gehen und dabei die Festungsanlagen inspizieren. Aber ganz ungefährlich war ein solcher Spaziergang im Schwarzen Gang nicht, besonders nicht nachts. Denn auf dem Festungswall ging ein unter dem Namen «Dresdner Mönch» bekanntes Gespenst um, den Kopf unter dem Arm und eine Laterne in der Hand.

Um in die Residenz zu gelangen, mußte man eins der drei Tore der Neustadt passieren: entweder das Wilsdruffer oder Wilssche Tor im Westen, das Pirnaische Tor im Südosten oder das Elb- oder Altdresdner Tor, das die Brücke abschloß. Hinter dem Elbtor erweiterte sich die Straße, die über die Brücke führte, zum großen Vorplatz des Schlosses. Unmittelbar vor dem Schloß lag ein stattliches Gebäude, dessen besonderes Kennzeichen zwei auf toskanischen Säulen ruhende Erker waren. Kurfürst Johann Georg IV. hatte es einst seiner Mätresse, dem Fräulein von Neidschütz, verehrt. Seit dem Jahre 1698 wohnte darin der Statthalter.

Als Johann Friedrich Böttger im November 1701 in der Residenzstadt eintraf, bot das Schloß der sächsischen Kurfürsten keinen sehr attraktiven Anblick. Ein Brand, der im März dieses Jahres ausgebrochen war, hatte große Teile des Georgen-Baues vernichtet, darunter den Riesensaal. Aber auch im unversehrten Zustand wäre das Schloß kein architektonisches Meisterwerk gewesen. Im Verlauf seiner fast zweihundertjährigen Geschichte hatten Baumeister verschiedener Epochen daran gearbeitet. Die eigentlichen Werte des kurfürstlichen Schlosses lagen deshalb mehr im Innern verborgen, in der kostbaren Ausstattung der Säle und Zimmerfluchten. Hier, in verschwiegenen Gewölben und nur über eine Wendeltreppe von den kurfürstlichen Gemächern aus zugänglich, befand sich hinter brandsicheren Mauern auch die Geheime Verwahrung. Diese später als Grünes Gewölbe bekanntgewordene Schatzkammer der sächsischen Kurfürsten enthielt Raritäten und Kostbarkeiten aus aller Welt, wie sie kaum ein anderer europäischer Herrscher aufzuweisen hatte.

An August dem Starken rühmt man sein ausgesprochenes Kunstverständnis, das oft von Prachtliebe und Repräsentationssucht überlagert wurde. Bedeutsame Bauwerke und Kunstdenkmäler sind seiner Initiative zu danken. So trug er sich auch mit dem Gedanken, in Dresden ein neues Schloß, ein Königsschloß, zu erbauen, gegenüber dem alten, ruinenhaften Bau. Aber dieses Projekt nahm niemals reale Gestalt an. August der Starke, ein Herrscher von europäischem Rang, der sich an hochfliegenden Plänen entzündete und sie auch realisierte, um den Glanz und die Macht seiner Person und seines Hofes zu steigern, er blieb auf dem veralteten Schloß seiner Vorfahren sitzen und beschränkte sich schließlich nur auf dessen Ausbau. Dagegen sollten andere, während seiner Regierungszeit ausgeführte oder geplante Bauten das Stadtbild Dresdens verschönern, wie der Zwinger, als Vorhof zum neuen Königsschloß gedacht, und die von George Bähr geschaffene Frauenkirche. Im Ensemble mit anderen prägnanten Bauten des alten Dresden gaben sie der Stadt ein unverwechselbares Äußeres und machten sie als «Elbflorenz» weltberühmt.

Nach alten Quellen sollten im Jahre 1701 etwa 22 000 Einwohner in der Hauptfestung Dresden und in der Wilsdruffer, Pirnaischen und See-Vorstadt gelebt haben, in knapp 2000 Häusern. Die Hälfte dieser Wohngebäude gehörten Adligen, Hofleuten, Ratsherren und Vertretern der Geistlichkeit, also einer privilegierten, begüterten Minderheit. Der andere Teil befand sich im Besitz wohlhabender Bürger, Kaufleute, Handwerker. Die Ärmsten unter den Einwohnern besiedelten die unbefestigten Vorstädte, hausten in zerfallenen Holzhäusern und windschiefen Hütten. Bis zum Ende der Regierungszeit Augusts des Starken sollte sich die Einwohnerzahl Dresdens verdoppeln.

Unter den repräsentativen Gebäuden der Stadt gibt es nicht wenige, deren Geschichte erzählenswert wäre. Beschränken wir uns auf eines, das sich schon zu Kurfürst Augusts Zeiten einen spektakulären Ruf erworben hatte. Nach Anton Wecks Beschreibung der kurfürstlichen Residenzstadt Dresden vom Jahre 1680 handelt es sich dabei um «ein absonderlich schönes und ziemlich großes steinernes Gebäude, so man insgeheim das Goldhaus nennet, eigentlich aber zum Probirhause erbauet». In den Annalen der Alchemie genießt das «Goldhaus» legendären Ruhm. «Wer im Glauben an den Stein der Weisen noch wankt», schrieb der Marburger Professor J. Wilhelm Schröder in seiner 1772/74 erschienenen «Neuen Alchemistischen Bibliothek», «der gehe nach Dresden, sehe allda das sogenannte Goldhaus, lasse sich berichten, was darin gearbeitet worden, und frage dann, wo die herrlichen und kostbaren Gebäude in der Gegend herkommen.»

Nach Auskunft alter Akten befand sich das Goldhaus bis zum Jahre 1718 an der Südwestseite des Schlosses, gleich neben der Hofapotheke und dem Ballhaus. Später ist es abgerissen worden, weil man Platz für den Zwingerbau benötigte. Von außen war das Goldhaus nicht zugänglich. Sein Inneres konnte man nur über den Schwarzen Gang oder vom Schloß aus erreichen.

Im Goldhaus sollte Johann Friedrich Böttger das Werk seiner Vorgänger, darunter so prominente Leute wie Johann Kunckel, fortführen und krönen. Doch damit ließ sich Statthalter Fürsten-

92

berg noch etwas Zeit. Zunächst mußte er sich Gewißheit über die Vertrauenswürdigkeit Böttgers und die Lauterkeit seiner Kunst verschaffen. Ins Goldhaus durfte nicht mehr jeder, der vorgab, ein Adept zu sein. Zu kostbar waren die Geheimnisse, die dort in alten Schriften und Laboraufzeichnungen verborgen lagen. Selbst Kunckel war in Verdacht geraten, wichtige alchemistische Handschriften entwendet und mit nach Brandenburg genommen zu haben.

Ungeachtet dieser begreiflichen Vorsicht seines Statthalters setzte August der Starke große Hoffnungen auf das Gold Böttgers. Er versprach sich davon Hilfe bei der Lösung aller innen- und außenpolitischen Konflikte, in die Kursachsen geraten war. Seit seiner Überführung nach Dresden spielte der neunzehnjährige Apothekergeselle im machtpolitischen Kalkül Augusts des Starken eine wichtige Rolle. Diese Aussage ist dokumentarisch anhand der Böttger-Akten belegbar. Der Sachverhalt wird verständlicher, wenn wir uns näher mit August dem Starken, seinem Kabinett und der Diplomatie des Dresdner Hofes bekannt machen, also mit Persönlichkeiten und Begleitumständen der sächsischen Politik, die im Leben Böttgers Bedeutung gewinnen sollte.

Augustus Rex

Der Aufstieg Dresdens zu einem der glänzendsten und prachtvollsten Höfe Europas ist einem Herrscher von Format zu verdanken: Kurfürst August I., in die Geschichte als August der Starke eingegangen. Selbst wenn man die langen Jahre seiner Regierungszeit (1694–1733) kritisch beurteilt, bleibt eines unzweifelhaft: August der Starke hat das kurfürstliche Sachsen aus einem stillen, beschränkten Dasein an den Weltschauplatz europäischer Politik gerückt, Dresden zu einem Kulturzentrum Europas erhoben und seinem Land durch Förderung des Montan- und des Manufakturwesens zu wirtschaftlicher Konsolidierung verholfen.

Kursachsen, im Dreißigjährigen Krieg mit am stärksten heimgesucht, erholte sich infolge seiner ökonomischen Voraussetzungen und günstigen Verkehrslage rascher als die anderen deutschen Teilstaaten. Grundlage für die vergleichsweise zügige wirtschaftliche Stabilisierung war der sächsische Erzbergbau. Das Land war reich an natürlichen Bodenschätzen: Silber, Kobalt, Zinn, Blei, Eisen, Kupfer, Salpeter, Alaun, Schwefel, Salz, Marmor, Porphyr und Halbedelsteinen. Obwohl der Silberabbau im sächsischen Erzgebirge immer größere technische Probleme aufwarf, förderte man weiterhin ansehnliche Mengen des begehrten Edelmetalls zutage. Mit dem traditionellen «Silberwagen» wurde das Münzsilber von der Freiberger Hütte nach Dresden transportiert. In den Jahren 1601 bis 1700 hat Freiberg über 6200 Zentner und von 1701 bis 1734 fast noch einmal die gleiche Menge Feinsilber an die Dresdner Münze geliefert. Daraus sind jeweils über zwölf Millionen Taler geprägt worden. Gewerbe und Handel blühten wieder auf, denn das sächsische Gebiet kreuzten wichtige europäische Verkehrswege. Leipzig wurde zum vielgepriesenen «Marktplatz Europas».

Die Vorzüge eines ökonomisch gefestigten Staates konnte bereits Johann Georg III., der Vater Augusts des Starken, genießen. Allerdings verbrauchte er die Reichtümer des Landes mehr für eigene Interessen.

Seine beiden Söhne eiferten dem Vorbild des Vaters nach. Der jüngere, Friedrich August, begab sich 1687, siebzehnjährig, auf eine zwei Jahre dauernde Reise. Begleitet von seinem Hofmeister und Erzieher, Christian August von Haxthausen, seinem Leibarzt Dr. Matthias Pauli und einigen Hofleuten, durchquerte er Europa und lernte die Fürstenhöfe in Frankreich, Spanien, Portugal und Italien kennen. In Versailles, dem Zentrum europäischer Hofkultur, hinterließ der prunkvolle Hofstaat des Sonnenkönigs auf den sächsischen Prinzen den nachhaltigsten Eindruck. Begierig nahm Friedrich August alles in sich auf, was der Hof Ludwigs XIV. zu bieten hatte: rauschende Feste, Glanz und Machtfülle, verfeinerten Lebensgenuß, höfische Intriganz, blühende Mätressenwirtschaft, aber auch Wertschätzung der klassischen Kultur und

Pflege der schönen Künste. Darüber hinaus interessierten ihn zivile Baukunst und Fortifikation – er plante und skizzierte selbst –, Mathematik und alles Technische, Naturlehre und Geheimwissenschaften.

Von Natur aus mit bemerkenswerten körperlichen Vorzügen ausgestattet, erregte der junge Kurprinz überall Aufsehen. Friedrich August war von hoher Gestalt und verfügte über Riesenkräfte. Hinzu kamen sein kluger Verstand, seine Ritterlichkeit und Galanterie, mit denen er die Herzen, besonders der Damenwelt, gewann. Kenner des Lebens August des Starken meinten allerdings auch, er wäre falsch und treulos und «aller Lügenkünste Meister» gewesen. Aber für welchen europäischen Potentaten galt das damals nicht?

Seine ans Legendäre grenzende Volkstümlichkeit hat August der Starke zweifellos in erster Linie seinen ritterlichen Tugenden und seiner Körperstärke zu verdanken, die ihm zu seinem Beinamen verholfen haben. Von den athletischen und amourösen Taten des «sächsischen Herkules» erzählte man noch lange Zeit. August der Starke brillierte mit sehenswerten Kraftkunststücken: Einen schweren Silberteller rollte er ein, als wäre es ein Blatt Papier; Hufeisen und Reichstaler brach er anscheinend mühelos entzwei; Eisenstangen drehte er zu Spiralen; Silberhumpen drückte er mit seiner Hand zusammen.

Unerwartet gelangte Kurprinz Friedrich August im Jahre 1694 an die Macht. Sein Bruder, Johann Georg IV., dem 1691 nach dem Tod des Vaters die Kurwürde zugefallen war, verstarb plötzlich, keine siebenundzwanzig Jahre alt, nachdem seine Mätresse, Sibylle von Neidschütz, deren Erhebung zur Gräfin von Rochlitz er beim deutschen Kaiser durchgesetzt hatte, an Blattern gestorben war. Ohne sich von der Dienerschaft daran hindern zu lassen, riß der Kurfürst die Geliebte ein letztes Mal in die Arme und starb drei Wochen später an der gleichen Krankheit. So kam sein Bruder über Nacht zur Macht. Die verwitwete Kurfürstin aber beschuldigte die Mutter der Sibylle Neidschütz, die Liebe des Kurfürsten Johann Georg IV. und dessen Tod durch Zauberkünste herbeigeführt zu haben. Es kam deswegen sogar zu einem peinlichen Hexenprozeß.

Der neue Kurfürst brachte neuen Glanz in das verblichene Residenzschloß. Auf seinen Befehl wurde der Thronsaal prächtig ausgestaltet. Augusts des Starken Schlafzimmer, in dem er eine Mätresse nach der anderen empfing, wetteiferte bald mit Ludwigs XIV. luxuriösem Chambre de lit. Ganz im Stil des «Sonnenkönigs» gab sich Kurfürst Friedrich August I. den Freuden barocker Festlichkeiten hin. Bereits der erste Karneval des neuen Kurfürsten ließ ahnen, wie künftig die Feste in der kursächsischen Residenz gefeiert würden: Er begann am 28. Januar 1695 mit einer monströsen Tierkampfschau (zwei Löwen, zwei Leoparden, zwei Tiger, zwei Auerochsen, vier Bären, sechs Wölfe, ein wildes Pferd) vor dem Dresdner Hofstaat und Schaulustigen aus Holland, Österreich, Böhmen, Schlesien, Niedersachsen. Jagdvergnügen, Turnierspiele, Maskenbälle, Schlittenfahrten, Feuerwerk wechselten sich ab. Höhepunkt bildete am 7. Februar ein Götter- und Göttinnenaufzug durch die illuminierte Stadt.

Auch das folgende Jahr verlief für den sächsischen Herkules ereignisreich. Im Oktober 1696 wurde sein Thronfolger geboren, Friedrich August II. Drei Wochen später erblickte ein weiterer Sohn Augusts des Starken das Licht der Welt, geboren von seiner Mätresse Aurora von Königsmark. Am 17. Juni 1696 verstarb der polnische König Johann Sobieski. Von nun an waren alle Pläne des sächsischen Kurfürsten auf den frei gewordenen Königsthron gerichtet. Er sah hier seine Chance, seine Machtträume zu verwirklichen. Aber Friedrich August I. war nicht der einzige, den das Gold der polnischen Piastenkrone lockte. Insgesamt vierzehn Bewerber sollen es gewesen sein. Insbesondere zeigte Ludwig XIV. ein starkes Interesse an dem vakanten Thron und bemühte sich, einen französischen Prinzen als Kandidaten ins Spiel zu bringen.

Das polnische Königreich grenzte nicht direkt an kursächsisches Gebiet. Um es zu erreichen, mußte man von Sachsen aus durch kurbrandenburgisches Territorium oder durch das den Habsburgern gehörende Schlesien reisen. Deshalb schien der sächsische Thronbewerber gut beraten, sich zunächst um das Einverständnis des brandenburgischen Kurfürsten und des deutschen Kaisers zu bemühen.

Mitte Dezember 1696 reiste Friedrich III. nach Dresden, um den Besuch Augusts in Berlin-Cölln vom Januar des Jahres zu erwidern. Trotz verwandtschaftlicher Bindung war das Verhältnis der beiden Kurfürsten nicht ungetrübt. Ursache dafür war der vor einigen Jahren erfolgte Übertritt des brandenburgischen Generalfeldmarschalls Hans Adam von Schöning in sächsische Dienste. Dergleichen passierte öfter an europäischen Fürstenhäusern. Doch der abtrünnige Schöning, ein Verfechter absolutistischer Ideen, war ein unbequemer Zeitgenosse, voller Haß auf den brandenburgischen Hof. «Seid auf der Hut vor Eurem Rivalen in Cölln an der Spree», beschwor er den sächsischen Kurfürsten. «Schafft Euch eine starke, ebenbürtige Armee. Verbündet Euch mit den Nachbarn und mit Ludwig XIV. und fallt im günstigsten Augenblick über Brandenburg her. Sonst habt Ihr von den Hohenzollern nichts Gutes zu erwarten . . .»

Wie die Geschichte beweist, hat Schöning nicht ganz unrecht gehabt. In der augenblicklichen Situation aber durfte sich August nicht mit seinem Nachbarn überwerfen. So verlief der Besuch des Brandenburgers anscheinend im Zeichen besten Einvernehmens: Friedrich billigte die Pläne Augusts des Starken, denn er spielte zu dieser Zeit selbst mit dem Gedanken, seinen Staat in ein Königreich zu verwandeln. An einem so heiklen Thema wie der polnischen Thronkandidatur brachen also die gutnachbarlichen Beziehungen nicht auseinander. Wenn überhaupt etwas beim Besuch Friedrich III. «zu Bruch ging», so war es nur das Inventar des Schlosses Moritzburg. In den «Frankfurter Relationen» vom 26. Januar 1697 konnte man lesen: «. . . haben Ihro Churf. Durchl. zu Sachßen Ihro Churf. Durchl. zu Brandenburg bis Moritzburg begleitet und allda biß zu Mittag tractiret, wobey zu denen Gesundheitstruncken der Churfürst 18 Stück (Kanonen) auf einmal loßbrennen laßen, davon das gantze Schloß gebebet und weder Fenster noch Öfen stehen blieben . . .»

Im ausgehenden 17. Jahrhundert stellte das Heilige Römische Reich Deutscher Nation ein sehr lockeres Staatengebilde dar – unter einem Kaiser, dessen Zentralgewalt stark geschwächt war. Die einzelnen Territorialfürsten suchten eigene Wege, um ihre Herrschaft auszubauen. Vorbild war für viele der Absolutismus französischer Prägung. Auch Sachsens Kurfürst strebte deshalb nach einer Königskrone. Sein Land, das damals das wohl stärkste Wirtschaftspotential des Reiches besaß, verfügte über wenig politischen Einfluß. Aber nicht nur persönlicher Ehrgeiz und dynastische Interessen veranlaßten August den Starken, sich um den frei gewordenen Thron zu bemühen. Dahinter steckten auch einflußreiche Kreise des Dresdner Hofes, die – wie Schöning – ihr politisches Programm zu verwirklichen suchten. Denn ein vereintes sächsisch-polnisches Königreich würde ein Machtfaktor von europäischer Größenordnung sein.

Im März 1697 machte sich August der Starke auf den Weg zum Kaiser nach Wien. Leopold I. gab seine Zustimmung und sicherte seine Unterstützung bei der Thronerwerbung zu, falls August seiner Religion abschwor. Denn nur ein Katholik hatte Anrecht auf die Krone des Polenreiches. August war diese Empfehlung durchaus «eine Messe wert». In Glaubenssachen wie in anderen Maximen des Lebens nur sich selbst verantwortlich fühlend, wechselte er den Glauben seiner Väter, ohne zu zögern.

Als die Nachricht in Sachsen, dem Hort protestantischen Luthertums, bekannt wurde, gab es Aufruhr. Christiane Eberhardine, die fromme Gemahlin des Kurfürsten, sank vor Schmerz in die Knie. Sie widerstand jedem Bekehrungsversuch, zog sich aus der Residenz zurück und mied von nun an nach Möglichkeit jedes höfische Zeremoniell. Nur mühsam konnte August den Religionsfrieden im eigenen Land wiederherstellen. Durch Dekret ließ er verkünden, daß für jeden Sachsen Religionsfreiheit bestünde.

Unterdessen hatte Augusts Vertrauter, der Oberst Jakob Heinrich von Flemming, in Polen eine nicht weniger heikle diplomatische Mission zu erfüllen. Er war beauftragt, beim polnischen Adel genügend Stimmen «einzukaufen», um die Wahl seines Herrn durchzusetzen. In zähen Verhandlungen und mit hohen Bestechungssummen kam Flemming zum Erfolg. Am 15. September 1697 wurde in Krakau der sächsische Kurfürst Friedrich August I. zum König August II. in Polen gekrönt. Vier Monate später, am 15. Januar 1698, hielt Polens neuer König seinen glänzenden Einzug in Warschau.

Bei der Verwirklichung seiner absolutistischen Pläne stieß der neugekrönte König in seinem Stammlande auf größeren Widerstand als beispielsweise sein Nachbar, Kurfürst Friedrich III., in Brandenburg-Preußen. Um es vorwegzunehmen: Sein ehrgeiziges Ziel, eine rein absolutistische Herrschaft zu errichten, hat August der Starke auch als polnischer König niemals erreicht. Denn in keiner Phase seiner Regierungszeit konnte er die Macht der kursächsischen Stände entscheidend zurückdrängen. Die ökonomisch und politisch starke Position des kursächsischen Adels und der hohen Geistlichkeit verhinderte die Umwandlung Sachsens in einen absolutistischen Feudalstaat. Mit Zähigkeit und Erfolg verteidigten die Stände ihre Privilegien, insbesondere das Bewilligungsrecht in Steuer- und Militärangelegenheiten. Unterstützt wurden sie in ihrer Opposition durch das Geheime Consilium. Sogar als sich August der Starke später mit dem Geheimen Kabinett ein nur ihm unterstehendes Vollzugsorgan schuf und damit den Einfluß des Geheimen Rates zurückdrängte, wagte er nicht, die Stände völlig auszuschalten. Wegen der sich verschlechternden politischen Gesamtlage mußte er Rücksicht auf Adel und Geistlichkeit im eigenen Lande nehmen. August der Starke blieb auf die Unterstützung der Ständevertretung angewiesen, wenn es darum ging, weiter Steuergelder für seine Hofhaltung und Soldaten für den Nordischen Krieg bewilligt zu bekommen.

Ganz sicher hat zur Verschärfung der innenpolitischen Situation der Übertritt Augusts des Starken zum Katholizismus beigetragen. Auch der Schachzug des Königs, bei der Besetzung wichtiger Kabinetts- und Beraterposten vornehmlich auf ausländische Diplomaten und Adlige zurückzugreifen, richtete sich eindeutig gegen die eigenen Stände. Um von ihnen unabhängig zu werden, förderte August der Starke alle ihm geeignet erscheinenden finanz-ökonomischen Vorhaben. Dazu zählten die Generalrevision und schließlich die Generalkonsumtionsakzise, die auch den Adel zur Steuerzahlung verpflichtete. Dazu gehörten die Förderung des privaten Gewerbes und die Gründung von Staatsmanufakturen.

Eine starke sächsisch-polnische Allianz als siegreiche Kraft in die aufflammenden europäischen Machtkämpfe ins Spiel zu bringen, blieb jedoch ein Wunschtraum. Am ehesten kam es auf außenpolitischem Gebiet und bei der Organisation des diplomatischen Dienstes zu einer Realunion zwischen beiden Staaten. Innenpolitisch gab es keine Annäherung. Einflußreiche Kreise des polnischen Adels und des Klerus machten zu keiner Zeit aus ihrer oppositionellen Haltung ein Hehl. Um in seinem Königreich einigermaßen regieren und existieren zu können, mußte August II. stets seinen Dresdner Hofstaat mit nach Warschau überführen.

Aus ökonomischer Sicht brachte die Verbindung zwischen dem Industriestaat Sachsen und dem Agrarland Polen jedoch auch Vorteile. Ein für beide Seiten nutzbringender Warenaustausch begann sich zu entwickeln. Zwei der bedeutendsten Handelsplätze Europas lagen auf sächsisch-polnischem Staatsgebiet: Leipzig, Zentrum für den Binnenhandel, und Danzig, Umschlagplatz für den Überseeverkehr. Pläne Augusts des Starken, eine sächsisch-polnische See- und Handelskompanie betreffend, blieben wegen der Kriegsereignisse allerdings undurchführbar.

Sicherlich spricht es nicht von diplomatischem Weitblick, wenn der neugekrönte Polenkönig, seine Möglichkeiten überschätzend, sofort den Erfolg in der Außenpolitik und auf dem Schlachtfeld suchte. Kluge Beschränkung auf die Lösung vordringlicher innenpolitischer und wirtschaftlicher Probleme wäre richtiger gewesen. In außenpolitischen Fragen und bei kriegerischen Auseinandersetzungen operierte August der Starke wenig erfolgreich. Verdienste erwarb er sich dagegen bei der Reformierung der Generalkonsumtionsakzise, Bildung des Geheimen Kabinetts, durch ein straffes Administrationssystem im sächsischen Montanwesen. Auch der Umstand, daß der zahlenmäßig starke Bauernstand in weiten Landesteilen keine persönliche Unfreiheit kannte und die gewerbliche Produktion vom Zunftzwang befreit blieb, schuf günstige Voraussetzungen für die ökonomische Erschließung der Landesreserven: Bergbau- und Hüttenwesen, Gewerbe und Manufakturproduktion, Verkehrswesen und Handel, Wissenschaft und Technik blühten auf.

Augusts des Starken Toleranz in Konfessions- und Standesfragen, sein Kunstverständnis und Mäzenatentum lockten Kunsthandwerker, Architekten und Baumeister, Maler und Bildhauer, Musiker und Komponisten, Theaterspieler und Opernsänger an den Dresdner Hof. Für außergewöhnliche Künstler fand sich dort stets eine lohnende Wirkungsstätte. Wichtige Impulse für das Entstehen einer eigenen deutschen Nationalkultur sind somit dem Engagement Augusts des Starken zu danken. Von seiner Vorliebe für Wissenschaft, Technik, Architektur und die schönen Künste zeugen heute noch Bauten, Kunstwerke und Sammlungen. Der wissenschaftlich-technische, ökonomische und kulturelle Aufschwung Kursachsens und seiner Residenz ist also in erster Linie auf August den Starken zurückzuführen. Das darf nicht außer acht gelassen werden, wenn Kritik an seiner Person geübt wird: an seinem Despotismus und politischen Ehrgeiz, an seiner verschwenderischen Hofhaltung und übersteigerten Repräsentationssucht, an seinem intriganten Spiel um Reichtum und Macht.

Prominente des Dresdner Hofes

Die polnische Krone hatte August «ein Königreich gekostet». Um den Aufwand von mehreren Millionen Talern aufbringen zu können, verpfändete und verkaufte der sächsische Kurfürst Ländereien und Ämter aus dem Besitz der Wettiner. Auch bei diesem Handel tat sich Flemming hervor. Man konnte sich keinen besseren Unterhändler denken als den schlauen Diplomaten, der fließend Polnisch sprach und mit dem polnischen Kronschatzmeister verwandt war.

101

Jakob Heinrich von Flemming, aus dem brandenburgischen Pommern stammend, gehörte zu jenen «Ausländern», die König August II. nach Sachsen an seinen Hof zog, um ihnen einflußreiche Positionen anzuvertrauen. August wußte ihm seine Dienste zu danken, und im Lauf der Jahre beförderte er Flemming zum Generalfeldmarschall und Kabinettsminister. In den Grafenstand erhoben, sollte Flemming später zum mächtigsten Mann in der Administration Augusts des Starken werden.

Am kaiserlichen Hof in Wien hatte August der Starke die Bekanntschaft des aus Bayern gebürtigen, damals einundvierzigjährigen Reichsfürsten Anton Egon zu Fürstenberg gemacht. Diesen bestimmte der designierte König zum Statthalter, der bei seiner Abwesenheit im Kurfürstentum Sachsen die Regierungsgeschäfte wahrzunehmen hatte. Fürstenbergs Salär als Statthalter betrug 24 000 Taler jährlich. Dazu kamen 280 Klafter Holz, 200 Fuder Heu, 30 Zentner Fische und ein Deputat Wildbret. Mit der Nominierung Fürstenbergs, eines Katholiken, erhielt ein weiterer «Ausländer» ein wichtiges Staatsamt. Als Fürst stand der neue Statthalter über dem sächsischen Hofadel. Auf derlei «Standesrücksichten» legte man damals viel Wert.

Lange Jahre war Fürstenberg geächtet gewesen, weil er sich – entgegen dem kaiserlichen Befehl – in Frankreich aufgehalten und dort eine «Reichsfeindin» zur Gemahlin genommen hatte. Erst seit kurzer Zeit erfreute sich Fürstenberg wieder kaiserlicher Gnade. Doch zu welchem Preis? Sein Gemahlin und die Kinder mußte er in Frankreich zurücklassen. Bereits im Juni 1697 finden wir Fürstenberg in Dresden tätig, obwohl seine Bestallungsurkunde erst vom Dezember 1697 datiert. Als Statthalter erhielt er die Vollmacht, «eingerissene Mißbräuche zu untersuchen und abzustellen, bey allen einlaufenden Sachen, insonderheit bey dem Steuer-, Münz- und Postwesen, bey der Administration der Stadträthe, ja selbst bey dem churfürstlichen Hofstaate bessere Einrichtungen zu treffen». Mit einem Wort: Auf Augusts Befehl sollte der neue Statthalter endlich Ordnung im Staate schaffen.

Fürstenberg schwang sich – solange Flemming noch nicht auf

dem Höhepunkt seiner Karriere angelangt war – zum mächtigsten Mann in Kursachsen auf. Er wurde Oberhaupt aller weltlichen Kollegien und Expeditionen, insbesondere des Geheimen Rats, der höchsten Verwaltungsbehörde. Dort galt seine Stimme gleich «zwei Vota». Zur Durchsetzung seiner Reformpläne gründete Fürstenberg das Generalrevisionskollegium. Er deckte Korruptionsfälle auf, ließ bestechliche Beamte und adlige Hofleute unbeschadet ihres Ranges entfernen und bestrafen. Ein Opfer dieser Aktionen war der aus Böttgers Berliner Zeit her bekannte Geheimrat von Haugwitz, der daraufhin den kursächsischen Dienst quittieren mußte und nach Brandenburg ging.

Durch sein rigoroses Vorgehen schuf sich Fürstenberg unter dem sächsischen Adel unerbittliche Feinde. Der König beorderte deshalb zu des Statthalters persönlichem Schutz eine Leibgarde von vierundzwanzig Mann. Doch der Widerstand des Adels gegen die Generalrevision wuchs. Die Stände boten dem König schließlich eine Million Taler an, wenn er das Revisionskollegium auflöste. August der Starke, in ewiger Geldverlegenheit, akzeptierte sofort. Im März 1700 kam es zum Abbruch des Unternehmens. Mißmutig schloß Fürstenberg seinen Burgfrieden mit der sächsischen Hofaristokratie, die sich diesmal stärker als er erwiesen hatte. Aber sonst gab der Statthalter keinen Zoll von seiner Machtposition preis. Geschickt wußte er seine Stellung gegen die zwei einflußreichsten Persönlichkeiten des sächsischen Hofes zu verteidigen: gegen den Oberkämmerer und späteren Oberhofmarschall August Ferdinand von Pflugk und vor allem gegen den Großkanzler Wolf Dietrich von Beichlingen.

Die Blitzkarriere dieses Mannes hatte für viele etwas Unfaßbares an sich. Er entstammte einer Familie des niederen thüringischen Adels, schrieb sich lange Zeit «Beichling», bevor er seinen blaublütigen Stammbaum von einem bezahlten Genealogen entdecken ließ. Seitdem fühlte er sich berechtigt, den Namen des alten Grafengeschlechts derer von Beichlingen zu tragen. Zunächst ein unbedeutender Höfling, machte Beichling nach seiner Heirat mit einer Schwester der Magdalene Sibylle von Neidschütz eine

103

vielbewunderte Hofkarriere. Dabei halfen ihm seine überdurchschnittliche Bildung – er hatte an den Universitäten Wittenberg und Frankfurt an der Oder studiert – und sein angeborenes Talent, den weltgewandten Diplomaten zu spielen. Beichling war ein großer Projektemacher. Als «Finanzgenie» verstand er es wie kein zweiter, die immensen Geldforderungen des Kurfürsten und Königs zu befriedigen. Dabei vergaß er nicht, fleißig in die eigenen Taschen zu wirtschaften. Unehrenhaft war das nach damaligen Ehrbegriffen nicht: Der kursächsische Staat bezahlte seine Diener schlecht, zeitweilig gar nicht, in der Meinung, daß diese sich schon selbst Geld besorgen würden. Und das taten sie auch. Der Emporkömmling Beichling war der große Geldbeschaffer seines Herrn und daher für diesen unentbehrlich. Auf dem Gipfel der Macht sonnte sich Beichling seit dem Jahre 1700, als ihn der König zum Obristen- oder Großkanzler ernannte und er in den Grafenstand erhoben wurde. «Wolf Dietrich Graf von Beichlingen», so schrieb er sich nun.

Als «Oberster Kanzler» an der Spitze der neugegründeten Geheimen Kammerkanzlei stehend, hatte Graf Beichlingen vertrauliche Korrespondenzen mit ausländischen Mächten zu führen. Berichte und Resolutionsempfehlungen, die der Geheime Rat ausarbeitete, nahm Beichlingen mit nach Polen und bereitete dort die Entscheidung des Königs vor. Rangmäßig war der Großkanzler dem Oberhofmarschall und dem Statthalter gleichgestellt, in vielen Fragen aber mit größerer Kompetenz ausgestattet.

Daß es bei einer solchen Machtkonstellation zur Rivalität zwischen Beichlingen, Fürstenberg und Pflugk kommen mußte, blieb unausweichlich. Bei diesem intriganten Hofkonzert um Machtpositionen und persönliches Besitztum spielten auch andere prominente Leute maßgeblich mit, wie der Kanzler Otto Heinrich Freiherr von Friesen, der Oberste Kammerrat Curt Heinrich von Einsiedel, die Militärs Generalfeldzeugmeister Otto Christian von Zinzendorf, seit Januar 1701 Gouverneur Dresdens und aller sächsischen Hauptfestungen, Generalfeldmarschall Graf Adam Heinrich von Steinau und nicht zuletzt der zum Generalleutnant avancierte Graf Jakob Heinrich von Flemming. Niemand gebot dem Treiben Einhalt. Sachsen war zwar nicht groß, aber der König sehr weit. Seit dem Spätsommer des Jahres 1697 hatte man ihn nicht mehr in seinen kursächsischen Erblanden gesehen.

Krieg im Norden

Bei seiner Wahl zum König hatte August der Starke die polnische Reichsverfassung akzeptieren müssen. Polen blieb polnisch und ließ sich nicht auf administrativem Weg mit Sachsen zu einem Königreich vereinen, wie August spekuliert haben mag. Alle Hof- und Staatsämter verblieben auf Lebenszeit in den Händen des polnischen und litauischen Adels. In Sachsen empfand man die Last der polnischen Krone von Tag zu Tag bedrückender. Voller Bitterkeit mußte das sächsische Volk erfahren, was die Großmachtträume des starken August kosteten – nicht nur harte Taler, sondern auch ihr eigenes Gut und Blut. In der Pacta Conventa 1697 hatte August mit seinem Namenszug und Siegel bekräftigt, als König von Polen alle der polnischen Krone verlustig gegangenen Gebiete zurückzuerobern. Dieses Wahlversprechen bezog sich vor allem auf die reiche Ostseeprovinz Livland, die der Schwedenkönig Gustav Adolf seinem Reich einverleibt hatte.

Im selben Jahr, da sich August zum König krönen ließ, bestieg der fünfzehnjährige Karl XII. Schwedens Thron. Seine Jugend und anscheinende Unerfahrenheit ermunterten die Nachbarstaaten zu einem Krieg, um die verhaßte schwedische Vorherrschaft über das baltische Meer und die anliegenden Küstenstreifen zu brechen. Initiator war ein livländischer Edelmann, Johann Reinhold von Patkul. Von den Schweden wegen Aufruhrs zum Tode verurteilt, zog er nun von Land zu Land, um zum Kampf gegen Karl XII. aufzurufen.

Bereits 1699 hatten sich Rußland, Sachsen und Dänemark insgeheim gegen das mächtige Schweden verbündet. Augusts des Starken Bemühungen, Friedrich III. von Brandenburg als Mitstreiter zu gewinnen, scheiterten an dessen Indolenz. «Wie der König von Pohlen seinen Krieg ausführen wirdt, da laße ich ihn führ sorgen, und bin zufrieden, daß ich nichte darmit zu tuhn habe, dann ich wil stille sitzen und zusehen!» Mit diesen selbstgefälligen Worten begründete Friedrich III. am 30. März 1700 gegenüber der Schwiegermutter, Sophie von Hannover, seine Haltung.

Im Frühjahr 1700, mit dem Einfall der dänischen Truppen in Holstein, der sächsischen Armee in Livland und russischer Kontingente in Estland, begann der Nordische Krieg. Allen Vorhersagen zum Trotz erwies sich der junge Schwedenkönig als tapferer Soldat und umsichtiger Feldherr, der seine schnellen Truppen gegen die Alliierten von Sieg zu Sieg führte. Im August 1700 nötigte er König Friedrich IV. von Dänemark zum Travendaler Frieden. Danach richtete er seine Angriffswucht gegen den Zaren, dem er in Narwa am 30. November desselben Jahres eine vernichtende Niederlage beibrachte, so daß sich Rußland für längere Zeit vom Kriegsschauplatz fernhalten mußte. Was Peter I. und August den Starken freilich nicht davon abhielt, bei einer Zusammenkunft im Februar 1701 ihren Bund zu bekräftigen und mit einem Zechgelage zu krönen.

Schließlich wandte sich Karl XII. gegen den letzten im Bunde, König August, seinen leiblichen Vetter, denn beider Mütter, dänische Prinzessinnen, waren Schwestern. Ohne Rücksicht auf verwandtschaftliche Ressentiments schlug Karl die Sachsen, wo er sie nur traf. Generalfeldmarschall von Steinau und der hochgelobte Flemming sollen dabei militärisch schlichtweg versagt haben. Flemming führte den Krieg lustlos. Sein Herz schlug damals nicht für König August II., sondern für eine litauische Schöne. Während des Feldzuges vermählte er sich mit ihr und ließ zu diesem Zweck sein Heer im Stich. Einen Vorwurf kann man Flemming daraus schwerlich machen. Auch der starke August suchte nicht den Ruhm auf dem Schlachtfeld, sondern feierte viel lieber auf seinem Lustschloß Lobskowo in der Nähe Warschaus die Feste, wie sie fielen, und sie fielen oft.

Im Juli 1701 besiegte Karl XII. die sächsisch-polnische Armee in der Nähe von Riga, brachte dadurch Kurland in seine Gewalt, wo er überwinterte, und wartete nun mit der Gelassenheit des großen Siegers den weiteren Verlauf ab. An Kardinal Radziejowski ließ der siegreiche Schwedenkönig eine Botschaft übermitteln, die für August den Starken nichts Gutes verhieß: Wenn die Republik Polen den Frieden wünsche, so müsse König August der polnischen Krone entsagen. Andernfalls würde er, Carolus Rex, das Land mit Krieg überziehen und August vom Thron verjagen.

Sächsisches Deutsch

In den Böttger betreffenden Geheimakten finden sich unter der seltsamen Bezeichnung «Juramentum» oder «Eydes-Notul» zahlreiche schriftlich fixierte Verpflichtungen von Personen, die irgendwie mit dem «Goldmacher» zu tun hatten. So schworen Pabst und Nehmitz am 29. November 1701 «mit aufgereckten dreyen Fingern» feierlich, in Böttgers Angelegenheit «bis ins Grab verschwiegen zu sein». Von jetzt an würden sie «stets oder doch wechselweise umb ihn, Böttger, bleiben, auf deßen Thun und Lassen, besonders daß er sich nicht absentiren möge, genaue Aufsicht halten, vornehmlich aber gute Acht haben, daß niemand Frembdes oder Verdächtiges zu ihm komme, niemand allein mit ihm reden, noch auch sonst er einige heimliche Correspondenz führen möge».

Zu dieser Zeit konnte keiner von beiden die Konsequenzen dieses Eides erahnen, der ihnen von Fürstenberg abverlangt worden war. Dieser steuerte unbeirrt auf sein Ziel zu, das Geheimnis des Goldmachens von Böttger selbst zu erfahren. Auf des Statthalters Geheiß hatten Nehmitz und Pabst deshalb beeiden müssen, sich ja nicht zu unterstehen, «von obbemeldten Böttger, wofern er das Arkanum vom Goldmachen, darvon in Actis gemeldet, wüßte, solches auszuforschen oder zu erlernen». Fürstenberg gönnte diesen Triumph, dem König das Goldmacherrezept zu präsentieren, niemand anderem als sich selbst.

Wo aber verbarg Böttger sein Geheimnis? Von seinem in Wittenberg versiegelten Koffer vermißte man den Schlüssel. Ohne Zeugen den Koffer aufbrechen zu lassen, hielt Fürstenberg nicht für opportun. Wie eine «Registratura, Dreßden, den 30. November Anno 1701» verrät, bemühte er sich, den Kanzler von Friesen als Beistand zu gewinnen. Doch dieser lehnte ab und beschränkte sich auf den klugen Rat, daß «nach verrichteter Durchsuchung sodann ein (neues) Schloß vor den Coffer möchte geleget werden».

Beim Durchsuchen des Koffers kamen einige Tinkturen und ein Fläschchen Quecksilber zum Vorschein. Es sei «von ganz besonderer Beschaffenheit», sagte Böttger wichtig. Fürstenberg schien der Koffer für die alchemistischen Kostbarkeiten nicht vornehm genug. Er erteilte Pabst den Befehl, etwas Besseres aufzutreiben. Und Pabst besorgte «ein silbern, inwendig ganz vergöldet, sauber gearbeitetes Büxgen zur Verwahrung einiger besonderer Pretiosa».

Fürstenbergs Plan war, sich mit den alchemistischen Reliquien Böttgers unverzüglich nach Warschau zum König zu begeben. Bestärkt durch einen erfolgreich verlaufenen Probeversuch Böttgers, wollte Fürstenberg nun selbst demonstrieren, wie man Gold macht, dem Kurfürstentum Sachsen zu Ehren und König August zum Nutzen. Diese zunächst geheimgehaltene Reise nach Polen im Dezember 1701 war in mancherlei Hinsicht gewagt. Zunächst verließ Fürstenberg den Platz, den ihm August zugewiesen hatte: Statthalter in Sachsen zu sein, wenn er selbst als König in Polen residierte. Dann erfolgte die Reise in einer ungünstigen innenpolitischen Situation. In Sachsen hatten sich gerade die Stände versammelt, die zum Statthalter in Opposition standen. Sie vermerkten Fürstenbergs überstürzte Abreise übel, unterstellten ihm sogar hochverräterische Absichten. Aber Fürstenberg scherte sich nicht darum, sondern war überzeugt, mit dem Gold Böttgers die bessere Politik machen zu können.

Für die Blitzreise des Statthalters nach Polen hat es in der Tat keine zwingende diplomatische Notwendigkeit gegeben. Der einzige Beweggrund ist der fanatische Glaube an die Kunst des Goldmachens gewesen. Fürstenberg verließ die Residenz Dresden zwischen dem 5. und 7. Dezember 1701. Am 4. Dezember unterschrieb er noch eine Bestätigung, daß er vom Oberzehnten Pabst drei alchemistische Schriftstücke Johann Georgs I. und II. erhalten habe. In aller Eile hatte Pabst die gewünschten Dokumente aus dem Goldhaus herausgesucht, um Fürstenberg auf der langen Reise mit «Literatur» zu versorgen.

Bis nach Warschau brauchte man damals sieben oder acht Tage. Spätestens am 14. Dezember traf Fürstenberg dort ein. Unmittelbar nach seiner Ankunft fertigte er einen Befehl aus, datiert auf den 15. Dezember 1701: Die Bewachung Böttgers sollte um einen vertrauenswürdigen Mann verstärkt werden. Michael Nehmitz' Bruder, der Arzt Dr. Wilhelm Heinrich Nehmitz, wurde dazu verpflichtet.

In Warschau standen alle Zeichen für König August schlecht. Eine Invasion der Schweden stand bevor. Im Lande bekämpften sich rivalisierende Parteien, und der Anfang Dezember einberufene polnische Reichstag bot ein getreues Abbild jener innerstaatlichen Zerrissenheit. Von Staatsgeschäften bedrängt, fand August II. dennoch Zeit, seinem neuen Hofalchemisten als ein Zeichen seiner Gunst ein persönliches Schreiben, datiert vom 16. Dezember 1701, zu übermitteln.

Wer wußte, wie ungern der starke August zur Feder griff und dann alles andere als verständlich schrieb, mußte ein solches königliches Handschreiben als besondere Auszeichnung schätzen. August schrieb im allgemeinen so, wie er sprach, also rein phonetisch, ohne Rücksicht auf Orthographie. Handschriftliche französische Texte muß man sich laut vorlesen, um sie zu verstehen. Beim Entziffern deutscher Textproben stellt sich nur dann Erfolg ein, wenn man berücksichtigt, daß August der Starke ein Sachse gewesen ist. So finden sich auch in seinem Brief «an Johann Friedrich Betgern» zunächst unverständliche Worte wie «ohn geseimt» (ungesäumt), «Dohdesfal» (Todesfall), «eich» (euch), «benen» (benennen), «Heibter» (Häupter). Sächsisch erfreute sich damals hoher Wertschätzung und galt als ein besonders reiner, gepflegter deutscher Dialekt.

Augusts des Starken in sächsischem Deutsch verfaßtes Schreiben – Warschau, 16. Dezember 1701 – war der erste einer Vielzahl von Briefen, die er und Böttger gewechselt haben. Leider ist ihre Korrespondenz nicht mehr vollständig erhalten. Verschiedene Briefe ließ sich König August noch zu Lebzeiten Böttgers zurückgeben, nur von einigen sind Abschriften angefertigt worden. Ein größerer Teil ging nach Böttgers Tode oder bei der späteren Kollation und Archivierung verloren. Was wir heute noch verstreut in den Akten vorfinden, ist aber dennoch geeignet, ein verläßliches Bild von der Lebensgeschichte des Staatsgefangenen Johann Friedrich Böttger zu zeichnen.

«Durch das Schreiben, soh unser Stathalter uns eingehendiget, ist uns zu genedigen Gefallen gereichet, das ihr eich unserer Protection und Schutz teilhafftig machen wollet, welche wir eich auch hierdurch bey königlichen Worth und Treuen versichern . . .» So beginnt Augusts Brief vom 16. Dezember 1701. Doppelzüngig wird darin erklärt, daß Böttgers «Freiheit beständigst conserviert bleiben soll», bei aller Vorsicht, die seine «Sicherheit» erheische. Um das kostbare und unersetzliche Arkanum des Goldmachens dem Kurfürstentum Sachsen zu bewahren, verlangte der König von Böttger, daß «diese Wißenschafft deutlichen vor sich zu Pappier (ge)bracht» und an einem nur ihnen beiden bekannten Ort verwahrt werde, «dahmit bey einem Zufall das von Gott verliehene Pfandt nicht gäntzlich verlohren ginge».

Zwölf Tage vergingen seit Fürstenbergs Ankunft, bis man Gelegenheit fand, Böttgers Wundersubstanzen auszuprobieren. Damit das Experiment gelänge, hatte Böttger dem Statthalter außer einigen Schmelztiegeln, Greifzangen und chemischen Substanzen auch diverse Verhaltensregeln mit auf den Weg gegeben: Fürstenberg müsse «mit aufrichtiger Gottesfurcht und Frömmigkeit ans Werk gehen». Darauf käme unendlich viel an.

In einem abgelegenen Raum des Warschauer Schlosses wagten König August und sein Statthalter am 26. Dezember das Goldmacherexperiment. Mit Eifer waren sie bei der Sache. Dabei hatte alles mit einem Mißgeschick begonnen: Ein Hund warf die Flasche mit dem philosophischen Quecksilber um. Neues Quecksilber wurde herbeigeschafft und mit Borax, Kreide und anderen Ingredienzen unter Zusatz der Böttgerschen «Tinktur» zusammengeschmolzen. Was schließlich im erkalteten Schmelztiegel zurückblieb, war nicht etwa gleißendes Gold, sondern eine undefinierbare, wertlose Masse.

In höchster Bestürzung schickte Fürstenberg am 28. Dezember 1701 einen Kurier nach Dresden, um Böttgers Rat zu erflehen: Der Prozeß, von dessen Gelingen er so sehr überzeugt gewesen, sei gänzlich mißlungen, obwohl der König selbst zwei Stunden beim Feuer gestanden habe. Zwei Tage zuvor habe der König das heilige Abendmahl genossen. Auch er, Fürstenberg, habe bei dem Experiment seine Gedanken einzig und allein auf Gott gerichtet. Sollte es doch an den «besonderen Eigenschaften» des verschütteten Quecksilbers gelegen haben?

Preußische Spione

Wie aber ist es Johann Friedrich Böttger inzwischen in Dresden ergangen? War für ein Leben führte er, womit beschäftigte er sich? Erfreute er sich der ihm zugesicherten «beständigst conservierten Freiheit»? Glücklicherweise können wir hierzu einige autobiographische Aufzeichnungen verwenden, die Böttger im Jahre 1712 niedergeschrieben hat, um sie einem Bericht beizugeben. Das undatierte Konzept Böttgers fand sich in den Akten der Meißner Porzellanmanufaktur. Böttger berichtet darin ungeschminkt über seine trüben Erfahrungen im Dresdner Schloß: «... bin ich nebst dem damahligen Oberzehenden H. G. Pabsten in ein eintziges Zimmer eingesperrt worden, worinnen mir auch fast sogar hat wollen verbothen werden, zu Schöpffung frischer Luft ein eintziges Fenster zu eröfnen, solchergestalt daß auch vorerwehnter H. Oberzehender es sclbsten nicht länger ausstehen können und dieserhalb H. Dr. Nehmitz mir zur Conservation zugegeben worden.»

Man hütete den vermeintlichen Goldmacher wie einen Schatz. Fürstenberg hatte noch kurz vor der Abreise Pabst auf dessen Anfrage eingeschärft: Er und Nehmitz hätten bei der «bewußten Person» Tag und Nacht zu wachen, die Türen verschlossen zu halten und sie bei Gefahr mit doppelten Schildwachen zu besetzen. Auf solche Weise zusammengesperrt, verlebten die drei nicht sehr angenehme Tage. Böttger schickte sich am ehesten in sein Schicksal. «In sothaner Custodia aber habe dennoch ohne Murren und Widerreden verharret», schrieb er in seinem Bericht vom Jahre 1712. Weniger geduldig waren Nehmitz und Pabst. Letzteren traf es besonders hart, weil der Arzt sich mit allerlei Ausflüchten zurückzuziehen verstand. Dennoch klagten beide, sie hätten nach wenigen Wochen «mehr polnischen Juden als sächsischen Christen» ähnlich gesehen.

Unter diesen Bedingungen war an chemisches Arbeiten nicht zu denken. In seiner Mitteilung an Fürstenberg schrieb Pabst deshalb am 22. Dezember 1701: Böttger habe unmißverständlich erklärt, daß er erst, «wenn er wieder in verlangter Freyheit und rechter Gemüths Ruhe, das geheime Werck noch einmahl vor sich selbsten versuchen und durch Gottes Hülffe wohl zum erwünzschten Ende bringen, auch übrigens bey Berg- und Schmelzarbeit zu königl. Majestät derer Gewercken und ganzen Landes Nutzen noch gute Dinge ausrichten wolle».

Große Worte für die Zukunft, aber die Gegenwart sah anders aus. Wie in Wittenberg, so tauchten plötzlich in Dresden zwielichtige Gestalten auf, um nach dem Goldmacher zu fahnden. Vor allem aus dem Brandenburgischen kamen sie. «Jedoch wollen die Berliner sich nicht verliehren», meldete Pabst dem Statthalter am 22. Dezember bekümmert. «Sondern kommen immer mehr an, so allenthalben spioniziren . . .»

Friedrich I. und sein Kabinettsminister Paul von Fuchs hatten das Pokerspiel um den geflüchteten Goldmacher noch nicht aufgegeben. Ein letztes Mal versuchten sie, auf diplomatischem Weg zum Ziel zu gelangen. Dazu bot sich eine Gelegenheit, als Jakob Heinrich von Flemming auf der Durchreise nach Pommern, wo er den kranken Vater besuchen wollte, vom 8. bis 10. Dezember 1701 in Berlin und Cölln Station machte. Friedrich I. und die Königin Sophie Charlotte empfingen den «Landsmann» freundlich, kamen jedoch bald auf eine leidige Angelegenheit zu sprechen: Johann Friedrich Böttger. Wie der kursächsische Legationsrat Wolters aus Berlin berichtete, habe Friedrich «darbey einigen Verdruß mercken laßen, daß man den bewußten Apothecker Gesellen, da er doch ein brandenburgischer Unterthan, von Wittenberg nicht habe abfolgen laßen». Flemming spielte den Unbeteiligten, machte daraus eine «Raillerie» (Spaß) und erklärte schließlich, daß Böttger, «weihl er in hiesigen Landen kein Delictum begangen», sich hinbegeben könne, wohin er wolle.

Ende Dezember 1701 traf in Dresden ein weiterer Bericht Wolters' aus Berlin ein: Geheimrat von Haugwitz habe verlauten lassen, daß er den Dienst in Berlin quittieren und sich wieder nach Dresden begeben wolle. Haugwitz, der mit Böttger zusammen laboriert hatte, lockte das Alchemistengold. Vielleicht müssen wir dahinter auch einen neuen Schachzug des Ministers Fuchs vermuten. Geschickt wußte es Haugwitz einzurichten, in die Nähe Böttgers zu kommen. Der Geheimrat erwarb in Dresden ein Haus, gegenüber dem Schloß am Taschenberg gelegen, und bald war er über alles Wissenswerte informiert, das sich im Schloß zutrug.

Eines Tages stellte sich im Haugwitzschen Haus inkognito ein illustrer Gast ein. Von seiner Ankunft in Dresden hatte bereits Pabst am 22. Dezember 1701 berichtet. Er beschrieb ihn als einen Menschen, der «kühn und verwegen» sei und «auf den Böttger, als man hört, sehr viel hält»: Dr. Pasch. Pasch gelang es, mit Böttger in Verbindung zu treten. Er schmiedete eifrig an einem Fluchtplan. Erst im letzten Moment wurden seine Absichten durchkreuzt. In Ketten schleppte man den Aufrührer auf die Festung Königstein, wo er fast drei Jahre lang gefangengehalten wurde. Dann gelang dem Abenteurer die Flucht. Am 25. Oktober 1704 ließ er sich nachts an zusammengeknüpften Bett-, Hand- und Halstüchern die Kerkermauer hinab, nachdem er zwei starke Eisenstäbe an dem Fenster herausgebrochen hatte. Schließlich uberwand er auf gleiche Weise die Festungsmauer an der Elbseite. Mit Pasch zusammen floh ein Wachsoldat, den dieser bestochen hatte. Beim Abstieg ins Elbtal stürzte Pasch und schlug so unglücklich auf dem Felsen auf, daß er sich das Brustbein brach. Mühsam schleppte ihn sein Kompagnon zur böhmischen Grenze.

Wieder in Berlin, berichtete Pasch dem preußischen König von dem verunglückten Unternehmen und seiner abenteuerlichen Flucht. Johann Conrad Dippel, der Einzelheiten dazu aus Paschs Mund erfuhr, zeichnete sie auf. In seiner 1733 gedruckten Schrift «Aufrichtiger Protestant» sind die Abenteuer Böttgers und Paschs publiziert. Weitere Angaben können den Akten des Geheimen kursächsischen Kanzleiarchivs entnommen werden. Im Jahre 1706 starb Pasch in Berlin an den Folgen seiner Verletzung.

Weihnachten 1701 verging, ohne daß Pabst sein aufgezwungenes Domizil im Dresdner Schloß verlassen durfte. Bereits am 22. Dezember, als Fürstenberg noch in Warschau war, hatte er diesem voller Erbitterung seine «schweren und verantwortlichen Ambts Sorgen» erläutert und gebeten, wieder nach Hause gehen und seine eigentliche Arbeit verrichten zu dürfen. Als der Statthalter Mitte Januar nach Dresden zurückkehrte, fand Pabst bei ihm nur taube Ohren. Voller Entrüstung verfaßte er am 30. Januar 1702 eine Eingabe an Fürstenberg, die er in abgewandelter Form am 3. Februar auch an den König und tags darauf an Beichlingen sandte.

Häusliche Sorgen kamen hinzu: die schwere Erkrankung seines alten Vaters, die erste Schwangerschaft seiner Frau, Auseinandersetzungen mit Gläubigern. Persönlich leide er, Pabst, wegen des aufreibenden Wachdienstes und «vielen Lucubrirens» (Nachtarbeiten) unter «Kopff-, Leibes- und Stein Schmerzen» und einer «daher rührenden Melancholie ...», welches ferner auszuhalten ganz unmöglich fällt». Dringend bat er, von der Bewachung Böttgers entbunden zu werden.

Fürstenberg wollte dem verzweifelten Mann die Rückkehr nach Freiberg erlauben, für kurze Zeit. In diesem Fall aber müßte ein besonderes Arrangement getroffen werden, um die Sicherstellung der «bewußten Person» zu garantieren, ohne sie selbst zu verunsichern. Das war leichter gesagt als getan. «Diese Persohn (Böttger)», urteilte Nehmitz gegenüber dem König, «ist von einer solchen extraordinairen Singularité (Eigenart), daß, wofern man ein jedes Tempo nicht genau observiret und sich nach seinem Appetit accomodiret, er weder etwas thun und fürnehmen, noch sonsten mit ihm umbzugehen sein würde.»

Böttger war in der Tat ein schwieriger Charakter. Das hatten seine Bewacher bereits nach kurzem Zusammensein feststellen müssen. «Mit dieser Persohn lebet man auf allerley Arthen Sorgen, absonderlich aber wegen seiner Gesundheit», meinte Michael Nehmitz und berichtete von einem Vorfall, der sich in den ersten Monaten des Jahres 1702 zugetragen hatte: Trotz der rauhen Witterung wäre Böttger «gantze Tage ohne Unterkleider» umhergelaufen, «gantz bloß und nichts als einen Schlafrock an sich habend». Seine nackten Arme hätte er in einen Trog eisigen Wassers getaucht, in dem sich Fische tummelten, die man auf sein Geheiß hineingetan hatte. Stundenlang hätte er nach ihnen gehascht, bis seine Arme vor Kälte ganz geschwollen waren. Dabei «machte er sich bißweilen dermaßen naß, daß Ihro Durchlaucht, als sie eines Nachts zu ihm gekommen, ihm beweglich zusprechen müssen, daß er andere und trockene Kleider angezogen . . .»

Wer war es?

Vier bis fünf sächsische Meilen von Dresden entfernt erhebt sich die Festung Königstein 240 Meter hoch über der vorbeifließenden Elbe. Im Osten Kursachsens gelegen, dicht an der Grenze zum Königreich Böhmen, ist diese Feste der Stolz aller kursächsischen Herrscher gewesen. Bei der damaligen Kriegstechnik galt sie als uneinnehmbar. Ein natürliches Felsmassiv aus Sandstein, das sich an drei Seiten steil und unzugänglich aufrichtet, bildet das Fundament der Festung. Auf der vierten Seite führt ein steiler Weg empor und windet sich durch etagenweise angeordnete Fortifikationen bis hin zum Eingang. Festungstor und Zufahrtsweg sind aus dem Fels herausgehauen und durch drei Zugbrücken und eiserne Fallgatter geschützt. Fünfzig Meter hohe Mauern mit Schießscharten und Wehrtürmen umschließen das ausgedehnte Felsplateau. Auf seiner Fläche von 9,5 Hektar hätte das gesamte, innerhalb der Stadtmauern befindliche damalige Dresden Platz gefunden.

Im Jahre 1702 lagerte auf der Festung ein gutausgerüstetes Wachsoldatenregiment. Im Kriegsfall konnte es rasch verstärkt werden. Seit 1687 befehligte Oberst Eustachius von Flemming als Kommandant die Festung. Seine militärischen Auszeichnungen hatte er sich bei der Befreiung Wiens verdient, im Kampf gegen die Türken.

Berühmtheit erlangte die Festung Königstein weniger als strategisch wichtiges Kriegsobjekt, sondern vielmehr als Staatsgefängnis. In den Gefangenenlisten finden sich die Namen hochgestellter Persönlichkeiten: Grafen, Minister, Kanzler. Über Nacht bei den sächsischen Kurfürsten in Ungnade gefallen, verbrachten sie lange Jahre hinter Kerkermauern und sahen einem ungewissen, oft schrecklichen Schicksal entgegen.

Beim Studium der wenigen aus dem Jahre 1702 erhaltenen Aktenstücke stößt man auf große Lücken und auf Widersprüche. Damals hat es eine sorgfältige Registratur, Kollation und Aktenaufbewahrung so gut wie nicht gegeben. Vieles, was auf die Festung Königstein und ihre Insassen Bezug hat, wurde erst später im Archiv der Geheimen Kabinettskanzlei oder im Kriegsarchiv aus Altbeständen zusammengefügt. Dabei ist man nicht immer sachkundig und sorgfältig zu Werke gegangen, so daß sich in mancher Akte Dokumente unklarer Herkunft finden.

Immerhin existiert eine Akte der Geheimen Kabinettskanzlei mit dem Titel «Verschiedene Arrestanten, so auf der Vestung Königstein gebracht worden, betr. ao. 1702». Doch muß man feststellen, daß gleich am Anfang Blatt 1 bis 13 fehlen. Das Inhaltsverzeichnis verrät, daß sich die vakanten Dokumente auf eine ungenannte, hochgestellte Persönlichkeit bezogen haben, «so als

Arrestant auf die Vestung Königstein gebracht». Wer war es, und warum wurden die Aktenblätter entnommen? In einigen Fällen kennen wir die Namen der Inhaftierten. Ein Kriegsrat Georg Hermann von Holtzbrinck ist darunter. Seit Juni 1701 war er auf Königstein inhaftiert. Doch die Akten schweigen sich darüber aus, weshalb er bei August dem Starken in Ungnade gefallen war. Unter den Gefangenen befand sich auch der Italiener Angelo Constantini. August II. hatte ihn engagiert, damit er italienische und französische «Aktricen» für das Dresdner Hoftheater verpflichten sollte. Constantini entledigte sich dieser Aufgabe mit Geschick, wobei die künstlerischen Qualitäten dieser Damen durchaus nicht immer im Vordergrund standen. Manche Sängerin oder Schauspielerin erfreute sich bald der besonderen Gunst Augusts des Starken. Aufgrund seiner Verdienste avancierte der Italiener zum Geheimen Kämmerer. Doch eines Tages erkühnte er sich, einer inzwischen zur Mätresse erhobenen Balletteuse einen unzweideutigen Antrag zu machen, seinen königlichen Rivalen verspottend. Verbannung auf die Festung Königstein war die Folge.

Wann der Italiener eingeliefert wurde, ist nicht genau bekannt. In seiner Festungshaftakte befindet sich zwar ein Einlieferungsschreiben vom 15. Februar 1702, doch bezieht es sich auf den vorerwähnten großen Unbekannten. Hier haben wir also einen solchen Fall falscher Aktenkollation vorliegen. Das nächste Dokument in der Constantini-Akte datiert vom 14. Dezember 1702 und nennt den Namen des Italieners, dessen Haft ja nicht geheimgehalten werden mußte.

Paschs Einlieferungsakte ist nicht mehr vorhanden. Im Archivbestand des Geheimen Kabinetts findet sich lediglich der 1704 über seine Flucht angelegte Aktenvorgang: «Des auff der Berg Vestung Königstein geseßenen D. Paschens und Schildwachts Johann Georg Brückmanns Echappierung betr.»

Schauen wir uns den irrtümlich in die Constantini-Akte geratenen Einlieferungsbefehl vom 15. Februar 1702 einmal näher an. Die Order ist von Fürstenberg unterzeichnet und informiert den

Festungskommandanten über einen neuen Häftling, dessen Name bewußt verschwiegen wird: Flemming habe den Mann «an einen sichern, und wohl verwahrten Orth» zu bringen und dafür zu sorgen, «daß niemanden, wes Standes oder Condition er sey, ... mit diesem Arrestanten die geringste Unterhaltung zu pflegen vergönnet, auch keineswegs verstattet werde, Erkundigungen einzuziehen, wer etwa diese Person sey oder was es vor Bewandnüs mit derselben habe». Allerdings ist der Unbekannte «aufs behutsamste mit benötigter Speisung und Trancke zu versorgen. Wornach bey Verlust Ihre Königl. Majestät Hohen Gnade der Herr Obriste sich zu achten.»

Flemming bestätigte am 19. Februar sowohl das Eintreffen des seltsamen Befehls als auch eines Unbekannten, den er einsperren sollte. Wenn Fürstenberg auf diese Art einen seiner Widersacher aus dem Weg räumen wollte, so müsse er wenigstens für dessen Unterhalt aufkommen, meinte Flemming: «... weiln zu deßen Verpflegung alhier alles vor baar Geld gekaufft und mit schweren Uncosten angeschaffet werden muß, auch bey langem Außenbleiben unserer Gage niemand alhier einigen Vorschuß thun kann.»

Die Finanzierung dieses Gefangenen sollte nicht die einzige Sorge Flemmings bleiben. Bald nach der Ankunft, so berichtete der Kommandant, habe sich der Arrestant gar wunderlich aufgeführt. Er sei «auf dem Tische, Offen (Ofen) und Hirschgeweihen herumgestiegen» und habe «allerhand närrische Reden» von sich gegeben. Dieser Mensch wäre «nicht sana mentis» (gesunden Verstandes), so daß es «mit demselben ie länger, ie ärger werden dürffte».

Im März 1702 schied Eustachius von Flemming plötzlich aus dem Leben, genau an jenem Tag, als man ihm das Ernennungspatent zum Generalmajor aushändigen wollte. Erst am 6. Mai 1702 erfolgte der Amtsantritt des Nachfolgers, Generalmajors Friedrich von Brause. Bis dahin übernahm der Unterkommandant die Befehlsgewalt: Major Friedrich Wilhelm von Crux. Von seiner Hand liegt bei den Akten ein Bericht, datiert Königstein, 12. April 1702, gerichtet an den Reichsgrafen von Zinzendorf: Der neue Arrestant habe plötzlich «einen entsezlichen Anfall gehabt» und nach dem Geistlichen verlangt. «Er hat geschäumt wie ein Pferd, geschrieen undt gebrüllet wie ein Ochße, so man von weitem hören können, erschrecklich mit den Zähnen geknirscht, den Kopff an die Wand (gestoßen), mit Händen undt Füßen so hefftig gearbeitet . . ., auch an den Wänden von einem Ort zum andern herumgekrochen, am ganzen Leib gezittert und gebebet, daß zwei starke Kerls von der Wache ihme nicht halten konnten.»

Als Crux auf den «Besessenen» einzureden begann, habe ihn dieser für den Engel Gabriel gehalten, der ihm weismachen wolle, daß er nun nicht mehr in den Himmel käme . . . Der Anfall währte eine Stunde und ließ den Major in Ängsten, aber auch mit Zweifeln zurück: War dieser «Anfall» inszeniert, um eine Flucht vorzubereiten? Tags zuvor hätte der Arrestant noch gesund und munter dreingeschaut, berichtete Crux, und «über 12 Maaß Bier getruncken», ohne trunken gewesen zu sein.

Fürstenberg beorderte den Leibarzt Dr. Tittmann und den soeben aus Warschau angereisten Geheimen Kämmerer Starcke nach Königstein, um den «Patienten» genauestens untersuchen zu lassen, insbesondere «ob solcher wahrhafftig (krank) oder nur simuliret». Dabei müßte, so verlangte der Statthalter, die Anonymität der Person unbedingt gewahrt bleiben. Dr. Tittmann legte Fürstenberg eine Liste mit über siebzig Fragen vor, vorzugsweise aus der Sicht des Mediziners gestellt, um dem «Paroxysmus» (anfallartiges Leiden) des Kranken auf die Spur zu kommen: Ob diese Anfälle öfter auftreten? Ob Gift oder schädliche Arzneien dafür verantwortlich zu machen sind . . .? Fragen nach Namen, Herkunft, der Art und Weise, wie der Unbekannte nach Dresden gekommen, strich Fürstenberg aus dem Konzept. Passagen, die die Geheimhaltung verletzen könnten, änderte er eigenhändig ab.

Der «Krankenbesuch» erfolgte am 18. und 19. April. Leider ist das ärztliche Gutachten Tittmanns und Starckes nicht mehr vorhanden. Wir kennen aber die von Fürstenberg empfohlene und von Zinzendorf angeordnete Maßnahme. Am 22. April wurde der «Kranke» in ein anderes Zimmer gebracht, dessen Tür und Fenster mit starken Eisenstäben versehen waren. Fürstenberg rechtfertigte dies in seinem Bericht vom 27. April 1702 gegenüber dem König wie folgt: In seinem bisherigen Aufenthaltsraum habe der Arrestant stundenlang am offenen Fenster gesessen und regungslos in die Ferne gestarrt. Man mußte befürchten, daß er «beym Einschlaffen herausfallen oder sich auf andere Arth ein Leyd zufügen» könne.

Wie reagierte der ungenannte Häftling auf diese «Fürsorge»? Er streikte, verweigerte jeden Bissen und rührte auch sein ihm bewilligtes Quantum von täglich sechs Kannen Königsteiner Bier nicht mehr an. Gegenüber Crux äußerte sich der Gemaßregelte am 24. April, 10 Uhr morgens: Er «sehe ganz accurat ex linamentis seiner Hände, daß er nicht lange mehr leben würde». Bereits in Dresden habe er zu anderen gesagt, vierzehn Tage nach Ostern werde er sterben. Ostern war längst vorüber, denn der Ostersonntag 1702 fiel auf den 19. April. Es war also hohe Zeit, und der Gefangene bereitete sich im Hungerstreik auf seinen Tod vor, «besser, er stürbe nüchtern und wohl praepariret». Er bäte nur darum, man möchte seine Eltern benachrichtigen.

Als Fürstenberg von der erneuten Gemütskrankheit seines Gefangenen vernahm, trommelte er Dr. Tittmann und Starcke aus ihren Betten, damit sie darüber ein Gutachten für Ihro Majestät anfertigten. Was beide dazu am 25. April niederschrieben, klang beruhigend: Die «Principia chiromantica» (Handlesekunst) beruhe auf «schlechten Fundamentis». Man könne deshalb irgendwelchen «Voraussagen» keine Bedeutung beimessen. Übrigens dürfte die krankhafte Gemütsverfassung des Arrestanten «auf eine Simulation hinauslauffen», wie bereits beim erstenmal festgestellt. Ansonsten würde es «seine junge und gesunde Leibes Constitution, wie auch sein witziger Verstand nicht zulaßen, daß, wenn er etliche Tage gehungert, ihm der natürliche Appetit zum Essen und Trincken nicht solte wieder anreitzen».

Wer aber war dieser Unbekannte? Constantini – Pasch – Böttger? Darüber gibt es in der historischen Literatur unterschiedliche Mei-

120

nungen. Trotz eingehender Recherchen, die weiteres, unbekanntes Aktenmaterial zutage gefördert haben, ist es nicht gelungen, irgendwo auf den Namen des Gefangenen zu stoßen. Er wird konsequent verschwiegen. Deshalb sind wir auf eine indirekte Beweisführung angewiesen. Sie soll zunächst klären, welche Veranlassung es gegeben haben könnte, Böttger im Jahre 1702 als «Staatsgefangenen» nach Königstein zu bringen.

Pabst von Ohains Gesuch um Beurlaubung war vom König allergnädigst genehmigt worden. Vor dem Statthalter stand das Problem, wie er nun, nach Weggang dieses zuverlässigen Mannes, Böttger am besten beaufsichtigen sollte. In einem französisch geschriebenen Brief bemühte sich Fürstenberg Anfang Februar 1702, den König für folgende Idee zu gewinnen: Der Goldmacher sollte auf den Fürstenbergischen Besitz Wermsdorf bei Oschatz gebracht werden. Dort könnte er unter dem Vorwand, für ein Bergwerk zu arbeiten, das Fürstenberg betrieb, in Ruhe seiner eigentlichen Tätigkeit nachgehen. Mit diesem recht hintergründigen Vorschlag erreichte Fürstenberg genausoviel wie Beichlingen mit seinem Angebot, Böttger auf das Schloß Bautzen zu expedieren, nämlich gar nichts. August wollte sich das Faustpfand seiner Politik nicht leichtfertig aus der Hand spielen lassen. So blieb die Variante «Königstein» übrig, wie schon in Warschau abgesprochen.

Auch andere Argumente sprachen für eine – befristete – Entfernung Böttgers aus der Residenz: die mangelhafte Abschirmung seiner Person im Dresdner Schloß, das einige hundert Leute beherbergte, und prekäre Sicherheitsprobleme, wie sie nach Paschs Anschlag aufgetreten waren. Für Böttger mußte eine geheime Arbeitsmöglichkeit geschaffen werden. Das Goldhaus schied zunächst aus, weil Fürstenberg glaubte, eine bessere Kontrolle zu haben, wenn er den «Goldmacher» unmittelbar bei sich hätte. Zu diesem Zweck mietete Fürstenberg das an die Hinterfront seines Hauses stoßende Carlowitzsche oder Bünauische Haus. Vom Februar 1702 datiert der Mietkontrakt mit Major von Carlowitz: Für die Miete mußten halbjährlich 150 Taler bezahlt werden. Nachweislich lief der Vertrag bis Weihnachten 1703.

Im obersten Stockwerk des Carlowitzschen Gebäudes also sollte Böttgers Alchemistenlabor eingerichtet werden. Dazu bedurfte es längerer Vorbereitungen, währenddessen Böttger besser woanders untergebracht war. Pabst wurde beauftragt, bestimmte Materialien, Chemikalien, Erze und Gerätschaften herbeizuschaffen, die Böttger aufgelistet hatte. Die drei Materialkisten sandte Pabst am 19. März 1702 aus Freiberg ab. Am 9. Mai folgten zwei Fässer mit Mineralien und einigen Flaschen Salpetersäure (Aqua fort). Weitere «Bouteillen» Salpetersäure trafen danach in rascher Folge ein. Der kontinuierliche Nachschub zeugt zweifellos davon, daß Böttger rege bei der Arbeit, also gegen Ende Mai 1702 wieder in Dresden gewesen sein dürfte. Geht diese Aussage mit anderen Fakten konform? Offensichtlich, denn am 26. April hat M. Nehmitz und am 27. April Fürstenberg einen abschließenden Bericht über den «Arrestanten auf dem Königstein» an König August gesandt, mit der Bitte um weitere Instruktionen. Diese können frühestens zwei Wochen später, also Mitte Mai, in Dresden eingetroffen sein und die Zurückführung Böttgers ausgelöst haben.

Aus den Akten ist bekannt, daß in den Monaten März und April 1702 weitere Mitarbeiter Böttgers verpflichtet worden sind: seit dem 20. März der Geheimkämmerer Starcke und seit Ostern Christoph Matthiae. Aus den Dokumenten geht aber auch hervor, daß beide zu dieser Zeit mit Böttger nicht zusammengetroffen sind. Der Geheime Kämmerer Starcke galt als eine Vertrauensperson Augusts des Starken. Der König hatte ihm befohlen, sich von Warschau aus «in denen bewußten, uns höchst angelegenen Verrichtungen ... sich ungesäumet auf den Weg ... nacher Dreßden zu machen». Dort sollte Starcke «bey derjenigen Person, der er zugegeben wird, sich wachsam und fleißig bezeigen und dieselbe wohl observiren». Starcke wurde zu «höchster Geheimhaltung» angehalten und beauftragt, das Vertrauen Böttgers zu gewinnen, um ihm schließlich das zu entlocken, worauf es dem König ankam – das «Arkanum». Bereits Ende März dürfte Starcke in Dresden eingetroffen sein. Aber er kam – wegen Böttgers Abwesenheit – nicht zur Erledigung seiner eigentlichen Aufgaben. «Starckes Employ» (Anstellung), so teilte Michael Nehmitz am 26. April 1702 mit, sei «noch nicht erfolget».

Gemeinsam mit Nehmitz versuchte Starcke, den widerstrebenden Böttger zu einer Niederschrift seines Gold-Arkanums zu überreden. Diese «Elaborirung des Hauptwercks», die «Hauptsache», wie es in den Akten heißt, hatte König August bereits in seinem Schreiben vom 16. Dezember 1701 von Böttger gefordert. Eine solche theoretische Ausarbeitung hätte Böttger während seines Königsteiner Aufenthalts erledigen können. Aber er tat es nicht. Ziemlich ratlos meldete Nehmitz am 26. April 1702 an den König, daß er derzeit nicht wüßte, «auff was Arth er diese Person fernerhin praepariren und zu Auffsetzung der Haubtsache bewegen könnte».

Dieser Bericht Nehmitz' trägt zwar ein Datum, aber keine Ortsangabe. Möglicherweise sollte der Absendeort verschwiegen werden. Denn der Inhalt läßt den Schluß zu, daß Nehmitz zeitweilig auf der Festung Königstein weilte, um sich über Böttgers Befinden an Ort und Stelle ein Bild zu machen. Seine Informationen über die «bewußte Person» – hiermit ist unzweifelhaft Böttger gemeint – decken sich gut mit den Angaben Dr. Tittmanns und Starckes über den «Arrestanten auf der Festung»: Am 23. April sei «die bewußte Person sehr pensif», also verzweifelt und nachdenklich, gewesen und am 24. April nachts «jählings kranck geworden», schrieb Nehmitz. Böttger habe «anfangs großen Frost, nachgehends starcke Hitze empfunden, auch in wehrender Hitze phantasiret, also daß man was Gefährliches befürchtete».

Nehmitz' Bemühungen um einen Arzt scheiterten an Böttgers Halsstarrigkeit. Er wolle «von keinem Medico nichts hören», rief er und stellte sich als Apothekergeselle selbst ein Rezept aus. Mit dem beschriebenen Papier eilte Nehmitz zum Statthalter nach Dresden, der «seit drei Tagen bettlägerig an Podagra» (Gicht) darniederlag und sich nicht wenig entsetzte. Dank der Tüchtigkeit des Leibarztes Dr. Tittmann ging alles bald wieder seinen geordneten Weg. Zur rapiden Besserung des «Kranken» hat sicherlich auch die Nachricht beigetragen, daß er wieder nach Dresden zurückkehren dürfe.

Alle diese aus den Böttger-Akten stammenden Informationen fügen sich nahtlos ein in das Material über den «Arrestanten», der am 15. Februar 1702 auf dem Königstein eingeliefert worden ist. Es sind keine Widersprüche zu entdecken, so daß der indirekte Schluß, der unbekannte Arrestant und Böttger müssen dieselbe Person sein, zwingend ist. Pasch oder gar Constantini können es nicht gewesen sein. Sie werden in den Akten stets mit vollem Namen genannt. Außerdem waren sie allzu bedeutungslose Randfiguren, als daß sich August der Starke, Statthalter Fürstenberg, der Geheimkämmerer Starcke, Leibarzt Tittmann, die bei Hof einflußreichen Gebrüder Nehmitz und andere in so nachdrücklicher Weise um sie gekümmert hätten.

Ein letzter Beweis: Jene dreizehn Aktenblätter, die sich ursprünglich in der Festungsakte «Verschiedene Arrestanten... 1702» befunden haben, sind nicht verlorengegangen. Sie wurden vielmehr einem anderen Konvolut beigegeben, nämlich der «Acta Varia, Böttgern betr. 1702» – zu Recht, wie wir meinen. Dort finden sie sich noch heute.

Mißglückte Mission einer Mätresse

Das erste, was Johann Friedrich Böttger nach seiner Rückkehr im Mai 1702 zu Gesicht bekam, war ein mit königlichen Insignien reich geschmückter Brief. Der Statthalter hatte ihn aufbewahrt. In Böttgers Gegenwart ließ er das Siegel erbrechen und überflog das Geschriebene. Mit einer leichten Verbeugung reichte er den Brief schließlich an den Goldmacher weiter, denn für diesen war die Nachricht bestimmt. Ehrfurchtsvoll berührte Böttger mit den Lippen das königliche Siegel. Dann begann er den von August dem Starken am 20. Februar 1702 in Warschau signierten Brief zu studieren: «Nachdem ich euere Schreiben nebst Beilagen durchlesen, so bin ich noch mehr in meinen Gedanken gestärcket worden, daß durch sonderbare göttliche Schickung habe geschehen müßen, daß ihr euch in meine Protection begeben habet und ich selbige praestiren kan, sintemal ohne mein Wißen und Bemühung dieses geschehen ist und daher vestiglich glaube, es habe unß Gott aus besonderen Uhrsachen hierzu auserkohren ...»

August der Starke versprach Böttger, alle seine Wünsche zu erfüllen. Doch fühlte er sich auch für dessen Schutz verantwortlich, weil «sichere Nachricht eingelauffen, wie gar vielerley von der Schlangen Griffe gemachet» würden, sich des Goldmachers zu bemächtigen. An den Statthalter habe er deshalb Befehl gegeben, zu veranlassen, daß Böttger «in mehr Sicherheit, Ruhe und Vergnügen gesetzet» werde.

Das klang verheißungsvoll, doch die Wirklichkeit sah anders aus. Gleich nach der Audienz in Fürstenbergs Palais wurde Böttger in sein neues Domizil geführt, in das für ihn hergerichtete Carlowitzsche Haus. In seinen Erinnerungen aus dem Jahr 1712 beschrieb Böttger die Unterkunft mit sarkastischen Worten, da sie «mit Fug und Recht ein honnêtes Gefängniß kan genannt werden». Die wenigen Fenster wären so winzig und verschmutzt gewesen, daß man sogar «den Unterschied zwischen Mensch und Thier verlernen» könnte. Auch habe man ihm «zu Schöpffung frischer Luft» und «Recreation seines Gemüths» zunächst nicht erlauben wollen, auf den Dachboden zu gehen, um dort aus einem Klappfenster hinausschauen zu dürfen.

Weil Pabst nur noch zeitweilig nach Dresden kam, standen Böttger «niemand als Herr Dr. Nehmitz zur Konversation» und nur ein «eintziger Diener» zur Verfügung. Mit diesem «Diener» – vermutlich Matthiae – habe es seine besondere Bewandtnis gehabt, beklagte sich Böttger. Denn dieser führte sich auf, als wäre er der Herr im Hause. Hingegen wäre Starcke, zu dem er Vertrauen gefaßt, bald wieder abgezogen worden. «Lasset euch nicht befrembden, daß ich Starcken herausberuffen», versuchte August der Starke den erzürnten Böttger zu beruhigen. «Ich habe ihm unumbgänglich haben müssen, meiner Brieffschafften halber, die in der Confusion, ... und umb welche niemand weiß als Starcke.» Erst im September 1702 kehrte der Kämmerer wieder nach Dresden zurück. «Betreffend Starcke», schrieb August am 14. September an Böttger, «so überschicke ich ihn wieder und gebe zu eurer Disposition, mit ihm zu machen, was ihr vermeinet.»

Immerhin billigte man dem in «honetter Custodie» gefangenen Böttger einige Freiheiten zu. So erlaubte ihm Fürstenberg, die Eltern zu benachrichtigen. Ende Mai 1702 ging ein kurzer Brief nach Magdeburg. Bei den Akten liegt eine undatierte Abschrift, die nicht von Böttgers Hand geschrieben ist, wie auch die Schreibweise des Namens verrät. Der Text ist nichtssagend, unverbindlich, denn Böttgers Korrespondenz unterlag der Zensur.

Erst in einem weiteren Brief, von dem Böttger irrtümlich meinte, ihn einem Boten heimlich anvertrauen zu können, finden sich einige spezielle Angaben: Der Sohn suchte von den Eltern zu erfahren, was man im Brandenburgischen über ihn dächte, was Herr Zorn und die anderen redeten. Ob der Herr Vater und die Frau Mutter gesinnt wären, das Brandenburgische zu verlassen und nach Dresden zu kommen? Böttgers Mutter reiste tatsächlich in die sächsische Residenz, aber nicht, um sich dort niederzulassen, sondern um ihren Sohn zurückzufordern. Resolut ging Ursula Tiemann zu Werke, setzte Gott, den Statthalter und die Dresdner Beamtenwelt in Bewegung, um zum Ziel zu kommen, erreichte sogar eine Audienz beim Großkanzler. Ihren Sohn aber sollte sie erst über zehn Jahre später wiedersehen.

Unannehmlichkeiten, wie sie Böttger bei seiner Gefangenschaft im Carlowitzschen Haus auszustehen hatte, sind nicht selten Gegenstand von Klagen gewesen, die er an den in Polen weilenden König richtete. Auch sonst fühlte sich der kapriziöse Goldmacher verunsichert. Seine zahlreichen Briefe an August den Starken sind deshalb fast durchweg mit «Punctationes» versehen, säuberlich numerierten Beilagen, Forderungen nach mehr Freiheit und Schutz, Rückversicherungen für den Fall des Mißlingens seiner Arbeit, Vorwürfen und Beschwerden gegen seine Bewacher.

So befanden sich in Böttgers Besitz lange Zeit – bis sie August zurückverlangte – auch mehrere «Übereinkommen» aus dem Jahre 1702. Abschriften davon haben sich erhalten. Mit seinem markanten Namenszug «Augustus Rex» bestätigte der König nahezu alles, wonach Böttger damals Verlangen trug: «... daß Ew. Königl. Majestät mir niemahls nach Polen mögten berufen laßen, auch auf keine Festung zu setzen, viel weniger mit Gewalt wider mein Gewißen dazu zwingen, ... daß Ew. Königl. Majestät nach Endigung des Wercks, es möge gerathen oder nicht, mir nicht Leides wollen zufügen, sondern gegen juramentische Caution meine Freyheit genießen laßen ...» Zwei Gründe mögen Johann Friedrich Böttger zur Fixierung dieser Punkte veranlaßt haben: das Wissen um die Möglichkeit, daß die Präparation des Lapis philosophorum nicht gelingen könnte, und die Furcht, zeitlebens auf einer Festung eingesperrt leben zu müssen. Wir werten die panische Angst vor der Festungshaft als weiteres Indiz, daß Böttger im Frühjahr 1702 auf dem Königstein gewesen sein muß.

Verblüffend erscheint uns heute die Selbstverständlichkeit, mit der August der Starke auf diese Forderungen einging, um seinen Goldmacher bei guter Laune zu halten. Doch darf man diese Zusagen, Versicherungen und Schwüre nicht allzu hoch bewerten. Großsprecherische Worte und die Leichtfertigkeit, mit der man sie abgab, all das entsprach genauso der damaligen Zeit wie der bombastische Briefstil, der uns in den Akten begegnet. Im übrigen beruhte alles auf Gegenseitigkeit. Auch Böttger versprach das Blaue vom Himmel, um sich die Gnade des Königs zu bewahren.

In einem Punkt aber war August der Starke unduldsam und zu keiner Konzession bereit, nämlich in der Frage der Freilassung seines Goldmachers. «Sol seine gantze Freyheit wiederbekommen, wenn er zuvorderst alles, was seines Wißens ist, von sich giebet, auch so lange bei Uns bleibet, bis wir ihm die Freyheit mitteilen», heißt es in einem vom König am 22. Oktober 1702 in Warschau unterzeichneten Dekret, das nur eine einzige Ausnahme gestattete: «Nach unserem Tode aber sol er alsofort, sobald er die Gewißheit erfahre, sich retiriren.»

Damit waren die Prämissen gesetzt. Böttger stand unter Erfolgszwang.

Man kann August II. nicht nachsagen, er hätte nichts unternommen, um seinem polnischen Königreich den Krieg zu ersparen. Dazu war er moralisch verpflichtet. Denn die polnischen Wojewoden hatten auf der Reichsversammlung zu Warschau verlauten lassen, daß Polen nichts so sehr wünsche wie den Frieden. Noch im selben Monat, im Januar 1702, sandte August einen Unterhändler nach Kurland, um Karl XII. zum Frieden zu bewegen. Nicht Fürstenberg, Beichlingen oder Flemming wurden mit dieser heiklen diplomatischen Mission betraut, sondern Augusts ehemalige Mätresse, Gräfin Aurora von Königsmark. Der zwanzigjährige Schwedenkönig war jedoch auf der Hut: Schöne Frauen galten bei ihm so wenig wie schöne Worte. Die Königsmark wurde nicht vorgelassen. Nicht besser erging es einem anderen Abgesandten des Polenkönigs, dem Kammerherrn Vitzthum von Eckstädt. Als dieser Ende Februar in Kurland erschien, ließ ihn Karl XII. gefangensetzen wegen nicht ordnungsgemäßer Pässe.

Zu Beginn des Monats Mai fielen die Schweden in Polen ein. In einem am 16. Mai 1702 veröffentlichten Manifest gab der Schwedenkönig sein Kriegsziel bekannt: die Entthronung Augusts des Starken. Ohne Widerstand vorzufinden, zog Karl XII. in Warschau ein. Keine Hand rührte sich für den Polenkönig, der nach Krakau entflohen war. Radziejowski unterhandelte mit den Schweden über die Absetzung Augusts und die Wahl eines neuen Königs. Dafür bot sich einer der Söhne Sobieskis an.

In aller Eile wurden in Sachsen frische Truppen zusammengestellt. Gegen hohe Handgelder oder gewaltsam zwang man die Einwohner zum Kriegsdienst. Mit diesen Reserven hoffte August den drohenden schwedischen Vorstoß auf Krakau aufhalten zu können. Am 2. Juni ging von Dresden ein Troß mit 24 Kanonen, 48 Karren, 17 Bagagewagen in Richtung Polen ab, begleitet von 100 Kanonieren, Füsilieren und Feuerwerkern. 18 große Kanonen, 45 Munitionswagen und 300 Artilleristen folgten am Ende des Monats. Sie sollten die bereits in Polen befindlichen Infanterie- und Kavallerieregimenter verstärken.

Bei Cliskow, in der Nähe der alten Königsstadt Krakau, trafen am 19. Juli 1702 über 30 000 Polen und Sachsen und kaum 18 000 Schweden hart aufeinander. Über den Ausgang des Kampfes informieren wir uns am besten anhand der zeitgenössischen Presse. «Aus Pohlen wird vom 22. July per Staffetam berichtet», meldeten die «Ordinari- und Post-Zeitungen» Berlins am 26. Juli 1702 mit kaum verhüllter Schadenfreude, «daß zwischen der schwedischen und sächsischen Armee, nachdem die Pohlen den Anfang des Außreissens gemacht, in die Flucht geschlagen und den rechten Flügel in Confusion gebracht, wobey der General Flemming und der General Steinau tödtlich blessirt seyn sollen. Den König kan man dato nicht finden, und wird vermuthet, daß er sich incognito umb die Grentzen von Schlesien auffhalten solle.»

Einige Tage später, am 30. Juli, ergänzten die Zeitungen aus Berlin, daß Augusts «Bagage nebst allem Silber-Servicen den Schweden zur Beute geworden, dergestalt daß auch der König nicht ein Hembde übrig behalten habe, so von seinem eigenen Cammer Diener anhero berichtet worden ... Auch sollen bei der polnischen Armee sich befindliche Frauens von den Schweden gefangen sein.»

Mit dem Ballast seines ganzen Hofstaates, dem Hofsilbergeschirr und fünfhundert Hofdamen war August der Starke in diesen «lustigen» Krieg gezogen! August der Starke verlor bei dieser Kampagne nicht nur den Rest der sächsischen Artillerie – 50 Kanonen –, die Kriegskasse und mehrere tausend Soldaten, sondern auch seinen Ruf als Feldherr: Sachsens vielgerühmter Herkules nahm schmählich Reißaus. Tagelang wurde er durch Wälder und Sümpfe gejagt, und nur mit knapper Not entkam er nach Krakau. Jene fünfhundert Hofdamen aber, die August zurücklassen mußte und die auf der Flucht im Morast steckengeblieben waren, schickte Karl XII. dem Polenkönig hohnlachend hinterher – unversehrt, wie es hieß. Das war keine Kriegsbeute für den schwedischen Soldatenkönig.

Zu denjenigen, die König August II. «wegen Verlusts der Bataille» kondolierten, gehörte auch Johann Friedrich Böttger.

«Dancke vor das Mitleiden, so Er mir zeiget», schrieb August am 14. September 1702 aus Warschau zurück. «Versichere anbey, daß ich nichts unternehmen werde, wozu mich nicht mein Gewissen, mein Eid, den ich dem Folcke geschwohren, und meine Ehre verbindet.»

Um aber überhaupt etwas gegen die einfallenden Schweden unternehmen zu können, war August II. auf die Hilfe der Polen angewiesen. Hoffnungslos war die Lage nicht, nachdem König August in Sandomir eine Konföderation der Königstreuen gebildet hatte, um einen Einmarsch der Schweden in Sachsen zu verhindern.

«Ich kan ihm nicht verhalten, daß ich in großen Sorgen gewest», heißt es im Brief Augusts an Böttger vom 14. September 1702, «und mich befürchtet, einen Einfal in Saxen gegenwärtig zu seyn, weshalben ich mich umb euch höchsten bekümmert habe, im Fall, die Residentz sollte angegriffen werden. Nunmehro aber ist diese Furcht verschwunden, indem die Schweden declariret, nicht gegen Saxen, sondern nur gegen Pohlen ihr Dessein (Vorhaben) auszuführen, also könt ihr in Ruhe das angefangene Werck fortführen, dazu ich des Höchsten Beystand anruffe . . .»

Ein «Contubernium» konstituiert sich

Nachweislich hat Johann Friedrich Böttger in Dresden frühestens Ende Mai 1702 mit experimentellen Arbeiten begonnen. Was er während seiner frühen Dresdner Zeit tat, ist bis heute nicht recht klar gewesen. Die Annahme, Böttger bemühte sich, Gold zu machen, ist allzu simpel, und das nicht nur ihrer irrationalen Aussage wegen. Am Beispiel eines Glauber und Kunckel haben wir bereits gesehen, daß die vielgeschmähten Alchemisten kluge Köpfe, geschickte Experimentatoren und begeisterte Naturforscher gewesen sind. Mit viel Ehrgeiz suchten sie der Natur ihre Geheimnisse abzugewinnen, selbst dann, wenn es in der Absicht geschah, den imaginären Stein der Weisen zu finden.

Aufgrund der sorgfältigen Aufzeichnungen Pabst von Ohains

sind wir heute in der Lage, uns ein verläßliches Bild von Böttgers chemischen Arbeiten zu machen und ihren wissenschaftlichen Wert einzuschätzen. Zu diesem Zweck müssen die in den Akten verstreuten Angaben zu einem Mosaik zusammengesetzt und mit dem damaligen Erkenntnisstand in der Chemie und Montanwissenschaft verglichen werden. Eine detaillierte Darstellung der chemischen Experimentiertätigkeit Böttgers muß jedoch einer Spezialstudie vorbehalten bleiben. Fest steht, daß Böttger sich niemals mit verträumter Alchemistenarbeit abgegeben, sondern stets den rationalen Kern des Problems gesucht hat, das er auf experimentellem Weg lösen wollte. Dabei halfen ihm sein praktisches Geschick, sein ausgesprochenes Gespür für neue, originelle Lösungswege und sein ausgeprägter Sinn für die Anwendung seiner Arbeitsergebnisse. Versuchen wir, die Frage zu beantworten, woran Johann Friedrich Böttger seit Ende Mai 1702 arbeitete, seitdem für ihn alle Voraussetzungen für das alchemistische Experimentieren vorhanden waren.

In seinem 1712 verfaßten Bericht spricht Böttger von der «Zumuthung frembder, unbekandter und gantz ungewohnter Arbeith». Er habe damals «die Auferbauung der Öfen und andere vielfältige Labores» verrichten müssen, so für ihn «ganz unanständig gewesen». Tagtäglich mußten von ihm Holz und Kohlen «einige Stiegen hoch» geschleppt werden. Dabei habe seine Gesundheit «weit mehr als bei andern Verrichtungen» Schaden genommen.

Nun ist solches Lamentieren, zumal bei Böttger, nicht ganz ernst zu nehmen, erfolgte es doch, zehn Jahr später, in recht vordergründiger Absicht. Ein guter Alchemist hat seinen Herd stets selbst gemauert. Spätestens seit Glauber ist bekannt, welchen Wert die «Furni novi philosophici», die neuerbauten philosophischen Öfen, haben. Mag sein, daß diese Arbeiten zunächst ungewohnt für Böttger gewesen sind. Aber er wußte, daß er sie tun mußte. Bereits in der ersten Kiste, die Pabst am 29. März nach Dresden geschickt hatte, fanden sich entsprechende Arbeitsgeräte, ein «Mäurer-Hammer» und eine «Mäurer-Kelle».

In den Akten vorhanden ist eine von Böttger im Januar 1702 verfaßte, vier Quartseiten lange Aufstellung aller gewünschten Laborgeräte, Gefäße und Chemikalien. Nach dieser Liste gab Pabst Bestellungen auf. Was er in Freiberg beschaffen konnte, schickte er zuerst ab: Probier-Kapellen, salzburgische und hessische Schmelztiegel, Schaufeln, Kohlen- und Tiegelzangen, Mörser, Gefäße, Büchsen. Spezielle Glasgeräte, Kolben, Destillieraufsätze, Retorten, Phiolen ließ er in einer nicht näher bezeichneten Glashütte im Erzgebirge fertigen. Im Verlauf der nächsten Jahre sollte diese Aufstellung auf mehrere hundert Einzelpositionen anwachsen. Noch im Jahre 1707 klagte Pabst über uneingelöste Rechnungen «für allerhand eyserne und andere Instrumente, Waldenburger Töpfferzeuge, vielerley Laborgläßer, große Quantitäten Aqua Fort und Aqua Regis und viele andere Materialien». Dies alles hätte er «auf dehro Herrn Statthalters Fürsten von Fürstenberg gnädigste Verordnung» für die «bewußte Person» heranschaffen müssen.

Böttgers Aufstellung vom Januar 1702 gibt auch Auskunft über benötigte Substanzen. Nicht immer einfach ist es, herauszubekommen, um welche Stoffe es sich dabei handelte. Denn Böttger und Pabst benutzten gern lateinische Abkürzungen oder gar die schwer verständliche Geheimsymbolik der Alchemie. Es ist ein Spaziergang durch die damals bekannte Welt der Mineralien und Chemikalien: ungarisches Vitriol – ein Eisensulfat, woraus man Schwefelsäure, Oleum vitrioli, gewann; Sal armoniac (Ammoniaksalz); Cinabaris native oder Zinnober, ein Quecksilbererz, Ausgangsprodukt zur Gewinnung des Mercurius; Antimon minera (Antimonerz); Markasit (Eisenkies); Minera Cupris (Kupfererz); Cobalt- und Blei-Minera; Sal nitrum (Salpeter); Schwefel, Zinn, Auripigment, venezianischer Borax, Caput mortuum, das «Totenhaupt», hier für Eisenoxid gebraucht.

Nicht zu vergessen: Aqua regis (Königswasser) und Aqua fort (Salpetersäure) und vor allem «Testasche». Wie wir wissen, fand sich Testasche auch unter den Utensilien Böttgers, die in Wittenberg beschlagnahmt worden waren. Es handelt sich dabei um ein

Gemisch von Holz- und Knochenasche, das man mit Wasser zu einem Brei anrühren und zu einer «Kapelle» ausformen konnte. Diese Kapelle oder Kupelle besaß die Gestalt eines abgestumpften Kegels mit einer kleinen halbkugelartigen Vertiefung in der Mitte. Darin kupellierte man im Glühofen oder mit dem Gebläse rohes Silber, wobei Verunreinigungen, wie Schlacke und Gangart, aber auch Blei und Kupfer, «abgetrieben» wurden. Auch zum Probieren von Gold, dessen Gehalt man in Erzen bestimmen wollte, fanden diese Kapellen Verwendung.

Pabst lieferte alles, was Böttger brauchte, selbst die ausgefallensten Sachen. Ohne seine Umsicht, seine Detailkenntnis, sein Organisationstalent wäre es um Böttgers Arbeit schlecht bestellt gewesen. Fürstenberg wußte um die Bedeutung dieses Mannes für den Fortgang der Arbeiten. Er setzte es deshalb durch, daß Pabst von Ohain den Titel eines «Bergrats» verliehen bekam, mit «Session und Votum» im Oberbergamt Freiberg. Bereits vom 12. Januar 1702 datierte die Bestallungsurkunde. Aber sie erreichte Pabst noch nicht zu jener Zeit, als er verzweifelt um Rückkehr nach Freiberg bat. Sonst hätte der Oberzehnte sich anders verhalten.

Seit August 1702 finden wir Pabst wieder des öfteren in Dresden. Zuletzt hatte ihn Fürstenberg noch von der zeitraubenden Pflicht des Austeilerdienstes entbunden. In Ausübung seines Amtes reiste Pabst viel ins sächsische Obergebirge. In der Messestadt besorgte sich Pabst Chemikalien und Rohstoffe in der Apotheke des Herrn Linck. Böttger hatte ihm den Hinweis gegeben. Bei dieser Gelegenheit hat sich Pabst auch eine Abschrift jenes Briefes besorgt, den Zorn an seinen Leipziger Kollegen geschickt hatte und worin von den Affären des Goldmachers Böttger erzählt wird.

Alle Bestellungen ließ Pabst gewöhnlich nach Freiberg kommen. Dort wurden sie auf den «Silberwagen» verladen, der nach Dresden fuhr. Hin und wieder brachte auch eine Freiberger Marktfrau einige «Bullen mit Aqua Fort» zu Fuß nach der Residenzstadt. Mit dem Silberwagen schaukelte demnach allerhand artfremdes Gut über die Landstraßen von Freiberg bis zur Dresdner Münze. Pabst störte das nicht, und er ließ so manche andere Spezialität folgen. Am 5. Juli rollte man in Freiberg zum erstenmal ein Faß Bier auf das Gefährt: Böttger vertrug das Dresdner Gebräu nicht. Mit dem Freiberger Bier war er sehr zufrieden, wie in überschwenglichen Dankesbriefen an Pabst zum Ausdruck kommt. Fünf Tage später folgten wiederum «24 Kannen». Oft legte Pabst auch noch Butter und frisches Brot dazu. Gern versorgte Pabst seinen Freund auch mit den anderen Annehmlichkeiten des täglichen Lebens. Eine «Zeitung» durfte nicht fehlen. «Allerhand chymische Bücher», die Böttger im November 1702 bekommen hat, müssen zur weniger unterhaltsamen «Fachliteratur» gerechnet werden. Interessante Titel waren darunter: «Fegefeuer der Chymisten» sowie «Curieuse Gedancken von der wahren Alchymie nebst völliger Anweisung zur Praeperarirung des Lapidis Philosophorum und der Universal-Medicin». Ein «Liebhaber der curieusen Wissenschafften» hatte das berühmte Rezept des Basilius Valentinus wiederentdeckt und publiziert. Gewidmet war die Schrift dem hochgeborenen Herrn und Reichsgrafen Wolf Dietrich von Beichlingen.

Ein Brieffragment, von Dr. Wilhelm Nehmitz geschrieben und – weil undatiert – nahezu unbeachtet geblieben, enthält den Schlüssel für die Beantwortung der Frage, was Böttger mit all den Gerätschaften und Chemikalien angestellt hat. Der Inhalt des an Pabst gerichteten Schreibens ist dabei durchaus nicht sensationell: «Hierbey berichte, daß eine Tonne mit Test Asche mit nechsten verlanget, wie auch eine Bulle mit Aqua Fort und ins künfftige soviel als nur zu bekommen möglich . . . Wegen des Caput mortuum Olei, davon bewußte Person mit demselben geredet, wird zuerst eine Probe verlanget, worvon biß zwei Centner hernächstmals werden begehret werden . . .»

Diese Briefstelle ist in vielerlei Hinsicht interessant. Zunächst beweist sie, daß die «bewußte Person», Böttger, bereits zentnerweise bestimmte, mit Schwefelsäure aufgeschlossene Erzfraktionen (Caput mortuum Olei) verarbeiten wollte und große Mengen Aqua fort benötigte. Wozu? Für klassische Goldmacherexperimente sicherlich nicht. In seiner Antwort vom 26. September 1702 beschwerte sich Pabst über diese Forderungen, weil er erst letzthin «drey große Bullen Aqua Fort», also «mehr als verlanget», geschickt habe. Dem «Aqua-Fort-Brenner» in Freiberg wären die Rohstoffe und Gläser ausgegangen. Neue Gläser würde man erst zur bevorstehenden Michaelismesse in Leipzig beschaffen können. Pabst legte ein von Fürstenberg gewünschtes Buch «Clavem omnium idiomatum et linquorum» bei, dessen Autor, Julius Sperberus, «ein in verborgenen Wissenschafften sehr berühmter Mann» sei. Der Brief wurde beschlossen mit einem «Empfehlnüß an das ganze geehrteste Contubernium in specie H. Schradern». Zum erstenmal fällt hier das Stichwort «Contubernium». Erstmalig hören wir auch von einem «Herrn Schrader». Dieser Name ist ein Pseudonym für Böttger, das dieser in Erinnerung an seinen Schul- und Lehrkameraden verwendet hat. «Sicherheitsgründe» und eine allerdings oft ans Lächerliche grenzende Geheimnistuerei zwangen angeblich zu dieser Vorsichtsmaßnahme. Seine Briefe unterschrieb Böttger deshalb oft nur mit «Johann Friedrich» oder «Notus», oder er zeichnete als «unterthänigst treugehorsambster, pflichtschuldigster Diener». Briefe an ihn wurden dagegen mit der Adresse «an bewußte Person» oder «an Monsieur Schrader» überschrieben.

Was aber hatte es mit dem «Contubernium» auf sich? Im alten Rom bezeichnete man damit die wilde Ehe von Sklaven. Hier aber bezog sich der Ausdruck auf eine durchaus seriöse Interessengemeinschaft. Statthalter Fürstenberg, Pabst von Ohain, Böttger, die Gebrüder Nehmitz, ein Baron von Schenck wurden 1702 namentlich als Repräsentanten dieses Contuberniums genannt. Im erweiterten Sinn gehörten ebenfalls die Leibärzte Dr. Pauli und Dr. Bartholomaei dazu und der Oberberg- und Kreishauptmann von Freiberg, Abraham von Schönberg, wenig später auch der Gelehrte Ehrenfried Walther von Tschirnhaus.

Das Contubernium ist als eine wissenschaftliche «Dachorganisation» aufzufassen, die Anfang 1702 ins Leben gerufen wurde und vornehmlich die chemischen Arbeiten Böttgers fördern, kontrollieren und begutachten sollte. Dazu brauchte man Kenntnisse

135

in der Alchemie, die man sich durch das Studium alter Schriften aus der kurfürstlichen Handbibliothek zu erwerben trachtete. In ihrer ursprünglichen Form hat diese Forschungsgemeinschaft allerdings nur bis Ende des Jahres 1705 bestanden. Wir schließen das aus einer Notiz Pabst von Ohains, der auf die Abschrift eines alten, aus dem Goldhaus stammenden Alchemistentextes geschrieben hat: «Copiret vom Autographo, so in Mönchs Schrifft auf Pergament sehr beschmieret geschrieben, den 2. September 1705 im Contubernio.» Obwohl Pabst später noch zahlreiche andere sachbezogene Niederschriften verfaßt hat, ist darin nie wieder vom Contubernium die Rede gewesen.

Dem Dresdner Contubernium muß ein besonderer Stellenwert bei der Formierung der chemisch-technischen Wissenschaften und des Montanwesens zugeschrieben werden. Das trifft auch auf die ebenfalls 1702 beim Oberbergamt Freiberg eingerichtete «Stipendiatenkasse» zu. Dank dieser Einrichtung erhielten Bergleute das im Laufe von Generationen erworbene Erfahrungswissen in der Lagerstätten-, Markscheide-, Probier- und Schmelzkunde vermittelt. Contubernium und Stipendiatenkasse sind demnach die ersten Ergebnisse eines in Kursachsen frühzeitig einsetzenden Institutionalisierungsprozesses der Montanwissenschaften gewesen, der seinen Höhepunkt 1765 mit der Gründung der Bergakademie Freiberg erreichte. Diese Formierung der Wissenschaften nahm in Kursachsen einen anderen Weg als in Brandenburg-Preußen. Jene in Dresden und Freiberg entstandenen Lehr- und Forschungsstätten bearbeiteten industriezweigtypische, praxisbezogene Aufgaben. Was man dagegen zu gleicher Zeit in der brandenburgischen Sozietät der Wissenschaften trieb, blieb bei allen Bemühungen eines Leibniz weitgehend akademisch.

Dieser Institutionalisierungsprozeß, der auch die Aktivitäten eines Tschirnhaus zur Gründung einer landeseigenen Akademie einschloß, war bedingt durch den hohen Entwicklungsstand des kursächsischen Montanwesens. Ein erklärtes Ziel des Contuberniums ist deshalb auch gewesen, Wege und Methoden zur besseren Ausnutzung der landeseigenen Bodenschätze aufzuzeigen und zu erproben. Von den Berg- und Hüttenfachleuten Abraham von Schönberg und Gottfried Pabst initiiert, wandte man sich besonders chemisch-metallurgischen Problemen zu, wie sie bei der Verhüttung und Reingewinnung von Metallen aus einheimischen Erzen immer wieder auftraten. Der auf experimentellem Gebiet beschlagene Böttger spielte dabei eine maßgebliche Rolle. Erinnern wir uns, daß Pabst bereits beim ersten Zusammentreffen mit seinem Schützling bewundernd davon gesprochen hatte, daß Böttger «zu des ganzen Landes Nutzen viel Gutes schaffen» könne, «fürnehmlich auch in den Gebürgen und bey den Bergwercken».

Gleich zu Beginn seiner Tätigkeit in Dresden wurde Böttger deshalb in die «Berg- und Schmeltzarbeiten» des Contuberniums einbezogen. Die dazu notwendigen Experimente Böttgers bezeichnete man geheimnisvoll als «Nebenwerk». Sie standen jedoch in Beziehung zum «Hauptwerk», der befohlenen Herstellung des golderzeugenden Steins der Weisen. Denn bei der «Schmelzarbeit» sollten nicht nur Blei, Antimon, Zink, Zinn und Kupfer aus den gewöhnlichen Erzen, sondern auch die Edelmetalle Silber und Gold gewonnen werden. Oft nur spurenweise in diesen Erzen enthalten, waren sie mit der herkömmlichen Probier- und Markscheidekunst nicht zu gewinnen.

Daß dabei – neben chemischen Aufschluß- und Trennverfahren – auch neue Ofenkonstruktionen erprobt werden mußten, liegt auf der Hand. Kleine Experimente führte Böttger im Carlowitzschen Haus durch. Immerhin verarbeitete er dort Erze bereits zentnerweise. Größere Versuche wagte man nur in der Seigerhütte Grünthal oder in Freiberg auszuführen. Wegen seines Status als «Staatsgefangener» konnte Böttger nicht dabeisein, sondern überließ es Pabst, solchen technologischen Erprobungen beizuwohnen. In den Akten enthaltene fachliche Details beweisen, wie rasch Böttger sich mit der für ihn «frembden und gantz ungewohnten Arbeith» angefreundet hatte. Allerdings entlasteten ihn diese metallurgischen Experimente nicht von der Verpflichtung, das «Hauptwerk» durchzuführen. Ein erster Erfolg muß sich bereits Ende September 1702 eingestellt haben, wie ein Brief beweist.

Dr. Nehmitz hatte ihn an Pabst geschrieben und eine Probe Gold beigegeben: «... verlangen Ihro Durchlaucht, daß der Herr Berg Rath einliegendes Stück Gold durch einen geschworenen Guardin in Freyberg probiren und sich darüber den Guardin-Zettul geben laßen.»

Woher stammte das Gold? Vermutlich ist es aus den verarbeiteten Erzen abgeschieden worden, und nun wollte man wissen, was es «wert» war. Alchemistengold war es nicht.

Dreiundzwanzig Kilogramm Gold

August der Starke hatte geschworen, Böttgers «Hauptwerk» mit allen Kräften zu unterstützen. Jetzt mußte er seine Zusage wahr machen. Sein «Goldmacher» forderte nämlich Geld zum Experimentieren, sehr viel Geld. Doch nicht etwa harte Silbertaler wollte er haben, sondern listigerweise Dukaten! Am 10. Oktober 1702 übergab Baron von Schenck im Auftrag des Königs an Böttger 4000 Dukaten, fünf Tage darauf 2800 Dukaten. Ein Dukaten besaß damals einen Nominalwert von zwei sächsischen Talern und 17 Groschen. Diese 6800 Dukaten repräsentieren demnach insgesamt 18 420 Taler!

In jedem Dukaten verborgen lag das, was Böttger brauchte: Gold. Genau 3,44 Gramm Feingold enthielt jede Münze. Böttger besaß also mit einem Schlag 23,4 Kilogramm hochkarätiges Gold! Ein Teil davon wanderte in die Destillen und Reaktionskolben. Den übergroßen Rest aber behielt Böttger für spätere Versuche zurück und wohl auch als «Notpfennig»: Gewünschtenfalls konnte er damit wirklich beweisen, daß er Gold zu «machen» verstünde. Wer vermochte schon zu unterscheiden, ob es natürliches oder künstlich hergestelltes Gold gewesen ist?

Mit dreiundzwanzig Kilogramm Gold in der Hinterhand ließ es sich erfolgversprechend experimentieren. Böttgers zurückgewonnene Selbstsicherheit spiegelt sich in einem Schreiben an König August wider. Es ist ein wertvolles Dokument, weil der früheste handschriftliche Originalbrief Johann Friedrich Böttgers, der uns erhalten geblieben ist. Sein Datum: «Dresden, den 16. 9br. Anno 1702.» Damals wurden die Monate September bis Dezember oftmals durch die Zahlen 7 (septem), 8 (octo), 9 (novem), 10 (decem) dargestellt. Böttgers Brief stammt also nicht vom 16. des 9. Monats, September, sondern vom 16. November 1702.

«Aller Durchlauchtigster
  Großmächtigster König und Churfürst.
  Aller Gnädigster König und Herr.
Wegen der von Ew. König. Maj. mihr allergnädigst mitertheilten Schutz und Protection habe nicht unterlaßen können, Ew. Königl. Maj. vor so hohe Königl. Gnade allerunterthanigsten Danck abzustaten, ob zwar meine Wenigkeit nicht vermögend ist, auch die geringste Gnade mit gebührender Danckbarkeit zu erkennen, so lebe dennoch der gesicherten Hoffnung, es werden Ew. Maj. mihr nicht allein solche meine unvermögende Erkendlichkeit allergnädigst pardoniren, sondern habe überdehm noch das allerunterthanigste Vertrauen, es werden Ew. Maj. allergnädigst geruhen, mich in der bishero mir ertheilten Gnade verner zu erhalten . . .»

Böttger sollte über die Fortschritte des «Hauptwerkes» berichten. Dreist und unverforen verfiel er dabei in die Untugend der Alchemisten, alles verschwommen darzustellen und die Verantwortung für das Mißlingen bei anderen zu suchen. Von sich selbst meinte der Goldmacher bescheiden, daß er «zwar von Gott dem Allerhohesten mit vielen Gnaden Gaben belehnet worden, doch zu keinem andern Ende, als selbige nur pur allein zum Dienst Ew. König. Maj. mit allerunterthänigster Devotion aufzuopffern». Auch der König könne als hoher Herr zum Gelingen beitragen, wenn er «selbsten ein so heilsahmes Werck mit dem lieben Gebeth assistiren geneügt wehre». Ungeniert machte Böttger seinen Landesvater begreiflich: «Trachtet zum ersten nach dem Reich Gottes und seiner Gerechtigkeit, so wird euch das andere alles zufallen.» Der

139

erhobene Zeigefinger ist nicht zu übersehen. «Ew. Majestät haben wohl noch niemahl ein so wichtiges Geschöpf ob Händen gehabt als anjetzo», machte Böttger sich wichtig. «So wil ich nunmehro in Gottes Nahmen zu demjenigen schreiten, was ich durch himmlischen Trieb Ew. Königl. Maj. zugedacht ...»

Was dann folgt, ist eines von vielen schriftlichen Versprechen, die sich durch die Akten oft seitenlang hinziehen. Auf ein Extrablatt hat Böttger später, Ende 1702, dieses Gelöbnis nochmals säuberlich geschrieben:

«Im Nahmen Gottes geschrieben und unterschrieben, freiwillig mit gutem und gesunden Vorbedacht, auch besiegelt ... So gelobe und verspreche ich Ew. Maj., das ich mihr niemahls und zu keiner Zeit ohne Bewilligung und allergnädigsten Belieben Ew. Maj. mich aus dero Churfürstenthum Sachsen entfernen will ... So gelobe und verspreche ich Ew. König. Maj., alles was meines Wißens ist und Ew. Maj. oder dero Landen zu Nutzen gereichen kan, obsonderlich mein wißendes Arcanum, treu und auffrichtig ohn einigen Falsch oder Hünterhalt mit meiner eigenen Hand geschrieben schrifftlich zu übergeben ... und alles, was ansonsten meines Wißens ist und zur Chymia kan gerechnet werden ...»

Falls er diesen feierlichen Schwur nicht halten sollte, drohte sich Böttger selbst das fürchterlichste Strafmaß an: die «ewige Straffe Gottes» und den «Verlust der ewigen Seeligkeit».

Böttgers Worte, die Überzeugungskraft ausstrahlten, haben ihren Eindruck auf den König nicht verfehlt. Ein «an Johann Friedrich Schrader» gerichtetes Schreiben vom 25. Dezember 1702 verrät des Königs ausgesprochen gnädige Stimmung: «Weiln die heiligen Tage, wie auch das Neue Jahr herbey trit, also wil ich vor das erste hiermit Glück gewüntschet haben und von Gott dem Herrn erbitten, er wolle seinen Seegen und Gedeihen geben zu dem vorhabenden Werck.» Als Gegenleistung für soviel königliche Huld schickte Böttger an August den Starken ein Amulett, versehen mit kabbalistisch-alchemistischen Geheimzeichen. Der König war gerührt. «Vor das Überschickte danke ich und verwahre es, wie er verlanget, an der Brust», ließ er am 28. Februar 1703 Böttger mitteilen. «Ich habe es eröfnet, wie er mir vergönt, wie ich aber kein Verstand von dergleichen Dinge und mir inhibiret, mit jiemanden darüber zu sprechen, so habe ich es wieder versiegelt und verwahre es wie einen todten Schatz.» Weit weniger erfreut zeigte sich August der Starke über eine weitere Geldforderung Böttgers in Höhe von 1000 Dukaten.

Um dem Goldmacher bessere Bedingungen zu schaffen, hatte August den Befehl erteilt, das berühmte Goldhaus für Böttgers Arbeiten herzurichten. Ein Inventarium über den dort befindlichen «Probiersaal» wurde ausgefertigt und am 17. Januar 1703 vom Geheimkämmerer Starcke und Hofapotheker Werner überprüft. Im Goldhaus sollte Johann Friedrich Böttger zum erstenmal mit den Arbeiten eines sächsischen Gelehrten bekannt werden, der dort ebenfalls ein Laboratorium eingerichtet hatte. Allerdings machte es keineswegs den Eindruck einer Alchemistenwerkstatt. Im Laboratorium des Herrn Ehrenfried Walther von Tschirnhaus gab es zwar auch Feuerstellen und Brennöfen, aber alle zur Verfügung stehenden freien Flächen, Fußböden, Tische, Wand- und Fensternischen waren über und über mit den verschiedensten Gesteins- und Erdproben bedeckt.

Tschirnhaus war ein Gelehrter, der mit den Fortschritten der Wissenschaft, Philosophie, Ökonomie und Technik seiner Zeit bestens vertraut und immer auf der Suche nach nutzbringenden kommerziellen Anwendungsmöglichkeiten für seine Ideen und Erfindungen war. Er sollte auf Böttgers Leben und Tätigkeit entscheidenden Einfluß nehmen. Seit Jahren beschäftigte Tschirnhaus ein Problem, von dessen Lösung er sich viel versprach: wie man das kostbare chinesische Porzellan aus einheimischen Rohstoffen herstellen könne. Die für solche Experimente notwendigen hohen Brenntemperaturen erzeugte der Gelehrte durch Brennspiegel von bisher unerreichter Feuerkraft.

5. Die kühnen Pläne eines Gelehrten

Geistiger Aufbruch in Europa

Das 17. Jahrhundert hat epochale Entdeckungen auf dem Gebiet der Astronomie, Physik und Mathematik hervorgebracht. Galilei erfand das Fernrohr und benutzte es für astronomische Beobachtungen, die zur weiteren Untermauerung des kopernikanischen Weltbilds führten. Kepler entdeckte das Gesetz der Planetenbewegung. Das Studium des Lichts lieferte Huygens Erkenntnisse über dessen Wellencharakter, über die Lichtbrechung in optischen Medien. Auch die Geschwindigkeit des Lichts wurde erstmals bestimmt. Newton formulierte das Gravitationsgesetz. Torricelli untersuchte das Vakuum, erfand das Barometer, Pascal führte die barometrische Höhenmessung ein. Staunen riefen Demonstrationen mit den berühmten Magdeburger Halbkugeln hervor. Otto von Guericke hatte sie, um die Existenz des Luftdrucks augenfällig zu beweisen, mit einer eigens dafür konstruierten Kolbenluftpumpe evakuiert. Selbst durch mehrere Pferdegespanne konnten die Kugeln nicht auseinandergerissen werden.

Große Namen stehen für bedeutsame Leistungen auf dem Gebiet der Mathematik: Newton und Leibniz entwickelten die Infinitesimalrechnung, und der deutsche Mathematiker und Philosoph konstruierte als erster eine Rechenmaschine. Fortschritte wurden auf dem Gebiet der mechanischen und technischen Wissenschaften erzielt. Dazu rechnen die ersten von Papin unternommenen Versuche, die Dampfkraft dienstbar zu machen – Experimente, zu denen ihn Leibniz ermuntert hatte. Mechanische Konstruktionen führten zu verbesserten Arbeitsmethoden in der gewerblichen Produktion. Die Zeit der Manufakturen war angebrochen und begann sich mit der Wende zum 18. Jahrhundert auch in den deutschen Staaten, vor allem in Sachsen, durchzusetzen. Erste Konturen eines industriell-technischen Zeitalters zeigten sich am Horizont. In Westeuropa wurde in der zweiten Hälfte des 17. Jahrhunderts eine neue Wirtschaftsform vorherrschend: das System des von Colbert verfochtenen Merkantilismus. Die Absichten, die Frankreichs Finanzminister Jean Baptiste Colbert verfolgte, waren ganz und gar absolutistisch. Er wollte den nationalen Reichtum erhöhen, um die Macht des Königs zu stärken. Importe teurer Luxusgüter mußten eingeschränkt, die Ausfuhr begehrter Waren forciert werden. Einfuhrverbote und Schutzzölle unterstützten diese merkantile Politik. Eine qualitativ hochwertige landeseigene Produktion sollte zum Kauf französischer Manufakturwaren Anreiz bieten. Zu Zeiten Colberts wurden insbesondere drei Produktionsstätten, die das Privileg «Manufacture royale» erhielten, über die Landesgrenzen hinaus berühmt: die Gobelin- und die Spiegelfabrik in Paris und die in einem westlichen Vorort der Stadt gelegene «Porzellanmanufaktur» Saint-Cloud.

Auf der Grundlage des ökonomischen Aufstiegs im Zeitalter des Manufakturwesens und Hand in Hand mit dem Aufbruch der Naturwissenschaften vollzog sich auch die Entwicklung des philosophischen Denkens. Die Frühaufklärung war Ausdruck für das geistige Aufbegehren des selbstbewußt gewordenen Bürgertums gegen Unwissenheit und Aberglauben, gegen Bevormundung durch Kirche und Feudalstaat. Diese Emanzipationsbewegung ging von den fortgeschrittensten europäischen Ländern aus: Holland, England, Frankreich. Sie griff auch auf die deutschen Teilstaaten über. Seit der Reformation erfaßte das Heilige Römische Reich Deutscher Nation zum erstenmal wieder eine humanistische Strömung. Die Frühaufklärung aktivierte alle Bereiche des geistig-wissenschaftlichen Lebens. Auf Vernunft, Naturerkenntnis und wissenschaftlichen Fortschritt gegründet, entsprach die Aufklärung den Erfordernissen des anbrechenden Manufakturzeitalters.

Zu den Wegbereitern der Frühaufklärung in Deutschland gehörten auf naturwissenschaftlich-philosophischem Gebiet vor allem Gottfried Wilhelm Leibniz und Ehrenfried Walther von Tschirnhaus. Sie standen in engem Gedankenaustausch mit den bedeutenden Köpfen der Aufklärung in Europa.

Aus dem Leben des Ehrenfried Walther von Tschirnhaus

Der berühmte sächsische Gelehrte Ehrenfried Walther von Tschirnhaus stammte aus einem in der Oberlausitz ansässigen Adelsgeschlecht. Seine Vorfahren besaßen seit mehr als zweihundert Jahren das Gut und Dorf Kießlingswalde, das heutige Slawnikowice, zu dem auch der Nachbarort Stolzenberg gehörte. Am 10. April 1651 auf dem väterlichen Besitz Kießlingswalde geboren, genoß Tschirnhaus eine sorgfältige Erziehung durch Privatlehrer. Mit fünfzehn Jahren besuchte er das Görlitzer Gymnasium. Auf Anraten seiner Lehrer begab sich der junge Mann nach Leyden, um sich dort im Frühjahr 1669 an der Universität immatrikulieren zu lassen. Die aufblühenden Niederlande galten damals als europäische Heimstatt für die Pflege der Wissenschaft. Tschirnhaus studierte Medizin, Naturwissenschaften und Mathematik. Holland wurde seine geistige Heimat. Bald pflegte der sächsische Edelmann Kontakt mit den Großen der niederländischen Wissenschaft: mit Pieter van Gent, seinem Studienfreund, mit dem Philosophen Benedikt Spinoza und mit dem Mathematiker und Physiker Christiaan Huygens. Einen nachhaltigen Eindruck hinterließ Spinoza auf den jungen Deutschen. In ihm fand Tschirnhaus das nachahmenswerte Beispiel einer unbeugsamen Gelehrtenpersönlichkeit. Unermüdlich kämpfte Spinoza im Sinn der Aufklärungsphilosophie gegen die Einschränkung des Denkens durch kirchlich-religiöse Dogmen. Von allen Kirchen der Welt angefeindet,

144

mußte sich Spinoza seinen Lebensunterhalt durch Schleifen optischer Gläser verdienen. Meisterhaft beherrschte er diese Kunst, wie Tschirnhaus bewundernd feststellte.

Im Frühjahr 1674 entschloß sich Tschirnhaus zur Heimkehr. Doch das Leben im Kurfürstentum Sachsen erschien ihm bedrükkend. Er erhielt die Erlaubnis des Vaters für eine längere Bildungsreise. Im Winterhalbjahr 1674/75 ist er in London. Hier machte er die Bekanntschaft Papins, Newtons, Boyles und des Sekretärs der Königlichen Sozietät der Wissenschaften, Oldenburg. Im Namen der Royal Society stattete ihn Oldenburg mit Empfehlungen für Huygens aus, der vorübergehend in Paris lebte, und für Leibniz, der sich in diplomatischer Mission ebenfalls in der französischen Metropole aufhielt. Mit Huygens und Leibniz verband Tschirnhaus ein lebenslanger Gedankenaustausch. Durch Huygens war er Colbert empfohlen worden, und bald verkehrte Tschirnhaus im Haus des Ministers, dessen Sohn er in Latein und Mathematik unterrichtete. Damit erschloß sich für den deutschen Gelehrten das Zentrum des geistigen und merkantilen Denkens und Lebens in Frankreich.

Im November 1676 brach Tschirnhaus von Paris aus zu einer Italienreise auf. Sie führte ihn zunächste nach Lyon zu dem kunstfertigen Mechaniker François Villette. Dieser hatte sich mit seinem aus poliertem Eisen gefertigten Brennspiegel einen Namen erworben. Sein zunehmendes Interesse für solche technischen Meisterleistungen führte Tschirnhaus in Mailand mit dem Kanonikus Manfredo Septala (Settala) zusammen, der ebenfalls Parabolspiegel herzustellen verstand. Der Italiener weihte seinen Gast in alle seine Geheimnisse ein. Lediglich drei «Arkana» behielt Septala für sich, wie Tschirnhaus am 17. April 1677 aus Rom an Leibniz berichtete: die Kunst, «zu destilliren ohne Fewer und Sonne, den Rubin zu machen, wie auch den Porcellan».

Über Holland, wo er Huygens aufsuchte, reiste Tschirnhaus im November 1679 wieder zurück in die Heimat. Beeindruckt von den Experimenten Villettes und Septalas, versuchte er sich nun selbst an der Konstruktion großer Hohlspiegel. Erste Andeutungen finden wir in einem an Leibniz gerichteten Brief vom 7. April 1681. Tschirnhaus schrieb, er «habe eine sonderbahre Methode erfunden, Spiegel in großer Größe und mitt leichter Mühe zu machen, die vielleicht einen größeren Effect als der in des Königs Bibliothek zu Paris erweisen werden». Denn Villettes Hohlspiegel hatte nicht in jeder Beziehung Tschirnhaus' Zustimmung gefunden. Er bestand aus gegossenem Eisen, war schwer und unhandlich. Der Mechaniker aus Lyon soll zwölf Jahre an der Ausformung und Polierung des Metallspiegels zugebracht haben.

Tschirnhaus ging davon aus, daß nicht der Werkstoff, sondern die sphärische beziehungsweise parabolische Krümmung des Spiegels neben seiner Größe entscheidend für dessen «Feuerkraft» sei. Mit Hilfe der von ihm glänzend beherrschten Mathematik entwarf Tschirnhaus seine Theorie vom optimalen Strahlengang, von den Brennlinien des Spiegels. Dünnes Kupferblech, aufgezogen auf einen konkaven hölzernen Untergrund, wurde mit einer neuerfundenen Poliermaschine bearbeitet. Spiegel dieser Art ließen sich ungleich leichter handhaben, und ihre Anfertigung war eine Sache von wenigen Monaten.

Als erster Deutscher wurde Tschirnhaus am 22. Juli 1682 zum auswärtigen Mitglied der Académie des Sciences in Paris gewählt. Dem berühmteren Leibniz sollte erst siebzehn Jahre später diese Ehre zuteil werden. Tschirnhaus' Hoffnungen auf eine Pension erfüllten sich jedoch nicht. An Ludwig XIV. gerichtete Appelle verhallten ungehört, obwohl Tschirnhaus dem «Sonnenkönig» sogar sein philosophisches Hauptwerk «Medicina mentis» widmete, ein Standardbuch der europäischen Frühaufklärung. Seit 1681 hatte Tschirnhaus an dieser Publikation gearbeitet. Mit Unterstützung seiner Freunde konnte das Werk 1687 in Amsterdam im Druck erscheinen, in einer holländischen und in einer lateinischen Ausgabe. Einer zweiten Auflage seiner «Medicina mentis», 1695, gab Tschirnhaus einen neuen Untertitel: «Ars inveniendi» – Die Kunst zu erfinden. Tschirnhaus wollte vor allem eines lehren: wie man über Beobachtung und Experiment zu nutzbringenden Erfindungen und Entdeckungen gelangen kann.

Von der Kunst des Erfindens

Wieder in Kießlingswalde, richtete Tschirnhaus sein Augenmerk auf die Vervollkommnung seiner Brennspiegel. In einem Brief an Leibniz vom 27. Mai 1682 erwähnte Tschirnhaus, er habe mit Hilfe eines neuen Spiegels «Holz in volle Flamme gesetzet und Bley geschmoltzen, wie auch Silber, Eysen aber und Stahl nicht». Diese Hinweise geben uns Auskunft über die erreichten Temperaturen: Der Schmelzpunkt des Bleis liegt bei 327 Grad, der des Silbers bei 960 Grad. Gold schmilzt bei 1063, Kupfer bei 1083, Eisen erst bei 1539 Grad Celsius. Um also Eisen zum Schmelzen zu bringen, bedurfte es noch stärkerer Brennspiegel mit Fokustemperaturen von 1550 Grad Celsius und mehr. Tschirnhaus stellte 1686 einen solchen Riesenspiegel her, dessen Fläche doppelt so groß war wie der größte jemals von Villette gefertigte Spiegel. Heute befindet er sich im Dresdner Zwinger, im Mathematisch-Physikalischen Salon. Sein Durchmesser beträgt 1,58 Meter bei einer Brennweite von 1,1 Metern. Er ist aus nur «zwei Messerrücken starkem» Kupferblech getrieben. Poliert wurde er mit einer verbesserten, mit Wasserkraft betriebenen Schleif- und Poliermaschine.

In zwei Mitteilungen, erschienen in der Leipziger «Acta eruditorum» 1687 und 1688, der ersten deutschen Gelehrtenzeitschrift, berichtete Tschirnhaus von Versuchen, die er mit dem neuen Brennspiegel in den Monaten August und September 1686 angestellt hatte: Nasses Holz habe sich augenblicklich entzündet, ein großer sächsischer Taler wäre in fünf Minuten zerschmolzen, kupferne und eiserne Bleche würden durchlöchert, Bimsstein, Asbest, Knochenmehl, Erden und Gesteine veränderten nach kurzer Zeit ihr Aussehen und verwandelten sich in glasartige Massen.

Mit diesem Brennspiegel hatte Tschirnhaus technische Grenzen erreicht. Höhere Temperaturen ließen sich nur auf eine andere Weise erzielen. Mit Leibniz und Huygens korrespondierte Tschirnhaus in diesen Jahren über die Verbesserung von Qualität und Schliff von Glaslinsen. Tschirnhaus wollte große bikonvexe

Linsen für Brenngläser nie gekannter Stärke verwenden. Dazu benötigte er Glasblöcke optisch einwandfreier Qualität von 30, 40, 50 oder gar 100 Pfund Gewicht, um daraus die berechneten Linsen schleifen zu können.

Was die Glasbläser für unmöglich hielten, gelang Tschirnhaus auf seinem Gut Kießlingswalde. Dort hatte er ein Laboratorium eingerichtet, eine glastechnische Werkstätte, wo er Glasblöcke der gewünschten Größe und Qualität nach neuer Technologie produzieren konnte: Nicht mehr durch Blasen, sondern durch Gießen! Schließlich fand Tschirnhaus in Pretzsch an der Elbe, zwischen Torgau und Wittenberg gelegen, wo die Gebrüder Fremel ihr Glasmacherhandwerk ausübten, auch eine geeignete Produktionsstätte. Die dort nach seinen Angaben gegossenen riesigen Glasrohlinge ließ der Gelehrte auf seiner Schleif- und Poliermaschine in Kießlingswalde bearbeiten. Er formte daraus gewaltige Brennlinsen. «Ich habe bereits Gläser gemacht», teilte Tschirnhaus am 27. Februar 1694 Leibniz mit, «die im Diametro 2 Pedes rhynlandicos (2 rheinische Fuß = 0,63 Meter) haben. Diese praestiren admiranda effecta (wunderbare Wirkungen), vortrefflicher als alle Spiegel, so bisher gemacht ... Ein duppelt Ducaten ist noch nicht in einem Ave Maria so zerschmoltzen, wie man Wasser gießen kan ... Porzellan, Talk, Asbest schmeltzen in wenig Sekonden zu vollkommen Glaskugeln. Ein Chymicus praestire dieß, wo er kan, in vier Wochen mitt dem stärcksten Fewer.»

Für seine Glashütte auf dem Gut Kießlingswalde ersann Tschirnhaus eine neue Ofenkonstruktion, die weniger Holz als üblich benötigte. Eine Kostenfrage: Der Holzbedarf für Glasöfen war ungeheuer, und Tschirnhaus mußte alles aus eigener Tasche bestreiten. An Leibniz schrieb er in jenem Brief vom 27. Februar 1694, er habe «einen neuen Ofen inventiret, den kein Chymicus weiß, der so eine große Force des Fewers hatt, daß aller Chymicorum Ofen Fewer wie kalt Wasser dagegen ist».

Um die Strahlen des Brennglases schärfer zu bündeln und damit die Temperaturen zu steigern, baute Tschirnhaus in den Strahlengang zusätzlich eine kleinere Sammellinse, ein Kollektivglas, ein. Mit diesen Tschirnhausschen Doppellinsensystemen experimentierte man an den Akademien in Paris und Petersburg. Ein Meisterstück stellt der fahrbare «Sonnenofen» von Tschirnhaus dar. Seine Hauptlinse hat eine freie Öffnung von 78 Zentimetern. Das verstellbare Kollektivglas von 35 Zentimeter Durchmesser ist mit einer Mechanik verbunden, die die Linsen zu schwenken erlaubt. Eine drehbare Bühne, die sich heben und senken läßt, gestattet vielfältige Arbeitspositionen. Der Doppellinsenapparat des Mathematisch-Physikalischen Salons Dresden besteht aus zwei Brennlinsen von 50 und 26 Zentimetern und mißt in der Höhe knapp 2,5 Meter. Seine beiden Objektive, schwenkbar gelagert, sind in einem Holzrahmen montiert. Das Schmelzgut kann auf einen Teller mit verstellbarer Halterung aufgelegt werden. «Der Brennpunct ist so groß geweßen wie ein Thaler», erläuterte Tschirnhaus.

Nicht nur winzige Substanzproben konnten demnach thermisch bearbeitet werden, sondern auch größere Stücke. Dieser Umstand und die Tatsache, daß Tschirnhaus auch Eisen glühend gemacht und zum Schmelzen gebracht hat, erlauben den Schluß, daß sich mit seinen großen Brennlinsen Arbeitstemperaturen von 1600 Grad und bei entsprechender Wärmeisolation wohl auch bis zu 2000 Grad Celsius erzeugen ließen, bei einer Brennfläche von 10 bis 15 Quadratzentimetern. Für damalige Verhältnisse war das eine Pionierleistung. Erst über hundert Jahre später sollte die Wissenschaft in der Lage sein, mit Hilfe des elektrischen Lichtbogens und der Knallgasflamme höhere Temperaturen zu erzielen.

Bergfabriken und Manufakturen

Am Ausgang des 17. Jahrhunderts zählte Sachsen zu den ökonomisch und technisch fortgeschrittensten deutschen Territorialstaaten. Aufgrund des traditionell betriebenen Bergbaus und eines hochentwickelten Montanwesens hatte sich das Kurfürstentum eine ökonomische Sonderstellung im Reich erobert. Zentrum des sächsischen Bergbau- und Hüttenwesens war die alte Berghaupt-stadt Freiberg. Dort befand sich der Sitz des Oberbergamtes, des Hüttenamtes, der Münze und später der Generalschmelzadmini-stration. Unter Leitung des Oberberghauptmannes Abraham von Schönberg, Mitglied des Geheimen Rates, der 1676 bis 1711 der obersten sächsischen Bergbehörde vorstand, erhielten Bergbau und Hüttenwesen eine straffe Neuordnung. Schönberg zur Seite stand einer der befähigtsten Hüttenfachleute und Bergbauspezialisten der damaligen Zeit, Gottfried Pabst von Ohain. Seit 1698 übte er das Amt des Zehnten in Freiberg aus. Im Jahre 1702 zum Ober-zehnten und Bergrat ernannt und drei Jahre später zum Oberberg-amtsassessor befördert, ist Pabst von Ohain einer der ranghöch-sten kursächsischen Bergbeamten gewesen.

Als Landesherr herrschte der sächsische Kurfürst unum-schränkt über Schmelzhütten und Bergwerke. August der Starke verfügte über die Metallhütten in Freiberg und Grünthal wie über seinen persönlichen Besitz. Sie sicherten ihm eine solide Einnah-mequelle.

Bekanntlich hat vor allem der erzgebirgische Silberbergbau zum Reichtum der sächsischen Herzöge und Kurfürsten beigetragen, die seit Jahrhunderten die entscheidende Kraft zur Weiterentwick-lung des Montanwesens gewesen sind. Auch am Ertrag der «Berg-fabriquen» des Landes, die bergbaulich gewonnene oder metallur-gisch aufbereitete Produkte verarbeiteten, war August beteiligt. Zu diesen Bergfabriken zählten damals Produktionsstätten zur Her-stellung von Alaun, Vitriol, Schwefel, Salpeter, ein Messing- und ein Blaufarbenwerk, mehrere Hammerwerke und Pulvermühlen, verschiedene Glashütten. Später kamen Fayence-, Steinzeug- und Porzellanmanufakturen hinzu.

Zu dem seit 1635 bestehenden Schneeberger Blaufarbenwerk kam eine 1688 in Zschopenthal (Zschopauthal) errichtete neue Produktionsstätte hinzu. Dort wurden die im Schneeberger Berg-amtsrevier geförderten Kobalterze verhüttet und nach geheimge-haltenen Verfahren zu den begehrten Exportartikeln Zaffer, Smalte und reinem Kobaltblau verarbeitet. Zaffer oder Saflor sind

Kobaltmischoxide. Als Smalte wird dagegen ein bereits mit Kobaltoxiden blaugefärbtes zerstoßenes Glas bezeichnet. Diese Produkte waren als Schmelzfarben für die Herstellung von Glas, Majolika, Fayence und speziell für die holländische Porzellanmalerei sehr begehrt. Sachsen verfügte damals über ein europäisches Blaufarbenmonopol.

Territorialstaaten mit einem derart entwickelten Montanwesen, wie damals Sachsen und Böhmen, gehörten zu den Zentren nicht nur des industriellen, sondern auch des gewerblichen Fortschritts. In Kursachsen entstanden zwischen 1685 und 1720 über dreißig Manufakturen allein des textilen, metallverarbeitenden und kunsthandwerklichen Gewerbes, von den Bergfabriken und den Agrarmanufakturen ganz zu schweigen. Diese neuen Produktionsstätten für Woll- und Baumwollverarbeitung, für Seide, Tuche, Damast, Samt und Barchent, für Waffen, Metall- und Edelmetallerzeugnisse, für Spiegel, Glas und andere Luxuswaren arbeiteten vor allem für den Kurfürsten und die Bedürfnisse des Hofes. Zum überwiegenden Teil waren sie in Privatbesitz. Nur etwa 10 Prozent aller Manufakturen im Lande gehörten dem Kurfürsten.

In den neugegründeten Manufakturen wie auch den Bergfabriken herrschte ein höherer Grad an Arbeitsteilung und Kooperation vor als in der handwerklichen Zunftproduktion. Der Herstellungsprozeß war in verschiedene Teilarbeiten aufgegliedert, die jeweils von bestimmten Arbeitsgruppen, Spezialisten oder gar Künstlern auf ihrem Gebiet ausgeführt wurden. Diese arbeitsteilige Fertigungsweise führte zu einer beträchtlichen Steigerung der Produktivität.

Manufakturen in Sachsen sind damals staatlich geförderte und privilegierte, jedoch zumeist privat finanzierte handwerklich-gewerbliche Produktionseinrichtungen gewesen, die einen hohen arbeitsteiligen Spezialisierungsgrad, doch nur einen geringen Technisierungsgrad aufwiesen, wobei die manuelle Arbeit dominierte. Die Entstehung einer solch fortschrittlichen Produktionsform ist auch durch die liberalere Sozialverfassung Kursachsens gefördert worden. Ein Großteil der sächsischen Bauern war niemals persönlich unfrei gewesen und mußte an den Adel lediglich Abgaben für die Bodennutzung entrichten. Im Interesse eines leistungskräftigen Bauernstandes – Haupteinnahmequelle für die Staatssteuern – hatten die sächsischen Kurfürsten das seit dem Bauernkrieg so berüchtigte «Bauernlegen» weitgehend unterbunden. Begünstigt durch diese Umstände, blühte das ländliche Gewerbe auf, Manufakturen entstanden. Und in den Städten bildete sich ein ökonomisch selbstbewußtes Bürgertum heraus.

Glas zu machen ist eine alte Kunst. Schon die antike Welt beherrschte sie. Aber stark lichtbrechendes, farbiges, kunstvoll gestaltetes, geschliffenes und verziertes Glas zu fertigen, das war eine Kunst von wenigen – ein Arkanum. Seit dem Mittelalter besaß die Handelsmacht Venedig das weltweite Monopol für Luxusglas und Spiegel. Auf der vorgelagerten Insel Murano wurde das Arkanum des kostbaren Glases gehütet. Jedem Abtrünnigen drohte die Todesstrafe. Trotzdem gelang es nicht, die Abwanderung zu unterbinden. Glasmacher aus Venedig ließen sich in den waldreichen Gegenden Mitteleuropas nieder, in Böhmen, Schlesien, Thüringen. Das Holz der Wälder diente ihnen als Brennmaterial für ihre Glashütten. Aus der Holzasche stellten sie durch Auslaugen mit Wasser, Eindampfen und Auskristallisieren Pottasche her. Die Verwendung von Pottasche oder von Soda, letzteres bezog Venedig aus Ägypten, war das eigentliche Arkanum. Mit Sand zusammengeschmolzen, ergaben diese Substanzen – Glas.

Im Zuge des französischen Merkantilismus kam es auch in einigen deutschen Territorialstaaten zum Aufschwung des Glasmachergewerbes. In Sachsen suchte Tschirnhaus nach Wegen, um den Geldabfluß für venezianisches und böhmisches Glas zu stoppen. Allein der Hofstaat in Dresden soll jährlich mehr als 20 000 harte sächsische Taler für ausländische Glaswaren ausgegeben haben. Die Glashütte in Pretzsch schien Tschirnhaus als Experimentierfeld für eine Manufaktur geeignet zu sein. Bald ließ er in Pretzsch Spiegel herstellen, wie sie selbst «das berühmte Venedig nicht zu praestiren vermocht», «drei Ellen» (2 Meter) hoch und größer.

August der Starke hatte sie für die Ausgestaltung eines «gläßernen Cabinets» in Warschau bestellt.

Die so nah an der brandenburgischen Grenze gelegene Glashütte schien jedoch nicht der geeignete Ort zu sein. Wie Tschirnhaus in einer Eingabe vom 12. August 1697 erläuterte, bestünde leicht die Gefahr, daß sein «besonderes Secretum ... zu großer Desavantage (Nachteil) dieses Landes in andere Hände kommen möchte».

Der Gelehrte sah deshalb Dresden als Ort für eine neu einzurichtende Glasmanufaktur vor, um dort «Chrystallin-Glaß» herzustellen. «Ordinaires Glaß» sollte zunächst weiter in Pretzsch und bald darauf in Glücksburg produziert werden, drei kursächsische Meilen von Wittenberg entfernt gelegen, inmitten der waldreichen Schweinitzer Heide versteckt. Das Gründungsdekret für die neuen Manufakturen, von Statthalter Fürstenberg und Kanzler Friesen ausgefertigt, datiert vom 2. März 1700. Tschirnhaus wurde ausdrücklich die «Auffsicht auf die Glaaß Fabrique» übertragen, die auf der Dresdner Osterwiese, im Mündungsgebiet zwischen Weißeritz und Mühlgraben, erbaut werden sollte. Als geeignet erwies sich das Gelände des seit 1623 bestehenden Eisenhammers. Er erhielt einen neuen Standort im Plauischen Grund, unterhalb des an der Weißeritz gelegenen Dorfes Plauen, eines Vorortes von Dresden.

An Leibniz schrieb Tschirnhaus am 16. Oktober 1700, daß er «in Dreßden ... viel zu thun, besonders bei der newen alda auffgerichteten Glaßhütte» habe. Interessenten, wie «der Director der Berlinischen Glaßhütten», zeigten sich verblüfft und konnten nicht begreifen, daß man in Dresden «mitt so wenigem Holtzfewer ein so schönes Glaß fabriciret», amüsierte sich Tschirnhaus. «Das vornehmste ist, daß (ich) nunmehro ein stettes Fewer umbsonst habe, da vieles probiren kann, und daß herrliche Gläßer werde haben ...»

Der Pfarrer Christian Gerber schrieb im Jahre 1717 in seinem Buch «Die unerkannten Wohlthaten Gottes in dem Chur-Fürstenthum Sachsen»: Es werde «sonderlich zu Dreßden solch zartes und sauberes Glaß gemachet, das von vielen dem venetianischen vorgezogen und daher auf der vornehmsten Herren Tafeln gebrauchet wird, und bleiben also jährlich viel tausend Thaler im Lande, die man vor diesem nach Venedig geschickt hat».

Kristallglas gewinnt erst an Wert, wenn es geschnitten und geschliffen wird. In dieser Kunst waren die Glasschneider des benachbarten Böhmens unerreicht. Frühe Gläser aus der Dresdner Manufaktur sind nicht selten von böhmischen Glasmeistern durch Schnitt und Schliff veredelt worden. Tschirnhaus hatte bereits 1699 eine Schleif- und Poliermühle in Dresden errichten lassen, und zwar wenige hundert Schritt von jenem Ort entfernt, wo kurze Zeit später die Dresdner Glashütte ihren Betrieb aufnehmen sollte.

Es spricht für den Weitblick des sächsischen Gelehrten, daß er die neue Mühle auf der Osterwiese nicht nur für das Schleifen von Glas, sondern auch für das mechanische Zersägen und Polieren von Marmor, Porphyr und Halbedelsteinen erbauen ließ. Bereits zuvor in Kießlingswalde hatte Tschirnhaus Proben der in Sachsen vorkommenden Halbedelsteine geschliffen. Unter seiner Hand verwandelten sie sich in farbenprächtige, glattpolierte Steintafeln, die den Beifall des Dresdner Hofes und des Oberbauamtes hervorriefen, glaubte man doch, ein neues Schmuckelement für den Erneuerungsbau des kurfürstlichen Schlosses gefunden zu haben.

Als prunkliebender Monarch nahm August der Starke die Dienste der neuen Manufakturen seines Landes sogleich in Anspruch: Im Mai 1700 bestellte er Spiegel zur Ausstattung eines Kabinetts des Warschauer Schlosses, hundert Kasten Fensterglas und einen größeren Posten geschnittenen und polierten weißen Marmors, «zu Schiff nach Dantzig und dann anhero» in seine polnische Residenz. Aber Tschirnhaus wollte mit seinen Manufakturen nicht nur der Eitelkeit des Landesherrn und des sächsischen Hofes dienen. Bereits im Brief vom 8. März 1698 an Leibniz erläuterte Tschirnhaus seinen Plan: «Dieß wehre eine schöne Sache vor eine Akademie pro scientiis zu etablieren . . ., besonders

154

wen(n) ich meine Machinam hierzu communicirte, dergleichen
große Gläßer zu schleifen.» Welch eine Idee: Manufakturen aufzubauen, um damit eine Akademie der Wissenschaften zu finanzieren!

Tschirnhaus als Chymikus

Berechtigt ist die Frage, in welcher Beziehung ein Gelehrter wie
Tschirnhaus, mit umfassenden Kenntnissen auf allen Wissensge-
bieten, zur Chemie gestanden hat. Damals befand sich die Chemie
erst am Anfang. Ende des 17. Jahrhunderts war die Alchemie die
zeitgemäße Form der Chemie. Alchemie ist aber nicht gleichzuset-
zen mit der «Goldmacherkunst». Die eigentliche Alchemie hat
ihren Platz in der Geschichte der Naturwissenschaften. Denn wir
verdanken der Alchemie eine Reihe von Leistungen, Erfindungen
und Entdeckungen: bei der Zubereitung pflanzlich-pharmazeuti-
scher Präparate, bei der Herstellung von Glas- und Tonwaren, bei
der Gewinnung von Eisen, Kupfer, Silber, Quecksilber, Blei, Zink
und Zinn aus Erzen. Angespornt durch das Suchen nach dem
Stein der Weisen, glückte den Alchemisten bei ihren Experimenten die Erfindung des Schießpulvers und des Rubinglases, die
Reindarstellung des Alkohols und des Phosphors, die Entdeckung
verschiedener Farb-, Gerb- und Arzneistoffe. Kenntnisse über
Säuren, Salze, Laugen, chemische Verfahren, wie die Destillation,
verdanken wir den Alchemisten. «Die lebhafteste Einbildungs-
kraft, der schärfste Verstand ist nicht fähig, einen Gedanken zu er-
sinnen, welcher vermögend gewesen wäre, mächtiger und nach-
haltiger auf den Geist und die Kräfte der Menschen einzuwirken,
als wie die Idee des Steines der Weisen», urteilte Justus von Liebig
im Jahre 1844. «Ohne diese Idee würde die Chemie in ihrer gegenwärtigen Vollendung nicht bestehen.»
   Die Alchemie ist eng mit der Lehre von chemischen Grundstoffen oder Elementen und der Frage nach ihrer Umwandelbarkeit
verknüpft. Naturforscher und Philosophen bemühten sich seit drei

155

Jahrtausenden, die materielle Welt auf einige wenige Elemente zurückzuführen. Auf der Suche nach dem Ursprünglichen stießen die Naturphilosophen des Altertums auf vier Elemente: Feuer, Erde, Luft und Wasser. Alle Naturerscheinungen wollte man auf das Wirken dieser «Elemente» zurückführen. Mit Beginn unserer Zeitrechnung breitete sich die ursprünglich im Orient, in Indien, China und Japan ansässige Alchemie über Europa aus. Als ihre mystischen Vorstellungen vom Lapis philosophorum das Denken der Gelehrten zu beherrschen begannen, verlor auch der Elementbegriff seine klassische Einfachheit. Er mußte einer mystifizierten, verworrenen Definition Platz machen.

Im frühen Mittelalter «entdeckten» die Alchemisten einige weitere Grundstoffe: Quecksilber, Schwefel, Salz. Auch die Erde rechneten sie dazu. Wirkliche Elemente, wie die Metalle, zählten jedoch nicht zu jenen Grundstoffen. Gold galt als zusammengesetzter Stoff, den man aus Quecksilber und Schwefel oder überhaupt aus allen anderen Metallen mit Hilfe der magischen Kräfte des Steines der Weisen erhalten konnte. Im 17. Jahrhundert schlug die Geburtsstunde der chemischen Elemente, denn sie wurden zum erstenmal im heutigen Sinn definiert. Der deutsche Gelehrte Joachim Jungius und der englische Wissenschaftler Robert Boyle verwarfen die Lehre von den vier Elementen des Altertums und den drei neuen Grundstoffen der Alchemie und erklärten: Chemische Elemente sind einheitliche, nicht weiter zerlegbare Stoffe. Dieses Postulat führte zu einer kritischen Haltung der Frühaufklärung gegenüber der Umwandelbarkeit von Metallen.

Leibniz, früher selbst Mitglied einer alchemistischen Gesellschaft, gab sich deshalb «noch immer als ungläubiger Thomas», als er der Kurfürstin Sophie Einzelheiten von Böttgers Goldmacherexperiment erzählte. Tschirnhaus aber erklärte «die Transmutation derer Metalle wider die Natur unmöglich». Das entnehmen wir einer Niederschrift Johann Melchior Steinbrücks, der seit 1694 auf dem Rittergut Kießlingswalde lebte, engen Kontakt zur Familie des Gutsherrn pflegte und als Erzieher von Tschirnhaus' Kindern gilt. Tschirnhaus' kritisches Urteil über die Alchemie

156

als Goldmacherkunst stützte sich nicht nur auf philosophische Überlegungen, sondern auch auf praktische Erfahrungen mit der Chemie und Diskussionen mit ihren prominenten Vertretern. In Paris hatte Tschirnhaus bereits 1682 die Bekanntschaft von Lémery und Homberg gemacht, die als führende Pharmazeuten und Chemiker ihrer Zeit galten. Nicolas Lémery konnte sich mit seinem Lehrbuch «Cours de Chymie» historische Verdienste erwerben. Seit seinem ersten Erscheinen in Paris im Jahre 1675 ist dieser Titel in zahlreichen Nachauflagen gedruckt worden.

Gleich nach Erscheinen der Erstauflage hat Tschirnhaus das Werk erworben, wie aus seiner Korrespondenz hervorgeht. Daß dieses Lehrbuch der Chemie auch in deutsch erschien, ist im wesentlichen sein Verdienst. Die deutsche Erstauflage wurde 1698 in Dresden verlegt, eine Zweitauflage folgte 1705: «Cours de Chymie oder Der vollkommene Chymist, welcher die in der Medicin gebräuchlichen chymischen Processe auff die leichteste und heilsamste Art machen lernt und mit den scharfsinnigsten Anmerckungen und Urtheilen über ieden Proceß die Liebhaber dieser Wissenschafft weiter anführet».

Aufgeschlossen stand Tschirnhaus auch den Fragen der experimentellen Chemie gegenüber. Im Besitz einer exzellenten Methode, hohe Reaktionstemperaturen mit seinen Brenngläsern und Hohlspiegeln zu erzeugen, gelangen ihm überraschende Ergebnisse. Systematisch studierte Tschirnhaus das Schmelz- und Sinterverhalten verschiedener Metalle, Mineralien und Erden. Er wollte herausbekommen, wie sie in der Natur entstanden sind. Leibniz vertraute er in jenem Brief an, er habe nun «der Metalle und Mineralien Generatio» und ihren «fontium origo» (Ursprung) aufgrund solcher Experimente klar erkannt.

Als Tschirnhaus größere Brennlinsen zur Verfügung standen, baute er seine Erkenntnisse weiter aus. Seine im September-Heft 1697 der «Acta eruditorum» und in der «Histoire de l'Académie royale des Sciences» 1699 erschienene Veröffentlichung darf als Zusammenfassung seiner mehrjährigen Laborversuche gewertet werden. Wichtige Erkenntnisse hatte Tschirnhaus dabei gewonnen: Wenn Gesteins- oder Erdproben nicht schmelzen wollen, müssen sie «wohl pulverisiret oder klein geschlemmet» werden. Verändern sie sich unter der Gluthitze des Fokus trotzdem nicht, «so kann man nur Salia (Salze) beyfügen» oder andere «Flußmittel», beispielsweise «solide Materie, (die) sehr leicht schmeltzet». Auch dann, wenn kleine Portionen einer leichtfließenden Substanz einer schwerschmelzenden zugefügt werden, könne man diese «hierdurch bald in Fluß bringen». Und schließlich fand Tschirnhaus heraus, daß, «wenn zwei Materien, die sehr schwer schmelzen, in gewißer Dosi zusammengethan werden, sie ganz leicht fließen, als Kiesel und Kreiden etc.».

Tschirnhaus unterschied auch schon zwischen Erden, die beim Brennen schmelzen, verglasen oder zusammensintern, doch dabei reinweiß bleiben, und solchen, die sich farblich verändern. Als er Ziegel, Schiefer, Bimsstein und Talkum dem Feuer seiner Brenngläser aussetzte, erhielt er Kügelchen von verglaster Substanz. Selbst «holländisches Porzellan» (Fayence) schmolz zusammen und verglaste. Chinesisches Porzellan glühte nur auf oder erweichte, blieb aber ein reinweißer Scherben: eine praktikable Methode, um echtes Porzellan von Surrogaten unterscheiden zu können.

Wenn Tschirnhaus auf glühende Porzellanscherben Metalle auftrug, auch Gold, bildete sich beim Erkalten ein fester metallfarbener Überzug. Porzellan ließ sich auf diese Weise «vergolden». Nicht selten entstand dabei eine rubinrote Glasur.

Besondere Aufmerksamkeit schenkte Tschirnhaus den feingeschlämmten Tonen (Argillae limus). Sie zeigten ein seltsames Verhalten. Zunächst verringerte sich beim Erhitzen ihr Volumen. Aber das war allen Töpfern bekannt. Einigen Arten konnte jedoch selbst die größte Gluthitze nichts anhaben, andere sinterten zu einem porösen Produkt zusammen. Wieder andere Tone überzogen sich mit einer feinen Glasur, besonders dann, wenn Tschirnhaus ein Flußmittel hinzusetzte. Für dieses unterschiedliche Brennverhalten fand Tschirnhaus keine schlüssige Erklärung. Für eine chemisch-mineralogische Analyse fehlten damals alle Vor-

158

aussetzungen. Aus dem Brennverhalten seiner tonhaltigen Erden konnte Tschirnhaus bestenfalls vage Rückschlüsse auf ihre Genese ziehen. Eine wichtige Erkenntnis aber sollte Tschirnhaus aus seinen Brenn- und Glühversuchen mit Tonmaterialien gewinnen. In seinem Brief vom 27. Febraur 1694 verschwieg Tschirnhaus nicht, welche Erleuchtung ihm damals kam: Seine Experimente mit Argillae limus hätten ihn «auf den Gedancken gebracht, den Porcellan zu bereiten».

Tschirnhaus schilderte Leibniz, wie er bereits Versuchsmuster hergestellt habe, die «exacto reüssiret» (genau gelungen) und wobei «keine conträr gegangen». Als Tschirnhaus aber einigen Töpfern diese Arbeiten anvertraute, hätten sie ihm «furtim (verstohlen) andere Materien beygemischet», und der Probebrand wäre mißlungen. Mit Respekt verfolgte Leibniz die Bemühungen seines Kollegen, Porzellan aus einheimischen Rohstoffen zu fabrizieren. «Dürffte ich wohl umb ein Stückgen von Ihrem mit dem Brennglaß tractirten Porcellan bitten, darauff angeflogen Gold?» heißt es in Leibniz' Schreiben vom 2. September 1694. «Von dem artificiale möchte auch eine Probe wündschen . . .»

«Ein Stückichen von Porzellan sende hiermitt, darauf das Gold geschmolzen», lesen wir in seinem Schreiben vom 12. Oktober 1694, das Tschirnhaus «in höchster Eyle» aus Leipzig abschickte. «Von dem artificialen Porzellan, so bald von solchem in der Perfection Gefäße gemachet, daß sie zu communiciren taugen, wihl auch eingedenk sein . . .»

Aber Tschirnhaus' Hoffnungen, Porzellangefäße «in der Perfection» vorweisen zu können, sollten sich nicht so bald erfüllen. Steinbrück berichtete, daß sein Mäzen, der sich «bereits ao. 1699 . . . mit Porcellain-Machen bemühet» habe, «bey denen Töpfern und in der Glaßhütte zu Dreßden» einige Proben habe brennen lassen. «Weiße unglasurte Gefäßgen» sollen es gewesen sein. Wir dürfen daraus schließen, daß seit 1694 noch einige Jahre vergehen mußten, bevor die Brennversuche zur Zufriedenheit ausfielen. Offensichtlich reichten die in der Dresdner Glashütte erzielten Temperaturen immer noch nicht aus, um Porzellan «gar» zu brennen. Daß dieses Problem Tschirnhaus bekannt war, geht aus seiner Mitteilung an Leibniz vom 27. Februar 1694 hervor: «... bin der Sache noch nicht gewieß, biß Proben auß der Glaßhütten habe, denn es köndte sein, das(s) ihr Fewer zu schwach wehre.» Um die Wende zum 18. Jahrhundert, zu einer Zeit also, da das ostasiatische Porzellan in hoher Blüte stand und die kostbarsten Stücke mit Gold aufgewogen wurden, schien es plötzlich möglich geworden zu sein, das Porzellanmonopol der Chinesen zu brechen. Als Tschirnhaus mit Unterstützung Fürstenbergs, des Gönners und Förderers seiner Pläne, die ersten Manufakturen in Sachsen aufbaute, zeichneten sich in seiner Gedankenwelt auch die Konturen einer Porzellanmanufaktur ab. Doch würden seine Kenntnisse und Kräfte ausreichen, das Geheimnis aus dem Fernen Osten zu enträtseln?

Porzellan – Mysterium aus dem Fernen Osten

China hat den Europäern manches kulturgeschichtliche Rätsel aufgegeben, besaß es doch viel früher als Europa eine hochentwikkelte Kultur. Zu den Leistungen der Chinesen gehören die Erfindung des Papiers, des Holzschnitts, des Buchdrucks, der Seidenfabrikation und des Porzellans. Von jeher fertigten die Chinesen ihr Porzellan nach kaum verändertem Verfahrensrezept: Sie mischten ihre sogenannte «Porzellanerde» mit Feldspat als Flußmittel und brannten daraus einen dichten, transparenten weißen Scherben. Chinesische Porzellanerde ist unter dem Namen «Kaolin» bekannt geworden. Vermutlich leitet sich die Bezeichnung vom ältesten Fundort ab, dem Bergmassiv Kao-ling in der Provinz Kiangxi.

Die reinweiße Porzellanerde war das eigentliche Arkanum der Chinesen. Geschlämmt und mit den feingepulverten Zusätzen vermengt, entsteht daraus eine im feuchten Zustand knet- und formbare Masse. Kaolin ist ein Tonmineral, das dank seiner Schichtstruktur über ein erhebliches Wasseraufnahmevermögen verfügt.

160

Dabei wird die Porzellanerde, wie alle Tone, bildsam, also plastisch. Originelle Methoden haben sich die Chinesen ausgedacht, um diese Formbarkeit auch bei weniger bildsamen Kaolinen zu erreichen: Entweder vergruben sie die Masse lange Jahre in feuchter Erde oder «maukten» sie, d. h. sie ließen die mit Wasser, verrotteten Pflanzenresten oder Urin eingeschlämmte Porzellanerde lange Zeit in Gruben stehen.

Dank der Bildsamkeit des Kaolins können aus der Porzellanmasse verschiedenartige Gegenstände, Gefäße, Figuren geformt und mit kunstvollen Verzierungen aus dem gleichen Material versehen werden. Die Chinesen modellierten ihre Porzellangefäße auf der Töpferscheibe oder später in Hohlformen. An der Luft getrocknet, wurde das Porzellan in Unter- oder Aufglasurtechnik bemalt. Für die beliebte Blaumalerei verwandten die Chinesen das aus Persien stammende Mohammedanerblau. Es entsprach dem Kobaltblau des sächsischen Erzgebirges. Bemalte oder unbemalte Porzellane wurden mit einer Glasurmischung besprüht. Sie ähnelte in ihrer Zusammensetzung der Porzellanmasse, enthielt allerdings einen höheren Anteil des Flußmittels Feldspat. In holzgefeuerten Öfen brannten die Chinesen ihr Porzellan schließlich in einem einzigen Arbeitsgang bei Maximaltemperaturen von etwa 1300 Grad Celsius.

Herauszubekommen, seit wann es chinesisches Porzellan gibt, ist problematisch. Bis vor wenigen Jahren glaubte man, daß die Geburtsstunde des Chinaporzellans in die Sui- oder Tang-Periode fiele, also ins erste Jahrtausend unserer Zeitrechnung. Als sensationell mußten deshalb Analysenergebnisse gelten, die man 1959 von ausgegrabenen grauweißen Topfscherben aus der West-Chou-Periode (770 bis 122 v. u. Z.) erhielt. Bei der mikroskopischen Untersuchung von Dünnschliffen fanden sich in den Scherben nicht nur Anteile von geschmolzenem Feldspat, Quarz und gesintertem Kaolin, sondern auch feinnadeliger Mullit. Dieses spezielle Aluminiumsilikat entsteht, wie man heute weiß, erst bei Brenntemperaturen des Kaolins oberhalb 1100 Grad Celsius. Mullit ist verantwortlich für die Festigkeit und den Zusammenhalt des Porzellanscherbens. Wenn Mullitnadeln aber neben Kaolin und glasigen Feldspat- und Quarzphasen in einem Scherben nachweisbar sind, handelt es sich um echtes Porzellan. Bei niedrigen Temperaturen gebrannte Kaoline oder Tone liefern kein Porzellan, sondern bestenfalls steinzeugähnliche keramische Produkte. Also gab es in China, rekonstruierten die Forscher, bereits vor zweitausendsechshundert Jahren und nicht erst seit eintausenddreihundert Jahren Porzellan!

Bedingt durch relativ geringen Kaolingehalt und niedrigere Garbrandtemperaturen, stuft man heute die chinesischen Erzeugnisse als Weichporzellan ein. Es ist bei höheren Temperaturen – über 1300 Grad Celsius – weniger widerstandsfähig als Hartporzellan, weil es erweicht. Nicht nur reinweißes Porzellan, sondern auch braunrotes Steinzeug verstanden die Chinesen zu fertigen. Es erreichte nicht die Härte und Festigkeit des weißen Produkts, weshalb es sich auch im allgemeinen nicht wie Glas durch Schleifen, Schneiden und Polieren verschönern ließ.

Unter dem zweiten Kaiser der Mandschu-Dynastie, Kangxi, der von 1662 bis 1722 regierte, erlebte die chinesische Porzellankunst eine Blütezeit. Sie wird nicht zuletzt durch das Auftreten der japanischen Konkurrenz bedingt gewesen sein. Mit Beginn des 17. Jahrhunderts hatte sich nämlich auch im «Reich der aufgehenden Sonne» eine leistungsfähige Porzellanfabrikation entwickelt, die das Handelsmonopol der Chinesen bedrohte.

Das Produktionszentrum chinesischen Porzellans, King-te-schen (Jingdezhen), in der Provinz Kiangxi (Jiangxi) im südöstlichen China gelegen, entwickelte sich unter Kangxi zu einer «Porzellanstadt», wie sie die Welt nicht wieder gesehen hat. Einem Augenzeugenbericht zufolge lebten dort 1712 etwa eine Million Menschen, darunter 18 000 Töpferfamilien. Sie übten praktisch alle die Porzellanmacherei aus. Die kaiserliche Manufaktur befand sich im Süden der Stadt. Dorthin brachten lange Karawanenzüge die zu Ziegeln geformte und mit dem kaiserlichen Wappen versehene Porzellanerde. Während der Regierungszeit des Kaisers Kangxi verzehnfachte sich die Anzahl der Porzellanbrennereien.

162

Im Jahre 1712 zählte man etwa dreitausend, Ausdruck einer gewaltigen Produktionssteigerung.

Es muß für den ersten Europäer, den Jesuitenpater d'Entrecolles, ein überwältigender Anblick gewesen sein, als er die sagenhafte Porzellanstadt erstmals vor sich liegen sah. Dem Franzosen war es im Sommer 1712 gelungen, tief ins Landesinnere, bis nach King-te-schen, vorzudringen. In der anbrechenden Dämmerung bot sich ihm von den Höhen der Berge ein unvergeßliches Bild: Die ganze Stadt schien zu brennen. Überall zuckten Lichtfunken und Flammenwirbel empor. Ihr Widerschein brach sich an einem dichten Rauchschleier, der Stadt und Talsenke einhüllte.

King-te-schen liegt an einem schiffbaren Fluß, dem Tschangkiang. Als d'Entrecolles die Stadt besichtigte, lagen im Hafen die Schiffe zeitweise in zwei und drei Reihen nebeneinander. Sie transportierten eine einzige Fracht: Porzellan. Mit der kostbaren, zerbrechlichen Ware beladen, fuhren die Schiffe flußabwärts bis zur Stadt Schau-tschou, die an der Mündung des Flusses in den Po-jang-See liegt. Nach der Überquerung des Po-jang konnten die Porzellanschiffe von der Nordspitze des Binnensees aus den Jangtsekiang erreichen. Bis Nanking führte der Schiffahrtsweg und nicht selten weiter flußabwärts bis zur Küstenstadt Schanghai. In Nanking, der einstigen Hauptstadt des chinesischen Reiches, konnte man damals eins der acht Weltwunder bestaunen. Unter einer großen Zahl berühmter Tempelbauten erhob sich 84 Meter und neun Etagen hoch die prachtvolle Porzellanpagode, ein achteckiger Turmbau, vollständig mit Porzellanplatten bedeckt und mit zahlreichen Glocken und Lampen behängt. Die Hafenstadt Schanghai durfte damals nicht von den Schiffen der Europäer, der «Barbaren des Westens», angelaufen werden. Deshalb beförderten chinesische Küstenschiffe das Porzellan bis nach Kanton, dem einzigen Freihafen, wo europäische Kaufleute die Ware übernahmen. Mitunter gelangte das Porzellan auch auf dem Landweg von King-te-schen nach Kanton und zu Schiff weiter nach Macao, der portugiesischen Handelsniederlassung.

Marco Polo, der venezianische Kaufmann und Reisende,

brachte als erster die Nachricht von dem wundervollen «Porcellana» der Chinesen mit nach Europa. Er hatte sich lange Jahre in Asien aufgehalten und war 1295 über China und Indien in seine Heimatstadt zurückgekehrt. Die Bezeichnung «Porzellan» geht auf «porcella», lateinisch das Schweinchen, zurück. Diesen Namen trägt auch eine schöne weiße Meeresschnecke, deren Äußeres dem Chinaporzellan sehr ähnlich sieht.

Bevor Marco Polos Reisebericht 1477 in Nürnberg und 1496 in Venedig gedruckt erschien, waren bereits einzelne Porzellangefäße aus China über den Orient und Venedig nach Europa gekommen: Geschenke orientalischer Fürsten für die europäischen Höfe. Im Vorderen Orient erfreute sich dieses seltene Geschirr großer Beliebtheit. Man benutzte es, um daraus ein in Europa völlig unbekanntes Getränk zu genießen. Ein «guot Getränck, welliches sie hoch halten», sei es gewesen, «wie Dinten so schwartz», und aus «porcellanischen tieffen Schälein» habe man es getrunken. So beschrieb der Augsburger Stadtmedikus Leonhard Rauwolf, von einer Orientfahrt zurückgekehrt, in seinem 1583 gedruckten Reisebericht die erste Bekanntschaft eines Europäers mit dem Kaffee.

Erst nach der Entdeckung des Seeweges nach Ostindien um das Kap der Guten Hoffnung, 1498, lernten die Europäer das «ostindianische» Porzellan näher kennen. So nannte man die chinesischen und japanischen Erzeugnisse in Unkenntnis der genauen Geographie. Das erste Schiff aus Europa, ein portugiesischer Segler, landete im Jahre 1516 an der chinesischen Küste. Der Handel mit Porzellan blieb zu dieser Zeit ausschließlich den Portugiesen überlassen, die 1557 auf der chinesischen Halbinsel Macao eine Handelsniederlassung gegründet hatten.

Mit Beginn des 17. Jahrhunderts fühlten sich England und Holland gerüstet, mit den Portugiesen und Spaniern in den Wettbewerb zu treten, um sie von den Welthandelsplätzen zu verdrängen. Die 1602 mit der gigantischen Kapitaleinlage von 6,6 Millionen Gulden gegründete Holländisch-Ostindische Kompanie riß das einträgliche Ostasiengeschäft an sich. Batavia, das heutige Djakarta, wurde der zentrale Umschlagplatz der Holländer. Von hier aus liefen ihre Schiffe den Freihafen Kanton und japanische Hafenstädte an, um das kostbare Porzellan und andere Raritäten, wie Tee, Gewürze, Seide, Papier, Lackmöbel und Tapeten, zu übernehmen. Die Ostindische Kompanie verfügte über eine eigene Schutzmacht, bestehend aus 40 Kriegsschiffen. Diese Kriegsflotte war nötig, bot doch die kostbare Fracht der Ostindienfahrer eine ständige Verlockung für Piraten und die neiderfüllten Portugiesen und Spanier. Nicht selten begleiteten das Gedröhn der Kanonen und Schlachtenlärm die Fahrten der mit Porzellanschätzen beladenen Handelsschiffe. Sie zu kapern war auch sonst nicht einfach. Denn trotz ihrer Tragfähigkeit von 700 Tonnen waren die dreimastigen Frachtsegler schnell und wendig und machten ihrem Namen als «fliegende Holländer» alle Ehre. Der Handelskrieg weitete sich aus. Bald überfielen auch die Niederländer die Porzellanschiffe der Portugiesen, um Beute zu machen.

Unglaubliche Mengen Porzellan trafen durch die Handelstätigkeit der Ostindischen Kompanie in Europa ein. Gewöhnlich wurde die begehrte Ware gleich nach Einlaufen der Schiffe versteigert. Bei einer ersten Auktion 1604 brachte man in Amsterdam 1200 Zentner Porzellan im Handumdrehen unter die Interessenten. Im Jahre 1612 lud ein einziger Ostindienfahrer 38 641 Stück, drei Jahre später sogar 69 057 Stück Porzellan im Hafen von Amsterdam ab. Europa geriet in einen Porzellantaumel. Die Porzellanleidenschaft mancher Souveräne kannte keine Grenzen: Mit Gold wurden die kostbarsten Stücke aufgewogen. Geschäftstüchtige chinesische Porzellanhändler stellten sich bald auf das «Porzellanfieber» und den europäischen Geschmack ein. Sie ließen Porzellan nach den Wünschen ihrer Kunden anfertigen und bemalen. Manch kostbare chinesische Vase und manches Service ziert seitdem ein Bildnis oder das Wappen eines europäischen Fürsten.

Porzellankabinette, Chinoiserien und Kaffeehäuser

Sammelleidenschaft und Repräsentationssucht führten im Zeitalter des Barocks zu seltsamen Modeerscheinungen. Die Errichtung von Porzellankabinetten gehörte dazu. Leider ist kaum eines von den damals so berühmten Kabinetten in der ursprünglichen Form erhalten geblieben. Alte Kupferstiche liefern uns jedoch eine Vorstellung, wie man das gesammelte Porzellan dekorativ in die Innenarchitektur einbezog. Das «Buffet à la mode», ein bekannter Stich von Nicolas Langlois, führt vor, was damals zum prunkvollen Interieur des Hauses eines «modebewußten» Barockmenschen gehörte: eine etagenartig angeordnete Schau von Raritäten aus Gold, Silber und Porzellan. Auch Kaminsimse und Wandflächen wurden gern mit exotischem Porzellan geschmückt.

Sonnenkönig Ludwig XIV. ließ im Park von Versailles 1670/72 ein berühmtes kleines Lustschloß erbauen, ein Domizil, bestimmt für seine Leidenschaften – für Porzellan und für Madame de Montespan, seine Mätresse. «Trianon de Porcelaine» wurde es genannt, denn seine Wände waren mit Platten aus porzellanartiger Fayence verkleidet. Berühmtheit erlangten zu ihrer Zeit auch die brandenburgischen Porzellankabinette: Schloß Oranienburg, das die Sammlung des Kurfürsten Friedrich Wilhelm beherbergte, und Schloß Charlottenburg. Friedrich I. ließ 1705 in Charlottenburg ein Kabinett mit chinesischem Porzellan einrichten, das die englische Ostindienkompanie der Königin Sophie Charlotte verehrt hatte.

Es wäre sicherlich verwundernswert gewesen, wenn einer der prachtliebendsten europäischen Fürsten, August der Starke, nicht auch mit dem Gedanken gespielt hätte, ein Porzellanschloß zu errichten. Jedoch waren die Bestände der kurfürstlichen Kunstkammer nicht allzu reichlich mit Porzellan bestückt. Bei Regierungsantritt Augusts des Starken zählte man vielleicht dreißig Einzelstücke ostasiatischen Porzellans. Nach seiner Erhebung zum König um mehr Repräsentation bemüht, ließ August keine Möglichkeit außer acht, die kurfürstliche Porzellansammlung zu bereichern.

Einige Historiker vertreten zwar die Auffassung, August der Starke hätte für Porzellan zunächst überhaupt kein Interesse gezeigt und seine Vorliebe dafür wäre erst viel später, 1715, erwacht. Rechnungen und Belege über den Erwerb von Porzellanen würden es beweisen. Das trifft aber so ausschließlich nicht zu. In den Akten über den Großkanzler Beichlingen fand sich ein verstecktes Dokument, das das Gegenteil aussagt. Danach hat Beichlingen 1702 eine umfangreiche Bestellung für ostasiatisches Porzellan, darunter japanisches Teegeschirr, für Lackmöbel, Tapeten, «indische» Stoffe und andere Luxusartikel, für insgesamt 14 000 Gulden, nach einer anderen Aufstellung sogar über 30 000 Gulden ausgegeben. Einem Bericht des Bergwerkinspektors Ricardo zufolge, der die Waren in Amsterdam ausgewählt, gekauft und nach Danzig geschickt hatte, habe der König eine der Porzellankisten geöffnet und für sich acht große Porzellangefäße («Potten») im Wert von 1000 Gulden ausgesucht. Beichlingen, am 7. März 1704 dazu befragt, konnte es bestätigen.

Die Leidenschaft für das «indianische» Porzellan, die Europa überfallen hatte, wurde begünstigt durch eine Modeströmung, die im Sog der Aufklärungsphilosophie Mitte des 17. Jahrhunderts ausgebrochen war und bis zum Ende des 18. Jahrhunderts anhalten sollte: die sogenannte «Chinamode» des Spätbarocks. Darunter ist das aufflammende Interesse an der Exotik des chinesischen Reiches, am Leben und an der Kultur seiner Bewohner zu verstehen. Begehrt waren nicht nur ostasiatische Porzellane, sondern auch Lackmöbel, Tapeten, Seidenstoffe, Elfenbeinschnitzereien, Nephrit- und Jadefiguren. Neu eingerichtete «indianische» oder «chinesische» Kabinette wurden mit einem Sammelsurium fernöstlicher Kunstgegenstände ausgestattet. Doch war nicht immer alles echt, was die Besitzer dieser Raritäten mit Stolz präsentierten. Die Chinamanie ging sogar so weit, das europäische Kunsthandwerk zur Anfertigung von Imitationen – Chinoiserien – zu animieren. Diese Chinoiserien sind nicht wirklichkeitsecht. Geographische und ethnographische Treue war bei den nachempfundenen

Landschafts- und Genrebildern nicht gefragt. Land und Leute des Fernen Ostens stellte man sich vielmehr genauso heiter und unbeschwert vor, wie es dem Modegeschmack des europäischen Spätbarocks zukam.

Selbst vor der Architektur machte die Chinamode nicht halt. Gartentempel, Teehäuser, Schlösser entstanden im chinesischen Traumstil. Das «indianische» Lustschloß Pillnitz bei Dresden, das August der Starke in Erweiterung des alten Schloßbaus 1720/23 anlegen ließ, und das Chinesische Teehaus im Park von Sanssouci, das zur Zeit des Preußenkönigs Friedrich II. 1754/57 erbaut wurde, sind markante Beispiele dafür. Massenimporte in der zweiten Hälfte des 17. Jahrhunderts ließen das ostasiatische Porzellan von einem Luxusartikel zu einer wenn auch immer noch kostspieligen Gebrauchsware werden. Dieser Schritt zum Gebrauchsporzellan für den Alltag ist einem weiteren modischen Trend zu danken: der um sich greifenden Beliebtheit fremdländischer Getränke – Tee, Kaffee und Kakao. Ein solch köstlicher Trank aus dem Morgenland oder aus Übersee konnte nicht mehr in plumpen, unansehnlichen Steinzeug- oder Tongefäßen kredenzt werden. Kaffee und Tee verlangten ein exquisites Tafelgeschirr, das Formschönheit mit Zweckmäßigkeit verband: Porzellan. Glas erwärmte sich allzu schnell und ließ den Kaffee rasch erkalten. Steingut besaß zwar ein schlechtes Wärmeleitvermögen, wirkte aber zu unschön. Porzellan hingegen war der ideale Werkstoff. Als ausgesprochen schlechter Wärmeleiter hielt er das Getränk lange Zeit heiß, ohne daß man sich beim Anfassen der Tasse gleich die Finger und beim Schlürfen den Mund verbrannte. Eine Tasse aus chinesischem oder japanischem Porzellan besaß zudem unerreichte ästhetische Vorzüge: Sie war formschön gestaltet aus glattem, absolut flüssigkeitsdichtem, doch transparentem Material, das keinen fremden Geruch oder Geschmack annahm. Erhitzt, ja sogar glühend gemacht, zersprang eine Porzellantasse selbst dann nicht, wenn man sie in kaltes Wasser tauchte.

Tee und Kakao wurden noch früher als Kaffee in Europa bekannt. Schiffe der Ostindischen Kompanie brachten 1610 den ersten Tee nach Holland. Der Siegeszug des Kaffees begann, als Kaufleute Venedigs große Mengen gerösteter Kaffeebohnen nach Europa einführten. In der Lagunenstadt gab es 1645 auch das erste Kaffeehaus Europas. London folgte fünf Jahre später. Auch der Hof Ludwigs XIV. begeisterte sich am Genuß dieses belebenden Getränks. In Marseilles empfingen schon 1671, in Paris 1672 die ersten Kaffeehäuser ihre Gäste. «Manufactures d'esprit», Werkstätten des Geistes, nannte man sie, denn man traf sich dort zu angeregtem Gedankenaustausch. Kurioserweise fanden Kaffee, Tee und Kakao in den deutschen Staaten zunächst nur in Apotheken ihren Platz. Wir erinnern uns, daß die Hofapotheke zu Dresden 1683 Herba cha (Teekraut), Coffi grana (Kaffeebohnen) und Cacao als Heilmittel im Angebot führte. Aber die Zeiten änderten sich rasch, auch in Kursachsen.

Ein historischer Schlachtensieg war schuld an der weiteren sprunghaften Verbreitung der «Unsitte» des Kaffeeschlürfens: Im Jahre 1683 mußten die Türken die Belagerung Wiens aufgeben. Als sie Hals über Kopf den Rückzug antraten, ließen sie säckeweise große Kaffeevorräte zurück, die man erst für Kamelfutter hielt und schon in die Donau schütten wollte. Ebenso wie das von den Türken mitgeschleppte Chinaporzellan, gehörte Kaffee zu den begehrten Beutestücken. Wen wundert es, wenn das erste Kaffeehaus in Wien noch im selben Jahr, 1683, seine Türen öffnete?

Im Jahre 1694 hatte auch Kursachsen eine Manufacture d'esprit. In der Messestadt Leipzig wurde das erste sächsische Kaffeehaus, «Zum arabischen Coffé Baum», eröffnet. Drei Jahre später stellte der Rat der Stadt jeden ungebührlichen Tee- und Kaffeeausschank unter Strafe. Privilegierte Kaffeehäuser schossen daraufhin wie Pilze aus dem Boden: Kaffee ging den Sachsen über alles. Ein geschäftstüchtiger Verleger aus Bautzen brachte seit 1686 in mehreren Auflagen eine hochaktuelle Informationsschrift für seine sächsischen Landsleute heraus: «Drey neue curieuse Tractätgen von dem Thranck Café, Sinesischer The und der Chocolate». Es ermangelte also nicht an aufklärerischen Hinweisen über die Nützlichkeit dieser neuen Getränke, von denen man hoffte, daß sie den «übermäßigen» Konsum von Bier und Wein eindämmen würden. Es fehlte in Kursachsen bald nicht mehr an Kaffeehäusern, wohl aber an preiswertem Kaffeegeschirr aus Porzellan – aus sächsischem Porzellan.

Wer entdeckt zuerst das Porzellan-Arkanum?

Für ostasiatische Waren gingen Unsummen außer Landes. Ludwig XIV. kaufte allein in drei Monaten, Juli bis September 1671, wie erhaltene Belege verraten, für 9000 Livre chinesisches Porzellan. Tschirnhaus soll, als er auf seinen Reisen davon erfuhr, die Chinesen als «porcellanene Schröpfköpfe» Europas bezeichnet haben. Der Wunsch, sich von der kostspieligen Einfuhr aus China und Japan unabhängig zu machen, wurde deshalb immer mächtiger, je mehr man in Europa den Wert des Porzellans als Luxus- und Gebrauchsgegenstand schätzenlernte. Die Zeit war also reif für die Erfindung eines europäischen Porzellans, wollte man nicht ewig den schlitzäugigen Söhnen des Himmels tributpflichtig bleiben.

Um das Porzellan der Chinesen nachahmen zu können, mußte man wissen, was «Porzellan» eigentlich ist. Analysenmethoden, wie sie heute bei der Untersuchung von keramischen Stoffsystemen üblich sind, gab es seinerzeit nicht. Einzig anhand von äußeren Eigenschaften konnte man damals Porzellan charakterisieren und echtes von unechtem unterscheiden. Fehleinschätzungen blieben nicht aus. Kühn wurde so manches Surrogat, das ein «glücklicher» Erfinder hergestellt hatte, als «Porzellan» deklariert.

Das Erfahrungswissen seiner Zeit über Porzellan hat Johann Friedrich Böttger in einer allgemeinen Charakteristik zusammengefaßt. In seiner November 1709 erstmals formulierten und 1712 präzisierten «Definition, was eigentlich unter dem Nahmen des Porcellains zu verstehen sey», nannte Böttger zehn Erfordernisse: Geschirre aus echtem Porzellan müssen «(1) nach Proportion ihrer Größe zart und durchsichtig seyn, (2) ein schönes weißes oder perlefarben Lustre von sich geben, (3) pellucide oder durchsichtig seyn, wofern sie nicht allzu groß, iedoch solcher gestalt, daß sie auf keinerley Weise die Arth eines Glases an sich nehmen ... (4) müßen sothane Geschirre, sie seyen roth oder weiß, von keinem heißen Waßer zerspringen, sich auch nicht weiter erhitzen, als sie von dem daringegoßenen heißen Waßer angefüllet werden, (5) auch sich in keinem Feuer zum Schmelzen bringen laßen ... (6) Wenn man sie aneinander reibet, müßen sie einen Schwefel-Geruch und (7) wo man mit Stahl daran schläget, Feuer von sich geben.» Nach Böttgers Definition dürfen echte Porzellangefäße ferner «(8) keinen Geruch oder Geschmack von den schärffsten Liquoribus annehmen, noch sich corrodiren, hingegen aber wohl (9) auf Arth der Edelsteine sich schleiffen, schneiden und poliren laßen» und müssen «(10) wenn daran geschlagen wird, wie Metalle einen hellen Klang von sich geben».

Die grundlegende, auf Tschirnhaus zurückgehende Erkenntnis, daß Porzellan «in keinerley Weise die Arth eines Glases» haben darf, war damals nicht allgemein bekannt. Bei den Versuchen, Porzellan nachzuerfinden, hat man sich lange Zeit vom glänzenden Äußeren des Porzellans täuschen lassen und irrtümlich geglaubt, über die Herstellung des Glases zum Porzellan zu kommen.

Naturforscher, Gelehrte, Alchemisten, Forschungsreisende und Missionare, Ton- und Fayencetöpfer versuchten, das Herstellungsgeheimnis des ostasiatischen Porzellans zu ergründen. Aber alle Berichte über das chinesische Porzellan, die sie studierten, klangen mehr oder weniger märchenhaft. Dabei hatte Marco Polo als erster den richtigen Fingerzeig gegeben, daß die Chinesen «eine gewisse Art von Erde, die sie wie Erz graben», zur Porzellanherstellung verwenden. Weitere konkrete Hinweise liefert erst Johann Nieuhof in seinem berühmten Reisebericht «Gesandtschaft der Niederländisch-Ostindischen Compagnie an den sinesischen Keyser 1655–1657». «Thee-Thranck» – so heißt es in der 1666 in Amsterdam gedruckten deutschen Ausgabe –, «das ist Wasser, darin das Kraut Thee gesotten ..., trinken sie aus porcellanen

Schalen.» Dieses Chinaporzellan werde jedoch nicht aus Eierschalen, Muscheln und Schneckenhäusern oder auf andere phantastische Art gefertigt, wie bisher behauptet. Das Geheimnis der Porzellanfabrikation sei vielmehr «eine subtile, zarte, magere, weißlichte Erde, die erst mit Wasser gemenget, geweichet, geknöttet, zu viereckichten Stücken gemachet» werde. Mehr wußte Nieuhof allerdings auch nicht zu berichten.

Es blieb dem Jesuitenpater François Xavier d'Entrecolles vorbehalten, den Schleier des chinesischen Porzellan-Arkanums zu lüften. Chinas Kaiser Kangxi, von Jesuiten erzogen, hatte sein Land erstmals den «fremden Teufeln», den Europäern, geöffnet. An seinem Hof in Peking waren Ärzte, Astronomen, Kartographen. Kangxi, der der europäischen Kultur und Wissenschaft aufgeschlossen gegenüberstand, duldete auch die christliche Missionstätigkeit. Deshalb konnte d'Entrecolles ungehindert ins Landesinnere vordringen, bis zur Porzellanstadt King-te-schen. Sein erster Bericht über die Herstellung des Porzellans, geschrieben in Yao-tscheou (Schau-tschou), datiert vom 1. September 1712, ein weiterer aus dem Jahre 1722. Europa erfuhr jedoch erst viel später davon, denn seine Briefe sind erst 1717 und 1724 in Paris in mehreren Sammelbänden über die Missionartätigkeit des Jesuiten, «Lettres édifiantes et curieuses», veröffentlicht worden. Zu dieser Zeit aber war die Erfindung des Porzellans in Europa bereits geglückt.

Bezeichnenderweise wurde die Nacherfindung des Chinaporzellans zuerst in Venedig, der Metropole der Glaskunst, versucht. Ein Alchemist, Antonio di San Simeone, soll dort im Jahre 1470 aus Bologneser Erde angeblich «Porzellan» fabriziert haben. Dann weiß die Geschichte von «Glasporzellan» (Opalglas) zu berichten, das man im 16. Jahrhundert in Venedig zu fertigen verstand. Kunckel teilte in seiner zweiten Auflage der «Ars vitraria», 1689, das Rezept des Florentiner Glasmachers Neri mit, wie man «ein schön Porcellain-Glaß» durch trübende Zusätze bereiten kann.

Von dem im 16. Jahrhundert hergestellten «Medici-Prozellan»

existieren in Museen und Sammlungen sogar noch Beweisstücke. Sie charakterisieren dieses am Hof des Großherzogs von Toskana, Francesco Maria de Medici, gefertigte Erzeugnis als ein gelbliches steinzeugartiges Frittenporzellan. Es wird aus geschmolzener Glasmasse unter Zusatz von Ton, Kreide oder Kalkmergel gebrannt.

Aus seinem Briefwechsel mit Leibniz wissen wir, daß Tschirnhaus 1676 den Naturforscher Manfredo Septala in Mailand besucht und bei ihm Porzellangefäße bewundert hat. Das Geheimnis, wie er sein «Porzellan» herstellte, wollte Septala jedoch nicht preisgeben.

Bei den Erfindungsversuchen in Italien, Frankreich und Holland baute man nicht nur auf den Erfahrungen der eigenen Glasproduktion, sondern auch der Majolika- und Fayenceherstellung auf. Als Majolika bezeichnet man eine Töpferware mit feinkörnigem, stark gefärbtem, porösem Scherben, der mit einer Bleioxidglasur überzogen ist. Die handwerkliche Majolikakunst erlebte im 16. Jahrhundert einen Höhepunkt, bis sie von der Fayence verdrängt wurde. Fayence besteht ebenfalls aus einem porösen, gefärbten Tonscherben. Dieser ist aber mit einer weißen Zinnoxidglasur überzogen. Bemalungen werden mit einem zweiten, durchsichtigen Glasurüberzug geschützt. Mit Fayence ließ sich, rein äußerlich, das weiße chinesische Porzellan täuschend imitieren.

In der holländischen Stadt Delft entwickelte sich die Fayenceproduktion zu hoher Blüte. Seit etwa 1670 stellte man dort das sogenannte «holländische Porzellan» her – Fayence, auf deren strahlendweißem Untergrund mit leuchtendblauer Kobaltfarbe holländische Landschafts- und Genreszenen gemalt sind. Nicht nur Gefäße und Geschirr, sondern auch Ofenkacheln und Fliesen wurden aus diesem Material gemacht. Mit wahrer Meisterschaft ahmte man in Delft die beliebte chinesisch-japanische Porzellanmalerei nach.

Auch in Frankreich erreichte die Fayenceherstellung einen hohen künstlerischen Stand. Ludwig XIV. erteilte Fayencetöpfern in Paris und Rouen Privilege zur manufakturellen Herstellung von

Porzellan. Seit 1677 produzierte eine in Familienbesitz befindliche Manufaktur in Saint-Cloud bei Paris ein Frittenporzellan bisher unerreichter Qualität. Der Ruf des Porzellans von Saint-Cloud verbreitete sich über ganz Europa. Kenner meinten, daß nirgendwo das ostasiatische Porzellan besser nachgemacht werde als in Saint-Cloud. Martin Lister, Naturforscher und Leibarzt der englischen Königin, besuchte im Jahre 1698 diese Manufaktur und lobte das dort hergestellte Porzellan über alle Maßen – «the finest China ware I ever saw». Dieses Urteil entnehmen wir seinem Reisebericht «A Journey to Paris in the Year 1698». Erfolgsmeldungen kamen auch aus London. Dort erhielt im Jahre 1671 ein gewisser John Dwight ein Patent zur Einrichtung einer Porzellanfabrik. Der Erfinder hatte sich in der Nachahmung von rheinischem Steinzeug versucht und dabei ein noch feineres und weißeres Produkt erhalten, von dem er glaubte, es wäre dem ostasiatischen Porzellan gleichwertig.

Feines Steinzeug, auch Tonporzellan genannt, stellte eine weitere Stufe zum echten Porzellan dar. Gewöhnliches Steinzeug besteht aus einem dichtgesinterten, harten, aber nicht durchscheinenden glasierten Scherben von grauer bis brauner Farbe. Vor der Einführung des Porzellans wurde Steinzeug allgemein als Gebrauchsgeschirr benutzt. Sein Nachteil besteht in seiner Unbeständigkeit gegen Temperaturwechsel. In Europa, auch in Deutschland, fertigte man damals Steinzeug aus plastischen, leicht sinternden, eisen- und kaolinhaltigen Tonen an, unter Zusatz von Quarz und etwas Feldspat.

Allen «Porzellanerfindern» von damals stand eines nicht zur Verfügung: die echte Porzellanerde, das reine Kaolin. Die Erzeugnisse aus holländischer Fayence, französischem Frittenporzellan oder feinem englischem Steinzeug können nicht als Porzellan bezeichnet werden.

Das «Porzellan» ging von selbst entzwei

Mit Interesse verfolgte Tschirnhaus die Fortschritte, die in Westeuropa bei der Herstellung von Glas, Fayence und Porzellan erzielt wurden. Es reizte ihn, seine eigenen Kenntnisse und Leistungen mit den Erfahrungen der holländischen und französischen Manufakturen zu messen. Fürstenberg billigte diesen Plan: Er fertigte am 18. Oktober 1701 eine Instruktion für Tschirnhaus aus und erteilte ihm Vollmachten für seine Inspektionsreise. Wenn auch diese Instruktion nicht mehr vorhanden ist, läßt sich ihr Inhalt doch aus dem Aktenmaterial rekonstruieren.

Fürstenberg beauftragte Tschirnhaus, die Verkaufschancen für die Produkte der landeseigenen Manufakturen zu erkunden. Ausländische Künstler, wie Glas- und Steinschleifer, Porzellanmaler, sollten für die Arbeit in den sächsischen Manufakturen geworben werden. Weiterhin sollte Tschirnhaus die technischen Fortschritte des westeuropäischen Manufakturwesens analysieren, um die eigenen Werkstätten zu verbessern. Schließlich lautete Tschirnhaus' Auftrag, «Risse», also Zeichnungen, von den Raritätenkabinetten und königlichen Schlössern mitzubringen. Es handelt sich dabei allerdings nicht um Baupläne, sondern um Modelle, Formen, Dekorelemente. Erwünscht waren Mustervorlagen für Kristallgegenstände und vor allem für Porzellan. Auf seiner Studienreise hat sich Tschirnhaus auch um einen Porzellanmaler bemüht und die Porzellanmanufakturen in Delft und Saint-Cloud besichtigt. Das alles im Zusammenhang betrachtet, läßt gewisse Schlüsse auf den Stand des eigenen Porzellanprojekts zu. Über den Verlauf und die Ergebnisse seiner Geschäfts- und Studienreise liegen zwei Berichte von insgesamt 31 Folioseiten vor, die Tschirnhaus bei seiner Rückkehr nach Dresden am 16. und 22. März verfaßte.

Über Wermsdorf, wo Tschirnhaus die Instruktion sowie Vollmachten und Begleitbriefe Fürstenbergs entgegennahm, reiste der Gelehrte nach Leipzig. Dort vertraute er sich am 20. Oktober 1701 der Post an, die ihn über viele Zwischenstationen am 26. Oktober nach Amsterdam brachte. In seinem Reisegepäck führte Tschirnhaus Erzeugnisse der sächsischen Manufakturen mit sich: Kristallglas aus der Dresdner Glashütte, Tafel-, Spiegel- und Massivglas, Brenngläser, geschliffene Halbedelsteine, darunter roten und grünen Jaspis und Karneol, polierten Marmor, Farbmuster aus dem Blaufarbenwerk, Bleche aus dem Eisenhammer.

Ein Amsterdamer Glashändler, der schon vorher Waren aus Pretzsch bezogen hatte, soll hocherfreut gewesen sein über die vorgelegten Gläser. Tschirnhaus erklärte ihm, wie «voriezo alles beßer, alß vormahlß zu Pretzsch, eingerichtet sey, und daß man nunmehro von allen Sorten Glaß in Copia würde haben können». Er lud den Kaufmann ein, sich bei der nächsten Messe in Leipzig alles anzusehen. In Amsterdam erzählte man Tschirnhaus von einem «Mann, nicht weit von Breslau wohnhaftig, der sehr schön auf den Porcelain mahlen könne». Proben der Kunstfertigkeit dieses Porzellanmalers würden «denen Holländern so wohlgefallen, daß sie viel Geld geben wolten, umb ihn nacher Delft zu haben». In seinem Bericht ließ Tschirnhaus durchblicken, wie gut er selbst den Maler brauchen könnte, «welcher mir verhoffentlich zu meinem Vorhaben im Porcelain sehr dienlich seyn wird».

Am 4. November reiste Tschirnhaus weiter nach Haag, um mit Unterstützung des sächsischen Botschafters einen Paß für die Weiterreise nach Frankreich zu bekommen. Das verzögerte sich. Deshalb nutzte er die Zeit für einen Abstecher nach Delft. Ursprünglich gehörte Delft nicht zu seinem Reiseziel. Denn was man wohl fabrizierte, war kein Porzellan, wie Tschirnhaus wußte. So aber «gieng ich nacher Delft», berichtete Tschirnhaus, «und habe alldar ihre sogenannten Porcelain-Wercke mir gar genau und vollkommen bekannt gemachet, besonders die Glasur».

Nach einer Reise über Antwerpen und Brüssel traf Tschirnhaus am 23. November in Paris ein. Hier besaß Fürstenberg mehrere Vertraute, darunter einen Monsieur Ferber. Er muß ein einflußreiches Amt am Hof Ludwigs XIV. bekleidet haben. Dank seiner Vermittlung konnte Tschirnhaus «alle die königlichen Lustschlösser und was darinnen Curieuses zu sehen, gar genau betrachten: Versailles, Trianon, Marly». Von dem wertvollen Interieur, von

Kristalleuchtern und ostasiatischen Porzellanen, fertigte er sich verschiedene «Risse» an.

Bewunderung riefen die von Tschirnhaus mitgebrachten polierten Marmorplatten und Halbedelsteine hervor. Ein italienischer Baumeister, der nach Paris verpflichtet worden war, wünschte sich diese Steine für seine königlichen Bauprojekte. Aber zugleich beklagte er, daß die Förderung des Gewerbes mit dem Tod Colberts stagnierte.

Sechshundert Beschäftigte zählte Tschirnhaus in der Pariser Spiegelmanufaktur in der Fauxbourg Saint-Antoine. Mit kritischem Blick musterte Tschirnhaus die hergestellte Ware: Das Glas sei geringwertig, meinte er, von dunkelgrüner Farbe, nicht vergleichbar mit den in Dresden gefertigten Qualitätsgläsern.

Verständlich, daß Tschirnhaus auch die Porzellanherstellung in Saint-Cloud kennenlernen wollte. Überall wurden damals die Erzeugnisse dieser Manufaktur gelobt und als dem ostasiatischen Porzellan gleichwertig angepriesen. Aufgrund seiner Sachkenntnis war Tschirnhaus wie kein zweiter prädestiniert, die Qualität dieses Porzellans einzuschätzen. «Zu Saint-Cloud in der Porcelain Manufactur kauffte ich mir unterschiedene Stücke, die mir aber hernach von selbst zersprungen», lautete sein vernichtendes Urteil. «Sie geben sie sehr theuer und viel höher alß guten Porcelain, weßwegen der Abgang sehr schlecht ist.» Als er im November 1701 das Werk besichtigte, interessierte Tschirnhaus besonders die technische Seite der Produktion: «Der Ofen und die Maschinen zum Reiben der Materialien war das beste, wiewohl noch nicht vollkommen, wie es seyn solte. Das andere war mir alles bekannt. Die blaue Farbe, so (man) brauchet, ist viel zu tunckel schwarz. In Summa, ich glaube, daß diese Manufactur zu Grunde gehen wird ...»

Als Mitglied der Académie des Sciences führte Tschirnhaus während seines Pariser Aufenthalts im November 1701 Gespräche mit dem Präsidenten Abbé Bignon und mehreren Gelehrten. Auch der weitgereiste deutsche Chemiker Wilhelm Homberg gehörte dazu,

177

der mit Kunckel persönlich bekannt war und damals im Dienst des Duc d'Orléans stand. Der Herzog wünschte sich eins der großen Tschirnhausschen Brenngläser, um es dem König und der Akademie zu verehren. Auch Homberg wollte damit Experimente anstellen. Tschirnhaus erfüllte diesen Wunsch nach seiner Rückkehr.

Bei dem Gedankenaustausch mit Homberg ging es auch um Porzellan. Nach einigen Quellen soll Tschirnhaus damals, im November oder Dezember 1701, Homberg unter dem Siegel der Verschwiegenheit die Herstellungsvorschrift für echtes Porzellan mitgeteilt haben. Das ist sicher übertrieben, dazu wären sowohl die Ansatzvorschriften, der sogenannte Masseversatz, als auch keramisch-technische Einzelheiten über den Brennvorgang vonnöten gewesen. Von der Herstellung der Glasur ganz zu schweigen. Über all diese Details war sich Tschirnhaus damals selbst noch nicht im klaren. Deshalb wird sich das offenbarte «Porzellangeheimnis» nur auf jene allgemeine, allerdings grundlegende Aussage beschränkt haben, die wir auch in einer Würdigung Tschirnhaus' durch die französische Akademie im Jahre 1709 wiederfinden. Der Autor, Fontenelle, Sekretär der Académie des Sciences in Paris, stützte sich bei dieser Laudatio auf persönliche Mitteilungen Hombergs: «Bisher hat man geglaubt, Porzellan wäre ein besonderes Geschenk, mit dem die Natur die Chinesen bevorzugt habe, und die Erde dazu gäbe es nur in ihrem Land. Das ist aber nicht so: Es ist ein Mischung von einigen Erdsorten, die sich geheimhin überall finden, aber die man erst zusammensetzen muß.»

Homberg soll Tschirnhaus, im Austausch gegen das Arkanum des Porzellans, das Arkanum des Borax mitgeteilt haben. Borax – das ist jenes für die Herstellung farbiger Glasuren in der Fayence- und Steinzeugtöpferei, aber auch in der Goldschmiedekunst zum Löten unentbehrliche Flußmittel. Alle Welt strebte damals danach, sich von dem venezianischen Handelsmonopol unabhängig zu machen. Sollte Homberg das Geheimnis ergründet haben, wie man Borax künstlich herstellen kann? Es ist richtig, daß sich Homberg, wie auch Lémery und Stahl, mit dem Borax experimentell beschäftigt hat, um dessen unbekannte Zusammensetzung zu klären. Die synthetische Herstellung des Borax, chemisch Natriumtetraborat, glückte aber erst rund fünfzig Jahre später. Was also Homberg auch immer Tschirnhaus mitgeteilt haben mag, das Rezept, wie man Borax künstlich herstellen kann, war es nicht.

Seinen Pariser Aufenthalt beendete Tschirnhaus am 19. Januar 1702. Er reiste zurück nach Leipzig, wo er am 5. Februar eintraf. Vier Tage darauf schloß er in Mühlbach bei Wurzen seine zweite Ehe. Tschirnhaus war seit 1693 Witwer und hatte drei Kinder. Ab Mitte März 1702 ist der Gelehrte für kurze Zeit in Dresden. Dort diktierte er seine umfangreichen Reiseberichte. Ende März traf er erstmals wieder mit Fürstenberg zusammen, bevor er mit seiner Gemahlin – am 11. April – nach Kießlingswalde weiterreiste.

Mit der Bilanz seiner vierten Auslandsreise konnte Tschirnhaus zufrieden sein: Sie hatte den Beweis geliefert, daß die Erzeugnisse der neugegründeten sächsischen Manufakturen konkurrenzfähig waren. Beim Wettlauf um die Nacherfindung des Porzellans in Europa glaubte Tschirnhaus mit Recht, einen Vorsprung erreicht zu haben. Tschirnhaus hatte mit seinen Experimenten verschiedene Vorurteile durchbrochen und erkannt: daß die Chinesen nicht allein über die Porzellanerde verfügten; daß Porzellan kein Glas ist, das beim Abkühlen einer Schmelze entsteht, sondern daß es sich beim Glühbrand eines Gemisches weißer Erde bildet, die ein Flußmittel enthalten. Keine Frage, daß Tschirnhaus auch Feldspat als Flußmittel einsetzte, wie es seit langem bei der Herstellung von Steinzeug üblich ist.

Alle seine bisherigen keramischen Versuche waren jedoch nicht systematisch angelegt. So unzweifelhaft es scheint, daß Tschirnhaus 1699 und in den folgenden Jahren einzelne Versuchsbrände von Porzellan geglückt sind, so sicher ist auch, daß er diese zufällig erhaltenen Erfolge nicht reproduzieren konnte. Sein Wissen über geeignete Erden, die er einmal da und dort in

Sachsen gefunden, und seine Kenntnisse über den Brennvorgang reichten nicht aus. Tschirnhaus befand sich weiterhin auf der Suche nach dem Arkanum des Porzellans.

Wir müssen Tschirnhaus zubilligen, daß er bereits zu dieser Zeit in der Lage gewesen ist, echtes Porzellan von unvollkommenen Surrogaten zu unterscheiden, also auch die eigenen Versuchsprodukte kritisch einschätzen zu können. Nach seiner letzten großen Studienreise durch Westeuropa festigte sich seine Überzeugung: Die Erzeugnisse von Delft und Saint-Cloud verdienten die Bezeichnung «Porzellan» nicht. Aus dieser Erkenntnis heraus, aber auch in selbstkritischer Einschätzung der eigenen unvollkommenen Ergebnisse, gab es für Tschirnhaus im März 1702 nur die eine Schlußfolgerung: Das europäische Porzellan müsse erst noch erfunden werden.

6. Leben zwischen Hoffnung und Furcht

Johann Friedrich Böttger im Goldhaus

Historische Darstellungen, wonach Böttger gleich nach seiner Ankunft im Goldhaus einquartiert worden sei, treffen nicht zu. Das
gilt auch für die verbreitete Meinung, das Tschirnhaussche Laboratorium habe sich von Anfang an in Fürstenbergs Hinterhaus befunden. Sachsens Statthalter hat sein Palais an der Elbe erst 1698
bezogen. Der Mietvertrag für das angrenzende Carlowitzsche
Haus, später auch Bünauisches Haus genannt, datiert vom Februar 1702. Er umfaßt rückwirkend lediglich die Zeit bis Weihnachten 1701. Tschirnhaus hat aber bereits viel früher in der Residenz experimentell gearbeitet. Befragt man die Akten, so ist jenes
bewußte «Dresdner Laboratorium» oder «das geheime Labor»,
das unter Tschirnhaus' Aufsicht stand, das Goldhaus gewesen.
Das Carlowitzsche Haus diente dem Gelehrten zunächst nur als
Logis. In diesem Gebäude hat man allerdings – im Frühjahr 1702
– für Böttger ein Zimmer als provisorische Arbeitsstätte eingerichtet. Im Frühjahr 1703, wahrscheinlich noch im Monat März, hat
Böttger dieses bescheidene Labor gegen die Arbeitsräume des
Goldhauses eintauschen dürfen.

Wenig später, im Mai 1703, konnte Böttger auch seine mißliche
Bodenkammer im Carlowitzschen Haus für immer verlassen. Der
Proviantmeister des Schlosses hatte nach langem Zögern dem königlichen Befehl nachgegeben und seine Wohnung für den Goldmacher bereitgestellt. Sie lag unmittelbar neben dem Goldhaus.

181

Es waren zwei Zimmer mit Aussicht auf den Ballgarten. Auch der exotische Feigengarten des Schlosses stand Böttger «zur Recreation seines Gemüths» zur Verfügung. In einem Dekret vom 12. Dezember 1703 gestattete der König außerdem, daß Böttger sich, von zwei Personen bewacht, im Zwinger-Garten verlustieren dürfe. Weiterhin erlaubte man ihm, die beiden Barone von Schenck zu besuchen und mit ihnen im Roten Salon des Schlosses zu speisen. Auch durfte der Gefangene «dann und wann bey Matthiaen» zu Gast sein, «wenn das Haus so wird verwahret seyn, daß man keinen Überfall zu vermuthen». Schließlich gestattete man ihm, in der großen Opernstube Billard zu spielen und im Gebetstübchen der Schloßkapelle seine Andacht zu verrichten.

Zu Böttgers Tischrunde gehörten damals Wilhelm und – wenn er in Dresden war – auch dessen Bruder Michael Nehmitz, die Barone Schenck, der Geheimkämmerer Starcke und Matthiae. Am 21. Juni 1703 berichtete Böttger, daß sich zum geselligen Mittagsmahl manchmal «auch der Herr von Tschirnhaus einfand». Es ist dies der früheste aktenkundliche Hinweis auf eine persönliche Bekanntschaft zwischen Tschirnhaus und Böttger. Allerdings war der Gelehrte zu dieser Zeit für Böttger bereits kein Unbekannter mehr.

Die Inventarverzeichnisse der Räume, Gerätschaften, Materialien und Schriften des Goldhauses datieren vom November 1702, Januar 1703 und Juli 1709. Sie erlauben einen Einblick in jenes Alchemistenlabor. Sie erfassen allerdings nur das ständig im Goldhaus vorhandene Inventar. Tschirnhaus' Brennspiegel, seine Erd- und Metallproben, Muster seiner keramischen Brennversuche finden wir deshalb darin nicht aufgeführt.

Gestützt auf jenes Inventarium, können wir nachverfolgen, was Johann Friedrich Böttger bei seiner ersten Inspektion des Goldhauses alles vorgefunden haben mag. Alle drei Laboratorien waren angefüllt mit den verschiedenartigsten Materialien, Erzstufen, Mineralien, Erdsorten, Prägemustern von Münzen. Dazu kamen das chemische Arbeitsgerät und zahlreiche Feuerstätten. Böttger zählte allein 23 Probier-, Digerier-, Kalzinier- und Windöfen, einen Athanor und mehrere dazugehörige tönerne und eiserne Sandkapellen. Zwei kunsthandwerklich gestaltete Probieröfen erweckten seine Neugier besonders. Sie waren mit gravierten Silberplatten belegt und vergoldeten Metallbeschlägen versehen. Der Experimentierofen ist stets das Herzstück alchemistisch-metallurgischer Probierkunst gewesen. Als Kunckel in Kursachsen experimentierte, hat er, wie er schrieb, «manche Woche auf dem Stroh gewacht», um Öfen, Destillierapparate und Tiegel zu kontrollieren. Böttger las dazu Kunckels eigenhändigen Bericht von Johann Georg II. – geschrieben «Dreßden, den 11.8br 1675». Er befand sich unter jenen Schriften, die man im Probiersaal aufbewahrte. Als leistungsstarke Öfen für die Arbeiten des Contuberniums an Interesse gewannen, erinnerte sich Böttger an Kunckels Konstruktionen. Er ermunterte Pabst, davon Skizzen anzufertigen. Sie finden sich noch heute bei den Böttger-Akten.

Außer Kunckels Berichten fand Böttger die Niederschriften anderer bekannter Alchemisten vor sowie mehrere Probierbücher von unbekannter Hand und in fremden Sprachen. Auch ein lesenswerter «Cataloque derer bey Churfürst Augusti Zeiten vorhanden gewesenen Erze aus hiesigem Gebürge» befand sich darunter. Stößeweise hatte man «Rechenknechte» aufbewahrt: ellenlange Zahlenrechnungen über Silberausbeuten des Erzgebirges, über Münzprägungen, über den abzuliefernden Schlagschatz, aber auch über angeblich geglückte «Transmutationen» von Silber in Gold.

Im Goldhaus lag ein wahrer Schatz von «chymischer», geheimwissenschaftlicher, aber auch bergbau-, hütten- und münzkundlicher Literatur: «Kayser Caroli V. Münzordnung» von 1551 lag neben Antonio Neris «L'arte vetraria», erschienen in Florenz 1612. Die alchemistischen Werke eines Arnold de Villanova, Sendivogius und Geber fehlten genausowenig wie Giovanni Giondalez' «Dell' Historia della Chimia» und Biringuccios «Pirotechnika», beide in Venedig 1590 beziehungsweise 1559 gedruckt. Glaubers Lehrbücher, Bechers «Metallurgia» von 1661 und nicht zu vergessen Basilius Valentinus' «Tractätgen vom philosophischen Stein», Ausgabe Straßburg 1613, vermißte man ebensowenig.

Was im Goldhaus an speziellen Gerätschaften, Mineralien und chemischen Substanzen fehlte, schaffte Pabst heran. Außer Gold brauchte Goldmacher Böttger für die rote Tinktur vor allem Aqua fort und Aqua regis und neuerdings auch Mercurius sublimatus (Quecksilbersublimat). Pabst ließ in Freiberg nach Böttgers Angaben Aqua fort «brennen»: aus gleichen Teilen Nitrum (Salpeter), Vitriol (Eisensulfat) und Alumen (Alaun). Die auf Glauber zurückgehende Vorschrift findet sich in einem Brief Böttgers, den er am 10. März 1703 an den Freiberger Bergrat sandte. Böttger brauchte aber auch Arbeitskräfte. Deshalb bat er Pabst von Ohain, «so bald als möglich 3 bis 4 Persohnen zu übersenden . . .».

Schon Anfang Mai 1703 meldeten sich zwei Freiberger Bergknappen im Goldhaus. Insgesamt acht Berg- und Hüttenarbeiter hat Pabst auf Böttgers Ersuchen ausgewählt.

Von nun an halfen Böttger sachverständige und erfahrene Berg- und Hüttenleute bei der Arbeit. Wir wissen, daß man sich im Contubernium nicht nur mit Experimenten befaßt hat, die der Suche nach dem Stein der Weisen galten. Vielmehr war Böttger mit dem «Nebenwerk» gleich stark beschäftigt: mit Verfahrungsverbesserungen zur Erzverhüttung, vor allem mit der Gewinnung von Silber aus geringwertigen Erzen. Pabst hatte außerdem eine neue Fundgrube von Eisenerz entdeckt und hoffte auch auf Kupfer. Darin fühlte er sich durch Böttger bestärkt, der meinte, daß «Mars (Eisen) und Venus (Kupfer) nicht weit voneinander gemeiniglich zu sein pflegen».

Der König erfuhr aus einem Brief Böttgers vom 28. April 1703, den ihm Baron Schenck überreichte, vom Beginn der Arbeiten. Prahlerisch versicherte Böttger, nun bald über genug Gold verfügen zu können, «wodurch Ew. Majestät sich Gott und der ehrliebenden Welt können beliebt machen und dero Feinden mit beherztem Muth zu Boden legen». Am 30. Mai 1703 antwortete König August aus Elbing, daß er Böttgers Mitteilung, «woraus mit

Freude ersehen den Anfang seiner Laboris», sehr wohgefällig aufgenommen habe. Im Vertrauen auf Böttgers Gold könne er jetzt
alle seine Gegner in den Staub schmettern.

Sturz eines Mächtigen

Die Außenpolitik Augusts des Starken war auf ein Bündnis mit
Rußland ausgerichtet, um dem Schwedenkönig gegenüber nicht
machtlos zu sein. Bedingt durch die lange Abwesenheit des Königs, konnte sich am sächsischen Hof eine Partei etablieren, die
diesem erklärten diplomatischen Ziel entgegenwirkte. An der
Spitze dieser Opposition stand Beichlingen, der damals mächtig-
ste Mann Sachsens. Der Großkanzler mißbilligte die Teilnahme
am Nordischen Krieg. Statt dessen wünschte er eine Allianz mit
Österreich, um dem Kaiser im Spanischen Erbfolgekrieg besser
beistehen zu können. Bei diesem diplomatischen Ränkespiel zog
sich Beichlingen den Haß Patkuls zu, der 1702 in russische Dienste getreten und zum Gesandten des Zaren am Hofe Augusts des
Starken ernannt worden war.

Auch in Sachsen hatte Beichlingen einflußreiche Gegner. Seine
Rivalen im Kampf um die Macht waren Fürstenberg, Flemming,
Pflug und der sächsische Erbadel, der den fremden Emporkömmling haßte. Dazu gesellte sich eine Person, die durch ihren
temporären Einfluß auf den König nicht unterschätzt werden
durfte: die Polin Lubomirska, die neue Mätresse Augusts des
Starken. Sie hatte mit Raffinement die von Beichlingen ausgehal-
tene Gräfin Esterle verdrängt, die sich bisher der Gunst des Königs erfreute.

Die Gewitterwolke, die sich über ihm zusammenballte, hielt
Beichlingen für das übliche Intrigenspiel. Trotzdem war er vorsichtig genug, Vorbereitungen zu treffen. Seinen Besitz Hoyerswerda überschrieb er dem Herrscherhaus Hannover. Teile seines
Vermögens suchte er im Ausland unterzubringen. Ihm gelang es,
15 000 Dukaten im Keller des herzoglichen Schlosses zu Celle zu

verbergen, wo er einen Vertrauten besaß. Ansonsten sonnte sich der Großkanzler in seiner Macht. Er führte einen Hofstaat wie ein König und ließ sich auch in der Pose eines solchen porträtieren.

In gewisser Weise glaubte sich Beichlingen der Sympathie des Königs sicher zu sein und ließ alle Welt wissen: Kein anderer als er, der Großkanzler, könne dem König jene Summen herbeischaffen, die dieser für sich, seinen Hofstaat, seine Bauten, seine Mätressen und seinen Krieg benötigte. Um eine Vorstellung von den Finanzmanipulationen Beichlingens zu gewinnen, sei ein Beispiel erwähnt: Im Juli 1701 hatte der Großkanzler «rote Sechser», bald «Seufzer» genannt, münzen lassen. Ihr Metallgehalt war so gering, daß sie schließlich nur noch für zwei Pfennig gehandelt wurden, obwohl ein königliches Reskript vom 10. Februar 1703 befahl, sie für wenigstens drei zu respektieren. Bei diesem Geschäft verbuchte Beichlingen einen Gewinn von fast 600 000 Talern.

Überzeugt von der Unentbehrlichkeit seiner Person, reiste Beichlingen im Frühjahr 1703 wieder nach Polen. Auf dem Weg zum König wurde er in Thorn in der Nacht vom 10. zum 11. April durch den Generalwachtmeister der Kavallerie, Graf von Lagnasco, verhaftet. Unter starker Bewachung schaffte man ihn nach Sachsen und auf die Festung Königstein. Lagnasco konnte einen Geheimbefehl Augusts des Starken vorweisen, den dieser am 10. April 1703 in der westpreußischen Stadt Marienburg ausgefertigt hatte, im Schloß der Hochmeister des alten Deutschen Ordens.

Des Großkanzlers Geschick teilten seine engsten Vertrauten: seine beiden Brüder, seine Mätresse, eine Frau von Rechenberg, Beichlings Sekretär Raphael, Hofrat Ritter, ein federgewandter Jurist, und der mitbeschuldigte Kammerpräsident von Einsiedel. Später gesellte sich zu ihnen noch der Leipziger Bürgermeister Romanus, der seine Karriere der Protektion des Großkanzlers verdankte.

Der Sturz Beichlingens kam für viele überraschend. In Dresden, Warschau und anderen europäischen Residenzstädten überlegte man lange Zeit, welche Gründe August den Starken veranlaßt haben mögen, seinen Großkanzler fallenzulassen. Erstaunlicherweise gehörte Böttger zu den frühzeitig Informierten, wie wir seiner Mitteilung an Bergrat Pabst entnehmen können, die er in den letzten Tagen des April 1703 geschrieben hat. «Die über Leipzig erhaltene Zeitung scheinet ziemlich getroffen zu sein», kommentierte Böttger die Affäre, «nur die Causa ist falsch, sonsten aber sind die drei Beichlingischen Brüder, auch die Rechenberg und Raphael, schön in ihrem neuen Logiament eingezogen, als die drei ersten zum Königstein, die andern zum Sonnenstein, der letzte aber in Stolpen.»

Es dauerte lange Zeit, bis man Offizielles von der Verhaftung Wolf Dietrich von Beichlingens erfuhr. Erst durch ein Mandat vom 29. Dezember 1703 wurden Einzelheiten bekannt. Anfang 1704 gedruckt und mit einer Verordnung vom 1. März 1704 öffentlich bekanntgemacht, konnte man in den Zeitungen, an allen Ratshäusern, Amtsstuben und Posthäusern in Sachsen und Polen, ja sogar an Kirchen und Gasthöfen die lange Liste der Untaten des Großkanzlers angeschlagen finden: Beichlingen habe «große Malversationes (Unterschlagungen), auch Untreue verübet . . ., allerhand negromantische Künste gebrauchet, . . . anbey auch Ihro Königl. Majestät die Regirung Dero Churfürstenthums und Lande . . . zu entziehen getrachtet, . . . von Ihro Königl. Majestät ausgestellte Blanquete schädlich gemißbrauchet . . ., die Königl. Cassen alleseits mit seinem Privat-Intraden vermenget und dieselben mit der größten Confusion administriret . . ., Landes-Verkauffungen biß auff vier Millionen auffs Tapet gebracht . . ., seine meiste Zeit auf verbothene Künste, delicieuses Leben und andere zeitverdreibende Verrichtungen geleget . . ., in Oeconomicis einen unersetzlichen Ruin veruhrsacht . . .»

Die zitierten Beispiele reichen nicht aus, um alle «capitalen Verbrechen» aufzuzählen, deren man Beichlingen beschuldigte. Unzweifelhaft ist Beichlingen das Opfer einer Intrige neiderfüllter Gegner bei Hofe geworden. Die wahren Gründe für seinen Sturz liegen tiefer. Bei diesen Machenschaften hat Johann Friedrich Böttger eine maßgebliche Rolle gespielt – allerdings ohne sein Zutun.

Den Blick hinter die Kulissen verdanken wir einer Geheimschrift, dem Memoirenfragment des Georg Ludwig von Haxthausen. Er war ein Sohn des Christian August von Haxthausen, des Erziehers des jungen Kurprinzen Friedrich August. Am Hof Augusts des Starken gehörte Haxthausen junior zu den unauffällig dienenden, doch scharf beobachtenden Beamten. Mit dem Beichlingen-Clan waren die Haxthausen versippt und verschwägert: Der Oberfalkmeister Gottlob Adolf von Beichlingen, ein Bruder des Großkanzlers, hatte Elisabeth von Haxthausen geheiratet. Sie war die Schwester des Memoirenschreibers. Mit beißender Kritik und in schonungsloser Offenheit schildert Haxthausen in seinen Memoiren das Leben am Dresdner Hof. Über die Kabale um den gestürzten Großkanzler weiß er mehr zu berichten als andere, war es doch ein Stück Familiengeschichte. Der Goldmacher Böttger, so erzählte Haxthausen, wäre von Fürstenberg und Beichlingen gleichzeitig umworben worden. Beide Gegner hätten einander beim König denunziert. Bei diesem Schlagabtausch behielten schließlich jene die Oberhand, die dem König einflüsterten, der Goldmacher würde Geld genug herbeischaffen, so daß Beichlingen überflüssig wäre. Man spiegelte August vor, sein Großkanzler habe ein Vermögen von neun Millionen erbeutet. Das könnte der König mit einem Schlag sein eigen nennen. Haxthausen betonte, ohne Aussicht auf das Gold Böttgers hätte der König das «Finanzgenie» Beichlingen niemals fallenlassen.

Beichlingens Güter und sein Barvermögen – eineinhalb Millionen Taler fand man statt der erhofften neun Millionen – wurden vom König sofort konfisziert. August der Starke übereignete seiner favorisierten Mätresse Lubomirska – ohne Rücksicht auf Hannoversche Ansprüche – die Herrschaft Hoyerswerda und das Beichlingische Haus auf der Pirnaischen Gasse in Dresden.

Flucht in die Freiheit

Nachdem der Rivale Beichlingen von der politischen Bühne verschwunden war, stellte sich keiner mehr Böttgers Arbeiten in den Weg. Böttgers Alchemistengold war die «Waffe», auf die August der Starke alle seine Hoffnungen im Krieg gegen die Schweden setzte. Und er brauchte sie dringend. Am 1. Mai 1703 hatte Karl XII. bei Pultusk acht sächsisch-polnische Regimenter besiegt. Die wichtige Stadt Thorn wurde von den schwedischen Truppen eingekreist und ergab sich nach wenigen Monaten der Belagerung. Nacheinander fielen Posen, Elbing und Danzig in die Hände des Feindes.

Um die leere Generalkriegskasse wieder zu füllen, forderte August seinen Goldmacher zur Hilfeleistung auf. In einem Dekret, ausgefertigt in Lublin am 4. Juni 1703, versprach der König zugleich, Böttger «vom dato des 1ten Augusti 1703 an ... die gänzliche Freiheit allergnädigst ertheilen zu wollen». Man werde «Johann Friedrich Böttger niemahls undt zu keiner Zeit zwingen, wider seinen freyen Willen in unseren Landen zu verbleiben». In einem persönlichen Schreiben an den «lieben Schrader» vom selben Tag verlangte August der Starke als Gegenleistung, Böttger möge unverzüglich «das ihm von Gott verliehene Arcanum schriftlich überschicken», dazu die Tinktur und alles bisher produzierte Gold. «Er laße sich nicht befrembden, warumb ich ihm auf solche Ahrt seine Freyheit gegeben.» Mit diesen schlauen Worten suchte August das Mißtrauen Böttgers einzuschläfern. Unlängst habe er erfahren, daß der Statthalter bei seiner bevorstehenden Polenreise einhunderttausend Taler mitbringen wollte. «Als kan ich leicht erachten», lobte August der Starke seinen Goldmacher, «daß solches (Geld) von seinem Laboribus herkommen wirdt.» Diese einhunderttausend Taler könnten zwar «aus großen Nöthen helffen», aber natürlich reichten sie keinesfalls aus. Ein vertrauenswürdiger Bote – sein Name ist nicht genannt – würde Böttger deshalb aufsuchen und das hergestellte Gold, die Tinktur und das Goldmacherrezept entgegennehmen. Im Vorgefühl des zu erwartenden Goldes ließ August der Starke bereits am 12. Juni 1703 seinen Münzmeister, einige Wardeine und den Kiegszahlmeister verpflichten.

Mysteriös waren die Umstände, unter denen Böttger die Bekanntschaft dieses königlichen Boten schloß. Folgen wir Böttgers Aufzeichnungen: Wie an jedem Sommerabend, so ging Böttger auch am 20. Juni 1703 im Feigengarten des Schlosses spazieren. Dr. Nehmitz, der auf ihn aufzupassen hatte, folgte seinem Schutzbefohlenen diesmal nicht wie sonst auf Schritt und Tritt. Vielmehr hatte er es sich unter einem Feigenbaum bequem gemacht und döste dort vor sich hin. Deshalb entging ihm, wie Böttger plötzlich seinen Spaziergang unterbrach und zum Gartentor eilte, wo ein Fremder erschienen war. Nach Böttgers Beschreibung gehörte er den besseren Ständen an. Von hoher Statur, trug der Unbekannte eine lang herabwallende blonde Perücke und ein blaues, mit Gold besticktes Hofkleid. Er bat Böttger um höchste Verschwiegenheit und instruierte ihn flüsternd, daß er eine wichtige Botschaft des Königs überbrächte. Schließlich nannte er auch seinen Namen: Jacobus von Sternfeld.

Ob es sein richtiger Name gewesen ist, muß bezweifelt werden. Und nicht nur das. Das folgende Geschehen entwickelte sich nämlich in recht abenteuerlicher Weise. Der Unbekannte sah, daß Böttger mißtrauisch war. Er hielt ihm deshalb einige Briefe mit dem königlichen Siegel vor und zeigte ihm zur Legitimation auch den Schlüssel zum Schwarzen Gang. Dort wollte er Böttger in einer Stunde treffen.

Zur festgesetzten Zeit schlich Böttger, «zwey geladene Pistohlen in der Handt», in den Schwarzen Gang und fand dort den Fremden vor. Er führte ihn zurück in seine Stube, ließ sich dort die königlichen Briefe an Fürstenberg, Zinzendorf und «Msr. Schrader» zeigen und las die für ihn bestimmte Botschaft. Will man Böttgers späterem Bericht glauben, so versetzte ihn der Befehl des Königs in ziemliche Bestürzung. Doch er kam der Aufforderung nach. Anderthalb Zentner «Gold» packte er gleich ein, um sie Monsieur Sternfeld mitzugeben. Am nächsten Tag würde noch mehr davon zu haben sein. Böttger hatte «eben zu dieser Zeit» auf dem Feuer «drei Centner Bley» stehen, «selbige die Nacht zu tingiren». Am Morgen des 21. Juni 1703 traf Böttger an gleicher Stelle erneut mit dem Unbekannten zusammen. Er übergab ihm nochmals einen halben Zentner des über Nacht transmutierten «Goldes», dazu «ein Baquet Brieffe mit der Aufschrift ‹Au Roy›» (es enthielt angeblich die gewünschte Goldmacherrezeptur) und «ein silbern Schächtelgen mit rothem Glase, so gewogen 4 Loth» – den Stein der Philosophen. Sternfeld quittierte. Im Gegenzug forderte er Böttger einen schriftlichen Eid ab, das Arkanum unverfälscht übergeben zu haben. Andernfalls würde der Goldmacher sich «der Barmherzigkeit und Gnade Gottes auf ewig verlustig» machen. Schließlich enthüllte der Unbekannte seinen Plan: Noch am selben Tag müsse Böttger die Stadt heimlich verlassen und nach Polen zu Ihro Majestät reisen. Zwei Pferde und ein Knecht stünden abends um acht Uhr am Pirnaischen Tor bereit.

Böttgers Mißtrauen regte sich erneut. Plante man seine Entführung? In seinem Bericht spricht er davon, daß man ihn, der «der Wege gar nicht kundig», hätte «leichtlich auf solche Ahrt auf eine Vestung oder sonst sichren Ohrt bringen können». Dann faßte er einen Entschluß. Nicht durch das Pirnaische Tor wollte er die Stadt verlassen, sondern durch das Wilsdruffer Tor, nicht mit den angebotenen Pferden, sondern mit eigenen, die er sich bei einem Pferdehändler in der Scheffelgasse bestellte.

Böttgers planloser Reiseweg sieht nach panischer Flucht aus. In höchster Eile legte Böttger Meile um Meile zurück: Am Abend des 21. Juni schwang er sich vor Dresdens Toren unbemerkt in den Sattel und jagte, die Postwege benutzend, elbaufwärts davon. Im Ort Zehista bei Pirna wollte Böttger, der sich jetzt «Baron Schrader» nannte, die Pferde wechseln, doch erhielt er keine. Deshalb war er «genöthigt, auf denen schon abgematteten Pferden die Nacht bis Peterswalde zu reiten». Im grauenden Morgen des 22. Juni kam er in dem Städtchen an, das dicht hinter der sächsisch-böhmischen Grenze liegt.

Weiter ging es bis nach Prag, wo Böttger nachmittags eintraf.

Dort mietete er sich eine Chaise samt Postillon, weil ihm «die un-gewohnte Lufft das Gesicht ziemlich verderbet hatte». In Wien an-gekommen, reiste der gehetzte Flüchtling weiter ostwärts, bis er vor sich die Donau liegen sah. Nach einer Übernachtung in einem nicht näher bezeichneten Ort traf Böttger am 25. Juni schließlich gegen Abend in dem Städtchen Enns ein, etwa einhundertfünfzig Kilometer von Wien entfernt.

Böttgers Flucht war rasch aufgedeckt worden. Der Statthalter ließ sofort mehrere Suchtrupps ausschwärmen: Am 22. Juni jagte der Obristleutnant von Bomsdorff nach Wien. Der Obrist Kayser und der Kammerfourier Böhme fahndeten auf den Postwegen Dres-den–Zwickau–Gera–Altenburg–Dresden nach dem Flüchtling. Dr. Nehmitz reiste am 23. Juni im Galopp nach Magdeburg, in die Heimatstadt Böttgers. Nach seiner Rückkehr machte er sich drei Tage später mit Baron Schenck zusammen auf den Weg nach Wien. Ein Leutnant Vauchoux suchte den Raum Dresden–Görlitz ab.

Böttger ahnte von alledem nichts und wollte es sich gerade am Abend des 25. Juni im Gasthaus «Zum goldenen Ochsen» des Städtchens Enns wohl ergehen lassen, als einige «müßfällige Ge-sichter», so Böttgers eigene Worte, sich plötzlich in die Gaststube drängten. Es war «eine Suite, mit welcher sich ehrliche Leute umbzugehen, billige Scham tragen»: Obristleutnant Bomsdorff hatte die Gerichtsbarkeit des Ortes aufgeboten, um den Entflohe-nen zu arretieren. Von allen Seiten umringt, wollte Böttger sich zur Wehr setzen und griff schon zu seinen Waffen. Da «ward ich mit fast halb erstarrenden Augen gewahr, daß mein Degen benebst der Flinthe albereith in der Schelmen Hände verfallen», erzählte Böttger stockend. «Weil aber Schelms Persohnen darunter befind-lich waren, welche sich unterstunden, mir ziehmlich nahe zu dret-ten, wolte ich die Resolution ergreiffen, sie mit Maulschellen ein Beßres zu lehren.» Böttger sah sich einer erdrückenden Über-macht gegenüber und erklärte schließlich laut: Er «wäre resolviret, die Protection von Ihrer Kaiserlichen Majestät anzunehmen». Immerhin befand man sich auf dem Hoheitsgebiet Kaiser Leopolds I. Aber aller Protest half nichts. Unter scharfer Bewachung schleppte man den Ausreißer wieder nach Sachsen zurück.

Am 2. Juli 1703 befand sich Böttger wieder in Dresden, in seiner ihm zugewiesenen Wohnstube neben dem Goldhaus, strenger bewacht als zuvor.

Was aus dem Unbekannten geworden ist, der sich Sternfeld nannte, und aus dem «Gold», das er mit sich führte, darüber schweigen sich die Akten aus. Möglicherweise hat sich dieser Fremde durch einen Überfall in den Besitz der wichtigen Papiere gebracht. Vielleicht steckte dahinter auch ein erneuter Anschlag der Brandenburger. Sogar in der umfangreichen Korrespondenz dieser Zeit finden sich dazu nur wenige Meinungsäußerungen. «Die Ursache Ewer Abreise ist ein Betrug gewesen, so schlimme Leuth gemacht und wovon der König nichts gewußt haben», versicherte Fürstenberg in seinem Brief vom 16. Oktober 1703, Böttger gleichsam entschuldigend. «Mit großer Bestürtzung habe ich seine Entfernung vernommen», schrieb August am 30. Juni 1703 aus Lublin. «Es ist mir fast unscheinbar, daß dergleichen seyn kan. Was hat ihn dazu beweget!... Ich kan es nicht begreiffen, erzehle er mir seinen Kummer.» Das klang wohlwollend und besorgt. In einem weiteren Schreiben vom 15. Juli nahmen die Vorwürfe des Königs schärfere Formen an. Und Böttger? Untertänigst bedankte sich der Gescholtene für Ihro Majestät «gnädigstes Handbrieflein», das ihm «sehr viel betrübte Gedancken gemacht».

Am 25. Juli 1703 schrieb Böttger auch an seinen unmittelbaren Vorgesetzten Nehmitz, der soeben eine weitere Stufe seiner Karriere erklommen und zum Sekretär der neugebildeten Geheimen Kabinettsexpedition avanciert war. Böttger fügte diesem Brief seinen umfangreichen Bericht über seine Flucht bei, aus dem wir zitierten. Beschwörend suchte er Nehmitz klarzumachen, daß allein seine Freiheitssehnsucht ihn zu diesem Schritt bewogen habe: «So bin ich von meinen Eltern frei und uneingekerkert geboren... Verlange auch weiter von Ihro Majestät nichts als dasjenige, so Gott den Menschen vom Vieh zu distinguiren gegeben hatte, nemblich die unverletzte Freüheit sowohl des Gewißens als auch des Leibes.»

Mehr Freiheit für einen schizophrenen Goldmacher? Gleich nach «glücklicher Wiederbekommung des echappirten Böttgers» hatte sich August der Starke dazu unmißverständlich geäußert. In einer in Lublin am 9. Juli 1703 signierten und für den Statthalter bestimmten Instruktion heißt es: «Es kan demselben (Böttger) freylich nunmehro diejenige Freyheit, deßen er durch seine muthwillige Flucht sich selbst unfähig gemachet, fernerhin nicht gestattet werden.» Erst nach Erfüllung seiner Aufgaben bekäme Böttger seine Freiheit zurück. Diese Verpflichtung hatte der unglückliche Goldmacher Ende Juli 1703 nochmals schriftlich präzisieren müssen: zehn Millionen Taler nach Ablauf der nächsten zwei Jahre und jährlich zweihunderttausend Dukaten dazu, fällig zu Ostern und zu Michaelis.

Hinter den Kulissen der Politik

Politische Ereignisse ließen es August dem Starken ratsam erscheinen, seinen Statthalter nach Polen zu rufen. Bereits im Aufbruch begriffen, sandte Fürstenberg an Bergrat Pabst – am 12. Juli 1703 von Dresden aus – eine kurze Information: Wegen weiterer von Böttger angeforderter Bergleute werde bald «ein Reskript erfolgen».

Fürstenbergs Reise durch das vom Krieg heimgesuchte Polen war ein Wagnis. Fast hätte ihn ein schwedisches Kommando gefangen. Nach langem Irrweg traf der Statthalter schließlich in Ojasdow ein, wohin sich der König zurückgezogen hatte. Des Statthalters an Böttger gerichtete Polenbriefe sind alle mit «Lieber B.» überschrieben und voller Herzlichkeit: «Laßet nicht nach, mich zu lieben» oder «Was ich hier schreibe, geschieht auß der Liebe, die alzeit vor Euch gehabt». Der klug berechnende Mann versuchte alles, um Böttger zu schmeicheln.

In düsteren Farben malte Fürstenberg dagegen ein Bild von der komplizierten Situation des Königs, der «das größte Unheil zu erwarten habe», wenn Böttger nicht helfe, den «Geltmangel» zu beseitigen. Geschickt verknüpfte Fürstenberg in seinen Briefen das Ersuchen um finanzielle Hilfe mit aktuellen Ereignissen. So erfuhr Böttger, wie kaum ein Minister, aus erster Hand aktuelle Tagespolitik: «Ojasdow, 26. September 1703 ... Gestern ist die Andtwohrt von dem König von Schweden angekommen wegen der Declaration, die man von ihm begehret hat, ob er von Frieden hören wolle oder nicht. Solche ist also gefallen, daß man nichts anders zu thun, alß auff alle Preparationen zum Krieg zu gedencken, weilen er absolute von keinem Frieden nit hören undt nuhr schimpfliche Andtwohrt geben will. Allein woher soll man die Mittel ergreifen und hernehmen? Gott allein, welchen ich herzlich anruffe, muß unser Beystand sein, undt gebe zu, daß Ihr das glückliche Instrument seyet, sonsten weiß ich keinen Raht.»

Wenn August der Starke zur Feder griff, um an Böttger zu schreiben, dann vergaß er zumeist nicht, einen «Riß» von der schwedischen Belagerung beizufügen. Böttger sollte sich selbst ein Bild von der Lage seines Königs machen. Bedroht von den Schweden, verlassen von den Polen, kaum unterstützt von den Sachsen, sah sich August einer Situation im eigenen Königreich gegenüber, die von Tag zu Tag verzweifelter wurde. Das im Juli 1703 auf dem Lubliner Reichstag mühsam gekittete Bündnis zwischen den polnischen Wojewoden und ihrem König bröckelte auseinander.

Mehr Schreck als Freude dürfte bei Böttger die Ankündigung ausgelöst haben, daß der König mit Fürstenberg nach Sachsen zurückzukehren gedenke. Zum erstenmal sollte Böttger August dem Starken von Angesicht zu Angesicht gegenüberstehen. Am letzten Tag des Jahres 1703 traf August der Starke nach fast siebenjähriger Abwesenheit in Dresden ein. In seiner engsten Gefolgschaft befand sich Patkul, der immer mehr zum Orakel des Königs in politischen und militärischen Angelegenheiten werden sollte. Zusammen mit Fürstenberg und dem Geheimen Rat wollte er das Militärwesen reorganisieren. Die Stände, an die Patkul sich wegen Gewährung von Geldmitteln wandte, zeigten dem Livländer die kalte Schulter. Sie sahen in ihm den Urheber des so schwer auf Sachsen lastenden Krieges.

Am 25. Januar 1704 wurde ein neuer «Vertrag» zwischen König August und Böttger geschlossen. Dabei ging es nicht etwa um weitere Zusagen Böttgers. Von diesen gab es bereits genug. August der Starke sicherte seinem Goldmacher vielmehr zu, er wolle alle Geheimnisse, die er ihm anvertraue, «sanctissime» für sich behalten. Sobald Böttger seine Versprechen eingelöst, werde man ihm «gleich alsofort ohne den geringsten Auffenthalt die gäntzliche Freyheit allergnädigst ertheilen . . .»

Am 28. Januar 1704 reiste August zurück in sein Königreich. Fürstenberg folgte ihm nach, Patkul blieb zunächst in Dresden zurück. Für Böttger wurde die Situation nach der Abreise des Königs nicht besser. Bei den Akten fand sich ein Brief des Königs, den er am 10. Februar aus Krakau an Böttger abgesandt hatte. Drohende Untertöne darin sind unüberhörbar: «Ich verhoffe, daß die Sachen, unserer Abrede nach, werden ihren Anfang genommen haben, welches ich nechst Gott hoffe, durch ihn zu erwüntschtem Ende gebracht zu sehen. Ich bin heute 8 Tage hier und habe die Sache im schlechten und üblen Stande gefunden, tröste mich durch seine Hülffe, dem Übel wieder in besten Stand zu setzen . . .»

Was hat sich in der Zwischenzeit in Polen ereignet? Mit Unterstützung des Schwedenkönigs war von Kardinal Radziejowski eine Konföderation ins Leben gerufen worden. Die auf diesen Bund eingeschworenen Magnaten stürzten August symbolisch vom polnischen Thron. Nach einer Übergangsperiode wollten sie einen König aus den eigenen Reihen wählen. Als geeignetster Anwärter galt Prinz Jacob, der älteste Sohn des Johann Sobieski. Auf dessen Nominierung antwortete August der Starke mit einem Handstreich. Den Plan dazu hatte Patkul ausgedacht: Ein Detachement der neuformierten Chevaliersgarde nahm am 28. Februar 1704 die beiden Prinzen Jacob und Constantin bei einem Jagdausflug in der Nähe Breslaus gefangen. Sie wurden nach Kursachsen gebracht und in der Pleißenburg interniert. August der Starke hatte eine Atempause gewonnen: Es gab plötzlich keinen Gegenkandidaten mehr. Einige Zeit würde vergehen, bis sich die zerstrittenen Polen auf einen neuen Thronanwärter geeinigt hätten. Der Prinzenraub hatte die Polen in ihrem Nationalstolz tief verletzt. Über die aufkommende feindselige Stimmung informieren einige zeitgenössische Berichte. Freiherr Johann Wratislaus von Reisewitz, Mitglied des Geheimen Rates und ein besonderer Intimus Augusts des Starken, hat sie für den König und den Oberhofmarschall Pflugk verfaßt.

Diese Berichte sind in den Böttger-Akten abgeheftet, wohl deshalb, weil Reisewitz beauftragt war, auch über «bewußten Menschen und seiner Discipuli Conduite (Verhalten) Erkundigungen einzuziehen». Reisewitz erwies sich auch hierbei als scharfer Beobachter. Über die Fortschritte des Goldmachers wußte er nicht viel Gutes zu berichten: Böttger habe «zur Zeit wenig oder nichts gearbeithet». Es sei zu überlegen, «ob soviel differente Leuthe, mit welchen er täglich umbgeben, dero Intention nicht mehr hinderlich alß beförderlich seyn». Siebzehn Personen wären es insgesamt. «Von diesen lauffen ihrer viele mit in das Laboratorium», beklagte sich Reisewitz. Einige verdienen es, besonders erwähnt zu werden. Zu Böttgers Bekanntenkreis gehörten damals, im Frühjahr 1704, «Tschirnhausen, wenn er in Dreßden ist», die Ärzte Dr. Tittmann und Dr. Nehmitz und auch «Dr. Bartholomaei, so jüngst als Medico angenommen worden». Weiterhin «Matthiae, so ihn mit Kost versehet und zu welchem er auch öfters gehet», und nicht zu vergessen, «der alte Amman als Discipuli».

Von einem «extraordinairen» Ereignis berichtete Reisewitz am 20. April 1704: Der Goldmacher habe «seine Hoff Stadt (Hofstaat) zusammenberuffen und in ihrem Beysein tingiret. Als es aber einige nachmachen wolten, ist nichts daraus (ge)worden». Selbst dem Statthalter, der sein Glück versuchen wollte, blieb der Erfolg versagt. Das konnte nicht mit rechten Dingen zugehen. Im Bericht des Herrn von Reisewitz heißt es dann auch, «es wären bey der Untersuchung verschiedene Umbstände passiret, so zu einem con-

197

certirten Betrug ziehmliche Sorgen ergeben ... Gott helffe mir, daß meine längst gethane Prophezeiung nicht wa(h)r werde!» «Allhier ist noch alles im alten Zustande, nehmlich der Confusion», lesen wir im letzten Brief des Freiherrn von Reisewitz, den er am 9. Mai 1704 aus Dresden an Pflugk abschickte. «Man siehet vor der Leipziger Messe zur Zeit schlechten Effect, wohl aber mehr einheimische Empörung, indem auch die Geheimbden Räthe sich selbst untereinander nicht vergleichen können.»

Keine Frage, hier mußte ein starker Mann endlich Ordnung schaffen. Patkul bot sich dafür an, denn er hatte weitreichende Vollmachten. Und auch in der «bewußten geheimbden Affaire» mußte etwas geschehen, um die Stagnation zu überwinden. Pabst war mit der Überwachung der Experimente Böttgers überfordert. Deshalb setzte August der Starke den namhaftesten Gelehrten ein, über den Kursachsen verfügte – Tschirnhaus. Ab sofort hatte dieser prominente Mann sein Augenmerk auf den Fortgang der Arbeiten Böttgers zu richten. «Ich, Ehrenfried Walther von Tschirnhaus, schwöre und verspreche, daß ich von allen dem, was von Herrn J. F. B. mir ... Seiner Königlichen Majestät zu hinterbringen, auffgetragen werden wird, niemanden nichts entdecken, ... und alles, was ratione deß Arcani zu meiner Information kommen wird, bis in mein Grab verschwiegen halten werde ...» Eigenhändig hatte Tschirnhaus dieses Gelöbnis am 25. Mai 1704 niedergeschrieben und unterzeichnet.

Der Befehl des Königs erreichte Tschirnhaus inmitten wissenschaftlicher Tätigkeit. Tschirnhaus, ein Gelehrter von internationalem Rang, der den Fortschritt der europäischen Wissenschaft mitbestimmte und «die Transmutation derer Metalle wider die Natur und unmöglich zu seyn geglaubet» – er sollte jetzt einen «Goldmacher» beaufsichtigen? Es dauerte einige Zeit, bis Tschirnhaus seine anfangs ablehnende Haltung aufgab. Beeindruckt von den chemischen Kenntnissen und praktischen Fertigkeiten seines Schützlings, soll der prominente Gelehrte, «sobald er mit dem Herrn von Böttger umb(ge)gangen, anderes Sinnes (ge)worden» sein. Wie Steinbrück berichtet, hate Tschirnhaus schließlich «eine Multiplication des Goldes als gar wohl möglich statuiret» und darin «eine besonder Comoditaet vor große Herren Herrschaften» gesehen: Mit dem «Goldkonzentrat» (der roten Tinktur) ausgerüstet, könnte man «einen großen Schatz in einem kleinen Volumine zu allerhand Fällen und Bedürffnüßen, sonderlich auf Reisen, bequem bey sich führen».

Zunächst freilich empfand Tschirnhaus die ihm übertragene neue Aufgabe als Bürde, und er machte daraus kein Hehl. Ein Brief Böttgers aus dieser Zeit dokumentiert das. Darin beklagte sich Böttger beim Statthalter bitter, daß bei einem Meinungsstreit «der Herr Schürnhausen in seinem Beysein so sehr abgewichen wehre von dem Beystand seiner Perschon». Im Gegensatz zum später so harmonischen Verhältnis zwischen den beiden stand Tschirnhaus dem jungen Mann anfangs zurückhaltend, ja kritisch gegenüber. Denn Tschirnhaus mußte jene undankbare Aufgabe zu einer Zeit übernehmen, als er hoffen durfte, dicht am Ziel seiner Pläne zu sein.

Alle Pläne scheitern

Aus den Briefen von Tschirnhaus sprechen nicht selten Verzweiflung und Betroffenheit, weil die Notwendigkeit der eigenen Existenzsicherung die Realisierung wissenschaftlich-technischer Pläne immer wieder zurückgedrängt habe. «Bey so schweren Zeiten, da die Güter wenig abwerffen, hat man nicht seine Subsistence», klagte Tschirnhaus dem in Polen weilenden Statthalter am 29. Oktober 1703 sein Lied. «Daher muß (man) entweder seine Dienste quittieren oder nothwendige Schulden machen.» Auf «Ihro Durchlaucht weltbekannte Generösität» hoffend, bat er Fürstenberg mit bewegten Worten um finanziellen Beistand. Verlockende Angebote auswärtiger Höfe habe er aus Patriotismus ausgeschlagen. Colbert hatte Tschirnhaus 1682 «große Offerten» gemacht, wenn er in Paris bliebe. Von Friedrich III. von Brandenburg war ihm 1693 die vakante Stelle eines Kanzlers der Universität Halle angeboten worden, verbunden mit einem stattlichen Jahresgehalt von dreitausend Talern. Auch die Landgrafen von Hessen-Darmstadt und Hessen-Kassel bewarben sich um den bekannten Gelehrten.

Dieser Brief, den Tschirnhaus am 29. Oktober 1703 aus Kießlingswalde an den kursächsischen Statthalter schrieb, ist gleichsam ein Bericht über laufende Pläne und Projekte. Steinbrück, sein Verwalter, hat die Reinschrift des Berichts angefertigt. Das ist deshalb erwähnenswert, weil damit nachgewiesen ist, daß Steinbrück frühzeitig Detailkenntnisse über alle Unternehmungen von Tschirnhaus besaß. Von neuen Formen für den Guß massiver Glasstücke und Glaslinsen ist die Rede. Tschirnhaus hatte sie nach seinen Angaben bei Dresdner Töpfern brennen lassen. Jetzt könnte er Spiegel und Massivglas herstellen, schrieb er an Fürstenberg, «wie es denn kein Glase-Meister in keinem Ort der Welt bißhero praestiret». Ein neuer Temperierofen sei erprobt worden, in dem große Glasblöcke vier Wochen und länger abkühlten. Auf der Schleif- und Poliermühle würden inzwischen Gesteinsbrocken von einer Elle Durchmesser mühelos durchschnitten. Zwei erlesen schöne, große Halbedelsteine habe Tschirnhaus in Kießlingswalde polieren lassen, «dergleichen der Groß-Herzog von Florenz in seiner berühmten Capelle nicht hat».

Dann berichtete der Gelehrte von einer Salzsiederei bei Leipzig. Dort hatte er einen Ofen erbauen lassen, «durch welchen innerhalb 12 Stunden zu zweyen Mahlen über 50 Eimer Sole abgesotten und ein schönes Salz gemacht». Man habe «nicht glauben wollen», daß «Feuer mit gemeinem Holze von so großer Force» bereitet werden könne. Deshalb sei man auch nicht seiner Empfehlung gefolgt, feuerfeste Ziegel zu verwenden. «Dannenhero sagte gleich bcy Erbauung des Ofens», berichtete Tschirnhaus weiter, «daß sie geschmolzen würden, worüber sie zwar heimlich lachten, als es aber in der That erfolgte, selbst bezeugten, daß sie es unmöglich glauben können ...»

Zu den Erfindungen des Gelehrten gehörten demnach auch

holzsparende Öfen großer Leistung. Die Vorzüge dieser Ofenkonstruktionen lagen auf der Hand: Ein «unglaublicher Nutzen bey dem Brauwesen». Bereits eine erste Probe habe ergeben, wie «mit dem dritten Theile Holze ein ganz Gebräude Bier gut gemachet». Auch die «höchstwichtigen Blau-Farben-Wercke . . . sparen nunmehro alle Wochen über einen Schragen Holz», und der «gifftige und schädliche Rauch» müsse nun nicht mehr von den Arbeitern erduldet werden.

Im Bericht vom 29. Oktober 1703 findet sich auch folgende Notiz: Ein «Baron Kannenstein» habe ihn, Tschirnhaus, «des Porcellans wegen» in Dresden aufgesucht und von ihm «diese Invention . . . verlanget, auch hernach diese Sache ferner durch Brieffe urgiret». In brandenburgisch-preußischem Auftrag war der Freiherr Carl Hildebrand von Canstein im Juni 1703 nach Dresden gereist. Er wollte mit Tschirnhaus wegen der Übernahme seiner Erfindungen verhandeln. Canstein war – wie Tschirnhaus – ein Freund Speners in Berlin und August Hermann Franckes in Halle. Franckes Waisenhaus- und Schulstiftungen wollte er mit ökonomischen Vorhaben, wie Manufakturen, unterstützen. Tschirnhaus schuldete Francke Dank, denn dieser hatte im Jahre 1700 die Drucklegung seiner «Gründlichen Anleitung zu nützlichen Wissenschaften» in Halle veranlaßt. Es gab also keinen Hinderungsgrund, Canstein «von seinem Arcano, das Porcelain zu machen», zu erzählen. Wir erfahren dazu aufschlußreiche Einzelheiten aus Cansteins Brief, den er, nach Berlin zurückgekehrt, am 23. Juni 1703 an Francke schrieb.

Danach muß sich Francke bereits früher bemüht haben, von Tschirnhaus das «Porzellangeheimnis» zu erfahren. Damals schlug ihm Tschirnhaus die Bitte ab, «weil er dem König von Pohlen solches schon offerieret». Inzwischen wären, wie Canstein feststellte, «einige Jahre» vergangen. Nun wollte Tschirnhaus «den Herrn Stadthalter itzo zum letzten Mahl darum anhalten». Würde Tschirnhaus auch jetzt keine Antwort auf sein Porzellanprojekt erhalten, so Canstein, «wäre er frey, damit zu thun, was ihm gefällig».

Bei seinem Besuch in Dresden war Canstein von dem sächsischen Gelehrten sehr beeindruckt: Tschirnhaus sei «ein ehrlicher Mann». Canstein glaubte nicht, «daß er mehr vorgäbe, als er nicht in der That vermag zu praestiren». Und Tschirnhaus vermochte seinem Gast etwas zu präsentieren, worüber dieser in Entzücken geriet: eine Brennprobe von «Waxporcellaine», ein Gefäß, «so sehr schön und starck (widerstandsfähig)», wie Canstein sich begeisterte. Derartiges Porzellan wollte Tschirnhaus «in so wohlfeilem Preiße bringen als itzo das gemeine erdene (irdene) Zeug».

Seine Pläne für eine zukünftige Porzellanmanufaktur hatte Tschirnhaus in einem «Project und Memorial» zusammengefaßt. In seinem Brief vom 29. Oktober 1703 erinnerte Tschirnhaus den Statthalter an die längst fällige Entscheidung darüber. Wie Canstein mitteilte, hatte Tschirnhaus eine einmalige Zahlung von zweitausend Talern für sich verlangt, dazu fünfhundert bis tausend Taler «zur Erbauung des Laboratoriums». Es sollte als Stätte für weitere Versuchsarbeiten dienen. Im Vertrauen darauf, daß August der Starke schließlich doch sein Projekt genehmigen werde, schlug Tschirnhaus das neuerliche Angebot Cansteins und Franckes aus. Er teilte dies dem Statthalter nicht ohne Bedauern mit, denn eigentlich habe er es «höchst nöthig gehabt, seinen Credit zu retten».

Doch Tschirnhaus' Hoffnung, der nach Polen gereiste Statthalter würde den König für das Porzellanprojekt begeistern, erfüllte sich nicht. Gleiches galt auch für den Plan zur Errichtung einer sächsischen Akademie der Wissenschaften, woran Tschirnhaus und Leibniz so viel gelegen war. Ohne Tschirnhaus darüber zu informieren, hatte Leibniz sich bemüht, einflußreiche Beamte des Dresdner Hofes für diese Idee zu gewinnen. Pater Vota, Patkul und Flemming waren von ihm angesprochen worden: Kursachsen, so argumentierte Leibniz, sei für eine Akademie der Wissenschaften geradezu prädestiniert. «Kein Land in Teutschland blühe mehr an studiis und ingeniis», teilte er Flemming mit. Um sich als Präsident einer solchen Sozietät zu empfehlen, begab sich Leibniz Ende Januar 1704 heimlich selbst nach Dresden – «presque incognito», nahezu unerkannt, wie er Flemming wissen ließ. Bevor Leibniz am 3. Februar wieder abreiste, bevollmächtigte er den Dresdner Johann Conrad Weck, Sohn des kurfürstlichen Archivars und Chronisten Anton Weck, mit Patkul und dem Minister Bosse weiterzuverhandeln. Doch Weck war damit nicht einverstanden, sondern schrieb an Leibniz am 22. Februar zurück: «Es wird Deroselben der Hr. von Tschirnhaus nicht unbekannt seyn; es sollte wohl rathsam seyn, demselben etwas zu entdecken. Er ist Favorit vom Hr. Staathalter, auff deßen Arbitrium (Urteilsspruch) es fast mehr als auff des Königs ankommt.»

Tatsächlich hatte Tschirnhaus schon lange Zeit vor den Aktivitäten seines Kollegen Leibniz einen Entwurf für eine sächsische Akademie der Wissenschaft vorgelegt. «Man hatte allhier vor, eine Academie des Sciences auffzurichten», teilte Tschirnhaus am 23. April 1704 nichtsahnend seinem «Rivalen» Leibniz mit. «Ich solte auf königlichen Befehl ein Projekt davon entwerfen, worzu auch ein Anfang gemacht, weilen es aber hernach nicht starck urgiret wurde, so bin auch piano hierinne (ge)gangen.»

Ein Zufall sollte Tschirnhaus zu Hilfe kommen. August der Starke berief ihn zur Berichterstattung nach Polen. Der König hielt sich jedoch nicht mehr in Krakau auf. Eine Offensive der Schweden hatte ihn von dort nach Sandomir verjagt. Resignierend meinte er danach, am 29. Mai 1704, zu Patkul: «Er wollte lieber ein Edelmann auf dem Lande als in solcher Verdrüßlichkeit länger König seyn.»

Als Tschirnhaus den König in Sandomir aufsuchte, fand er ihn in schlechter Stimmung. Kardinalprimas Radziejowski hatte öffentlich die Entthronung Augusts II. bekanntgegeben. Der Wojwode von Posen, Stanislaus Leszczynski, war durch die Warschauer Konföderierten zum König aller Polen proklamiert worden. Bald sollte seine Krönung erfolgen. Dem diplomatischen Geschick Patkuls war es gelungen, in Sandomir eine Gegenkonföderation aufzubauen. Aber es zählte nur der Erfolg auf dem Schlachtfeld. Und hier sah es nicht zum besten aus. Daran änderte sich auch nichts, als Patkul durch Peter I. zum Oberbefehlshaber der russischen Hilfstruppen ernannt wurde, immerhin einer zwölftausend Mann starken Streitmacht. Diese Entscheidung des Zaren hatte auch ihre negativen Folgen: Patkuls Stellung wurde, je höher er stieg, immer gefährdeter. Der sich diskriminiert fühlende sächsisch-polnische Adel, habgierige Minister, ruhmsüchtige Generale, geltungsbedürftige Mätressen – sie alle suchten den Emporkömmling beim König zu denunzieren.

Kein Wunder, wenn Tschirnhaus bei seiner Ankunft in Sandomir deutliche Anzeichen dieser allgemeinen Mißstimmung spürte. Deshalb fand Tschirnhaus beim König wenig Gehör, als er auf seine Pläne zu sprechen kam. August II. wollte von Tschirnhaus nur erfahren, wann endlich die Goldlieferungen Böttgers eintreffen würden: Kein Taler befand sich mehr in der Kriegskasse. Zuletzt hatte der König alle seine Juwelen verpfänden müssen.

Ein seltsames Dokument ist das einzig greifbare Ergebnis, worauf Tschirnhaus bei seiner Mission verweisen kann. Von Böttger konzipiert, wurde es von Tschirnhaus in jene Fassung gebracht, die die Billigung des Königs fand. Dieses als «36-Punkte-Programm» bekanntgewordene Papier hat August der Starke am 16. Juli 1704 in Sandomir unterzeichnet. Bei den Akten liegt eine «letzte Fassung», von Böttger in Reinschrift auf 21 Folioseiten geschrieben. Sie trägt das Datum des 6. März 1705. An diesem Tag wurde die 36 Punkte umfassende Vereinbarung in Böttgers Gegenwart von allen Beteiligten feierlich ratifiziert. Die letzte Seite des Dokuments ist deshalb geschmückt mit den Siegeln und Unterschriften von Augustus Rex, Egon Fürst zu Fürstenberg, Ehrenfried Walther von Tschirnhaus und Gottfried Pabst.

Was enthielt dieses Programm, dessen Text Tschirnhaus bereits im Juli 1704 ausgehandelt hatte? Kurz gesagt, regelt es alle Fragen, die mit der bevorstehenden Nutzung des Böttgerschen Gold-Arkanums verknüpft waren. Es enthielt Richtlinien, wie Gold, das Böttger versprochen hatte, zu verteilen ist. Der erhoffte Reichtum dürfe «niemahlen zur Üppigkeit oder sündlichen Actionibus, boßhaffter Verschwendung, unnöthigen und unbilligen Kriegen» verwendet werden, forderte Böttger mit Seitenblick auf seinen Landesherrn.

Einige Sentenzen des 36-Punkte-Programms lassen auf den Einfluß von Tschirnhaus und Pabst schließen. Wir zitieren nach der Böttgerschen Diktion: So bestimmte Artikel 20, daß an «alte, krancke und ungesunde Bergleute oder deßen hinterlaßene betrübte Witwen und Waisen, so ihren natürlichen Unterhalt nicht verdienen können», jährlich 20 000 Taler zu zahlen sind. Auch für ehemalige «Officire und Gemeine» und «treue Hoffbediente» würden Summen zwischen 20 000 und 30 000 Taler jährlich zur Verfügung stehen. Punkt 23 besagte, daß 36 000 Taler im Jahr für eine sächsische Akademie der Wissenschaften bereitzustellen sind: «Gleich wie eines großen Herrn Nahmen nicht beßer aeternisiret (verewigt) wird als durch gelehrte Leute Schrifften, welche deßen ruhmwürdige Facta der Nachweld mit Nachdruck wißen vorzustellen, und man bisshero nichts Bequemeres hirzu bemerket, als wen(n) Societeten von habilen Subjectis aufgerichtet werden, die in allerhand nützlichen Wißenschafften excelliren.»

Mit Briefen des Königs versehen, die Böttger allen Schutz versprachen, kehrte Tschirnhaus Ende Juli 1704 nach Dresden zurück. In seiner Reisetasche befand sich eine handschriftliche Anweisung des Königs, zweitausend Dukaten auszuzahlen. Aber nicht für das Porzellanprojekt des Herrn Tschirnhaus war die Summe bestimmt, sondern für den goldhungrigen Goldmacher.

Pabst hielt Ausschau nach weiteren Helfern. Unter den Berg- und Hüttenleuten, die aus Freiberg kamen, finden wir auch David Köhler. Nicht erst im Januar 1706, sondern bereits seit Mitte des Jahres 1704 arbeitete dieser später so verdienstvolle Mann für Böttger: Im Oktober 1715 befragt, wie lange er für Johann Friedrich Böttger tätig gewesen ist, antwortete Köhler stolz, es ginge «ins 12. Jahr».

Es konnte also vorangehen mit dem «Hauptwerk». Material und Arbeiter standen bereit. Man wartete nur auf den Einsatzbefehl des Meisters. Dieser aber haderte mit sich und der Welt. Nichts gelang ihm. Schuld daran wären die Intriganz und Boshaftigkeit der Menschen. «Gott aber wird zu rechter und bestimmter Zeit meine Unschuld ans Tageslicht bringen und solcher Verleumbder zur gerechten Straffe zihen», beklagte sich Böttger am 4. Oktober 1704 beim Statthalter. Dessen Verärgerung wuchs, je ausgiebiger und öfter Böttger über die Schlechtigkeit der Welt lamentierte, anstatt zu laborieren. Ellenlange Briefe an den Statthalter künden von der inneren Zerrissenheit des psychisch angeschlagenen jungen Mannes. «Mit was Wüderwillen und zerstreutem Gemüthe ich gezwungen bin, diese Zeilen zu schreiben», so beginnt eines seiner Klagelieder aus dieser Zeit: «Eine Perschon von 22 Jahren, so bereiths mit großer Geduld und Gehorsahm eine 3jährige Clausur überstanden . . ., sich täglich zum Nutzen Königl. Majestät mit vast unerträglicher Arbeith beleget, ohne die geringste Abwechselung einer anderen Materia . . ., die ungesunde Situation des Orthes . . . Was kan aus obangeführten Ursachen anders kommen als ein Ekel und Verdruß zu aller Arbeith, ein schwermüthiges Gewißen, ja selbsten die Verzweiflung . . .?»

Fürstenberg zeigte für solche Gefühlsausbrüche wenig Verständnis: Wo blieben die versprochenen Millionen? «Was angehet die Gelder», versuchte sich Böttger in seinem Brief vom 20. Oktober 1704 zu verteidigen, «so würd Ew. Hochfürstl. Durchlaucht gnädigst beywohnend sein, wie das(s) ich mich in solche Versprechen ja niemahls positive eingelaßen, . . . ich auch meine Arbeith nicht bei sothanen Conjuncturen übereilen können.» Tage später meldete er doch einen ersten experimentellen Erfolg, wohl um bei Fürstenberg nicht gänzlich in Ungnade zu fallen: «Heute umb 7 Uhr habe bewußtes Pulver zur Augmentation oder Multiplication eingesetzt, welches ich dan in 14 Tagen gäntzlich wil fertig haben . . .»

Die Frist verstrich, doch das Gold in den Retorten vermehrte sich nicht. In seiner Not wandte sich Böttger an Tschirnhaus. Doch den Gelehrten beschäftigten andere Probleme. Das Projekt einer kursächsischen Akademie der Wissenschaften nahm erste

Konturen an. Leibniz hatte alle Heimlichtuerei fallenlassen und seinen Sekretär Johann Georg Eckhardt zu Tschirnhaus nach Dresden gesandt.

Unvermutet kehrte am 30. November 1704 August der Starke nach Dresden zurück. Die verlorene Schlacht bei Punitz an der schlesischen Grenze am 7. November 1704 zwang ihn dazu. Gegenüber Patkul hatte der König am 10. August verlauten lassen, «lieber die Cron (also Polen) zu verlaßen, als noch immer so defensive zum Spectacul der gantzen Welt aus einem Winkel in den andern sich herumjagen zu laßen». In Polen bei Verbündeten wie Feinden nahezu um allen Respekt gebracht, ließ sich August in seinem Lande mit Festlichkeiten und einer Gedenkmedaille empfangen: Sie zeigte ihn als unbesiegbaren Herkules, der mit spielender Hand das vereinigte Polen, Litauen und Sachsen auf einer Weltkugel trug.

Hoffnungen, die Tschirnhaus hegte, die Anwesenheit des Königs würde sich fördernd auf seine Akademiepläne auswirken, erwiesen sich als trügerisch. Auch Leibniz, der im Dezember 1704 selbst und diesmal nicht inkognito in Dresden erschien, um über die Einrichtung einer Seidenraupenmanufaktur und die sächsische Akademie zu sprechen, erreichte nichts Definitives. Alle Aktivitäten, die sich bis ins Jahr 1705 verfolgen lassen, wurden durch die Finanznot erstickt oder fielen dem Nordischen Krieg zum Opfer.

Eine Skandalschrift und eine neue Favoritin

An einem Dezembertag des Jahres 1704 hinterlegte ein Unbekannter unbemerkt im Vorzimmer vor den Gemächern des Königs ein kleines Buch, das noch frisch nach Druckerschwärze roch – und verschwand. Tage vergingen, als wäre nichts geschehen. Doch immer öfter verlangte der König, allein zu sein, und nicht selten hörte man Beifallsworte oder sein dröhnendes Lachen durch die

Türen schallen: August der Starke fühlte sich durch die Lektüre des ihm zugespielten Büchleins bestens unterhalten. «Portrait de la Cour de Pologne» – Schilderung des Hofes von Polen, so nannte sich die anonyme, französisch verfaßte Schrift. Der Titel entsprach nicht ganz den Tatsachen. Das Buch enthielt nämlich die Porträts von 33 Hofleuten, die bis auf den polnischen Kronschatzmeister allesamt der sächsischen Aristokratie angehörten. Eine so bissige Charakterisierung, voll scharfer Ironie, doch mit größter Sachkenntnis und Gewandtheit verfaßt, hatte es für den kursächsischen Hof bis dahin nicht gegeben. «Die Portraits sind nur für den Gebrauch des Königs geschrieben», heißt es in der Einleitung. Nicht nach ihrem Rang würden die betreffenden Personen darin eingestuft, «wohl aber nach der Schwere ihrer höfischen Intrige und Liebschaften». Der König, so resümierte das «Portrait», sei «von einem Haufen unwissender, fader, alberner, egoistischer, boshafter und feiger Menschen umgeben. Sie allein bildeten das Hemmnis, ihn zu seiner Größe aufsteigen zu lassen ... Die Minister sind mehr als der König Herren des Landes.»

Durch Indiskretion kursierten bald Abschriften von dem Druckexemplar des Königs. Groß war die Nachfrage nach dem Text, vor allem auch an auswärtigen Höfen. Mehrere tausend Dukaten bot man dafür. Die Betroffenen veröffentlichten Gegenerklärungen und fahndeten nach dem Urheber dieser Skandalschrift. Schließlich entdeckte man den Autor in der Person des Kammerherrn Johann Friedrich von Wolframsdorff. Zunächst vom König geschützt, fiel er im Jahre 1707 den Attacken der Hofkamarille zum Opfer. Die letzten Jahre seines Lebens, das 1712 endete, brachte Wolframsdorff zumeist als Festungsgefangener in Stolpen und Königstein zu. Ein zweites Druckexemplar seiner Schrift, das man sicherstellen konnte, wurde im Januar 1708 auf dem Dresdner Altmarkt öffentlich verbrannt. Doch die Buchverbrennung hatte nicht mehr als symbolischen Charakter, gab es doch inzwischen mehrere Abschriften.

Was August den Starken vielleicht amüsiert oder auch nachdenklich gestimmt haben mag, waren Wolframsdorffs Auslassungen über zwei Schwächen des Königs: die Frauen und seinen Goldmacher. Obwohl Böttger nicht namentlich erwähnt wird, ist von ihm doch die Rede. Am Schluß des «Portraits» lesen wir: «Es bleibt nur noch, denjenigen Leuten einige Worte zu widmen, die sich beim König durch die Alchemie und die Magie einzuführen suchen, an sich geheimnisvolle Wissenschaften, auf die sich aber ein großer Fürst nicht verlassen darf ... Dem König stehen wirksamere Mittel zu Gebote, um zu Geld zu kommen.»

Auch vor der anderen Schwäche des starken August konnte der Verfasser des «Portraits» nicht genug warnen: «Man sagt den sächsischen Damen nach, daß sie gefallsüchtig und boshaft sind und darauf ausgehen, von denen, die mit ihnen verkehren, Geschenke zu ergattern und sie zu rupfen.» Doch mit den Damen des Landes hatte August nicht viel im Sinn gehabt. Die Rolle der ersten Mätresse billigte der Polenkönig seit 1697 – mit Rücksicht auf die Staatsräson – der temperamentvollen Lubomirska zu. Dafür wurde sie auch in den Rang einer Fürstin von Teschen erhoben.

Während des Dresdner Karnevals, zu Beginn des Jahres 1705, geriet August der Starke in das Netz einer einheimischen Schönen: Anna Constanze, Gemahlin des Obersteuerdirektors Adolph Magnus von Hoym. Als Direktor des neuerrichteten Generalakzisekollegiums war ihr Gatte für den König unentbehrlich. Deshalb stieß ihre Eroberung auf gewisse Schwierigkeiten. Haxthausen in seinen «Memoiren» und Poellnitz in seinem 1734 erschienenen Buch «La Saxe galante» erzählen, wie es zur Liason Augusts mit der schönen Frau von Hoym gekommen sein soll.

Bei einer Tafelrunde Augusts des Starken wußten alle Anwesenden die Vorzüge ihrer Mätressen mit beredten Worten zu schildern. Nur Fürstenberg und Hoym schwiegen. Beim Statthalter ahnte man den Grund. Denn das «Portrait de la Cour» kam wohl der Wahrheit nahe, wenn es über ihn ein wenig tatklos urteilte: «Das Alter, in dem er sich befindet, und das Schwinden der Kräfte lassen seine Galanterie nur noch aus Worten bestehen ...» Warum aber Hoym, eine Don-Juan-Natur, sich ausschwieg, begriff niemand. Von allen Seiten bedrängt, gestand Hoym schließlich, er halte sich keine Mätresse. Seine Frau sei die schönste der Welt. Sofort war man bereit, darüber eine Wette abzuschließen. Fürstenberg bot Hoym 1000 Dukaten, wenn er recht behalte. August der Starke, dessen Sinne wach geworden, wollte Schiedsrichter sein. Fürstenberg verlor die Wette, Hoym gewann 1000 Dukaten, verlor jedoch auch seine junge Frau. Mit ihrer verführerischen Schönheit hatte sie den ganzen Hof bezaubert, am meisten aber den König selbst.

Mit einem Hufeisen, das er vor ihren Augen zerbrach, in der einen Hand und einem Sack mit 100 000 Krontalern in der anderen, so soll sich der starke August den Eintritt in das Schlafgemach der damals vierundzwanzigjährigen Anna Constanze verschafft haben. Madame de Hoym, die sich bald von ihrem Gatten scheiden ließ, wählte das Geld und erhielt als königliche Mätresse von nun an jährlich eine Pension in Höhe jener 100 000 Taler ausgezahlt. Im Juni 1705 bekam sie das Haus des soeben verstorbenen Friedrich Adolf von Haugwitz am Taschenberg geschenkt. Der König hatte es für 10 500 Taler erworben. Mit einem Aufwand von 70 000 Talern wurde das Haugwitzsche Haus ausgebaut. Nachbargebäude kamen hinzu, so daß mit dem Bau eines neuen Palais am Taschenberg begonnen werden konnte. Mit Möbeln aus königlichem Besitz, Silbergerät, Juwelen, Schmuck, Teppichen und anderen Kostbarkeiten aus der Geheimen Verwahrung huldigte der König seiner neuen Favoritin. Schließlich wurde noch ein Gang gebaut, der das königliche Schloß mit ihrem neuen Domizil am Taschenberg verband. Die Fülle der Gaben, die August der Starke über seine neue Mätresse ausschüttete, schien kein Ende zu nehmen. Im November 1707 überließ ihr August das Schloß Pillnitz für die nominelle Kaufsumme von 60 000 Talern. Auch für das alte Schloß Pillnitz plante man neue Bauten, wobei die Chinamode des Barocks Pate stand.

Schön und klug, ehrgeizig und berechnend, verstand es Anna Constanze de Hoym, den König lange Zeit zu fesseln. Acht Jahre beherrschte ihn die seit Februar 1706 zur Reichsgräfin von Cosel erhobene Mätresse nahezu unumschränkt. Sie kostete August mehr als eine Armee. Die Cosel hat es sogar fertiggebracht, August ein schriftliches Eheversprechen zu entlocken. Schließlich mischte sie sich auch in die Politik ein, was ihr die Feindschaft der Mächtigen des Landes, insbesondere Flemmings, eintrug.

Königliches Meißen

Die Hoffnungen Böttgers, der König werde Sachsen bald wieder verlassen, bestätigten sich nicht. Was kein Minister zuvor erreicht hatte, das schaffte jetzt ein Lächeln der Anna Constanze von Hoym: August der Starke blieb, von einem Kuraufenthalt in Karlsbad abgesehen, fast ein ganzes Jahr (1704/05) in seinen Erblanden.

Bei der «Ratifizierung» des 36-Punkte-Programms am 6. März 1705 richtete sich Augusts Interesse, das die Cosel bisher beanspruchte, von neuem auf die Arbeiten seines Goldmachers. Bevor der König das Dokument in Kraft setzte, hatte er seinen Beichtvater, den Jesuiten Carl Moritz Vota, konsultiert. Dessen Urteil im Brief vom 1. März 1705 war geeignet, alle Zweifel zu zerstreuen: «Boettcherus ille videtur mihi esse vir honestus, egregiae eruditionis et excellentissime ingenii.» Michael Nehmitz mußte seinem Herrn diesen Satz übersetzen: «Jener Böttcher scheint mir ein ehrenwerter Mann vorzüglicher Bildung und ausgezeichneten Talents zu sein.»

Dennoch schien dem König das Programm nicht präzise genug. Als er Böttger befahl, Klarheit zu schaffen, verfiel dieser erneut ins Lavieren (5. März 1705): «Betreffend die Gewißheit meiner Arbeith, so bitte nachmahlen allergnädigst zu glauben, daß ich keineswegs die Grentzen von Ew. Majestät Landen betretten, umb mich durch Lügen und Betrügen an Ew. Majestät geheiligten Perschon zu versündigen ...» Was die «Neben Arbeith», die Silbergewinnung aus Erzen, anbelange, so habe er, Böttger, «wegen des langen und sehr schweren Schmeltzens» mehrfach Mißerfolg gehabt. Deshalb könne er sich zur Zeit, «das große und Hauptwerck

(Golderzeugung) betreffend, nicht expliciren». Man müsse zuvor die Ausarbeitung des «Neben Werckes» abwarten.

August der Starke blieb hart. Böttger schrieb daraufhin an den König: «Woverne ich glücklich recognoscire, belaufft sich die Summe (auf) 2 Tonnen Goldes und ist zu erwarthen in 8 Tagen, Gott gebe Glück.» Zwei «Tonnen» Goldes entsprachen damals einer Summe von zweimal hunderttausend Talern. Helfer besaß Böttger genug. Das Dresdner Contubernium stellte ihm die gewünschten Arbeitskräfte bereitwillig zur Verfügung. Im Jahre 1705 taten vierzehn Berg- und Hüttenleute ihren Dienst für Böttgers Haupt- und Nebenwerk. Zu denjenigen, die im Laufe des Jahres 1705 neu hinzugekommen waren, gehörten die Freiberger Johann Georg Schuberth, Christoph Wieden, Samuel Stöltzel, Paul Wildenstein und Michael Morgenstern.

Pabst von Ohain hatte sich zudem verpflichtet, wichtige Laborverfahren Böttgers in Freiberg zu erproben. Wenn er zu den Sitzungen des Contuberniums nach Dresden eilte, kopierte er im Goldhaus die alten, kaum leserlichen Alchemistentexte und skizzierte auch Kunckels Ofenkonstruktionen von 1675. Alle diese Böttger zur Verfügung gestellten Arbeitsvorschriften betrafen keinesfalls immer nur die Herstellung des Lapis philosophorum. Oft fanden sich darunter chemisch-präparative Verfahren, die dem Aufschluß von Erzen, der Herstellung von Säuren, der Reindarstellung chemischer Substanzen gewidmet waren. Unter den Aufzeichnungen des Contuberniums aus dieser Zeit befindet sich auch ein zehn Seiten langes alchemistisches Geheimmanuskript von Pabsts Hand: «Proceß zum Universal, von H. Joh. Fr. Böttichern in höchstem Vertrauen communicierte und in die Feder dictiret».

Doch trotz allen Eifers – es ging nicht recht voran. Die Zeit lief allen davon, auch dem König August. Er mußte zurück nach Polen, um seiner Krone neuen Glanz zu verleihen. Bevor er Ende September 1705 zur Leipziger Michaelismesse und von dort weiter nach Polen reiste, befahl er seinen Geheimen Kabinettssekretär zu sich, um neue Anordnungen für Böttger, die Sicherheit seiner

212

Person und seine Tätigkeit auszuarbeiten. Das Dekret, das Nehmitz aufsetzte und dem August am 25. September 1705 in Dresden Gesetzeskraft verlieh, war deutlich genug: Es habe «J. F. B. seither mehr als dreyfache Zeit, die er hiezu verlanget, angewendet... und nunmehro eröffnet, daß nach allem angewendeten Fleiß die Processe nicht gerathen...» Trotz «grüntlicher Vorstelung» habe man Böttger «zu keiner Raison bringen können». Deshalb ergehe jetzt Befehl, ihn «nach Hinterlegung aller Sachen, die sich in dem Laboratorium befunden,... nach Unserem Schloß zu Meißen auf das Sicherste und das Geheimbste zu bringen». Tschirnhaus und Pabst sollten wie bisher auf Böttger ein wachsames Auge haben, damit er nicht «etwan Brieffe oder dergleichen blooß schreibe und hierüber vil Zeit vergehen würde».

Die Albrechtsburg in Meißen – das war nicht die Festung Königstein. Aus Pabsts Notizen entnehmen wir, daß sich Böttger rasch in sein Los geschickt haben dürfte: Böttger «nahm von uns Abschied und den einen Bergmann (David Köhler) mit sich», protokollierte Pabst, «und wurde von uns instruirtermaßen aus Sr. Hochfürstl. Durchlaucht Zimmer biß auf den schwarzen Gang gegen den Wall und Festung zu begleitet». Zwei Kutschen brachten Böttger und seine Begleiter aus der Stadt. Bereits nach einer Stunde tauchte die Silhouette der alten Bistumsstadt Meißen auf: die Albrechtsburg und der Dom hoch droben auf dem Schloßberg. «Das wegen seines Altherthums, Ruhms und lustigen angenehmen Gegend in gantz Europa bekannte königliche Meißen» – so der Titel einer von Iccander (Johann Christian Krell) verfaßten Werbeschrift aus dem Jahre 1730 – sollte nun Böttgers zweite Heimat werden.

Die Albrechtsburg – so lesen wir bei Iccander – «lieget auff einem hohen Berg und hat den angenehmsten Prospect aufn Elb-Strom und in alle Wein-Gebürge, kan sich auch, weiln es von der Stadt durch seine Höhe abgesondert, in Feindes Gefahr ziemlich defendiren». Von der Uferstraße an der Elbe zweigte ein Gewirr von Gassen ab, das die ganze Stadt durchzog. Die Burggasse schlängelte sich vom Markt aus steil empor zum Schloß. Sie mündete in einen Hohlweg, der unter der Schloßbrücke hindurch im Bogen zum vorderen Burgtor führte, dem einzigen Zugang zur Albrechtsburg. Nach Passieren des ersten Tores gelangte man über die bewachte Schloßbrücke zum mittleren Tor, das ebenfalls durch einen Graben und eine Zugbrücke gesichert war. Erst dann konnte man in den vorderen Burghof eingelassen werden. Hinter einem dritten Tor öffnete sich der große Burghof mit dem Domplatz. Die Albrechtsburg bestand aus übereinandergesetzten Gewölben, die über schmale Wendeltreppen zugänglich waren. Zwei Etagen lagen unter der Erde. Sie dienten als Kellerräume, in denen mehr als 1200 Faß Meißner Wein Platz finden konnten.

David Köhler war nicht der einzige, der mit Böttger zusammen nach Meißen reiste. Insgesamt sollen es sechs Freiberger Knappen gewesen sein. Von ihnen sind uns fünf namentlich bekannt: David Köhler, Samuel Stöltzel, Paul Wildenstein, Johann George Schuberth und Balthasar Görbig. Sie gehörten von nun an zu den engsten Vertrauten Böttgers, zum Kreis der «Arkanisten». Als einziger war Görbig kein Bergmann, sondern Maurer von Profession. Er spezialisierte sich zum Ofenbauer. Zusammen mit den noch nicht vereidigten Bergleuten Wildenstein und Schuberth wurde Görbig am 20. Januar 1706 für die Geheimarbeiten verpflichtet. Wer der sechste Bergmann gewesen sein mag, hat sich bis heute nicht ermitteln lassen. Möglicherweise irrte sich hier Wildenstein, dem wir diesen Hinweis verdanken, und es waren tatsächlich nur fünf. Johann Andreas Hoppe, der oft genannt wird und der damals vierzehn Jahre alt war, kann es jedenfalls nicht gewesen sein. Er ist, eigenen Angaben zufolge, erst 1712 zu Böttgers Arbeiten herangezogen worden. Auch die später oft genannten Samuel Kempfe, Christian Gottfried Meerheim, Michael Morgenstern, Christoph Wieden kommen nicht in Betracht. Sie gehörten alle zu jenen neun Arbeitern Böttgers, die am 24. Oktober 1705 unter Leistung eines Eides entlassen wurden.

Johann Friedrich Böttger und seine Helfer haben offenbar Räumlichkeiten des Schlosses bezogen, die zu ebener Erde lagen.

Das läßt sich aus einem Bericht Paul Wildensteins entnehmen. Er beschrieb nämlich, daß im «geheimen Laboratorio» auf der Albrechtsburg «sogar die Fenster über die Helffte vermauert gewesen» sind, um Neugierigen den Einblick zu verwehren. Über die vorgefundenen Arbeits- und Lebensbedingungen klärt uns ein Brief Böttgers auf. Weil undatiert und ohne Ortsangabe, ist er bisher unbeachtet geblieben. Wie sich nachweisen läßt, hat Böttger diese Mitteilung im Oktober oder November 1706 für den König verfaßt. Auf seine Tätigkeit in der Albrechtsburg zurückkommend, schrieb er, daß es dort, «Deum Testor (Gott ist Zeuge), unmüglich auszuhalten» gewesen. Es herrschte «bey Sommerszeit grausahme Hitze, so tages als nachts, indem man ja in einem Zimmer eßen, arbeithen und schlaffen muß, zu geschweigen den gantz ohnerträglichen Kohlenstaub und andere Incomodit(ät)en».

Der bereits erwähnte Wildenstein-Bericht ist ein wichtiges Dokument. Paul Wildenstein hat darin in anschaulicher Weise viele Einzelheiten über seine Zusammenarbeit mit Böttger festgehalten, vor allem aus den Jahren 1706 bis 1709. Da Wildenstein gleichsam als Augenzeuge dabeigewesen ist, gewinnt sein Bericht besonderen Wert. Daran ändert auch nichts der Umstand, daß dieser Bericht erst 1736, im Zusammenhang mit einer Lohnforderung, von dem damals vierundfünfzigjährigen Wildenstein übergeben worden ist. Von wenigen Irrtümern abgesehen, die sich auf Zahlen und Daten beschränken, ist Wildensteins Text glaubwürdig. Es ist anzunehmen, daß Wildenstein diese Skizze nicht erst 1736, sondern schon früher niederschrieb, vermutlich unmittelbar nach Böttgers Tod im Jahr 1719.

Aus dem Briefwechsel zwischen Nehmitz, Pabst und Tschirnhaus von 1706 wissen wir, daß in Meißen mit großem Aufwand an der befohlenen Fertigstellung der goldbringenden roten Tinktur gearbeitet worden ist. Im Laboratorium auf der Albrechtsburg glühten 24 Öfen Tag und Nacht. Nehmitz, der sich beim König in Krakau aufhielt, schrieb am 13. April 1706 an Tschirnhaus: Es «ist allermöglichster Fleiß anzuwenden, damit die Arbeit beschleuniget werde». Um schneller voranzukommen, sollten die

Arbeiten «in Duplo, wo nicht gar in triplo gemachet» werden, wie Nehmitz forderte: Böttger in Meißen, Tschirnhaus im Dresdner Goldhaus, Pabst in seinem Freiberger Labor.

Was dabei herauskam, ist aus einigen «unterthänigen Berichten» der Beteiligten zu erfahren. Pabst beklagte am 24. Mai 1706 in einem Brief an Fürstenberg laut sein Mißgeschick: «Wie (es ihm) vornehmlich mit Zerspringung der Gläßer und Zerreißung der Sandcapellen etliche Mahl unglücklich ergangen und auch noch lezt das Kostbarste verloren gegangen . . .» Daraufhin habe ihm «bewußte Person» das weitere Laborieren untersagt, «biß (man) durch den Buchhalter der Dresdnischen Glaßhütte mit tüchtigen und feuerbeständigen Gläßern zu Glücksburg versehen würde».

Tschirnhaus meldete dem Statthalter am 12. August 1706, es wäre von ihm «ein gutt Theil» der von Böttger übertragenen Aufgaben erledigt worden. Selten habe er, Tschirnhaus, sich «mitt so schwerer Arbeit und Gefahr der Gesundheit» abgeben müssen. Dabei wäre ihm bewußt geworden, daß Böttgers Verfahren zur Goldherstellung nicht funktionieren könne. «Ich will es aber, ob es gleich eine bluttsaure Arbeit, noch einmal versuchen, damit dieser Sache gäntzlich gewiß bin», setzte Tschirnhaus vorsichtig hinzu. «Ich glaube aber, daß es nichts als pure Verzögerung sei und er – Böttger – diese Sache weit beßer weiß.»

Zeichnete sich wenigstens bei Böttger ein Erfolg ab? «Mit so großer Freude und brennender Begürde ich Ew. Majestät würde berichtet haben eine glückliche Endschafft meiner Arbeit», lesen wir dazu in einem undatierten Schreiben von 1706, «mit weit größer(er) Betrübnüs und Consternation meines Gemüthes mus(s) ich anjetzo erleben . . ., das(s) alle angewandte Mühe und schwer Arbeith . . ., an welcher verknüpfet war das Ziel meines Lebens . . . (umsonst gewesen ist).» Böttgers Brief ist konfus, der Satzbau durcheinander, die Sätze werden vielfach nicht beendet: Zeichen einer verzweifelten Aufregung, die in dem Ausruf gipfelte: «. . . ich sehe bei mir verschwinden alle Lust, lenger zu leben.»

Der erfolglose Adept hat allen Grund, die Ungnade des Königs

216

zu fürchten, doch erbat er sich eine Gunst: Für das Mißlingen der Arbeit möge man nicht Tschirnhaus die Schuld geben. Denn dieser müsse unbedingt in Ruhe sein großes Lebenswerk, die Porzellanherstellung, zu Ende bringen. Deshalb bat Böttger den König, «deme von Schürnhausen nicht traurig noch betrübt zu machen, sondern ihm erhalten in dem Stande, darinnen er würd geschickt sein, auszumachen sein großes Werck in allem Vergnügen, Ew. Majestät werden bey deßen Ausgang zu spüren haben den Nutzen der Arbeit und die Treue des von Schürnhausen, welche ich zu erleben wünsche . . .»

Das ist das Arkanum des chinesischen Porzellans

Tschirnhaus und Pabst reisten mehrfach nach Meißen zu «Arbeitsbesprechungen», um aufgetretene experimentelle Schwierigkeiten zu erörtern. Dazu gehörte die Herstellung schwerschmelzbarer Glasgefäße, hitzebeständigerer Schmelztiegel und feuerfesterer Ziegelsteine. Erinnern wir uns, daß Tschirnhaus besondere Ofenkonstruktionen ausgedacht hatte. Sie wurden von Böttger in Meißen ausprobiert und weiterentwickelt. Diese neuen Brenn- und Schmelzöfen waren von so großer Leistungskraft, daß gewöhnliche Ziegel augenblicklich erweichten.

Über die abgehaltenen Besprechungen fertigte sich Pabst Notizen an. Sie verraten uns, daß man auch neuerschienene Bücher, die fachlich interessant waren, zu Rate gezogen hat. Dazu gehörte die 1705 in Nürnberg erschienene erweiterte Ausgabe des Buches «Bereitung guter, feuerbeständiger Haffner-Geschirre, als Oefen, Tiegel etc.». Einiges war Böttger bereits aus Glaubers Lehrbuch «Furni novi philosophici» vom Jahre 1661 bekannt, das er selbst besaß. Glauber hatte berichtet: «Es ist ein großer Irrthumb und Thorheit (bey den Chymicis, Goldschmieden, Scheydern und andern, die Tiegel gebrauchen) bishero gewesen, daß sie nemblich eyngebildet, als wenn nirgends gute Erden, Tiegel davon zumachen, als in Hessen zu bekommen» wäre. Retorten, Tiegel, Muffeln und andere Gefäße könne man sehr gut auch aus anderswo vorkommenden Erden herstellen, wie dem Waldenburger Ton. In Gegenden, wo sich «weiß brennender Ton» fände, müßte man sogar porzellanähnliche Gefäße herstellen können: «Derohalber niemand zweyfeln soll, daß auß anderer Erden, die sich weiß brennet, nicht eben dergleichen gute Geschirr an allen Orthen mit sehr starckem Fewer solten können gebrand werden.»

Glaubers Empfehlung hat die «Kunst- und Werck-Schul» wörtlich abgedruckt und durch einen Hinweis ergänzt: Auch die Herstellung des sogenannten Creußner oder Haffner-Geschirrs, das man in Bayreuth und Nürnberg kaufen könne, sei nicht an die dortigen Fundstätten gebunden. «Man könnte solches aller Orten nachmachen, wenn man die rothe, gemeine Bolus Erden (die man die gemeine rothe Hauß Farbe nennet) in gewießer Proportion mit andern Dohn oder fetten Laim (Lehm) nach Gebühr vermischet und . . . starck brennet.»

Aus Pabsts Merkzettel geht hervor, daß man auf der Albrechtsburg neue Arten von Schmelztiegeln herstellte. Dazu verwandte man «Bolus Armenus» (armenischen Bolus) oder «wohlgeschlämmten Thon», etwas «Ziegelmehl» (Rötel) und «calcinirten und geschlämmten Kiesel». Mit Wasser wurde daraus eine Masse geknetet, aus der man Tontiegel und andere Gefäße formen und brennen konnte.

Pabst und Tschirnhaus hielten sich zu diesem Zweck vom 27. bis 29. Mai 1706 in Meißen auf. Als man die ersten Versuchsbrände aus dem Ofen holte und die Qualität der Tiegel und Gefäße zu prüfen begann, stellten Beteiligte – Böttger, Tschirnhaus und Pabst – fest: Die neuen rotbraunen Tiegel waren, obwohl unglasiert, ungewöhnlich hart, feuerfest und bemerkenswert beständig gegen scharfen Temperaturwechsel. Beim plötzlichen Abkühlen im kalten Wasser zersprangen sie nur selten. Mit einem Wort, die gebrannten Versuchsstücke besaßen die gleichen Eigenschaften wie das sogenannte rotbraune indianische Porzellan, wenn nicht gar bessere. Und man kombinierte weiter: Das rote Porzellan der Chinesen wäre sicher längst kein Arkanum mehr, wenn es ge-

218

länge, in heimatlicher Flur den geeigneten «roten Bolus» ausfindig zu machen, eine Erde also, wie sie die Nürnberger auch für ihr Haffner-Geschirr verwandten: Nürnberger Erde.

Als ehemaliger Apothekergeselle wußte Böttger auch verschiedene Heilerden aufzuzählen, die er in Zorns Offizin kennengelernt hatte und wie sie in jeder gedruckten «Apotheker-Ordnung und Taxa» zu finden waren: Bolus alba (weißer Bolus) und mehrere gelb, rot bis dunkelbraun gefärbte Erden, die sich Terra Strigensis (striegische Erde), Terra sigellata (Siegelerde) oder böhmischer beziehungsweise armenischer Bolus nannten. Der geologisch bewanderte Pabst ergänzte, daß roter Bolus ein fetter Letten (Ton) mit reichlich Crocus martii (Eisenoxyd) sei und auch unter der Bezeichnung Nürnberger oder Englischrot als Farbe gehandelt werde.

Wenn aber das rote steinzeugähnliche Porzellan der Chinesen wirklich aus einem formbaren Gemisch von rotem Bolus, geschlämmtem weißem Ton und Kiesel, also Quarz, gebrannt werden könnte, dann würde es auch möglich sein, reinweißes Porzellan herzustellen. Gesucht werden müßte dazu ein geeigneter weißer Bolus oder ein «weißbrennender Ton», wie schon Glauber empfohlen hatte. Und vielleicht ließe sich dieser weiße Ton unter Zusatz von gebrannten Knochen oder noch besser Kreide zu Porzellan brennen.

Als Ergebnis dieser auf Versuchsergebnissen basierenden Diskussion glaubte man, das Geheimnis des chinesischen Porzellans überhaupt entschleiert zu haben. «Die Chinesen machen ihr Barcelin aus nicht andres als Kiesel, calcinirt und geschlämmt, mit etwas sehr feinem geschlämmten Thon vermischt», schrieb Pabst auf seine Notizzettel. «Am allerbesten ists, wen(n) unter den calcinirten und geschlämmten Kiesel zarte Kreiden gemengt, nach behöriger Dosi, so fließt es leicht, wird durchsichtig und reißt nicht. Welches ist das ganze Arkanum!»

Daß man es nicht bei Überlegungen beließ, sondern versuchsweise Platten brannte, geht aus Wildensteins Bericht hervor: In Meißen «hat der H. Paron (Böttger) und Tzschirnhaußen auch schon immer in rothen Porcellain Proben gemacht von Täffelgen und marmorirten Fließgen».

Solche Aussichten verführten dazu, die uneffektive Goldmacherei fallenzulassen, um sich der Porzellanarbeit zuzuwenden. Aber so einfach ging das nicht. Die Erwartungen an Böttgers Goldmacher- künste waren allzu hochgespannt. Porzellanmachen konnte be- stenfalls ein weiteres «Nebenwerk» sein. Fürstenberg ließ sich je- doch davon überzeugen, daß eine neue Orientierung geboten sei. Die neue Konzeption, die Tschirnhaus dem Statthalter vorlegte, sah die Errichtung eines universellen Laboratoriums vor. Es sollte für chemistische Experimente und für keramische Forschungsar- beiten geeignet sein.

Der Statthalter billigte schließlich einen Plan, der Sicherheit ver- sprach: Ein Teil der Dresdner Festungsanlagen mit den dazugehö- rigen unterirdischen Kasematten sollte für das neue Laboratorium ausgebaut werden. In seinem Brief vom 12. August 1706 an den Statthalter berichtete Tschirnhaus von ersten Bauarbeiten auf der Jungfernbastei. Auch äußerte er Bedenken, weil das vorgesehene Areal mit Palisaden umzäunt werden sollte. Eine solche Maß- nahme würde «zu viel Auffsehen bey Fremden causiren» und «be- wußte Persohn sehr irritiren...«

Die Schweden kommen wieder

Anfang Oktober 1705 hatte sich August der Starke erneut auf die Reise in sein Königreich begeben. Auf polnischem Boden erreichte ihn eine Nachricht, die ihm noch lange in den Ohren klingen sollte: «Vivat Stanislaus Primus Rex Poloniae!» Der Erzbischof von Lem- berg Radzicjowski war schwer erkrankt und starb kurz darauf – hatte diesen Hochruf am 4. Oktober 1705 anläßlich der Krönung des Stanislaus Leszczynski in Warschau ausgestoßen. Nun ging dieser Ruf durch ganz Polen. Dafür sorgten vor allem die schwedi- schen Militärs, in deren Interesse die Wahl gewesen war.

Abenteuerlich mutet der Zickzackkurs an, den August nahm, um den nachstellenden Schweden und den mit einem neuen König beglückten Polen aus dem Weg zu gehen. Fast ohne Begleitung reiste er von Guben nach Danzig und von dort weiter mit dem Schiff nach dem preußischen Königsberg. Dort traf er inkognito am 30. Oktober 1705 ein. Wenige Tage später finden wir August in Kleinpolen wieder, wo er versuchte, seine Anhänger um sich zu sammeln. Eine Propagandaschrift machte bald die Runde: «Manifest der Sendomirschen Confoederation wider die unrechtmäßige Krönung des Graf Stanislai Leszczynski.» Polnischen Senatoren und Magnaten, auf deren Treue August der Starke weiterhin hoffen durfte, wurde der neugestiftete Weiße Adlerorden («Pro fide, lege et rege» – Für Treue, Gesetz und König) an die Brust geheftet. Als erster nahm August die Auszeichnung an sich selbst vor.

In Grodno erneuerte August der Starke sein Militärbündnis mit Zar Peter I. Unfreiwillig lange, fast sechs Wochen, mußte der Zar in der litauischen Stadt an der Seite Augusts zubringen. Denn die Schweden belagerten die Stadt. Erst am 20. Dezember konnte Peter I. abreisen.

Am selben Tag holte man in Dresden zum lange vorbereiteten Schlag gegen den Gesandten des Zaren, Patkul, aus. Einen Tag vor seiner Vermählung mit einer reichen Aristokratenwitwe wurde Patkul auf Befehl des Geheimen Rats verhaftet und auf dem Sonnenstein inhaftiert. Der Haß des sächsischen Adels gegen den «Kriegsverbrecher» und «fremden Eindringlich», gegen den unbequemen Kritiker und unbelehrbaren Reformer hatte sich gewaltsam Bahn gebrochen. Wie war es dazu gekommen?

Vom König aufgefordert, hatte Patkul ein Memorandum verfaßt: «Politische Offenbarung oder geringfügige Bedenken von schwedischer Invasion in Deutschland, übergeben zu Dresden, 8. Mai 1705». Im schwülstigen, scheinbar untertänigen Stil der damaligen Zeit war Patkuls Denkschrift geschrieben. Man darf sich nicht von solchen Wendungen wie «unvorgreiflich», «unmaßgeblich» oder «geringfügig» täuschen lassen. Es sind Höflichkeitsfloskeln. In Wirklichkeit waren Patkuls Bedenken, der Schwede werde bald ungehindert in Kursachsen eindringen, schwerwiegend.

In seiner Denkschrift geißelte Patkul den «korrupten Zustand in Ew. Majestät Erblanden und im Geheimen Conseil». Schuld an diesen Übelständen in der Verwaltung, in den Finanzen, in der Armee, in der Justiz hätten allein die unfähigen und bestechlichen sächsischen Minister und Geheimen Räte. Kritische Hinweise Wolframsdorffs wurden von Patkul bestätigt. Dieser hatte in seinem «Portrait» geschrieben: «Es ist ein wahres Elend, wenn man den Geheimen Rat beieinander versammelt sieht. Der Statthalter führt den Vorsitz wie bei einer Familienberatung. Es kommt zu nichts weiter als Höflichkeitsbezeigungen, Anerbieten von Diensten, Ränken, Kniffen. Die Befehle des Königs gelten nichts, und Mißgunst zieht sich der zu, der sie übermittelt oder auf ihre Ausführung dringt ... Die Stände stecken mit dem Oberhofmarschall und den Geheimen Räten unter einer Decke und tun alles, um den König im Irrtum zu belassen und an seiner Macht zu hindern, damit sie um so besser im trüben fischen können.»

Durch Indiskretion gelangte auch dieses geheime, von Patkul nur für den König bestimmte Papier in die Hände von Unberufenen. Die Feinde Patkuls am Dresdner Hof beschlossen daraufhin seinen Sturz.

Trotz der mißlichen außenpolitischen Situation brachte August der Starke die Kraft auf, eine Staatsreform einzuleiten, die eine weitere Stufe zur absolutistischen Machtausübung darstellte. Das «Portrait» des unerschrockenen Wolframsdorff und das Memorial des nicht minder mutigen Patkul zeitigten erste Früchte. Hinzu kam eine neuerliche Zuspitzung im Verhältnis zwischen dem König und scinen Geheimen Räten im Verlauf des Jahres 1706. Am 13. Februar hatte August der Starke die bisher schwerste Niederlage gegen die Schweden hinnehmen müssen. In der Nähe von Fraustadt, dicht an der schlesischen Grenze, wurde die Armee unter dem Kommando des Generals Schulenburg von den Schweden, die General Rheinschild (Rhenskyöld) befehligte, geschlagen. Kursachsen lag somit ungeschützt vor dem Feind. Zehn Tage nach der Schlacht bei Fraustadt, am 24. Februar 1706, richteten die Geheimen Räte eine Petition an den König. Sie verlangten von ihm, er möge um des sächsischen Vaterlands willen der polnischen Krone endgültig entsagen. Andernfalls wäre eine schwedische Invasion in Sachsen die unausbleibliche Folge. Augustus Rex folgte der Empfehlung seines Geheimen Rats nicht. Vielmehr befahl er von Polen aus die Generalmobilmachung, damit sich das Land verteidigen könne. Der den Ständen verpflichtete Geheime Rat führte jedoch keinen der eintreffenden Befehle aus.

Von der Eigenmächtigkeit seiner Räte in diesen und anderen Fragen beunruhigt, ordnete August der Starke am 1. Juni 1706 an, als oberste Regierungsbehörde von nun an das Geheime Kabinett zu respektieren. August schuf sich damit ein persönliches, ihm direkt unterstelltes Machtorgan, das die wichtigsten Staatsangelegenheiten übertragen bekam und seine Resolutionen ausführte. Mit der Bildung des Geheimen Kabinetts wurde der Einfluß des Geheimen Consiliums und damit der Stände stark zurückgedrängt. Der bisher so mächtige Statthalter, dessen Stimme im Geheimen Rat «zwei Vota» galt, wurde nicht ins Geheime Kabinett gewählt. Statthalter und Geheime Räte waren nur noch für die innere Verwaltung des Kurfürstentums Sachsen zuständig. Im Geheimen Kabinett übte jetzt der Oberhofmarschall von Pflugk als dirigierender Minister die Macht aus. Ihm zur Seite standen der Geheime Kriegsrat sowie Flemming als Minister des Departements für auswärtige Angelegenheiten und Hoym, der als Obersteuer- und Akzisedirektor zugleich Minister für Inneres war.

Rasch hatte sich die Nachricht von der entscheidenden Niederlage der sächsischen Armee bei Fraustadt an allen europäischen Fürstenhöfen verbreitet. Bereits am 20. Februar schrieb der Gesandte Wolters aus Berlin, daß Friedrich I. nun auf keinen Fall mit den Sachsen ein Bündnis schließen werde. Ähnliche Hiobsbotschaften trafen auch aus Wien vom deutschen Kaiserhof ein.

Im August 1706 beobachtete man massive Truppenbewegungen der Schweden in Richtung der kursächsischen Grenze. Panik ergriff die Bevölkerung. Ein Flüchtlingsstrom setzte sich in Bewegung. Die Kurfürstin floh nach Bayreuth, der Kronprinz nach Holstein. Um Sachsen nicht zum Kriegsschauplatz werden zu lassen, ordnete der Geheime Rat an, daß sich Schulenburgs geschlagene Armee nach Thüringen und Franken absetzen solle. Das stand im krassen Gegensatz zu den Befehlen Augusts des Starken. Doch der Krieg war nahe und der König weit.

Wichtige Staatsgefangene wurden in der sicheren Feste Königstein einquartiert. Dort trafen am 28. August die beiden bisher auf der Pleißenburg festgehaltenen polnischen Prinzen Sobieski ein. Auch Patkul schaffte man am 9. September vom Sonnenstein nach Königstein. In Eile wurde wertvolles Schriftgut sichergestellt. Auf die Festung Königstein wurde ein Teil der Landesschätze in Sicherheit gebracht. Aus dem Bestand des Grünen Gewölbes trafen am 5. September neun Kisten mit Kostbarkeiten und ein silberner Stuhl ein. Und schließlich brachte man nach Königstein auch den größten, im besten Sinn des Wortes unschätzbaren, weil unberechenbaren Staatsschatz Kursachsens, um ihn vor dem Zugriff der Schweden zu bewahren – den Goldmacher Böttger.

Sein Leidensgefährte Paul Wildenstein erinnerte sich, wie Fürstenbergs Haushofmeister am 4. September atemlos auf der Albrechtsburg eingetroffen wäre. Innerhalb von zwei Stunden müßte alles ausgeräumt, die Zimmer verschlossen und versiegelt und alles zum Abmarsch bereit sein, «weil der Schwede reinkähme». Daraufhin eilten Böttger und seine Gefährten nach Dresden. Dort ordnete der Statthalter an, daß nur drei Personen – Köhler, Wildenstein und Schuberth – Böttger begleiten sollten. Die anderen mußten nach Freiberg zurück.

Überraschend schnell schickte sich Böttger in sein Los. Die allgemeine Angst vor den Schweden wird seinen «Festungshaftkomplex» besiegt haben. Begleitet von einer Eskorte des Fürstenbergschen Reiterregiments, brachte Tschirnhaus seinen Schutzbefohlenen Böttger und dessen drei Diener am 5. September 1706 auf die

Königsteiner Festung. Es war fünf Minuten vor zwölf. Am selben Tag fiel Karl XII. mit knapp 20 000 Soldaten von Schlesien aus in Kursachsen sein. Er eroberte ganz Sachsen, ohne einen Schuß abzugeben, sieht man von einem Grenzscharmützel ab. Bei seinem Vormarsch, beginnend in der Lausitz, ließ der Schwedenkönig die Residenz «links liegen». Am 16. September überquerte das schwedische Heer die Meißner Brücke. Drei Tage später zog der siegreiche Schlachtenführer in Leipzig ein. Schließlich schlug er am 21. September bei dem Dorf Altranstädt, nahe bei Lützen, der durch Schwedenkönig Gustav Adolfs Tod geheiligten Stätte, sein Hauptquartier auf.

Im schützenden Gefolge Karls XII. nahm auch Polens neuer König Stanislaus I. seinen Weg nach Sachsen. Was er dort suchte, blieb zunächst unerfindlich. Seinen Aufbruch nach Sachsen hatte Stanislaus mit einem Manifest signalisiert, das auch in deutscher Sprache gedruckt wurde: «... Polen seufzete schon in der That, nicht nur dem Namen nach, unter dem Joch der Sachsen und des Königs Augusti.» Nun habe «GOtt der HErr ... einen Erlöser, einen Rächer unseres Unrechts» geschickt, nämlich «den durchlauchtigsten König in Schweden». Er, ein neuer Messias, werde «Polen einen immerwährenden Frieden und Glückseligkeit wiederbringen und ... den König Augustum zu dethronisiren helffen».

Dieser hatte sich vom Kriegsschauplatz so weit als möglich ferngehalten. Von Nowogrodek aus, einer polnischen Stadt im äußersten Osten, sandte August der Starke seine Emissäre nach Sachsen, um mit dem Schwedenkönig einen Frieden auszuhandeln. Kammerpräsident von Imhoff und Geheimreferendarius von Pfingsten hatten Vollmacht, sich mit «unserm freundlich lieben Brudern, Vettern und Nachbarn völlig zu versöhnen und ... dem fürwährenden, schädlichen und verderblichen Krieg ... ein Ende zu machen». Alle ihre guten Absichten, vorteilhafte Friedensbedingungen und dem König die polnische Krone zu erhalten, scheiterten am Machtanspruch der Sieger, die im Weigerungsfall mit einem Bombardement Dresdens und anderen Repressalien drohten. Entmutigt unterzeichneten die beiden Abgesandten am 24. September 1706 zu Altranstädt den diktierten Friedensvertrag.

Es waren harte Bedingungen für König und Vaterland: August mußte auf den polnischen Thron verzichten, dies öffentlich bekanntgeben und sich aller Bündnisverpflichtungen entledigen. Das schwedische Heer verblieb den Winter über in Sachsen und mußte mit allem Nötigen versehen und ausgerüstet werden. Schwedische und polnische Gefangene waren freizulassen, insbesondere die Prinzen Sobieski. Deserteure und Verräter dagegen, vor allem Patkul, mußten ausgeliefert werden.

Es herrschte also Friede. Aber nur zögernd setzte sich August mit seinem Hofstaat von Polen aus in Bewegung, um den Vertrag zu ratifizieren. Am 5. Dezember traf er schließlich in Dresden ein. Zwölf Tage später stand er bei Altranstädt erstmals seinem königlichen Rivalen gegenüber.

Im kleinen Altranstädt drängten sich damals Abgesandte aller europäischen Kabinette. Gleichsam der Schadenfreude und dem Spott der Welt ausgeliefert, unterzeichnete August am 19. Januar 1707 den Friedensvertrag. Die beiden Unterhändler aber, denen August der Starke diese Demütigungen zu verdanken hatte, ließ er im Mai 1707 wegen Landesverrats inhaftieren.

Auf der Festung Königstein

Johann Friedrich Böttger ist am 5. September 1706 auf der Festung Königstein eingetroffen. Für die in einigen Urkunden und Veröffentlichungen sich findende Angabe «26. August 1706» gibt es zwei plausible Erklärungen. Zum ersten könnte es sich um die nicht erkannte Verwechslung der julianischen mit der gregorianischen Zeitrechnung handeln. Bekanntlich wurde der Gregorianische Kalender 1700 in Kursachsen eingeführt. Vielfach finden sich aber auch später noch Doppeldatierungen. Sie unterscheiden sich durch eine Differenz von genau zehn Tagen. Das Datum des

26. August könnte demnach dem veralteten Julianischen Kalender entnommen sein.

Im Archiv der Festung Königstein existiert ein Dokumentenband, betitelt «Anzeige von Etats- und anderen Arrestanten». Dieses Verzeichnis, das leider nicht vollständig und nicht immer exakt ist, zählt von 1591 bis 1922 die Namen von 993 Gefangenen auf. Unter der laufenden Nummer 12 findet sich folgender Eintrag, der sich auf Böttger bezieht und als Einlieferungstag den 26. August nennt:

«Vor- und Zunamen.
    Ein Herr mit 3 Dienern.
In was vor Diensten und Character er zuletzt gestanden?
    ein unbekannter Arrestant.
Wenn er hierher gekommen?
    den 26. August 1706.
Ursache des Arrests.
    unbekannt.
Von wem und auf was für Art er verpfleget worden?
    83 Thlr. 20 gr. monatl. incl. der Diener
    aus der Rentkammer.
Wenn und auf was Art er wieder entlassen worden?
    den 22. Septbr. 1707.
Wie lange und wo er hier gesessen?
    1 Jahr, Johann Georgen Burg.»

Nun stammt dieses Verzeichnis aus viel späterer Zeit. Es wurde aufgrund vorhandener Akten zusammengestellt. Und einer der Protokollanten hat sich im Fall des «Herrn mit den drei Dienern» ganz einfach geirrt. Er hielt nämlich ein Schreiben des Gouverneurs Zinzendorf vom 26. August 1706 für den Beweis, daß der Arrestant an diesem Tag eingeliefert worden sei, was aber nicht zutrifft. Aus gleichem Grund ist auf dem Aktendeckel der später kollationierten «Ordres und Schrifften» über Böttgers Haft der irreführende Hinweis angebracht worden: «Ankunft Mens. Aug.

1706». Wie wir noch erfahren werden, erwähnte Böttger sogar selbst, daß er am 5. September auf die Festung gebracht worden sei. Als Kommandant befehligte Generalwachtmeister Carl Gottlob von Ziegler und Klipphausen, damals sechsundfünfzigjährig, die Festung. Sein Vorgänger, Generalmajor von Brause, war im Dezember 1704 verstorben. Sein Stellvertreter war Major von Crux. In die Annalen des kursächsischen Staatsgefängnisses Königstein ist Böttger als «unbekannter Arrestant» oder «Herr mit drey Dienern» eingegangen. So kann man es auch auf der Akte «Ordres und Schrifften betr. den von Herrn Zschirnhausen anherbrachten Arrestanten mit drey Dienern» lesen, die aus Dokumenten des Kriegskollegiums zusammengestellt worden ist. Der Zusatz «. . . ist der Baron Böttger gewesen» wurde nachträglich eingefügt. Das «Pseudonym» entsprang sicher einem Vorschlag des Betreffenden selbst. Denn in einem Brief Böttgers an den König, wahrscheinlich am 7. September 1706 verfaßt, heißt es: «Weilen durch Hochfürstl. Durchlaucht gnädigste Ordre verbothen, nach meinem Nahmen zu fragen, als könte, woverne es Ew. Majestät beliebt, mit ohnmaßgeblich diejenige Perßon genennet werden, welche durch den von Zschürnhauß auff den Königstein ist gelüffert worden . . .»

Ein «Herr mit drei Dienern» war also zu Gast auf dem Königstein. Aus der Zahl seiner Lakaien mußte man schließen, daß es sich um eine hochgestellte Persönlichkeit handelte. Die anderen «Gäste» – Constantini, Holtzbrinck, Einsiedel, Romanus, Ritter – hatten je einen oder gar keinen Bedienten bei sich. Patkul versorgten eine Magd und ein Knecht. Sonst aber verfügten nur vornehme Herren, wie die polnischen Prinzen oder die Grafen von Beichlingen, über zwei Diener. Im übrigen teilten diese durchaus nicht das Los ihrer Herren, sondern konnten sich auf dem Königstein freizügig bewegen.

Aufenthaltsort der Staatsgefangenen war die an der Elbseite sich emporreckende Georgenburg. Die polnischen Prinzen hatte man in der «Kellerey», in der Magdalenenburg, untergebracht.

Die dreistöckige Georgenburg hatte zu ebener Erde unwohnliche, hallenartige Kreuzbogengewölbe. Sie besaßen kleine vergit-

228

terte Fenster, die sich nach außen durch die über einen Meter dicke Mauer verjüngten. Die «Etablissements» in den oberen Stockwerken, wo die Staatsgefangenen saßen, waren etwas komfortabler, aber oft zellenartig. Ein offener Säulengang lief außen an den Türen vorbei. Er führte zu einem Turm mit einer Wendeltreppe, die auch mit dem Kommandantenhaus in Verbindung stand. Aus Wildensteins Bericht wissen wir, daß Böttgers «Appartement» aus wenigstens zwei Räumen bestand, wovon einer neben der Zelle des Romanus lag. Dazwischen befand sich ein schmaler Gang, «welcher mit Respect auf das Privet ging». Damit bezeichnete Wildenstein jenes private Örtchen, wohin jeder Gefangene täglich seinen Weg nehmen mußte. Böttgers drei Gefährten bezogen ein Nachbarzimmer. Auch Ritter und Holtzbrinck bewohnten einen einzigen Raum, Wand an Wand mit dem isolierten Romanus. Wolf Dietrich und Gottlob Adolf von Beichlingen bezogen gleichfalls zusammen einen Raum.

In welchen Räumen Böttger untergebracht war, hat sich bis heute nicht genau ermitteln lassen. Beglückt war Böttger von seiner Unterkunft jedenfalls nicht. «Gleich diesem Augenblick bin ich angelanget in dem Ort, so Ew. Majestät zu meinem Auffent(halt) destiniret», teilte er – am 5. September 1706 – dem König in einem Brief mit, der weder Ort noch Datum trägt. Er gehört zu fünf bei den Akten befindlichen undatierten und mit keiner Ortsangabe versehenen Handschreiben Böttgers. Insgesamt hat Böttger während seiner Festungshaft wenigstens sechsundzwanzig Briefe an den König, an Tschirnhaus und M. Nehmitz abgeschickt. Drei dieser Briefe sind bekannt gewesen, weil sie datiert sind und als Ort «Vestung Königstein» angeben. Zusammen mit den fünf neuzugeordneten haben sich also acht der ursprünglich sechsundzwanzig Briefe Böttgers erhalten, die er auf der Festung Königstein schrieb. Was darin stand, hat stets nur der Adressat erfahren. Denn Böttger bat sich beim König aus, daß seine Briefe «möchten ohnerbrochen passiret werden».

Gleich in seinem ersten Brief führte Böttger laut Klage: «In Annehmung dieser meiner jetzigen Clausur ... (muß) ich melden,

daß in meinen jetzigen Zimmern ohn müglich arbeithen kan,
... indem es doch die hoheste Noth erfordern würd, daß ich arbei-
the ...» Es war also beabsichtigt, daß Böttger seine Arbeiten auf
Königstein fortsetzte. Nicht zuletzt deswegen hatte man ihm drei
seiner befähigtsten Mitarbeiter mitgegeben, die also keinesfalls
bloße «Diener» gewesen sind.

Autograph Johann Friedrich Böttgers

Wenige Tage später – als wahrscheinliches Datum kann der
7. September gelten – folgte ein weiterer Beschwerdebrief. Er ist
besonders wichtig, weil er das genaue Einlieferungsdatum nennt.
Böttger berichtete darin dem König, daß er sich nun «von jeder-
man verlaßen sehe» und sein «eigenes Unglück mit Trähnen nicht
genug beklagen» könne: «Man hat mihr de dato dem 5. September
mit einer zwar eigen händigen, jedoch so ohnvolkommenen Ordre
von Ihro Hochfürstl. Durchlaucht dem Herrn von Zigler auff die
Vestung König Stein überlüffert, daß so wenig ich selbsten als auch
der Herr von Zigler dieselbige recht begreiffen können, zumahlen
nicht das geringste darinnen enthalten, was ratione Speiß und Ge-
träncks solte gegeben werden ... Es seind auch sonsten noch andere Clauseln mit eingerickt, welche nicht wenig nach der Arth
einer eigenen Rache schmecken ...»

230

Tatsächlich wußte der Festungskommandant mit dem unbekannten Arrestanten nichts Rechtes anzufangen. Fürstenbergs Ordre war zu allgemein abgefaßt. Dringend verlangte Ziegler am 6. September genaue Instruktionen über den Gefangenen. Sechs Tage später erlaubte sich der Generalwachtmeister, erneut bei Zinzendorf nachzufragen – ebenfalls ohne Erfolg. Denn der Gouverneur schrieb zurück, daß noch «nichts resolviret» sei. Daraufhin schrieb Ziegler verärgert an das Geheime Ratskollegium. Nun endlich faßte man in Dresden einen Beschluß und gab bekannt: Der Arrestant mit drei Dienern sei «in guter und genaue Obacht zu halten, ihm aber ein mehreres an Tractement, französische oder ander kostbahre Weine nicht zu reichen». Auch könne ihm «kein neu Deputat Wildpreth gereicht werden, und sey (es) nicht nöthig, die Diener so als den Herrn zu speisen». Keinesfalls dürfe man den Herrn zu den anderen Staatsgefangenen lassen.

Die genannte Ordre datiert vom 3. Oktober 1706 und wurde tags darauf von Tschirnhaus persönlich dem Festungskommandanten überbracht. Der Gelehrte war im Besitz einer Vollmacht Zinzendorfs, wonach es ihm gestattet war, die Festung Königstein aufzusuchen, um dort «mit einer daselbst arretirten Person in Ihro Königliche Majestät Angelegenheiten zu sprechen».

Es sollte nicht der letzte Besuch sein, den der Festungsgefangene Böttger erhielt. Die Akten melden, daß Tschirnhaus, Michael Nehmitz, Dr. Bartholomaei und einmal auch Pabst von Ohain wenigstens fünfzehnmal Böttger in seiner Einsamkeit aufgesucht haben.

Woran arbeitete Böttger auf der Festung? Was tat er überhaupt den ganzen Tag? Gar nichts! Bereits im Brief vom 5. September 1706 teilte Böttger dem König mit, daß er wohl würde «vor alzu langer Weihle crepiren müßen».

Aus der ersten Zeit seines Königsteiner Aufenthalts stammt auch jener Brief, den Böttger offenbar noch im Oktober 1706 an den König abgeschickt hat. Er enthält Böttgers Arbeitskonzeption: «Allerunterthänigster und ohnmaßgeblicher Vorschlag, wie alles verner einzurichten.» Gleich die erste Forderung überrascht: «So bitte Ew. Majestät allerunterthänigst, daß bey erfolgendem Frie-

231

den nicht widerumb möge nacher Meißen gebracht werden.» Seinen Entschluß begründete Böttger mit den menschenunwürdigen Arbeitsbedingungen auf der Albrechtsburg. In Dresden zu laborieren fände er «wegen der Gefahr des Feuwers» ebenfalls nicht ratsam. Auch fürchte er dort «einen neuen Eclat». Es «scheint also vor das Beste und Sicherste zu sein», so schlußfolgerte Böttger, «wen(n) Ew. Majestät allergnädigst beliebten, mihr hier auff dem Königstein zu laßen». Gewisse Vorbedingungen müßten natürlich erfüllt sein: Böttger wünschte «freüwen Gottesdienst und Genüßung des heiligen Abendmahls», «freüwen Spatzirgang auff der Vestung», die «Anweisung etlicher Zimmer und Gewölbe» für sich und seine Leute. Dann müßten Majestät einen ausreichenden «monatlichen Unterhalt» benennen – für ihn selbst und «für Essen, Trinken, Kleider, Schuw, Besoldung der Leuthe, des Kochs, vor Kohlen und andere Ausgaben». Alle in Dresden und Meißen verbliebenen Geräte, Substanzen und Bücher müßten nach Königstein gebracht werden.

Als Gegenleistung wollte Böttger sich «mit dem theuersten Eide verbindlich machen», niemals von der Festung Königstein zu fliehen und fleißig zu laborieren: «. . . will ich geloben, Ew. Majestät alle meine Arcana, wenn (ich) dieselben zur Perfection habe, zu offenbahren.» Die Klausel, daß der König mit der Offenbarung warten müsse, bis die Arkana «perfect» wären, ist neu! Und dann folgte ein noch großartigeres Versprechen: Ein Jahr nach vollkommener Einrichtung auf dem Königstein, «auch ohne Abwarthung eines gäntzlichen Friedens», würde Böttger «alle verursachten Unkosten . . . restitiren, entweder mit Gold oder einer anderen ebensoviel werthen Materie».

Kein Zweifel, Tschirnhaus' Intentionen und die zuletzt so erfolgverheißenden Experimente auf der Albrechtsburg haben Böttger hier erstmals an eine Alternative denken lassen: Wenn nicht Gold, dann wollte er dem König eine «andere, ebensoviel werte Materie» präsentieren – Porzellan!

Freilich wußte man nicht, wie lange die Schweden im Lande blieben. Deshalb wurde der Garnisonsmedikus der Festung, Schä-

232

fer, beauftragt, dem Arrestanten mit den drei Dienern bei der Einrichtung eines Alchemistenlabors behilflich zu sein. Möglicherweise wählte man dazu einen Raum im Erdgeschoß der Georgenburg aus, wo kürzlich ein kaminähnlicher Ofen freigelegt worden ist. Das «Laboratorium» war allerdings nicht für keramische Versuche konzipiert. Wozu auch? Wäre es doch widersinnig gewesen, Rohstoffe und Massen nach Königstein zu schleppen, um sie dort in Öfen, die erst noch hätten errichtet werden müssen, zu rotem oder weißem Porzellan zu brennen. Das konnte man besser und unverfänglicher im Goldhaus zu Dresden, in Meißen auf der Albrechtsburg, in Freiberg bei Pabst von Ohain oder in den fast fertigen Räumen auf der Dresdner Festung tun. Deshalb war das Königsteiner Laboratorium von Anfang an als «chymische» Arbeitsstätte konzipiert. Aber erst im Jahre 1709, so scheint es, begann man dort mit alchemistischen Experimenten. Ein von Nehmitz ausgearbeitetes und von August dem Starken bestätigtes Dekret vom 19. Juli 1709 besagt, daß man gewillt war, «dem Garnisons Medico zu Königstein, Ernst August Schäfer, ein undt andere chymische Processe zur Ausarbeitung anzuvertrauen». Schäfer wurde verpflichtet, «das ihm anvertraute Laboratorium auf dem Königstein und die darinn von ihm geschehenen chymischen Arbeiten» geheimzuhalten.

Das war allerdings zwei Jahre nach Böttgers Zeit. Böttger hat die Inbetriebnahme des Alchemistenlabors auf dem Königstein nicht miterlebt. Böttgers alchemistische Arbeiten ruhten seit September 1706, und erst frühestens im Februar 1708 sind sie wieder aufgenommen worden. Das verraten uns Kostenrechnungen, die Pabst geführt hat und die November 1701 beginnen und August 1706 abbrechen. Darüber informiert uns ein Bericht Pabsts an den König vom 12. Februar 1708. Darin äußerte sich der Bergrat zu den Goldexperimenten und meinte, daß «durch die höchst unglückliche schwedische Invasion und andere vorgefallene Hündernüße solche wohlangefangene Arbeit ziemliche Zeit unterbrochen und das Werck von neuem angehoben und ausgearbeitet werden soll».

Damit wissen wir nun, daß Böttger auf der Festung Königstein nicht laboriert, also weder Gold noch Porzellan gemacht hat. Er hatte andere Sorgen und Bedürfnisse. Die ersten Monate hielt man ihn eingesperrt wie einen Strafgefangenen. Das konnte auf die Dauer nicht gutgehen. Der exzentrische Herr mit den drei Dienern brauchte Freiheit, frische Luft, Bewegung. Vom Kommandanten verlangte er kategorisch, wenigstens den 10 bis 15 Meter langen Gang entlanggehen zu dürfen. Doch Ziegler besaß keine diesbezügliche Instruktion. In seiner Not wandte er sich am 8. Dezember 1706 an Tschirnhaus in Dresden. Unglücklicherweise befand sich Tschirnhaus zu dieser Zeit nicht in der Residenzstadt. In solchen Fällen schickte man die Post entweder ungeöffnet zurück, oder sie verblieb im dortigen Regimentshaus. Es kam also zu keiner Entscheidung.

Böttger lag dem Kommandanten «unaufhörlich» in den Ohren, «daß er auf dem Gang frische Lufft schöpffen» möchte. In Dresden wäre es ihm sogar «erlaubt gewesen, umb die gantze Vestung zu gehen». Um den Quengeleien und Drohungen des Arrestanten ein Ende zu bereiten, gestattete Ziegler schließlich eine halbe Stunde täglichen Spaziergang auf dem Altan – zehn Meter hin, zehn Meter zurück. In einem weiteren Schreiben an Tschirnhaus konnte Ziegler «nicht umbhin, zu berichten, wie der gedachte Herr anfange, gar sehr wunderlich zu werden . . . Das Beste würde seyn, wenn mein hochgeehrter Herr Rath verschaffte, damit selbiger wieder von hier weggenommen würde». Wenig später, am 15. Januar 1707, beklagte sich Ziegler erneut über das «fernerweite üble Aufführen dieses Herrn». An Tschirnhaus schrieb er: Der bewußte Arrestant «unterfänget sich, immer mehr und mehr Freyheit herauszunehmen, insonderheit da letzhin deßen Diener mit denen andern derer Arrestanten Gemeinschafft zu machen suchen».

Die Strenge des Kommandanten gegenüber den ihm anvertrauten politischen Häftlingen muß man auch aus der unsicheren Zeitlage heraus verstehen. Wie leicht konnten die Schweden auf den Gedanken kommen, die Festung zu belagern oder gar zu stürmen. Der Königstein war nämlich militärisch alles andere als ausreichend gesichert. In einer Aufstellung vom 4. Februar 1707 werden nur 3 Unteroffiziere, 2 Tamboure, 3 Gefreite, 33 Gemeine, 3 Feuerwerker und 12 Büchsenmeister aufgezählt, also insgesamt 56 Mann, über die die Festung damals verfügte.

Kein Wunder also, wenn Ziegler mit Bangen der Ankunft auch des noch so kleinen Schwedentrupps entgegensah, wie am 11. November 1706. «Es seynd heute frühe nach acht Uhr vier Schweden an hiesiger Vestung herauf und bis an das Stacket auf schlichten Bauern Pferden geritten», berichtet ein Aktendokument. Zwar zogen die Schweden wieder ab, doch befürchteten die Zurückgebliebenen eine Blockade der Festung. Etwas mehr Ruhe kehrte erst wieder ein, als ein Befehl Augusts des Starken eintraf, die beiden polnischen Prinzen freizulassen. Das geschah am 17. Dezember 1706. Die Söhne Sobieskis erfreuten sich zwar wieder der Freiheit, doch war ihre politische Rolle ausgespielt. Insofern hatte August mit seinem Gewaltstreich sein Ziel erreicht.

Was tat Böttger gegen die gräßliche Langeweile? Wildenstein erzählt uns: Als sein Herr – Mitte Dezember 1706 – wieder «völlig gesund wurde, so fing er in der Madematici an und zu rechnen, weil er schon einen guten Grund von H. von Tzschirnhaußen hatte». Böttger schulte sich autodidaktisch an mathematischen Problemen. Mathematik war eine seiner Leidenschaften. In einem Bericht vom 28. März 1709 schrieb Böttger, daß er von Tschirnhaus «bey vier Jahre her, die Analysia numerosam et speciosam gründlich erlernet». Sowohl auf diesem Gebiet als auch in der Geometrie getraue er es sich, «mit einem jeden anzunehmen». Auch Steinbrück lobte Böttgers mathematische Talente. Im Jahre 1717 erinnerte er sich, daß «der von Tschirnhauß nicht genug auszusprechen gewust, mit was vor Fähigkeit Herr Böttger die Mathematica, so ihm gezeiget, begriffen und wie geschwind er darinnen fortgegangen». In Böttgers Nachlaß fanden sich mehrere mathematische Lehrbücher: «Opera Mathematica» von Andreas Tacquet, erschienen in Antwerpen 1669, «Sectiones Conicae in novem libris distributae» von de la Hire, Paris 1685, «Cours de Mathémathique» von Jacques Ozanam, Paris 1697.

Nicht nur Mathematik bildete Böttgers Zeitvertreib auf Königstein. Er versuchte sich außerdem als Dichter. Wildenstein berichtete auch über dieses Hobby seines Herrn: «Endlich fing er an, geistliche und weltliche Lieder zu machen, wie auch Helden Gedichte, item die Eitelkeit der Welt in Verse zu sezen, welche ungemein schöne gemacht waren.» Das brachte Böttger die Sympathie seines Zellennachbarn Romanus ein, der als «gecrönter Poete» galt. Bislang hatten sich beide nur von Fenster zu Fenster begrüßt. Als Böttger ihm seine lyrischen Werke zur Begutachtung sandte, war man bald miteinander vertraut. Die Diener spielten die Vermittler.

Es muß im Februar 1707 gewesen sein, als Wildenstein, Köhler und Schuberth an ihrem Herrn eine merkwürdige Beobachtung machten. Immer öfter trieb es ihn hinaus zum «Privet», wo er lange Zeit blieb. Gegenüber seinen Dienern meinte Böttger «er wüßte gar nicht, worvon er so bauchsiech were...». Wildenstein kam das verdächtig vor. Er spionierte seinem Herrn nach, lauschte und hörte, wie Böttger auf dem «heimlichen Gemach» mit jemandem sprach. Wildenstein suchte nach einer Erklärung, aber er fand sie nicht. Erst ein Zufall sollte ihm weiterhelfen. Aber lassen wir ihn selbst erzählen:

«...auf dem heimlichen Gemach fand ich einen höltzer(n) Pflock in der Wand, alwo sehr viel Zettel dran hingen. Da ich aber einen wolte abreißen, so fuhr das ganze Holz herauß und war ein Drath daran, welcher durch die Mauer in Romanusen sein Zimmer ging und ein Schällgen daran, welches sogleich klingelte, und kahm eine Stimme herauß zu dem Loche: Befehlen Sie was, Ihr Gnaden? Darauff ich so erschrack, als wenn mich der Schlag rührte, und den Pflock nur wieder hineinsteckte...» Wildenstein war einer Verschwörung auf die Spur gekommen, in die auch sein Herr verstrickt gewesen ist.

Die Gefangenen konnten sich übrigens auch auf eine andere Weise verständigen: Ritter und Holtzbrinck, die zusammen wohnten, und Romanus hatten sich von einem Tischler zwei Schränke anfertigen lassen. Nachdem sie die Schrankrückwand herausgenommen und die Mauer durchstoßen, den Schutt des Nachts aus dem Fenster oder ins «Privet» geschüttet hatten, konnten sie nun jederzeit durch den Schrank unbemerkt ins Zimmer des anderen gelangen. Zusammen mit den beiden Grafen Beichlingen bereiteten sie ein Komplott vor: den Sturz Augusts des Starken, die Einnahme von Machtpositionen durch Beichlingen und die anderen Verschwörer, die Auslieferung der Feste Königstein mit allen Schätzen an die Schweden und anderes mehr. Den Verschwörern war es gelungen, Böttger für ihren Fluchtplan zu gewinnen, ja, er spielte dabei sogar eine zentrale Rolle.

Im Frühjahr 1707 sollte der Plan verwirklicht werden. Einen Teil der Wachen hatte man bestochen. Die anderen wollte man anläßlich einer Musikdarbietung, wozu sich die Diener des öfteren bereit fanden, mit opiumhaltigem Wein außer Gefecht setzen. Alle Verschwörer hatten sich lange Bärte wachsen lassen, um in den für sie bereitliegenden Soldatenröcken nicht aufzufallen. Fünfundzwanzig Pferde würden am Tage X bereitstehen, um die Flüchtigen durch die Sächsische Schweiz nach Böhmen zu bringen.

Nach den Plänen des Großkanzlers sollte Böttger die Führung übernehmen. Zunächst stolz auf das vorgebliche Vertrauen, überfielen Böttger bald Zweifel und Angst: Was, wenn er als erster ergriffen, als Rädelsführer abgeurteilt oder gar bei der Flucht erschossen würde? Im Kampf gegen seine Ehre siegte die Furcht: Böttger verriet den Fluchtplan. Als der Tag X herannahte – die Nacht vom 9. zum 10. März 1707 –, sahen die Verschwörer mit Entsetzen, daß die Wachen verstärkt wurden. Eine Flucht war unmöglich geworden.

Daß Böttger als «Kronzeuge» seine Leidensgefährten und deren Diener verriet, ist die bittere Wahrheit. Im Aktenregister ist unter dem Datum «de 11. Martii 1707» davon die Rede, «daß dieser Herr (Böttger) in Abwesenheit des H. Generals den Ober Wachtmeister Cruxen berichten, ob währe der von Holzbring, Romanus und Ritter willens, miteinander zu eschappiren». Fünf Tage dauerte die Befragung Böttgers, seiner Diener und der Beschuldigten. Dann begab sich Crux zu Zinzendorf nach Dresden, um ihm die

Geschichte zu erzählen. Auf Befehl vom 22. März wurden daraufhin drei Offiziere und zwanzig Gemeine, die der Mitwisserschaft verdächtig waren, also die Hälfte der Besatzung, abgezogen und durch neue Wachmannschaften ersetzt.

Klugerweise hatte es der Großkanzler verstanden, nicht als Rädelsführer in Verdacht zu geraten. Diese Rolle schob man Romanus zu. Böttger tat sein Bestes, den Festungskommandanten darin zu bestärken, und machte sich dadurch Romanus zum Todfeind.

Graf Zinzendorf schickte Minister Hoym nach Königstein, der sich angeboten hatte, die Angelegenheit mit diplomatischem Geschick klären und die geheimen Pläne der Verschwörer ergründen zu wollen. Über den Erfolg der Mission liegt ein Bericht Hoyms vom 15. April 1707 vor. Der Minister erläuterte darin, wie Romanus und Böttger «durch ein gewißes Loch zusammenkommen konnten und Correspondenz gepflogen» hätten. Unglaubliche Einzelheiten erfuhr Hoym von Romanus: Böttger «hätte ihm, Romano, zugemuthet, bey Engelland und Holland vermittelst Versprechung etzlicher Millionen zu intrigiren, daß er von diesen puissances (Mächten) in Protection genommen würde». Um den Fluchtplan zu finanzieren, habe Böttger dem Romanus «eine Assignation an deßen Stieff Vater nacher Magdeburg gegeben, alda ein Pfund von seiner Tinctur, 80 000 Thlr. wert, abholen laßen zu können».

Das stimmte wirklich. Allerdings war Böttgers «Assignation» vom 4. März 1707 in falsche Hände geraten. Klug, wie er war, schickte Hoym am 12. April einen vertrauenswürdigen Mann nach Magdeburg, um zu überprüfen, «ob die Sache ein Betrug ist oder nicht». Der Bote, ein Sekretär namens Kroll, fand die Eltern Böttgers im «eigenen Hause, unweit dem Zeug Hause in einem kleincm Gäßgen». Mißtrauisch betrachtete Vater Tiemann den Brief seines Stiefsohnes, denn das Schreiben war «über fünf Wochen alt». Kroll suchte nach einer plausiblen Erklärung und log auch sonst das Blaue vom Himmel herab: «Von Böttgers Glückseligkeit, Accomodement, Bedienung undt Licenz, auff der Vestung

238

herum- undt mit dem H. Commandanten umbzugehen, habe so viel referiret, daß der Stieff Vater undt Mutter viel Trähnen darüber vergoßen, machten sich zugleich Hoffnung zu seiner baldigen vollkommenen Freyheit ...»

Von einem Paket mit der kostbaren Tinktur fand sich im Haus der Eltern nicht die geringste Spur. Tiemann gab dem Herrn Sekretarius einen Brief mit auf die Reise: «A Monsieur Jean Friederic Böttger, mon très cher Fils a Königstein». Im Vergleich zu dem rauhen Ton früherer Briefe enthält das Schreiben des «getreuen Vatters» an den «hertz liebwertesten Herrn Sohn» rührende Passagen. Aber es erreichte seinen Adressaten nicht, sondern wurde zu den Akten gelegt.

In seinem Bericht ließ Hoym durchblicken, daß sich des Königs Verdacht bestätigt habe: «Der König leget es also aus, Böttger und Romanus hätten würcklich touttebon (tout de bon – in allem Ernst) contractiret, miteinander zu echapiren.» Doch die Großen trifft die Schuld selten; bestraft wurden die acht Diener. Man schaffte sie am 8. Mai ins Dresdner Stockhaus. Zuletzt fahndete man noch nach einer Frau, die bei der Verschwörung eine Vermittlerrolle gespielt hatte. Sie wohnte in Königstein, dem gleichnamigen Städtchen am Fuße der Festung. Es bestand damals nur aus wenigen Häusern: Die Schweden hatten den Ort 1639 total niedergebrannt. Auch die Frau wurde gefaßt, weil jemand sie verriet. «Was die Frau im Städtgen betrifft», heißt es in Zieglers Bericht vom 6. Mai, «so hat der Herr mit den drei Dienern die Bettfrau Groserin genannt.»

In einem Brief an August den Starken vom 8. Mai 1707 gibt Böttger offen zu, Nehmitz «die Nahmen derjenigen alle benennet» zu haben, die an der Verschwörung beteiligt waren. Als aber nur die Diener verhaftet wurden, bekam es Böttger mit der Angst zu tun. Er warnte deshalb vor einer «allzu kaltsinnigen Untersuchung», wie sie dank der «listigen Vorstellung seiner Feinde» veranstaltet würde. Vor ihrer Rache hatte Böttger eine «Angst, so nicht zu nennen stehet». Und er teilte daraufhin den Namen eines weiteren Hauptschuldigen mit, der noch «nicht auf des Nehmizens seinen Zettel» stünde. Es war einer der beiden Diener des Großkanzlers.

Die Untersuchung über die Affäre zog sich in die Länge. Böttger sah sich durch die Untersuchung pausenlos beschäftigt. Im Juli entwarf Böttger ein königliches Reskript, um einen der Verschwörer, den erwähnten Diener Beichlingens, zu überführen. Schuberth hat den Text niedergeschrieben. Wahllos sprach Böttger Verdächtigungen aus, um selbst nicht verdächtigt zu werden. Angeblich Schuldige, besser gesagt ihre Diener, ließ er verhaften, erwirkte aber auch ihre Freilassung, wenn es sich als «Justizirrtum» herausstellte.

Ein Untersuchungsprotokoll vom 22. Juni 1707 erwähnt ausdrücklich den «Herrn mit den drey Dienern» als wichtigsten Zeugen. Auch dessen hilfreiche Leute werden in dem Schriftsatz beim Namen genannt: Paul Wildenstein, David Köhler und Johann George Schuberth. Damit sind auch die letzten Zweifel ausgeräumt, daß nicht Stöltzel, wie vielfach behauptet, sondern Schuberth mit Wildenstein und Köhler zusammen auf dem Königstein gewesen ist.

Einen der Verschwörer hat das Schicksal zu Fall gebracht: Patkul. Dafür traf Böttger allerdings keinerlei Schuld. Auf die Bestimmungen des Friedensvertrages pochend, erzwangen die Schweden am 6. April 1706 die Auslieferung des gefährlichen Aufrührers. «Voritzo aber berichte», so kommentierte Hoym in seinem Bericht vom 15. April die Situation, «daß die Sachen zwischen Schweden und uns sich nach erfolgter Extradation des von Patkul etwas beßer anlaßen, und haben wir Hoffnung, daß unser Land nun bald evacuiret werden wird, wenn wir nicht etwan von Moscau unglückliche Fata zu besorgen haben.» Hoyms Bedenken waren berechtigt, denn der Zar sollte August die Auslieferung des russischen Gesandten und dessen grausame Hinrichtung ein halbes Jahr später durch die Schweden nicht verzeihen.

240

Tschirnhaus hat die rettende Idee

Für die erwiesenen guten Dienste wurde Böttger belohnt. August der Starke fertigte in Leipzig am 26. Mai 1707 einen Befehl an Zinzendorf aus: «... damit diese Persohn mit drei Dinern zuweilen frische Lufft schöpfen könne, so wollet Ihr zugleich verfügen, daß ihme der Commandante auff der Vestung wöchentlich zweymahl herumbzugehen in Begleitung zweyer Officierer gestatte.» Böttger dankte es mit erhöhtem Eifer bei der Aufklärung der geheimen Verschwörung. Auch die letzte Gefahr wollte er vom König abwenden helfen. Glaubte Böttger doch in der ihm eigenen Selbstüberschätzung, im Besitz von wichtigen Staatsgeheimnissen zu sein. Selbst Nehmitz hatte er diese nicht anvertrauen wollen, als dieser ihn am 27. Mai 1707 besuchte. Näheres erfahren wir dazu aus Böttgers Brief vom 3. Juni 1707:

«Sire. – Ewer Majestät werden bereits durch den Cammer Rath Nehmitzen, den allerunterthänigsten Vortrag empfangen haben, bey welchem ich dann allerunterthänigst bitte, nicht ungnedig zu deuten, daß (ich) in den allerwichtigsten Puncten mich gegen denselben nicht expectoriren können, indem meine tragende Pflicht mich davor verhindert. Ich ... bitte Ew. Majestät umb Gottes Willen, daß ... kommen Ew. Majestät nur auff zwei Stunden nacher Königstein, als ... dan(n) ich Ew. Majestät Sachen vortragen werde, welche wahrhafftig von großer Wichtigkeit, absonderlich aber bey jetzigen Conjuncturen, da man noch nicht gewiß wißen kann, wann meine Erlaßung von hiesiger Vestung erfolgen dürffte ...»

Zwei Dinge waren es, die Böttger nur dem König vortragen wollte: die aufgedeckten geheimen Pläne seiner politischen Gegner und ein neues Projekt. Dazu war er von Tschirnhaus bei dessen letztem Besuch am 15. Mai 1707 ausdrücklich ermächtigt worden. Das Schicksal hatte dem Gelehrten zuletzt übel mitgespielt. In Kießlingswalde wurde ihm die Arbeit verleidet durch die Attacken eines religiösen Fanatikers, des pietistischen Ortspfaffen Kellner. Dann war im März die Ehefrau an den Folgen einer Kindbettkrankheit verstorben. Das Neugeborene hatte der Tod entführt. Sein ältester Sohn, Gottlob Ehrenfried, der in Leyden studierte und zu großen Hoffnungen berechtigte, war «durch eine gefährliche, in Holland ausgestandene hizige Kranckheit blöden Sinnes worden». Er mußte in die Heimat zurückgeholt werden, was Steinbrück besorgte. Tschirnhaus' Vermögen war aufgebraucht, die Schulden wuchsen ihm über den Kopf. Bei solchen Schicksalsschlägen verwundert es nicht, wenn Tschirnhaus zu zweifeln begann, ob seine Mittel und Kräfte noch ausreichten, um sein letztes Lebenswerk zu vollenden. Deshalb suchte er nach einem Ausweg und fühlte sich schließlich von einer Idee fasziniert: Johann Friedrich Böttger sollte ihm behilflich sein, das letzte Arkanum des Porzellans zu finden. Die Zeit drängte. Bald würden die Schweden das Land verlassen. Länger als ein oder zwei Monate konnte Böttgers Aufenthalt auf Königstein nicht mehr dauern.

Von der Idee und den Plänen Tschirnhaus' begeistert, verlangte Böttger nun dringend eine Aussprache mit dem König. In Böttgers Brief vom 3. Juni 1707 lesen wir deshalb: Wenn er «schon noch zwei Monath alhier verbleiben müßte, doch unterdeßen Sachen von großem Nutzen können praestiret werden, welche im Schreiben nicht nennen darff». Er, Böttger, werde «mit Bey Hülffe des Herrn von Zschürnhausen binnen der Zeit von zwei Monaten ein Großes praestiren können».

Trotz Böttgers Drängen kam August der Starke nicht nach Königstein. Aber er erließ am 7. Juni einen Befehl an den Festungskommandanten. Mit eigener Hand geschrieben, können wir das in Stil und Rechtschreibung gleichermaßen originelle Schriftstück heute noch im Original bewundern. Der Text soll hier erstmals vollständig und richtig wiedergegeben werden. Lediglich Großschreibung und Satzzeichen sind heutigen Normen angepaßt.

«Der von Schirnhausen, welchen ich auf den Königsten nebst Doctor Partolmein schicke zu Abhollung des Herrn mit treien

Dinern, alsoh laße der Commandant dieße beide vor benante
ohne Zeit Verlust auf die Festung, auch das(s) die Abfolgung der
benanten Person von den trey Dinern schleinigst gesche(he),
dahmit sie morgen, als den 8. Junie, gegen 5 Uhr morgens bey mir
alhier seyn köhnen. Gesche(he)n, Dresden, den 7. Junie 1707.

Augustus Rex.

Soh der von Schirnhausen einen Officier oder sonsten was neh-
tig fiendet zu der Ab- und Überfirung, soh folzie (vollziehe) es
der Commendant, wie man es von ihm verlangen wierd.

Augustus Rex.»

Wie die Audienz Böttgers im Schloß zu Dresden verlief, die am
8. Juni 1707 zu so früher Stunde stattfand, darüber schweigen die
Akten. Versuchen wir, die Situation zu rekonstruieren: Als erstes
wird Böttger den Verdacht des Königs zerstreut haben, er hätte mit
Romanus gegen die Interessen Seiner Majestät konspiriert. Dann
stand die Alternative «Gold oder Porzellan» zur Entscheidung an.
Mit Sicherheit wird August der Starke die Fortführung der Gold-
experimente befohlen haben. Nach Abzug der Schweden würde
man im Laboratorium auf der Dresdner Festung neu beginnen
müssen. Es ist aber gleichfalls sicher, daß der König immer mehr
Gefallen fand an einer Manufaktur für sächsisches Porzellan. In
Anbetracht des fortgeschrittenen Bearbeitungsstandes dürfte er
deshalb mit Freuden eingewilligt haben, daß Böttger zusammen
mit Tschirnhaus und Pabst diese erfolgverheißenden Arbeiten fort-
führt und vollendet. Für August den Starken war es ein verlocken-
der Gedanke, sich im Besitz eines Monopols zu wissen, um das ihn
ganz Europa beneiden würde.

Ende Juni konnte Böttger Michael Nehmitz, Tschirnhaus und
Pabst gemeinsam auf der Festung begrüßen. Der Befehl, sie passie-
ren zu lassen, datiert vom 20. Juni 1707. Auch Pabst war von harten
Schicksalsschlägen getroffen worden. Fast zu gleicher Zeit wie sein
Freund Tschirnhaus hatte er seine Ehefrau verloren und lebte nun
mit beiden Kindern allein in bitterer Armut. Denn seine Bergrats-

besoldung war ihm nie ausgezahlt worden, und über die fehlende Einlösung seiner Oberzehntenrechnungen klagte Pabst auch Jahre später noch. Als Gnadenbezeugung hatte er vom König zwar eine Konzession für die Niederjagd erhalten, um damit sein Leben notdürftig fristen zu können. Auch versuchte er seit langer Zeit, das auf seinem Grundstück liegende, im Dreißigjährigen Krieg verwüstete Prager Vorwerk wieder in Schwung zu bringen. Doch glücklich war Pabst, zudem immer kränklich, dabei nicht geworden.

Zweifellos ist Böttger zu hart mit Pabst von Ohain umgesprungen. Denn Böttger ließ den König nach dieser Unterredung wissen, daß er «zimlich alteriret» gewesen, als er «von dem Berg Rath Pabsten vernohmen, das(s) er nichts weiter in seiner Arbeith avangiret, (sondern) sich mit vielerhand Uhrsachen entschuldiget». Daraufhin habe Böttger «ihm seine Nachläßigkeit zimlich verwi(e)ßen und ihme gar zu abordiniren bedrohet».

Wie Böttger dem König weiter berichtete, habe er bei dem Treffen «mit dem Herrn von Schürnhausen alle Veranstaltungen verabredet zu einer sehr fleißigen Arbeith». Nur ein Problem gäbe es noch zu lösen: «Sachen müßten angeschaffet werden, welche nur bey dieser Jahreszeit zu haben stehen.» Rote und weiße Erden, Letten und Bolus, feiner Sand, Kalk und Alabaster ließen sich am besten zur Sommerzeit heranschaffen, auch das benötigte Brennholz. Das sah August sicher auch ein. Sein Finanzminister wußte jedoch nicht, aus welcher Kasse er die dazu veranschlagten 500 Taler nehmen sollte.

Ein königlicher Erlaß vom 29. Juli 1707 verhieß Böttger mehr Freizügigkeit. Der Arrestant, der tagtäglich seiner Entlassung entgegensah, sollte sich wieder an den Alltag gewöhnen. Ab sofort gestattete man ihm, wöchentlich vier- statt bisher zweimal «auff der Vestung Königstein, seiner Gesundheit zum Besten, jedoch unter Auffsicht, herumbzugehen, auch solcher gestalt alle Sonn- und Feiertage dem Gottesdienste beizuwohnen».

Länger als erwartet blieben die schwedischen Besatzer im Lande. Erst am 1. September 1707 fand sich Karl XII. bereit, sein Hauptquartier in Altranstädt zu räumen. Er folgte seinen Truppen, die sich bereits auf dem Marsch nach Polen befanden. Zuletzt «eroberte» der Schwedenkönig noch die Residenz Augusts des Starken am 6. September. 23 Millionen Taler soll Kursachsen die schwedische Invasion gekostet haben. Mit knapp 20 000 zerlumpten, ausgehungerten Soldaten war Karl XII. in Sachsen eingezogen. Ein Jahr später verließ er das Land mit einem gut ausgerüsteten und fast doppelt so starken Heer. Mit Gewalt und Geld waren sächsische und andere deutsche Landeskinder zum Rekrutendienst gepreßt worden.

Als der Termin des Abschieds von der Festung Königstein näher rückte, wollte Böttger nicht ohne eine Geste der Versöhnung von den Zurückbleibenden scheiden. Besonders bemühte er sich um eine Unterredung mit Wolf Dietrich von Beichlingen. Großzügig gewährte ihm August der Starke diese Bitte. Nehmitz informierte den Festungskommandanten am 17. September, daß Böttger, «so offte als er begehre», den Großkanzler allein sprechen dürfe. Diese Unterredungen sollten in der Christiansburg stattfinden, einem pavillonartigen zweigeschossigen Bau aus dem 16. Jahrhundert, der sich über den an der Elbseite abstürzenden Felsmauern erhebt. Nach dem Umbau im Jahre 1731 wird das sich heute im Stil eines barocken Lustschlößchens präsentierende Gebäude die Friedrichsburg genannt.

Am 21. September erhielt Ziegler zwei Verordnungen zugestellt, auf die er gewartet hatte. Die eine war ein Schreiben von M. Nehmitz: Majestät werden gnädigst gestatten, daß der «Herr mit drei Dienern ... bei einem jeden der Herren Arrestanten Abschiedt nehmen und mit denenselben wegen ihrer gehabten Schwüstigkeiten (Zwistigkeiten) sich versöhnen» möge. Der zweite Brief war ein Befehl Zinzendorfs, Böttger und seine Diener freizulassen. Am 22. September 1707 öffneten sich für vier Staatsgefangene des Königsteins die Festungstore. Tschirnhaus und Dr. Bartholomaei standen mit zwei Kutschen bereit, um die Entlassenen abzuholen. Unterwegs zeigte sich Böttger recht einsilbig. Ob er es insgeheim bedauerte, nicht auf der Festung Königstein geblieben zu sein?

7. Das erste europäische Porzellan

Geheimlabor auf der Jungfernbastei

Es war am Spätnachmittag des 22. September 1707, als zwei verhangene Kutschen vor dem Pirnaischen Tor der Residenz anhielten. Die sonst übliche Visitation unterblieb. Ohne weiteren Aufenthalt rollten die beiden Wagen durch das Stadttor in Richtung Zeughaus hinauf zur Jungfernbastei. Böttger und seine drei Diener waren an ihrem Bestimmungsort angelangt. Neugierig begannen sie ihre neue Wirkungsstätte zu inspizieren.

Die Festungsanlagen der Jungfernbastei sind unter Kurfürst Christian I. angelegt worden. Große Mengen des bei Pirna an der Elbe gebrochenen Sandsteins fanden damals Verwendung für die 140 Meter lange Elbfront der Festung. In das künstlich angelegte Massiv trieb man unterirdische Gänge und Gewölbe. Hinter den aufgetürmten Wällen wurden Kanonen postiert. Schließlich zweigte man einen Stadtgraben von der Elbe ab und führte ihn direkt an der Ostseite der Jungfernbastei entlang. Erst seit 1721 trägt diese Festungsanlage den Namen Venusbastei.

Sachsens Kurfürsten wollten aber nicht nur für Kriege gerüstet sein, sondern auch die lustvollen Seiten des Lebens genießen. Deshalb erbauten sie in den Jahren 1617 bis 1653 auf der äußersten Festungsspitze ein terrassenartiges Lusthaus im italienischen Renaissancestil. Das 24 Meter hohe Gebäude war «gäntzlich mit Kupffer gedecket und hat oben einen hohen Saal und Cupola, von allen vier Seiten vier ionische Portale und umb und umb Fenster.

Es ist mit vielen Statues, Marmor, auch köstlich vergoldetem Schnitzwerk und Gemälden an den Decken gezieret.» So schildert Anton Weck in seiner Dresdner Chronik von 1680 die Schönheiten dieses «Lusthauses zur Jungfer». 1747 fuhr ein Blitz in die darunterliegenden Gewölbe, brachte ein Pulvermagazin zur Explosion, und mit einem Teil der Festungsanlagen flog auch diese Stätte barocker Lustbarkeit in die Luft.

Keine Frage, daß sich solch ein architektonisches Kleinod für Festlichkeiten sehr gut eignete. Im Juni 1698 residierte dort während eines Besuches Zar Peter I. Böttger hat diese Stätte des Glanzes und Luxus nicht bewohnt. Für ihn hatte man ein schlichtes Steinhaus auf der Festung erbaut, mit Palisaden umzäumt, um Neugierigen den Einblick und dem Goldmacher den Ausgang zu verwehren. Wie die Akten berichten, wohnte Böttger mit seinen Gehilfen «auf der Vestung in dem *bey* der Jungfer gelegenen Hauße». Allerdings durfte er die schöne Aussicht auf die Stadt, den Fluß und die Elbhänge genießen. Dieser «Blick vom Balkon Europas», der späteren Brühlschen Terrasse, bezaubert auch heute die Besucher.

Böttgers Wohnhaus war über einen Treppenaufgang mit einigen jener unterirdischen Gewölbe verbunden, die sich bis unter das Lusthaus erstreckten. Im Ostteil der Festung gab es davon sieben, mit der Außenwelt nur durch einige mit Gitterstäben versehene Fenster verbunden. Unter Tschirnhaus' Anleitung waren drei dieser Kellergewölbe in Arbeitsräume verwandelt worden. In einem Laboratorium hantierte der Hofapotheker Werner. Ein anderer Raum war für Böttgers alchemistische Tätigkeit vorgesehen. Weil es sich dabei um das geräumigste Gewölbe handelte, bestimmte es Tschirnhaus zugleich auch für die Porzellanarbeiten. Der Gelehrte hatte sich noch einen weiteren, von der Auffahrt aus zugänglichen Keller reserviert, in dem schon früher Crottendorfer Marmor zersägt und poliert worden war. Alle diese Räumlichkeiten standen ihm persönlich zur Verfügung, wie auch das Laboratorium im Goldhaus.

Greifen wir den Ereignissen ein wenig vor, so läßt sich feststellen, daß in jenen Laborräumen auf der Jungfernbastei in Dresden die erste silikattechnische Forschungsstätte der Welt entstand. Sie reiht sich ein in jenen Institutionalisierungsprozeß der Montanwissenschaften, der in Kursachsen frühzeitig im Jahr 1702 mit der Gründung der Stipendiatenkasse und des Contuberniums begonnen hat. Wie sehr die damals gesammelten Erfahrungen dem Arbeitskreis um Böttger, Tschirnhaus und Pabst jetzt zugute kamen, sollte sich bald erweisen: In kurzer Zeit gelang es, «in contubernio» die letzten Geheimnisse des Porzellans zu ergründen. Auch andere Ideen des einstigen Contuberniums lebten fort, wie die später – 1711 – von Böttger wiederaufgenommenen «Ertz- und Schmelzarbeiten» beweisen.

Was gab es für Böttger und seine Gesellen zu tun, als sie nach Rückkehr von der Festung Königstein ihre neue Arbeitsstätte auf der Jungfernbastei in Besitz nahmen? Wildenstein berichtete, daß es zunächst «alles recht wilde in den Gewölben außsahe, und haben wir recht arbeiten müßen, daß es hernach einem Laboratorium ähnlich sahe, da denn der H. von Tzschirnhaußen alles mit angab . . .». Die experimentelle Arbeit galt anfangs ganz dem Porzellan. Die Weichen waren gestellt, seitdem Tschirnhaus im Mai 1707 mit Böttger diese Pläne abgesprochen und dieser bei seinem Blitzbesuch in Dresden am 8. Juni des Königs Einwilligung erhalten hatte. Praktisch mußte man jedoch dort beginnen, wo die Arbeiten in Meißen vor zwei Jahren unterbrochen worden waren. Das Arkanum des roten chinesischen «Porzellans», des edlen Yixing-Steinzeugs, hatte man entdecken können: Ein feuerbeständiger roter Bolus, wie die Nürnberger Erde, mußte zusammen mit einem Flußmittel innig vermengt und bei hohen Temperaturen gebrannt werden. Weißes Porzellan hingegen verlangte einen «weißbrennenden» Ton, der beim Brennprozeß zusammensintert, nachdem er mit Hilfe einer anderen Erde «in Fluß gebracht» wurde.

In der einschlägigen Literatur liest man oft, Böttger habe zunächst das rote Porzellan – ein hochwertiges Steinzeug –, dann die Dresdner Fayence und später das weiße Porzellan erfunden. Nicht nur der Alleinanspruch auf diese Erfindungen ist unhaltbar, auch

248

die Reihenfolge stimmt nicht. Aufbauend auf den letzten verheißungsvollen Probebränden in Meißen, vollbrachten Böttger und seine Mitarbeiter das scheinbar Unmögliche unter Tschirnhaus' dirigierender und Pabst von Ohains organisierender Hand: In nur zwei Monaten – Oktober und November 1707 – entwickelten und erprobten sie Masseversätze und Verfahrensprinzipien für die Delfter Fayence, das edle rote Steinzeug und das weiße Porzellan.

Wie aus einem Brief Böttgers vom 6. Oktober 1707 hervorgeht, war eine Anregung seines Gönners Tschirnhaus, gleichsam nebenbei das holländische «Porzellan» herzustellen, auf fruchtbaren Boden gefallen. In jenem Schreiben versicherte Böttger, er teile die Meinung des Herrn von Tschirnhaus, wonach die holländische Fayence «mit Hülffe der Chymie gewiß noch großer Verbesserungen fähig sey». Begünstigt wurde dieses Vorhaben durch den Umstand, daß die Herstellung der Fayence kein Arkanum mehr war, worüber allein die Holländer verfügten. Manufakturen für holländisches Porzellan gab es seit kürzester Zeit auch bereits in Hamburg, Kassel, Berlin und in Braunschweig. Kurfürst Friedrich Wilhelm hatte im Jahre 1678 einem Holländer das Privileg für eine Delfter Porzellanmanufaktur in Potsdam erteilt. 1683 verlegte der Produzent seine Werkstätte nach Berlin. Sie befand sich in der Stralauer Straße, dicht neben der Apotheke Zorns. Ein anderer Holländer, Cornelius Funcke, der dort tätig war, gründete 1699 eine weitere Berliner Fayencebäckerei.

Die Einrichtung einer Manufaktur für holländisches Porzellan war also nicht das vordergründige Problem. Tschirnhaus besaß genügend Kenntnisse und war selbst in Delft gewesen. Auch Kunckel hat in seinen Schriften darüber berichtet. Wichtiger waren zunächst Arbeiten zur Vervollkommnung des roten und weißen Porzellans. Geeignete Rohstoffe mußten herbeigeschafft werden. Einige Tonsorten hatte man bereits als brauchbar herausgefunden: roter Bolus oder Nürnberger Erde für das rote Steinzeug, Waldenburger oder noch besser Colditzer Ton für das weiße Gut. Als leichtflüssige Erden standen Kalkspat, Marmor oder Kreide und Alabaster zur Auswahl.

Tontöpferei ist eins der ältesten Handwerke. Auch Sachsen verfügte über eine leistungsstarke Töpferproduktion. Annaberg-Buchholz, Freiberg, vor allem Colditz und Waldenburg galten als Zentren der Steinzeugfabrikation, die auf eine bis ins 15. Jahrhundert zurückreichende Tradition zurückblicken konnten. Über das begehrte Waldenburger Töpfergeschirr weiß Zedlers Universallexikon von 1747 wie folgt zu berichten: «Es bestehet dieses aus einem harten und schön weißen Dohne, der in einem Dorffe, Frohndorff genennet, gegraben und vermittels des gemeinen Saltzes so harte gebrennet wird, daß man mit den zerbrochenen Stükken aus einem Stahl Feuer schlagen kann.»

Die Waldenburger Töpfer verarbeiteten einheimischen Ton oder bezogen ihn aus den Frohndorfer Gruben im benachbarten Altenburg. Tschirnhaus und Pabst organisierten den Antransport größerer Mengen Waldenburger Tons. Dabei erfuhren sie von den Töpfern manches Fabrikationsgeheimnis, wie zum Beispiel: Um besonders widerstandsfähige Tongefäße zu erhalten, brannten die Waldenburger ihren ausgeformten Ton in zwei Phasen: zunächst bei Temperaturen von 800 bis 1000 Grad Celsius, so daß unter Schwinden der Masse ein fester, saugfähiger Scherben entstand, auf den sich Farben gut auftragen ließen. Diesen vorgebrannten Scherben machten sie dicht und wasserundurchlässig entweder durch Sinterung bei noch höheren Brenntemperaturen, wobei die Oberfläche verglaste. Dazu benötigten die Waldenburger Temperaturen, vergleichbar mit jenen, bei denen die Chinesen ihr Porzellan brannten (1000 bis 1350 Grad Celsius). Oder aber sie brannten bei diesen Sintertemperaturen mit Kochsalz oder Lehm eine Glasur auf.

Um das Glüh-, Sinter- beziehungsweise Fließverhalten des Waldenburger oder Colditzer Tons und der leichtflüssigen Erden, einzeln oder im Gemisch, zu studieren, griff Böttger auf Tschirnhaus' Arbeitstechnik zurück. Unter dessen Anleitung führten Böttger und seine Helfer zahlreiche systematisch angelegte Versuche mit dem großen Brennlinsenapparat durch.

250

Das Ausfindigmachen geeigneter weißbrennender Erdmischungen, die dem Feuer standhalten, doch dabei zu Porzellan sintern, war das wesentlichste Ergebnis der Brennglasversuche auf der Jungfernbastei. Während David Köhler und Paul Wildenstein vor dem großen Brennapparat hantierten, bemühten sich Böttger und der Freiberger Ofenbauer Balthasar Görbig um die Errichtung eines leistungsstärkeren Brennofens. In Tschirnhaus' Labor war Samuel Kempe damit beschäftigt, Ton-, Sand-, Marmor- und Alabasterproben zu sichten, zu zerkleinern, zu schlämmen. Seit Dezember 1707 half ihm dabei ein weiterer Bergknappe aus Freiberg, Christoph Wieden.

Zum Bau des Brennofens verwandte Böttger weiße hochgebrannte Tonziegel. Sie mußten von weit her herangeschafft werden, bis man sie schließlich in der Dresdner Glashütte zu fertigen verstand: aus Colditzer Ton, vermischt mit Elbsand. Der neue Brennofen hatte allerdings seine Mängel – «die Kohlen wollten sich nicht verzehren». Anschaulich schildert Wildenstein, wie er und seine Kameraden «alle halben Stunden» die unverbrannten Kohlen herausholen mußten: «. . . worbey wir haben außgestanden wie das Vieh . . . und die Gluth alles zurückschlug, daß es große Steine auß dem Gewölbe gerießen und rausgesprenget, . . . auch uns die Haare vom Kopffe versenckt und auch daß Pflaster so heiß geworden, daß es uns mit Respekt große Blaßen an die Füße gebrennet.» Ein angebliches Porträt Böttgers zeigt ihn mit seltsamem Kopfschmuck: einen turbanartigen Schal um den Kopf gewickelt. Lesen wir dazu die Schilderung Wildensteins, so ist verständlich, daß ein solches mit Wasser zu befeuchtendes Tuch der zweckmäßigste Schutz gegen die glühende Hitze gewesen sein mag.

Schließlich entdeckten Böttger und seine Gehilfen den Fehler. Das Gewölbe war zu niedrig, und der neuerbaute Ofen konnte keinen Zug entwickeln. Ein Schornstein, durch die Decke nach außen geführt, hätte Abhilfe gebracht. Doch verbot sich das von selbst. «Wir konten . . . keine Feuermäuer zum Gewölbe laßen nauß führen», erläuterte Wildenstein das Dilemma, «weil es gleich unter dem schönen Lustgebäude war.»

Mit Tschirnhaus' fachkundiger Hilfe löste sich auch dieses Problem. Böttger verwarf Glaubers «neue philosophische Öfen» und auch Freund Kunckels in der «Ars vitraria» beschriebene Konstruktionen und beschritt neue Wege: Die Kohlen «verzehrten sich nun von selbst», auch ohne überdimensionalen Rauchfang. «Was sothane Öfen betrifft, so sind solche von gantz neuer und besondrer Invention», erinnerte sich Steinbrück 1717, der Böttgers Bemühungen über Jahre hinweg verfolgen konnte. «Sintemahln die Lufft hier mit dem Feuer sich gleichsam vereiniget und es durch einen unglaublichen Zug dermaßen subtilisiret, daß es eher einer feurigen Lufft ... ähnlich siehet. Den sonst bey allen Öfen gewöhnlichen und sehr incommoden Rauch verzehret es gäntzlich und läßet sogar von dem Holtze kaum soviel zurück ...»

Die großen Stapel Brennholz, die vor Böttgers Behausung lagerten, gingen dabei rasch zur Neige. Und das stellte kein geringes Problem dar. Holz war kontingentiert. Es bedurfte einer Genehmigung der Oberrechnungskammer, wenn von den streng bewachten Holzhöfen vor dem Pirnaischen Tor oder an der Weißeritzmündung weitere Lieferungen freigegeben werden sollten. Bereits am 16. September 1707 hatte die Kammer befohlen, daß «zwey Schragen Hart- und zwey Schragen Weichholtz auff die Vestung allhier vor die sogenante Jungfer geführet und daselbst zum Gebrauch geschnitten und gespaltet werden». Dieses Kontingent war für das neue Laboratorium, also für Tschirnhaus und Böttger, bestimmt. Der Hofapotheker erhielt sein eigenes Deputat. Indessen waren jene vier Schragen, knapp 30 Kubikmeter, bereits binnen zwei Monaten aufgebraucht. Ein königliches Dekret vom 14. November ordnete deshalb an, daß für die Arbeiten auf der Jungfernbastei jeder benötigte Schragen Holz oder Fuder Kohlen auch ohne weitere Verordnung zu liefern sei. Gegen Barzahlung. «Zur Versorgung des vom Königstein auff die Vestung zu Dreßden gebrachten Böttigers» – wie es offiziell in einer Verordnung an die Generalakziseinspektion vom 4. November 1707 heißt – wurden monatlich 200, ab 1. Oktober 400 Taler angewiesen. Diese Summe sollte sich im ersten Halbjahr 1708 auf 750 Taler erhöhen. August der Starke bestimmte in einem «Allerhöchsten Decret vom 20. November 1707», daß Böttger davon «Materialien, Ertze, Thone und Steine, soviel er deren gebrauchen wird», sowie die «zum Laboratorio behörigen Geräthschafften, Kohlen» und natürlich auch Holz anschaffen und bezahlen müsse.

Das früheste Rezept für «Jaspisporzellan»

Das Dekret vom 20. November 1707 ist noch aus anderem Grund interessant. Es stellt ein erstes Rahmenprogramm dar für die «von Johann Friedrich Böttger anzurichtenden und in Stand gebrachten Manufacturen». Diese Formulierung ist eindeutig und läßt auf einen fortgeschrittenen Bearbeitungsstand schließen. Auch aus anderen Gründen muß deshalb angenommen werden, daß bereits im November 1707 die Herstellungsverfahren für das rote und weiße Porzellan vollständig bekannt gewesen sind – mit Ausnahme der Glasur.

Den Historikern hat es schon immer Schwierigkeiten bereitet, keramische Masseversätze aus der Erfindungszeit dokumentarisch nachzuweisen. Besonders gilt es für die Rezeptur des «roten Porzellans». Bisher glaubte man, daß die in Stöltzels Arkanabüchern von 1731/32 enthaltenen Vorschriften die früheste Rezeptur seien. Aber was beweisen diese schon? Doch nur jenen Sachverhalt, wie man dieses veredelte Steinzeug zum Zeitpunkt der Niederschrift angefertigt hat oder bestenfalls wenige Jahre zuvor – nicht aber, wie es zu Böttgers Zeit hergestellt worden ist. Auch ist zu berücksichtigen, daß Stöltzel an den entscheidenden Experimenten in den Jahren 1707 und 1708 nicht teilgenommen hat, weil er erst später, 1711, wieder zu Böttgers Arbeitsgruppe stieß.

Zu jenen, deren Verdienste um die Erfindung des europäischen Porzellans kaum beachtet worden sind, gehört der Freiberger Berg- und Hüttenfachmann Gottfried Pabst von Ohain. Der Umsicht und dem Organisationstalent dieses Mannes ist es zu danken, daß Böttger mit allen erforderlichen Materialien, mit Erzen, Erd- und

Gesteinsproben, versehen wurde. Als Gefangener und des Landes unkundig hätte er diese niemals selbst heranschaffen können. Zuletzt, am 11. November 1707, hatte Böttger den befreundeten Pabst ermahnt, «den Thon von Waldenburg balde anher schicken» zu lassen; und zwar «ausgesucht, so recht schön weiß, wenn es nur 10 Pfd. wehren». Pabst von Ohain hat Böttgers Arbeiten nicht nur nach Kräften unterstützt, sondern auch selbst maßgeblich zur Porzellanerfindung beigetragen. Das läßt sich aus einem Manuskript ableiten, das aus seiner Feder stammt: «Die wahre Arth, das Chur-Sächßische Porcellain, welches das wahre Indianische in vielen übertrifft und wie es bißhero in der Stadt Meißen aufm Schloße allda verfertiget worden, zu machen.»

Das Schriftstück trägt weder Datum noch Unterschrift, ist für Ungeübte kaum zu entziffern und dürfte aus all diesen Gründen unbeachtet geblieben sein. Anhand der Schrift und anderer Indizien konnte der Text Pabst von Ohain zugeordnet und auf die Zeit 1720/21 datiert werden. Auf fünfzehn eng beschriebenen Folioseiten hat der Bergrat sein reiches Wissen besonders über die technische Seite der Porzellanherstellung zur Zeit Böttgers niedergelegt. In seinen Aufzeichnungen entdecken wir das früheste erhaltene Masserezept für das rote Porzellan, später Böttger-Steinzeug genannt. Pabst hat es zehn Jahre früher als Stöltzel niedergeschrieben:

«Massa zum rothen oder sogenannte Jaspis-Porcellain. – Hierzu wird Blauischer gelber Lehm, so nicht weit vom Großen Garthen vorm Pirnaischen Thor gegraben wird, oder der Thon und Lehm bei dem Dorffe Möhren (Mehren), ohnweit der Jahne unter Meißen, genommen, beyde . . . wohl geschlämmet und unter das Nürnbergische oder ander gutes Braunroth, auch zuvor wohl geschlämmet, gethan und wohl untereinander gekneten, ohngefehr 2 Theile Braunroth und 1 Theil Thon oder Lehm . . . Aus diesen wohl praeparirten und durchgearbeiteten Massen nun kann man drehen und formen, was verlanget wird . . .»

Das ist also das gesuchte Arkanum des edlen roten Steinzeugs, des Jaspisporzellans, wie es Böttger gefertigt hat: wenigstens 66,7 Prozent roter Bolus, also Nürnberger Erde, und der Rest Lehm, wie man ihn in der Nähe der Stadt Dresden, vor dem Pirnaischen Tor, aber auch im Plauenschen Grund, gegraben hat. Das erwähnte Nürnberger Braunrot bezog man damals von dem Dresdner Kaufmann Böhme.

In seinem Manuskript macht Pabst auch auf Herstellungsvarianten aufmerksam, die bisher unbekannt gewesen sind: «Man kann auch wohl etwas schönen hochrothen, wohlgeschlämmten Eysen-Sinter oder Guhr, wie beym Eysen-Bergwercken aus denen Klüfften sintert, darunter thun, wird wunderschön. Wenn man dergleichen ... nicht haben kann, nimmt man statt deßen einen schönrothen Crocum martis.» Zusätze von natürlichem Eisenoxid oder auf chemischem Weg gewonnenem Eisenoxidhydrat dienten demnach zur Verbesserung des roten Porzellans. Dank den Aufzeichnungen Pabst von Ohains wird nun klar, warum Böttger in mehreren undatierten – zwischen März und Juni 1708 geschriebenen – Briefen immer wieder verlangt hat, Pabst möge ihm «Eysen-Sünder ..., so nicht so unrein und steinig, sondern fast als ein Letten (Ton) anzugreiffen», übersenden.

Das neuerfundene rote Steinzeug hatte das Aussehen des sächsischen Halbedelsteines Jaspis. Man nannte es deshalb «Jaspisporzellan». Es war ebenso hart wie dieser begehrte Schmuckstein und ließ sich genauso gut schleifen und polieren. Das wiederum konnte man mit dem roten Steinzeug aus China gewöhnlich nicht machen, weil es zu weich war.

Böttger, Tschirnhaus und Pabst waren Fachleute genug, um zu erkennen, daß ihr «Jaspisporzellan» zwar einen dichten, harten, temperaturwechselbeständigen Scherben aufwies, doch ihm die letzte Eigenschaft des echten Porzellans fehlte: Es war nicht diaphan, also durchscheinend, und nicht weiß.

In der Porzellanmanufaktur Meißen befindet sich eine Handschrift, die unter dem Namen «Meißner Manuskript» bekanntgeworden ist und 1743 von dem Arkanisten Dr. med. Christoph Heinrich Petzsch abgefaßt sein soll. Das Manuskript bezieht sich auf die Erfindungszeit und schildert die Vorversuche mit dem von Tschirnhaus erfundenen Lens (Brennlinse), die zur Auffindung der

255

Komposition für das rote Porzellan geführt haben: «Aber nicht alleine die benutzten Erden, Thone und Leime (Lehme) sind durch den Lentem probiret worden, sondern auch die weißen, da ebenfalls einige immerer vor denen andern flüssiger gewesen, so daß einige sich procellainehafft ... gebrannt.» Einige dieser Proben zeigten sich plötzlich «semidiaphanam tremuli narcissuli ideam lacteam – halbdurchscheinend und milchweiß wie eine Narzisse», wie es in dem Manuskript heißt: Es war echtes weißes Porzellan! Auch dieses Arkanum, wie man aus Colditzer Ton und einer leichtflüssigen Erde, wie Alabaster, Marmor oder Kreide, Porzellan im durchscheinenden Weiß der Narzisse brennen kann, war Böttger und seinem Arbeitskreis im November 1707 bereits bekannt. Man begnügte sich aber nicht nur mit einfachen Brennproben wie Platten und Fliesen aus Porzellan. Wie schon Pabst formulierte, wollte man aus der zubereiteten Porzellanmasse «drehen und formen, was verlanget wird».

Böttger beauftragte den Hoftöpfer Fischer, einige runde Gefäße aus der neuen Masse herzustellen. Seine Gefäße, «ziemlich dicte nach Töpfer Art aus freuer Faust getrehet», wie das Meißner Manuskript vermerkt, fielen nicht besonders künstlich aus. Aber selbst als man später am Dresdner Rathaus mit einem Aushang um Töpfer warb, meldete sich niemand, der dieses Handwerk auf der Dresdner Festung ausüben wollte. Erst im Herbst 1708 änderte sich diese Situation. Seit September 1708 arbeitete der Töpfer J. C. Krumbholz für Böttger und seit November 1708 ein Töpfermeister aus Pirna, Peter Geithner.

Böttger war deshalb noch einige Zeit auf die kostspieligen Dienste des Hoftöpfers angewiesen, der nicht zu den verschwiegensten Leuten zählte. Bald wußten sogar auswärtige Gesandte bei Hofe, daß Fischer sächsisches Porzellan verarbeitete. In einem Brief an Pabst beschwerte sich Tschirnhaus am 1. Dezember 1707 darüber: «Es scheinet, als ob iemand Hohes den Töpfer corrumpiret; man suchet von seiner Materie zu haben und künstelt bey gewießen Leuten, umb alles mitt der Porcellan Arbeit zu traversiren (durchkreuzen).»

Verzweifelt bemühte sich Tschirnhaus beim König oder beim Statthalter um eine Audienz. Fürstenberg hatte keine Zeit, denn er war eben erst, am 29. November, von einer Mission aus Wien zurückgekehrt. August der Starke ließ mitteilen: Sobald der neue Brennofen fertig wäre und im vollsten Feuer stünde, wollte er sich selbst ansehen, wie sächsisches Porzellan gemacht werde.

Die Geburtsstunde des weißen Hartporzellans

In den letzten Tagen des Jahres 1707 erschien König August mit Fürstenberg und einigem Gefolge auf der Jungfernbastei. Dieses Ereignis hat Paul Wildenstein geschildert: Als den hohen Herrschaften beim Betreten des Laboratoriums «die schreckliche Gluth entgegenschlug, weren sie lieber wieder umgekehrt». Doch Böttger, der «wie ein Rußköhler aussahe», beruhigte sie. Er befahl seinen Gesellen, mit Feuern innezuhalten und den Ofen aufzumachen – «worbey der Fürste zum öffteren ‹O Jesus Maria› sagte, der König aber lachte: Es were noch lange nicht das Fegefeuer . . .».

August der Starke besann sich auf seinen Beinamen und trat näher, um einen Blick in das weißglühende Innere des Brennofens zu werfen, «ruffte den Fürsten und sagte: Seht doch, Egon, hier soll Porcellan drinne stehen!». Mißmutig entgegnete der Statthalter, er sähe nichts. Erst nachdem der Ofen weiter abgekühlt und die grelle Weißglut einem roten Schein gewichen war, ließen sich die Konturen einer feuerfesten Tonkapsel erkennen. Mit einer Eisenzange hob Wildenstein sie heraus. In ihrem Innern befand sich, vor Rauchgas und Flugasche geschützt, eine schlichte weiße Teekanne, die der Hoftöpfer aus der neuen Porzellanmasse gedreht hatte.

Böttger ließ sich von Wildenstein die Zange reichen, packte das noch schwach glühende Kännchen und warf es in ein Faß Wasser, das zum Ablöschen der Zangen diente. Ein explosionsähnlicher Knall war zu hören. «O, das ist lange vorbey und in Stücke zersprungen», rief der König aus.

«Nein, Ihro Majestät, es muß mir die Probe außhalten.» Sprach's, griff hinein in die Wassertonne und holte das Kännchen unversehrt heraus – «nur daß es noch nicht Feuer genug gehabt und die Glasur nicht völlig gefloßen war», bemängelte Wildenstein den ansonsten geglückten Probebrand.

Von draußen ließ sich Böttger Schnee bringen, stopfte ihn in das Teekännchen und setzte es erneut der Glut des Brennofens aus. Auch diese Feuerprobe bestand das Porzellangefäß. August der Starke war zufrieden. Zum erstenmal hatte Böttger eines seiner Versprechen gehalten: Er hatte tatsächlich «binnen zwey Monaten ein Großes praestirt». Freilich war dies nur «mit Hülffe des Herrn von Zschirnhausen» möglich gewesen, um Böttgers eigene Worte zu zitieren. Und mit der tatkräftigen Unterstützung seiner tüchtigen Gesellen sowie des Bergrats Pabst von Ohain.

Der erfolgreiche Brand, der vor den Augen des Königs aus gemeiner sächsischer Erde schönstes Porzellan entstehen ließ, löste in den nächsten Monaten fieberhafte Aktivitäten aus. August der Starke wollte sich mit aller Macht das Privileg für die erste Porzellanmanufaktur Europas sichern. Zunächst wurden auf seinen Befehl die Sicherheitsvorkehrungen verstärkt: Seit Januar 1708 waren 7 Oberoffiziere, 5 Sergeanten, 12 Korporale, 1 Tambour und 90 Soldaten für die Bewachung Böttgers und der Jungfernbastei verantwortlich. Straffer organisiert wurde das Unterstellungssystem. Aus dem vom König genehmigten Besoldungsetat vom 12. Januar 1708 ist abzuleiten, daß sich Michael Nehmitz und Tschirnhaus in die Leitung des Unternehmens teilten. Als Entgelt erhielten sie dafür 150 beziehungsweise 100 Taler monatlich. Böttger bekam für seinen persönlichen Bedarf 50 Taler, die Arbeiter erhielten 8 Taler. Das deutliche Lohngefälle wurde insofern «entschärft», als die Gehälter nur selten und dann nicht in voller Höhe ausgezahlt wurden.

Eine besondere Rolle sollte dem damals siebenunddreißigjährigen Medikus Dr. Johann Jacob Bartholomaei zufallen. Bartholomaei – er selbst schrieb sich «Bartelmaei» – war Böttger seit November 1707 als Leibarzt zugeteilt worden, bei einem Entgelt von zehn Talern monatlich. Gleichsam über Nacht wurde er einer der großen Arkanisten des sächsischen Porzellans. Anlaß dazu bot eine Anordnung des Königs. Böttger sollte Dr. Bartholomaei für die Porzellanarbeiten und die Einrichtung einer Manufaktur gewinnen. Am 31. Dezember 1707 suchte er deshalb den Arzt auf, übermittelte ihm den königlichen Befehl und ermahnte ihn zugleich, «nichts von der Borcilan-Manufactor zu begehren, bis selbe in einen gangbaren Stand gesetzt». Zum erstenmal ist in den Akten von einer in Dresden zu errichtenden «Porzellanmanufaktur» die Rede.

Bartholomaei schwankte, denn er fand seine «Kräfte nicht zulänglich», wie er am 2. Januar 1708 an Böttger schrieb. Aber schließlich siegte sein Respekt vor dem Willen des Königs. Unter der Bedingung, daß er seinen «ordentlichen Beruff nicht hintenan setzen» müsse, sein seit Jahren rückständiges Salär als Garnison- und Leibarzt ausbezahlt bekäme, um seine sechs unmündigen Halbwaisenkinder ernähren zu können, willigte er schließlich ein.

Am 3. Januar vereidigt, begann Dr. Bartholomaei sein Werk. In eigenständiger Arbeit entwickelte der Leibarzt die ihm von Böttger mitgeteilten Masseversätze bis zur Produktionsreife. Er leistete damit einen Beitrag zur Porzellanerfindung, der sich würdig an die Arbeiten eines Tschirnhaus, Böttger und Pabst von Ohain anschließt. Bereits am 15. Januar fand Bartholomaei einen optimalen Masseversatz für weißes Porzellan. Aus sieben verschiedenen Probeansätzen im Gewicht von 2 bis 4 Lot, also 32 bis 64 Gramm, stellte er kleine Formlinge her und brannte sie. Sie setzten sich aus 80 bis 100 Prozent Colditzer Ton und 20 bis 0 Prozent Alabaster als Flußmittel zusammen. Nach dem Brand begutachtete der Arzt die entstandenen keramischen Produkte und notierte ihre Beschaffenheit. Da er sein Protokoll wegen der Wahrung des Arkanums verschlüsseln mußte, finden sich darin nur Abkürzungen beziehungsweise lateinische Erläuterungen:

«Confluxerat – zusammengeflossen» waren die ersten Proben mit 16 bis 20 Prozent Alabaster. Als «in Form geblieben und glänzend» bezeichnete Bartholomaei den Masseversatz mit 14 Prozent Flußmittel. Bei den Proben 5 und 6 schrieb er «optime albidum et pellucidatum – optimal weiß und durchscheinend»: Porzellan. Der Medikus fand heraus, daß ein Masseversatz mit 10 bis 12,5 Prozent feinstem Alabaster und 90 bis 87,5 Prozent geschlämmten Colditzer Ton schönes weißes Porzellan lieferte. Colditzer Ton ohne Flußmittel ergab lediglich ein Produkt, das «weißlich, doch nicht durchscheinend» war. Versuche in größerem Maßstab, die Dr. Bartholomaei am 16. Januar 1708 ausführte, bestätigten seine Ergebnisse. Dieses schwer zu entziffernde Versuchsprotokoll vom 15. Januar 1708 – es existieren noch weitere aus demselben Jahr und von 1710 – hat man mit einiger Berechtigung als die Geburtsurkunde des europäischen Porzellans bezeichnet. Folglich hat man auch mit «graphologischen Gutachten» zu beweisen versucht, daß es sich hierbei um die Handschrift Böttgers handelt. Doch das ist falsch.

Alle diese Protokolle wurden nicht von Böttger, sondern von Dr. Bartholomaei geschrieben. Böttger hat den Text auch nicht dem Arzt in die Feder diktiert. Denn die Anordnung der Masseversätze und Versuchsergebnisse, die auf dem Zettel nebeneinander kaum Platz finden, beweist, daß ein Teil der Notizen erst später, nach vollzogenem Experiment, eingefügt worden ist. Bei einiger Mühe und Sachkenntnis wäre es kein Problem gewesen, die Wahrheit anhand eines Schriftvergleichs herauszufinden. In den Akten sind vier Originalbriefe Böttgers und ebensoviele Schriftstücke Bartholomaeis nachweisbar, die in jenem in Frage kommenden Zeitraum – Januar 1708 – geschrieben wurden. Auf einem der Schriftsätze, datiert vom 2. Januar 1708, finden sich sogar nebeneinander längere Passagen von Böttgers und Bartholomaeis Hand. Selbst ein Laie hätte den Unterschied bemerken müssen.

Mit dem Protokoll vom 15. Januar 1708 hat man den Beweis liefern wollen, daß Böttger und niemand anders das Porzellan erfunden habe. Die Schriftzüge stammen jedoch weder von ihm noch seinem «Kontrahenten» Tschirnhaus, sondern von einem bisher verkannten Arkanisten: Dr. Johann Jacob Bartholomaei. Wer also ist der Erfinder des europäischen Porzellans?

Sicher ist, daß Bartholomaei einen wesentlich höheren Anteil an der Porzellanerfindung hat, als man ihm bisher zugebilligt hat. Gleiches trifft auch auf Pabst von Ohain und die Freiberger Berg- und Hüttenleute zu. In einem späteren Schriftsatz hat Bartholomaei von sich behauptet: «... wie *ich* es denn im ersten Jahr – 1708 – sowohl im rothen als weißen (Porzellan) dahin gebracht, daß die verfertigten Stücke zu Debit (Verkauf) tüchtig waren.»

Aus der ursprünglichen Sicht des sich ausschließenden Entweder-Oder müßte es wie folgt heißen: *Entweder* hat Bartholomaei im Januar 1708 das Porzellan erfunden *oder* aber Böttger viel früher, unter Anleitung eines Tschirnhaus und Pabst, unter Mithilfe der praxiserfahrenen Berg- und Hüttenleute. Im letzten Fall aber sind Dr. Bartholomaeis Experimente bei aller Wertschätzung nur Nacharbeiten bekannten Wissens gewesen. Dann können wir das vielzitierte Protokoll vom 15. Januar 1708 auch nicht als «Geburtsurkunde» des europäischen Porzellans ansehen. Es ist bestenfalls als Taufschein einer längst gemachten Erfindung zu betrachten. Das Arkanum des weißen Porzellans war durch gemeinsame Anstrengungen bereits im Spätherbst 1707 gefunden worden.

Die Altdresdner Steinbäckerei

1708 ist das Gründungsjahr der beiden ersten sächsischen Porzellanmanufakturen. Unter der Regie des Gelehrten E. W. von Tschirnhaus hat Johann Friedrich Böttger diese beiden Unternehmen gegründet. Böttger ist nur deshalb nicht als Gründer offiziell genannt, weil er als Staatsgefangener «selbst in publico nicht erscheinen durfte», wie er es einmal vornehm umschrieben hat. Die Akten aus jener Zeit sprechen von zwei «Porcellain-Fabriquen», die 1708 in der Residenzstadt Dresden gegründet worden sind: von der Manufaktur des holländischen Porzellans (Delfter Fayence) und von der Manufaktur des «feinen weißen Gutes» oder «indianischen Porcellains», wo auch das rote Steinzeug hergestellt wurde. Beide Produktionsstätten, die so unterschiedliche «Porzellane» fertigten, hatten verschiedene Standorte, und jede hat ihre eigene Geschichte.

Steinbrück schrieb im Juli 1720, als er einen Brief zu entwerfen hatte: Die «Manufacturen des sogenandten Delphter oder Holländischen Porcellains» habe Böttger «gleich nach Abzug der Schweden aus hiesigen Landen auf Veranlaßung des... Herrn von Tschirnhaußen angefangen». Diese in Altdresden errichtete Manufaktur für das holländische «Porzellan» erhielt den Namen «Stein- und Rundbäckerei». Denn es wurden Substanzen, die sich anfühlten wie Mehl und auch so aussahen, mit Wasser und diversen «Zutaten» zu einem Teig geknetet, geformt und in den Ofen geschoben. Nur war das «Gebackene» nicht genießbar, weil steinhart: Steinbäckerei.

Eine Produktionsstätte für holländisches Porzellan im eigenen Land entsprach dem modebewußten Geschmack und den kommerziellen Interessen Augusts des Starken. Die Importe von Delfter Kacheln, von Tafelgeschirr und Gefäßen in der beliebten Blauweißmalerei waren kostspielig, die Absatzchancen für den begehrten Luxusartikel dagegen unvergleichlich. Pläne würden nun Wirklichkeit werden. Nicht umsonst hatte August der Starke den erfahrenen Tschirnhaus beauftragt, von seinen Studienreisen durch Westeuropa Zeichnungen, Pläne, Modelle von Schloßbauten und der Innenausstattung mitzubringen. August der Starke hatte die Idee, nicht nur Treppenaufgänge, Zimmerwände und Kamine mit sächsischer Fayence einzukleiden, sondern auch sein königliches Schloß, vor allem den Turm.

Wie ging es voran bei der Einrichtung der Dresdner Steinbäckerei? Zunächst machte sich Böttger mit der Herstellung des holländischen Porzellans vertraut. Johann Kunckel hatte dazu im zweiten Teil seiner «Ars vitraria» (1679) nähere Angaben gemacht: «Von der Holländisch kunstreichen weißen und bunten Töpffer-Glasur und Mahlwerck (von etlichen Holländische Barcellan-Arbeit genennet)». Kunckel gab darin einige wichtige praktische Hinweise, die er sich auf seinen Reisen von den Delfter Porzellanmachern angeeignet hatte.

Bei der Herstellung der Fayence wird auf den getrockneten oder vorgebrannten, saugfähigen Ton eine weiße Zinnglasur aufgetragen, die mit Kobaltfarben bemalt werden kann. Nach erneutem Brand ist das Gut fertig, wenn es nicht noch eine schützende durchsichtige Bleiglasur erhalten soll. Die Fayencetöpfer brannten ihren grau- bis braungefärbten Ton zunächst bei Silberschmelztemperaturen (960 Grad Celsius). Nach Auftragen der deckenden Glasurschicht mußte der Brennofen so hoch gefeuert werden, bis Gold zu schmelzen begann (1063 Grad Celsius).

In seinem Manuskript von 1720/21 erzählte Pabst von Ohain auch von den Anfängen in der Dresdner Fayencefabrik: «Anfangs brauchte man H. Kunckels weiße Glasur, so in seiner Arte Vitraria befindlich.» Wie Kunckel es beschrieben hat, wurden Blei und Zinn «calciniret, wie bei den Töpffern bekant und gebräuchlich ist». Das entstandene Oxidgemisch zerrieb man mit feinem Sand, Wasser, Pottasche oder Soda zu einem Glasurschlicker.

Die einzelnen Arbeitsschritte zur Herstellung der Fayence waren längst kein Arkanum mehr, sondern handwerkliche Kunst. Trotzdem scheute sich Böttger, dies alles selbst auszuführen. Viel lieber wollte er sich der Kunstfertigkeit eines holländischen Fayencetöpfers versichern, wie es allerorten üblich war. Über den sächsischen Residenten (Botschafter) in Haag hatte man bald einen Töpfermeister ausgekundschaftet. Angelockt von dem respektablen Lohn, reiste Christoph Riehle (Rühle) Anfang Februar 1708 nach Dresden. Aus den Akten geht hervor, daß er seit dem 25. Februar für seine Arbeit 10 Taler Wochenlohn erhielt.

Kritisch besah sich Böttger die mitgebrachten Fayencemuster des vorgeblichen Holländers: einige quadratische Platten und ein paar bemalte Pantoffeln. Die begehrten Rundgefäße und Geschirr waren nicht dabei. Bei den Akten befindet sich ein unbeachtet gebliebenes, weil kaum zu entzifferndes und schwer einzuordnendes Dokument ohne Datum (Februar 1708). Es ist ein Fragespiegel Böttgers, der dem «Meister» auf den Zahn fühlen wollte. Dr. Bartholomaei befragte in dessen Auftrag den Fayencebäcker und schrieb die Antworten nieder.

Böttger: «Ob er gedächte, die Masse, worvon die mitgebrachten Steine, gebacken, auch in dießem Lande zu finden und zu verfertigen?»

Riehle: «Daß wüste er nicht, hoffe aber wohl, (sie) dafür (zu) nehmen.»

Böttger: «Ob eben von derselbigen Massa in Holland auch die anderen Geschirre, als Krüge, Teller, Schälichen und dergleichen verfertiget würden oder ob sie zu einer ander(en) Zubereitung nötig etc.»

Riehle: «... wirdt in Holland alles von der französischen Erde gemacht, so ihre beste, die sie haben.»

Böttger: «Ob er nicht etwas von der Materie mitgebracht, worvon die Pantoffeln und die gevirten Platten gemacht währen?»

Riehle: «Ja, er hätte es bey sich.»

Böttger: «Wie theuer solche blau gemalte Platten in Holland das 1000 zu stehen kämen?»

Riehle: «Die besten 5 Thaler; auf 4 Thlr. die bunten; alß rohe 3 Thlr., die piquirten (gestochen) 4 Thlr. das Hundert.»

Böttger: «Ob er selbsten die Glasuren zu verfertigen wüßte und solche auff den gebackenen Steinen auch auffzutragen, sowohl als auch auff andern Gefäßen?»

Riehle, dem ein unglasiertes Gefäß aus sächsischem Porzellan gezeigt worden war: «... machte die Glasur selber, kan sie auff alles machen, (gleich) waß es vor Form hatt, doch kan er nicht wißen, ob es im Feuer bestehet, weil er diese Masse nicht kennt.»

Böttger, der mit der Glasur der vorgelegten Muster nicht recht zufrieden schien: «Ob er keine feinere Glasuren zu verfertigen wüßte, als welche auff seine mitgebrachten Steine geleget wehre, oder ob man in Holland nicht dergleichen gantz extra fein auff denen da verfertigten Geschirren zu tragen pflegte?»

Riehle: «... sey die feinste, die in Holland gebraucht wirdt,

264

und könnte er keine beßere, doch geschehe es oft, daß sie feiner geräthe von ungefehr.»

Böttger: «Ob er nicht was von weißer Glasur mitgebracht, so recht extra fein wehre und ob er mit derselben hier nicht etwas zur Probe glasuren könte etc.?»

Riehle: «Hatten sie nicht feiner, doch wollte er mit seiner Materie die Probe auff unser Gefäß machen.»

Böttger: «Ob er hierzu nöthige Öffen zum Glasuren und Backen selbst auff(zu)bauen wüßte?»

Riehle: «Ja, soweit sie dieselben gebrauchen, will er alles angeben, weiß alle Geräthschaften.»

Wie sich herausstellte, war dieser «Holländer» ein gebürtiger Brandenburger. In einem 1716 verfaßten Bericht über die Dresdner Steinbäckerei äußerte sich Böttger recht unzufrieden über dessen Fertigkeit: «Allein da fand sichs, daß dieser Meister sich vor etwas mehrers ausgegeben, als er in der That war, denn er kundte weiter nichts, als Steine und Plattgen oder Fließen zu machen, von der rundte Arbeith aber verstund er nicht das geringste.»

Über den schleppenden Fortgang bei der Einrichtung der holländischen Fayencemanufaktur hatte Böttger sich bereits Ende März 1708 beim Statthalter beklagt: «...belieben Ewer Hochfürstl. Durchlaucht, mir gnädigst zu consideriren, wie daß ich den aus Holland verschriebenen SteinBacker nunmehro anher schon 5 Wochen auff dem Halse lügen habe, ohne von ihm die geringsten Dienste genüßen zu können.» Ein Haus mußte gemietet werden. Bartholomaei machte ein Domizil für die holländische Porzellanmanufaktur ausfindig: Haus, Hof und Garten der Witwe Helena Böhme, das Böhmische Haus, auf der Großen Straße in Altdresden, nahe beim Schwarzen Tor gelegen. Der Jurist Dr. Gottfried Heinrich Griebe verwaltete es. Am 18. April 1708 kam ein Mietvertrag zwischen Bartholomaei und Griebe zustande. Beginnend mit Ostersonntag, 15. April 1708, bis hin zu Ostern 1710 durfte das unbewohnte Grundstück für die Steinbäckerei genutzt werden. Der

Besitzer gestattet den Umbau eines Stalles und die Erbauung eines Brennofens.

Rechnungen Matthiaes zufolge, der mit Bartholomaei die Geschäftsführung ausübte, beanspruchte der Bau des Brennhauses – April bis November 1708 – einen Betrag von 704 Talern. Auf dem Gelände des ehemaligen Stalls fand die Reibe- und Glasurmühle ihren Platz, die Böttger auch zur Herstellung der Glasur für das weiße Porzellan oft in Anspruch nehmen sollte. Ein Pferd, das zum Inventar zählte, lief im Kreis herum, zog einen Göpel, der über ein großes, auf einer Welle befindliches Sternrad den Läufer eines Kollergangs in Bewegung setzte. Die Glasurmischung wurde in einem großes ausgehöhlten Stein zu einer feinteiligen, gießfähigen Suspension verrieben.

In dem neuen Brennhaus befanden sich im Parterre zwei Öfen, in denen vor allem nur Fliesen gebrannt wurden. Eine Treppe höher lag der Werkraum für die Fliesenmacher. Im Obergeschoß sollten die Dreher von Rundgefäßen ihren Arbeitsplatz einnehmen, ebenso die Maler oder «Schilderer». Auf Böttgers Verlangen hatte Bartholomaei den aus «Holland» importierten Fliesenmacher auch fragen müssen, ob «er Leute anzutreffen wüßte, so mit Malen wol umbgehen können». Riehle erklärte, daß er im «Schildern» der Fayencekacheln nicht sehr bewandert sei. Dies brächte sein in Amsterdam verbliebener Stiefsohn, Holländer von Geburt, Gerhard van Malcen. Auch er kam nach Dresden (23. April 1708). Van Malcen erhielt einen Wochenlohn von 6 Talern. Zusammen mit seinem Stiefvater wurde ihm das Haus des Dr. Griebe als Arbeitsstätte und zur unentgeltlichen Wohnung angewiesen.

In einer Verordnung vom 4. Juni 1708 verkündete August der Starke seinen Entschluß, «bey hiesiger Residentz-Stadt Dreßden eine Backerey von holländischen sowohl Platten als runden Steinen und Gefäße etabliren zu laßen». Wie diese Manufaktur einzurichten sei, das sollten die beiden Holländer bestimmen. Riehle und van Malcen verpflichteten sich, «sowohl die Composition dieser Thone, alß der Schilder darauß verfertigten Arbeit dienlich- und erforderlichen Glaße (Glasuren) und Farben dem Herrn von

Böttger mit allen Umbständen und Handgriffen (zu) eröffnen . . . und nichts (zu) verschweigen». Geeignete Arbeiter würden sie bei ihrem Handwerk unterstützen. Gearbeitet werden sollte «im Sommer von früh 5 Uhr bis abends 7 Uhr, im Winter von Tagesanbruch biß abends um 8 Uhr». Die lange Arbeitszeit durfte dreimal von einer einstündigen Pause unterbrochen werden.

Bei täglich 11 Stunden Arbeitszeit und einer ansprechenden Entlohnung hätte die Dresdner Fayencemanufaktur bald einen großen Warenvorrat bereitstellen können. Doch mußte Böttger das Gegenteil feststellen. «Aller dieser Anstalten und Kosten ungeachtet, hat es mit dieser Fabrique nirgends fortgewollt», berichtete er 1716, «und ist fast nichts gerathen als eine Quantitaet Platten oder Fließen, deren zwar auch eine große Menge verdorben, wie Ao. 1710 bey der Untersuchung befunden, (da sie) die Glasur nicht trug(en).»

Gefäße und Geschirr stellte man in der Dresdner Manufaktur mit Beginn des Jahres 1710 her. Erst dann verdiente sie wirklich den Namen «Stein- und Rundbäckerei». Böttger hatte einen holländischen Fayencemeister, Peter Eggebrecht, aus der ihm bekannten Manufaktur des Cornelius Funcke in Berlin nach Dresden verpflichten können. Eggebrecht bedeutete für Dresden einen Gewinn. Seine gelungensten Arbeiten stammen aber aus der Zeit nach 1720, als Eggebrecht seine eigene privilegierte Fayencewerkstatt in der Residenz unterhielt. Bis zu seinem Tod 1738 lieferte Eggebrecht für den sächsischen Hof schöne Dresdner Fayencen.

Im Jahre 1716 urteilte Böttger noch sehr zurückhaltend über die Chancen einer eigenen Fayencefabrik: «Die runden Geschirre, welche der Berliner gedrehet hat, waren auch nicht beßer, denn die Glasur sprung ab, und kunte deßen Arbeit auch vor kein KaufmannsGuth passiren . . . Dieses alles entstand daher, weiln diese Meister – Riehle, van Malcen und Eggebrecht – mir nicht folgeten, die von mir gezeigte Composition derer Erden und Glasuren nicht nach meiner Vorschrift braucheten, auch keinen fidelen Rapport gethan.»

Wie sah diese weitere Entwicklung der ersten sächsischen Fayencemanufaktur aus? Den ablaufenden Mietvertrag mit Dr. Griebe verlängerte Böttger im September 1710 noch einmal. Riehle und van Malcen wurden verabschiedet. Als sie später reuevoll zurückkehrten, nahm sie Böttger nochmals für kurze Zeit auf. Seit 1711 arbeitete der «Dreher des holländischen Guths» Johann David Kratzenberg in der Manufaktur. Er stammte aus Braunschweig und hatte zuletzt an der dortigen Fayencefabrik gearbeitet, bis diese Konkurs anmeldete. In den Jahren 1710 bis 1712 waren an der Dresdner Fayencemanufaktur sieben Dreher, darunter drei Handlanger und ein Lehrling, und vier Fliesenmacher tätig. Im Juni 1712 verpachtete Böttger die Rundbäckerei für sechs Jahre an Eggebrecht. Bald konnte man auf den Leipziger Messen Erzeugnisse aus der Werkstatt des Dresdner Fayencemeisters bewundern. Obwohl auch die Fliesenherstellung immer besser geriet, ließ Böttger die Steinbäckerei aus ökonomischen Gründen stillegen. Zu Böttgers Leidwesen hatte sich der neue Besitzer des Hauses die Glasurreibemühle demontieren und den Zugang zum Brennhaus verbarrikadieren lassen. Später gelangte das Grundstück in den Besitz des Hofbildhauers Thomae. Böttger schenkte ihm 1718 das Brennhaus für eigene Arbeiten dazu.

Eggebrecht ging im August 1718 für anderthalb Jahre nach St. Petersburg. Nach seiner Rückkehr im Jahre 1720 brachte er die Dresdner Fayencekunst zu neuer Blüte. Böttgers Versuche, in Meißen die Produktion des Delfter Geschirrs wiederaufzunehmen, scheiterten. Wie er selbst urteilte, habe man «nichts erhalten als ein paar Zimmer voll roher Gefäße». Aus Mangel an geeigneten Öfen konnten sie nicht gebrannt werden.

Fest steht jedoch, daß die erfinderischen Qualitäten eines Böttger, Tschirnhaus und Pabst der technischen Weiterentwicklung der Fayence wertvolle Impulse gegeben haben. Durch Verwendung des kaolinreichen Colditzer Tons gelangte man in Dresden zu einem fast weißen, sehr widerstandsfähigen Scherben. «Mit Hülffe der Chymie» war es Böttger auch gelungen, die Glasur der Delfter Fayence und ihr Haftvermögen auf dem Scherben zu verbessern.

In neuerer Zeit hat man zwei Scherbenbruchstücke analysiert, die aus der Anfangszeit der Dresdner Stein- und Rundbäckerei herrühren: ein Randstück eines größeren Rundgefäßes und den Scherben einer Wandplatte. Man ermittelte die mineralogische Zusammensetzung und stellte fest, daß es sich um einen Masseversatz von 21 bis 23 Prozent Colditzer Ton, 10 bis 12 Prozent Feldspat, 27 bis 31 Prozent Quarz und 30 bis 39 Prozent Kreide (Kalziumkarbonat) gehandelt hat. Die Verwendung des Colditzer Tons und der hohe Anteil an Kreide sind typisch. Bemerkenswert ist der Feldspatgehalt. Man erklärte sich diesen überraschenden Befund damit, daß seinerzeit – gleichsam unbeabsichtigt – feldspathaltiger Sand verwandt worden sei. Auf die Einsatzmenge Quarz bezogen, würde dieser «Sand» zu einem Drittel aus Feldspat bestanden haben. Ein solches «Versehen» erscheint unglaubhaft. Vielmehr dürfte der Zusatz von Feldspat als Flußmittel – bekannt aus der Steinzeugfabrikation – bewußt vorgenommen worden sein. So hatte man auch in Tschirnhaus' erstem Porzellan Feldspat gefunden und deshalb nicht glauben wollen, daß es sich um frühe Proben handelte. Nun haben wir einen weiteren Beweis für die keramische Verwendung von Feldspat bereits zu dieser Zeit.

Gründung der Dresdner Porzellanmanufaktur

Wie vorteilhaft der Zusatz von Kreide ist, hat sich nicht nur beim holländischen, sondern auch beim echten Porzellan bestätigt. Ja, Böttger sah in der Anwendung «gebrandter Creta» sogar ein Arkanum, das es zu behüten gelte. Für Bartholomaei notierte er am 6. März 1708 einige Verhaltensregeln: «Auff was Arth man verhindern kann, daß niemand errathen, was vor Materialien man zum Porcellan verbrauche.» Böttger empfahl dem Arzt, er möge auf seinen Reisen die weißeste und zarteste Kreide ausfindig machen und sie am besten gleich vom Lieferanten kalzinieren lassen, «entweder in Töpferoffen oder aber bey einem Kalckbrenner». Diese Kreide sollte unter dem Decknamen «Ton» nach Dresden transportiert werden.

Anfang März 1708 ließ Böttger dem König ein Schriftstück überreichen. Dieses allein von Johann Friedrich Böttger signierte Dokument beweist, daß im Jahre 1708 alle wesentlichen organisatorisch-technischen Maßnahmen von Böttger und nicht von Tschirnhaus ausgegangen sind. In dieser Eingabe bezog sich Böttger auf sein dem König am 8. Juni 1707 persönlich gegebenes «unterthäniges Versprechen . . ., die so profitable scheinende Manufactur des durchsichtigen Porcellans auf- und anzurichten». Spätestens im Herbst 1708, nämlich «binnen einer halbjährigen Zeit», wolle er «2000 Centner von der guten Porcellan-Massa liefern». Dazu brauchte Böttger einen königlichen Befehl, wonach das Amt Colditz sofort 2000 Zentner weißen Ton bereitzustellen hatte. Des weiteren wollte Böttger einen Ort ausgewählt wissen, wo die Porzellanmasse präpariert werden könne. Schließlich benötigte Böttger eine oder zwei gemauerte Gruben, gleichfalls «an einem sichern Ort innerhalb Dreßdens». Darin wollte Böttger die «Porcellan-Masse conserviren . . . dieweil die Masse, ie älter, ie beßer in der Erden wird, daß sie sich fein (ge)schmeidig und dünne bearbeiten läßet». Ein sozusagen klassisches Verfahren: Auch heute lagert man das weiße Kaolin monatelang eingesumpft in den Kellergewölben der Meißner Porzellanmanufaktur, um der Masse eine höchstmögliche Bildsamkeit und Formbarkeit zu verleihen.

Dann forderte Böttger den Bau eines größeren Brennofens. Zu diesem Zweck müßten 1000 weiße Tonziegel in der Dresdner Glashütte gebrannt werden. Und zuletzt gab er folgende Empfehlung: «Dieweiln mir noch nicht wißend ist, ob nicht noch an andern Orten in dero Landen weißer oder rother Thon lieget, alß wird nöthig seyn, daß an alle Beamte deswegen Befehl ergehe, von allem Thon oder Letten etliche Pfund zur Proba einzuschicken, damit man sehen möge, welcher der beste.»

Die weiteren Vorbereitungen wurden zügig abgewickelt. Christoph Matthiae lieferte am 5. März 1708 eine Personalstudie: «Bey der Königlichen und ChurSächßischen Porcellain-Fabrique würden unmaßgeblich nachgesetzte Personen zu bestellen und von diesen folgendes zu verrichten seyn . . .» Graf Wackerbarth, Generalintendent aller Zivil- und Militärbauten, erhielt am 12. März 1708 einen königlichen Befehl zugestellt: Das Oberbauamt habe unverzüglich mit dem Bau der Tongrube zu beginnen. Am selben Tag erging eine Verfügung an das Kammerkollegium, die dort am 16. März 1708 ausgefertigt werden sollte: Der Amtsschreiber zu Colditz ist anzuweisen, «2000 Ctr. puren Thon, so nicht mit Erdte oder Sandt vermenget», in Dresden bei Dr. Bartholomaei abzuliefern, dazu «aus allen anderen Ämbtern, wo Thon gegraben wird, eine Aufrichtige Probe von 30 bis 40 Pfd.».

Die Rohstoffbasis für das sächsische Porzellan schien gesichert zu sein. Am 24. April 1708 unterzeichnete und siegelte August der Starke ein bedeutsames Dekret. Es ist die Gründungsurkunde der Porzellanmanufaktur Dresden: der ersten in Europa! König August ließ seine Untertanen wissen: «Wir . . . haben zu Unserm und des Publici Besten, auch zu Wiederbringung der dem Lande durch die Kriegs-Troublen sehr entgangenen Kräfte, heilsambst beschloßen, die in Verfall gerathenen Commercia, welche die Canäle seynd, wodurch Geld ins Land gebracht . . ., wieder in Gang zu bringen und seynd zu dem Ende der allergnädigsten Intention, ein und andere Manufacturen . . . errichten und introduciren, auch den würcklichen Anfang mit der Porcellain-Manufactur . . . machen zu laßen.» Mit ihrer Einrichtung würde «die im Lande in großer Menge befindliche und zum Theil niemahlen gebrauchte rohe Materie zu Gelde gemachet, folglich einem jeden Unterthanen Nahrung und Leben von neuem dadurch zugebracht».

Ökonomische Überlegungen im Stil des französischen Merkantilismus gaben also den Ausschlag für die Gründung der Dresdner Porzellanmanufaktur. Aber nicht Böttger, dem Staatsgefangenen, sondern Bartholomaei wurde die «völlige Einrichtung und Inspection» dieser Manufaktur anvertraut und ihm dazu eine Generalvollmacht erteilt. Im gleichen Zuge wollte man auch das designierte Direktorium – Michael Nehmitz und E. W. von Tschirnhaus – aufwerten: Nehmitz, bisher Geheimer Kabinettssekretär, wurde zum Kammer- und Bergrat ernannt. Tschirnhaus sollte die Charge eines Wirklichen Geheimen Rats erhalten. Doch der Ge-

271

lehrte lehnte bescheiden ab:«... hat er inständig gebethen, es auch erhalten, daß er diesen Titul eher nicht, als biß die Sache selbst in Stande gebracht, gebrauchen dürffte.» Diese Erklärung findet sich in der «Lebens- und Todes-Geschichte des weltbekannten Ritters und Herrn Ehrenfried Walther von Tschirnhauß» aus dem Jahre 1709.

Die Produktionsstätte des – wie Böttger 1708 formulierte – «dem ostindianischen sich zur Durchsichtigkeit gleich brennenden Porcellans» befand sich in Neudresden, auf der «Vestung» und im Haus des Dr. Bartholomaei in der Moritzstraße, Ecke Friesengasse, wenige Querstraßen von der Jungfernbastei entfernt. Aus Steinbrücks Annalen wissen wir, daß Böttger im November 1716 alle Brennöfen auf der Jungfernbastei abreißen ließ. Definitiv bedeutete dies das Ende der Dresdner Produktionsstätte, die seit 1711, nach Einrichtung der Porzellanmanufaktur Meißen, mehr und mehr an Bedeutung verlor.

Ausgerüstet mit allen Vollmachten, machte sich Bartholomaei Anfang Mai 1708 auf eine ausgedehnte Inspektionsreise. Über Colditz führte ihn der Weg zunächst nach Leipzig zur Messe, wo er vier Tage, bis zum 7. Mai, blieb. Folgen wir seinem Bericht, so hat Bartholomaei den Verkaufsstand der «Berlinischen Porcellan-Dräher» (Fayencetöpfer) ... recht genau besichtigt und gefunden, daß sie «mehrenfalß die indianische Form nachgeahmet, alß Piramiden, Götzen-Bilder, allerhand glatte und krause Gefäße». Mit sachverständigem Blick erkannte Bartholomaei, daß die brandenburgischen Fayencebäcker keine Konkurrenz darstellten.

Mit wechselndem Erfolg bemühte sich Bartholomaei auf der Messe um verschiedene Ton- und Substanzproben. Geheimnisvolle Namen erwähnte er in seinem Bericht: Nihilium album (weißes Zinkoxid), Lac lunara (weißer fetter Ton), Terra sigillata albas & rubras (weiße und rote Siegelerde), wcißer Bolus. Muster schickte er umgehend an Böttger nach Dresden. Zwischenzeitlich fuhr Bartholomaei erneut nach Colditz und reiste am 27. Mai von Leipzig weiter über Halle und Mansfeld nach Nordhausen. Dort wollte Bartholomaei den einheimischen Alabaster inspizieren, der eine Meile vor der Stadt gebrochen wurde: «Ich fandt ihn über allemaßen rein, weiß und zart. Ein Steinbrecher wieß mir auch sogenandtes Alabastermehl, welches nichts anderß alß gestoßener Alabaster, auß welchem sie nachmalß den Gips kocheten . . .» Einige Zentner zum Preis von 16 Groschen, auch «schönes reines Fraueneiß» kaufte der Arzt ein und ließ alles über Leipzig nach Dresden expedieren.

Die Fayencemanufaktur in Braunschweig war sein nächstes Reiseziel. Am 30. Mai angekommen, befragte Bartholomaei den Leiter des neugegründeten «Porcellanwercks»: «Allein ich fandt, daß dieser redliche Mann noch mehrenteils ein Concept hatte, maßen sie bißhero kaum bequeme Erden dazu finden köndten, und mit der Glasur wolte es gar nicht vonstatten gehen.»

Von seiner nächsten Station, Lüneburg, reiste Dr. Bartholomaei in eine Stadt, deren Namen in seinen Aufzeichnungen fehlt, doch ist offensichtlich Hamburg gemeint. Hier traf er sich mit Dr. Wilhelm Nehmitz, dem Bruder des Kabinettssekretärs, der sich dort seit einiger Zeit niedergelassen hatte. Er machte Dr. Nehmitz das Angebot, demnächst nach Dresden zurückzukehren, um eine leitende Funktion bei der neugegründeten Porzellanmanufaktur zu übernehmen. In Hamburg besuchten beide «einen sehr curiosen Töpfer, der eine schöne weiße und glänzende Glasur» zu fertigen verstand. Es war ein «Gießglas», mit dem Töpferwaren «gantz dünne übergossen werden» konnten. Englisches Soda, kalzinierter Kiesel, veraschtes Zinn und Blei und «noch etwas, so er nicht nennen wollte» waren die Ausgangsstoffe: die klassische Rezeptur für die Fayenceglasur. Auch einige Stücke des neuen sächsischen Porzellans führte Bartholomaei bei sich. Er händigte sie Dr. Nehmitz aus. Der Töpfer sollte sie, «sobald das Gießglaß fertig, in seiner Presence begießen, in den Offen bringen und glasuren laßen.»

Eingehend besichtigten die beiden kursächsischen «Abgesandten» auch den Kalzinier- sowie den Brenn- und Glasurofen des Töpfers, dazu die Mühle mit dem Reibstein für die Glasurmischung. Bestimmte Einzelheiten, die Bartholomaei nicht erfahren konnte, hoffte er «noch durch H. Doctor Nehmitz außzuforschen». Eine Probe der Glasur und eine weiße Kachel bekam Bartholomaei mit auf die Reise. Bei einem hiesigen Kaufmann fand der Medikus «zum größten Plaisihr» auch etwas, wonach er lange gesucht hatte: «Medulla Saxonica» (Medullae saxonorum) – weiches Steinmark aus Sachsen, besten weißen Töpferton. Über Lüneburg, Schwerin, Wismar, Rostock weiterreisend, traf Bartholomaei am 17. Juni 1708 wieder in Leipzig und kurz darauf in Dresden ein.

Die lang gesuchte Porzellanerde

Auf der Festung war inzwischen – am 16. Juni – «ein Fuder Waldenburger Thon» abgeladen worden. Pabst hatte den Transport organisiert. Drei Tage zuvor waren auch die von Bartholomaei gekauften neun Faß Ton und eine Kiste Marienspat (Alabaster) aus Nordhausen eingetroffen. Die Lieferung des Colditzer Tons stand noch aus.

Ein glücklicher Umstand gab den Arbeiten eine überraschende Wendung, dank der Umsicht des Bergrats Pabst. Er hatte verschiedene Markscheider des oberen Erzgebirges angewiesen, nach weißen Tonsorten zu suchen und Proben einzuschicken. Am 25. Juni 1708 sandte ihm Christoph Martin Dörffler, «ein alter Scheider» aus Schneeberg, eine Kollektion: 3 Pfund Steinmark, Proben von «weißen Letten» und «gülbrigen Letten» waren dabei und auch eine «Schachtel . . ., welche das beste Steinmark ist und schwer zu gewinnen seye», weil es «mit dem Zscherper (Bergmannsmesser) herausgestochen muß werden». Dörffler schrieb, daß Pabst gern einen Zentner davon haben könnte, doch müsse jemand nach Schneeberg kommen, um es dort in Empfang zu nehmen und zu bezahlen.

Dieses Steinmark, die «weiße Erde» aus dem Revier von Schneeberg und Aue, sollte eine besondere Rolle bei Böttgers Porzellanversuchen spielen. Es handelte sich hierbei um reines Kaolin, um die gesuchte Porzellanerde.

274

Als Köhler und Wildenstein unter Böttgers Anleitung die ersten Brennversuche mit der neuen Erde unternahmen, zeigte sich bald deren exzellente Verwendbarkeit für weißes Porzellan, besonders im Gemisch mit Colditzer Ton. Erste Proben im Brennofen waren so überzeugend, daß sogar Tschirnhaus seine Überraschung nicht verhehlen konnte. Er hatte sich zuletzt von den Porzellanarbeiten etwas zurückgezogen, weil er das Problem als gelöst ansah und die Vervollkommnung bei Böttger in besten Händen wußte. Jetzt setzte er im Labor auf der Jungfernbastei eigenhändig einen Masseversatz an, formte daraus einen Becher und brannte ihn bei hohen Temperaturen: «halbdurchscheinend und milchweiß wie eine Narzisse» schimmerte Tschirnhaus das neue Porzellan entgegen.

Bartholomaei mußte einen neuen Eid leisten, die Arkana zu wahren. Im Beisein Böttgers und Nehmitz' schwor der Medikus am 14. Juli 1708: «Ich ... gelobe ... daß ich alles daßjenige, waß mir J. F. Böttger sowohl wegen Zubereytung unterschiedner, dem ostindianischen sich zur Durchsichtigkeit gleich brennenden Porcellan Massen, alß auch waß zu deßen gäntzlicher Verfertigung an Brennen, Glasura und Zubereytung der Farben gehörig, sagen und erlernen wird, ... vor jedermann biß an mein Grab will verschwiegen erhalten ... und verspreche auch bei meinem ehrlichen Wort, sowohl zu Aufrichtung der Porcellan- alß auch anderer mir anvertrauten Manufacturen allen möglichen Fleiß und Sorgfalt anzuwenden.»

Nehmitz bestand auf einer Zusatzverpflichtung. Deshalb mußte Bartholomaei auch geloben, «nach gemachten fleißigen Proben und eingezogener Kundschafft der hierzu nöthigen Materialien und Handgrieffe ... mündlichen und schrifftlichen Bericht abzulegen». Wahrheitsgemäß sollte er darüber berichten, «ob nemblich die von Herrn Johann Friedrich Böttger erlernten Arcana gudt, wahr und practicabel oder aber ob dieselben falsch ... in der Probe sich bezeigen». Tatsächlich hatte Böttger den Mund ein wenig zu voll genommen, was auch Nehmitz aufgefallen war. Was nämlich die Glasur für das Porzellan und die Zubereitung der Farben anbelangte, so steckte man noch in den Anfängen.

Dank einer ausführlichen, von Böttger eigenhändig ausgearbeiteten Instruktion vom 12. Juli 1708 wußte Bartholomaei nun genau, was er zu tun hatte – «wie nemblich auff der leichtesten, geschwindesten und besten Arth die ihm anvertraute Manufactur des Porcellans möge eingerichtet und veranstaltet werden». Bartholomaei protestierte, weil ihm «nicht bekannt, wie solche Manufacturen anzufangen und in Schwange zu bringen». Wenigstens müsse ihm «erlaubt seyn, (sich) mit verständigen Leuten desfalß zu consultiren . . .». Schließlich schickte er sich in das Unvermeidliche und führte seinen Auftrag aus. Zunächst teilte er am 15. Juli 1708 dem König mit, daß auf den Colditzer Ton nicht verzichtet werden könne. Allerdings würden «die Töpfer den Thon so fein in Colditz nicht schlämmen». Auch diese Arbeit müßte in Dresden ausgeführt werden. Woher aber das Geld nehmen?

Als Bartholomaei Böttger zu Rate zog, schimpfte dieser nicht schlecht: Er habe sogar «die Stein- und Sandfuhren . . . als auch die Thonfuhren» aus eigener Tasche bezahlen müssen. Beim Bau der Grube ginge es nicht voran, weil die Kammer 400 Taler nicht hergeben wollte. «Wann aber binnen 4 Tagen die 40 Rthlr. nicht gezahlt werden», schrieb Böttger verärgert dem König, «so will keine Verandtwortung wegen Versäumung der Zeit über mihr nehmen.»

August der Starke, an den diese Klagen gerichtet waren, befand sich gerade nicht in der Residenz. Er hatte Zuflucht in den Armen seiner Mätresse gesucht und sich auf das der Gräfin Cosel übereignete Lustschloß Pillnitz zurückgezogen. Für Böttgers Pläne und Sorgen fand er jedoch auch jetzt Zeit. Bereits am 26. Juli erging von Pillnitz aus ein Befehl an die Kammer, «zu behuff und Erbauung der Thongrube, welche wegen zu errichtender Porcellanmanufactur auf der Festung zu Dreßden angeleget und erbauet werden soll, an Böttger . . . sofort vierhundert Rthl. bezahlen» zu wollen.

Dic Porzellanmanufaktur lag August dem Starken so am Herzen, daß er sich um Einzelheiten zu kümmern begann. Bei den Akten des Geheimen Kabinetts fand sich eine versteckte Skizze aus der Hand Augusts des Starken, die jene doppelwandige Porzellangrube darstellt. Handschriftlich legte er seine diesbezüglichen Befehle fest:

276

«wegen des thons von coldietz, waltenburg – 2/m zentner nach
und nach, soll durch fuhren gefiert werden, ist richtig ein befehl
an die Kahmer/die collen von anneburg zu waßer auf michaelis
zu waßer/100 chragen holtz auf ein jahr auf der elbe zum port-
zellan/die portzellan Grube an das bauamt.»

Skizze und jene stichwortartigen Hinweise führten zu einer Anordnung an den Kammerpräsidenten, die Räte und Landrentmeister
zu Dresden, ausgefertigt in Pillnitz, 29. Juli 1708: 2000 Zentner
Colditzer und Waldenburger Ton, Kohlen aus Annaberg, auf der
Elbe zu verschiffen, 100 Schragen Weichholz – «alle diese Materialien zu der neu angelegten Porzellain-Fabrique» müssen bis Michaelis des Jahres, Ende September 1708, geliefert werden und die
Porzellangrube «in brauchbaren Standt gesetzt» sein.

Die Kammer bequemte sich, am 27. August 1708 jene 400 Taler
anzuweisen, «zu der neuen Grube auf der Festung» und für das
«darüber zu stehen kommende Hauß», wie es in den Akten heißt.
Pabst konnte am 26. September 1708 berichten, daß 396 Zentner
Ton geliefert wurden, wenn auch nicht immer von der gewünschten Qualität. Auch hatte J. G. Schuberth, den Pabst am 1. August
ins Obergebirge geschickt hatte, eine bedeutende Menge weiße
Erde aufgekauft. Man besaß also seit September 1708 ausreichend
Materialien, um größere Masseversätze für weißes Porzellan herstellen zu können: In der Dresdner Manufaktur konnte die Produktion von einfachem weißem Porzellangeschirr beginnen.

Entschleiertes Know-how

Bei dem Versuch, einzelne Arbeitsgänge aus der Frühzeit der Por-
zellanherstellung zu rekonstruieren, ist Pabst von Ohains Nieder-
schrift aus dem Jahre 1720/21 ein wertvoller Wegweiser. Denn der
Bergrat hat nicht nur zeitgenössische Porzellanrezepte überliefert.
In seinem Manuskript über «Die wahre Arth, das chursächsische
Porcellan ... zu verfertigen» finden sich auch detailgetreue

Arbeitsvorschriften: über die «Schlämmung und Subtilmachung deß Thones oder Lettens, deß Alabasters, der weißen sogenannten Schnorrischen Erde», über den «Ofen zur Calcinirung» und den «Porcellanofen». Weiterhin lieferte Pabst Angaben, die Zubereitung der Glasur, das «Verglasuren», das «Einsetzen in die Capsuln und Öfen» und das «Verglühen der Gefäße» betreffend.

Zunächst mußten die angelieferten Materialien aufbereitet werden. Problematisch war das Zerkleinern des stückigen Marmors oder des Alabasters zu einer feinmehligen Substanz. Schließlich fanden Böttger und seine Mitarbeiter eine geeignete Verfahrensweise: Sie kalzinierten die groben Stücke zunächst im Brennofen. Das spröde gewordene Produkt wurde daraufhin, wie Pabst schreibt, «im eysernen Mörßel gestoßen, durchs Haarsieb getrieben» und wie Ton geschlämmt. Erst in späteren Jahren sollte diese schwere Arbeit zügiger vonstatten gehen: Bei der Rekonstruktion der alten Schleif- und Poliermühle an der Weißeritz ließ Böttger auch ein Poch- und Stampfwerk einrichten. Wo allerdings keine Wasserkraft zur Verfügung stand – wie später in Meißen –, sollte man sich weiterhin der «Roßmühle» bedienen, des mit einem Pferdegöpel ausgestatteten Mahlwerks.

Der in Fässern herangeschaffte Ton wurde mehrfach mit Wasser geschlämmt, denn nur die feinsten Anteile, die ein Haarsieb passierten, konnten verwendet werden. Pabst beschrieb Fässer, die mit mehreren, übereinander angeordneten Spundlöchern versehen waren. Mit ihrer Hilfe ließ sich der feinteilige Ton nach dem Sedimentationsprinzip gewinnen. Zum Schluß wurde durch Dekantieren das Wasser entzogen und der Ton «über lindem Feuer mit stettigem Rühren ... in einem reinen Keßel etwas getrocknet». In feuchte Tücher eingeschlagen, damit die Masse «stets geschmeidig und tractabel» blieb, bewahrte man den Ton bis zur Weiterverarbeitung in den Kellergewölben der Jungfernbastei auf.

Ging es darum, den Ton bildsamer zu machen, so sumpfte man ihn längere Zeit in der Tongrube ein. Allerdings diente die auf der Festung erbaute «Porcellaingrube» auch zur Vermischung der geschlämmten Ausgangsstoffe und zur Entwässerung der homogenisierten Porzellanmasse. Das geschah durch Trampeln mit den nackten Füßen und Umwälzen mit den bloßen Armen. Wegen seines Anteils an Kreide beziehungsweise Alabaster wird das frühe sächsische Porzellan als «Kalkporzellan» charakterisiert. «Deßen Massa», erklärte Pabst in seinem Bericht 1720/21, «bestehet aus gutem Colditzer Thone, welcher alleine sich durchsichtig brennen und doch nicht gänzlich vitrificiren (verglasen) läßt, der sogenannten Schnorrschen weißen Erde und guten Alabaster Stückgen oder Abgängen, welche bei Bildhauern, so darinne arbeiten, zu haben ... Die weiße Schnorrische Erde macht sie streng, der Alabaster aber weich und flüßig und durchsichtiger».

Folgen wir Pabsts Aufzeichnungen, so fertigte man seinerzeit die «strenge oder hartflüssige Massa» wie folgt an: «Nimm Colditzer wohlgeschlämmten Thon, 9 Theile, weiße Schnorrische Erde, auch so viel, und nur 3 Theile Alabaster. Diese Composition ist die schönste, schmelzet nicht, und werden die daraus formirten Gefäße oder Geschirre zuvorderst in den Brenn-Ofen gesetzt, weil sie starkes Feuer vertragen können ...» Jeweils 43 Prozent Colditzer Ton und weiße Erde (Kaolin), dazu 14 Prozent Alabaster – das ist die erste praktikable Rezeptur für das sächsische Kalkporzellan gewesen. Dank seinen Eigenschaften – es erweichte nicht bei Temperaturen, wo das chinesische Porzellan bereits im Brennofen seine Konturen verlor, und konnte deshalb zu einem besonders festen Scherben gebrannt werden – verdient es die Bezeichnung «Hartporzellan». Ein solches Porzellan seinerzeit zu fertigen, verstanden die Chinesen nicht. Das sächsische Hartporzellan der Böttger-Zeit ist deshalb als originale Neuerfindung zu werten.

Eine mittelharte Porzellanqualität erhielt man damals – Pabst zufolge – bei einem erhöhten Alabasteranteil von 20 Prozent. Ersetzte man den Colditzer Ton durch einen weißen Ton, wie er bei dem Dorfe Oberjahna nahe Meißen gegraben wurde, so ergab sich ein «weicher» und «flüssigerer» Masseversatz, der nicht so hoch gebrannt werden durfte; «wird in den Ofen zu hinterst, gegen den Turm zu, eingesezet», erläuterte Pabst.

Zu Böttgers Zeit wurde in Kursachsen nur Kalkporzellan fabriziert. Zwar war der Einsatz von Feldspat als Flußmittel dank der Steinzeug- und Fayencetöpferei schon längst bekannt, doch glaubte man zu dieser Zeit (1708), in dem Flußmittel Kreide oder Alabaster das bessere Arkanum entdeckt zu haben. So findet sich erst wieder im August 1720 ein Hinweis, wonach David Köhler einen Masseversatz mit 30 Prozent Colditzer Ton, 60 Prozent Schnorrischer Erde und 9 Prozent Feldspat («Siebenlehner Stein») erfolgreich probiert hat. Erst seit dieser Zeit setzte sich das qualitativ bessere Feldspatporzellan durch.

Charakteristisch für das sächsische Porzellan ist der zweimalige Brand. Die Chinesen brannten ihre luftgetrocknete Masse samt der Glasur in einem Zug zu ihrem Weichporzellan. Anders beim europäischen Hartporzellan. Es wurde zuerst einem Verglühbrand unterzogen, bei Temperaturen, wo Silber (960 Grad Celsius) und Gold (1063 Grad Celsius) zu schmelzen beginnen. Da man damals keine Temperaturmeßmethoden, wie heute üblich, kannte, mußte man auf derartige Hilfsmittel zurückgreifen. Aus dem Meißner Manuskript ist bekannt, daß Böttger dazu auch «spitze Kegel, unten mit drey Füßgen, von Leihme (Lehm) aus dem Blauischen Grunde, einen Finger lang» benutzte. Er ließ sie auf die Brennkapseln setzen, und wenn sie anfingen, glänzend zu werden oder gar zu fließen, war die gewünschte Brenntemperatur erreicht.

Porzellangeschirr, das den Verglühbrand überstanden hatte, war bereits so widerstandsfähig, daß selbst dünne Scherben gefahrlos mit Glasur überzogen werden konnten. Dank ihrer Porosität sogen diese den Glasurbrei auf und fixierten ihn an der Oberfläche. Beim nachfolgenden Gar-, Glatt- oder Gutbrand – bei Temperaturen von 1400 bis 1450 Grad Celsius – setzte die Sinterung ein, und es entstand der durchscheinende Porzellanscherben, überzogen von einer durchsichtigen Glasur. Es gilt als sicher, daß Böttger dieses doppelte Brennverfahren bereits 1708 für das Porzellan eingeführt hat. Doch war dieser Zweistufenbrand nicht Böttgers Erfindung. Ein solches Verfahren ist durch die Steinzeug- und Fayencetöpferei längst bekannt gewesen.

In ihrer Zusammensetzung ähnelten die Glasurmischungen den

280

Masseversätzen des Porzellans. Sie bestanden wahlweise aus einer Aufschlämmung von Colditzer Ton und weißer Erde, allerdings mit erhöhtem Anteil an Flußmitteln, wie Kreide, Quarz oder später Feldspat. Die Zubereitung dieser dünnflüssigen Suspension in der Glasurreibemühle und das Auftragen bedurften großen Geschicks. Noch komplizierter war der Brand des damit glasierten weißen Gutes. Die hierzu notwendigen Kenntnisse und Erfahrungen fehlten Böttger, Bartholomaei und ihren Leuten anfangs völlig. Und es sollten noch fast fünf Jahre vergehen, bis man das technische Know-how eines einwandfreien Brandes besaß, bis man weißes glasiertes Porzellan erhielt, das verkaufsfähig war. Zu viele unbekannte Faktoren spielten eine Rolle: Warum wurde das weiße Porzellan manchmal gelblich oder verlor beim Garbrand seine Form und Festigkeit? Warum hielt die Glasur nicht, wurde rissig, sprang ab? In seinem Bericht von 1717 erinnerte Steinbrück daran, daß das weiße Porzellangeschirr in den ersten Jahren «öffters schief und krumb wieder aus dem Brande kam, so daß es damahls schiene, als ob das Glücke den grösten Antheil . . . hätte».

Im Laufe der Zeit wurde auch die Ursache für das Gelbwerden der weißen Porzellangeschirre erkannt: Es mußte darauf geachtet werden, daß die Luftzufuhr bei Goldschmelzhitze stark gedrosselt wurde. Dann blieb der Scherben weiß. Heute ist bekannt, warum: Der bei Sauerstoffmangel entstehende Überschuß an Kohlenmonoxid reduziert das stets in Spuren vorhandene, tiefgelb gefärbte dreiwertige Eisen zu farblosen Eisen-II-Verbindungen.

Selbst das rote Porzellan «gerieth auch im Brennen nicht nach Wuntsche allezeit», bemängelte Steinbrück, «sondern wurde bald zu schwartz, zu grau oder zersprang». Damals wußte man nicht, daß diese Färbung zusammenhing mit der oxidierenden beziehungsweise reduzierenden Feuerführung. Dabei können sowohl rote Eisen-III-Oxide, aber auch grauschwarze Mischoxide, sogenannter Hammerschlag, entstehen oder elementares Eisen.

Doch Böttger und seine Mitarbeiter lernten den Brand des roten Porzellans bald sicher beherrschen. Und falls einige der gebrannten Gefäße eine schwarze Oberflächenfärbung angenommen hatten, so machten sie aus dieser Not eine Tugend.

Künstler am Werk

Europäisches Hartporzellan war zum Zeitpunkt seiner Erfindung nicht schlechthin ein neuer keramischer Werkstoff mit hohem Gebrauchswert gewesen. Es diente auch als Experimentierfeld mannigfaltiger künstlerischer Betätigung. Die Chinesen hatten den Europäern vorgeführt, wie veredlungsfähig Porzellan ist: durch Formgebung, Bemalung und Glasur. Allerdings wollte die Welt des europäischen Barocks nicht das ostasiatische Porzellan nachahmen. Man bemühte sich, einen europäischen Kunststil auf das neuerfundene Porzellan zu übertragen. Dazu brauchte man «Künstler und Handwercker» von großer Meisterschaft, wie sie Bartholomaei auf Böttgers Anweisung für die Königliche Porzellanmanufaktur Dresden anwerben sollte.

Zwei professionelle Bildhauer versuchten zu dieser Zeit ihre Künste an der neuen Porzellanmasse: Bernhardt Müller, nachweislich vom Oktober 1708 bis April 1709, und Paul Heermann, seit dem 28. September 1708 in Böttgers Diensten. Beide gehörten zur Schule Dresdner Bildhauerkunst, die in Balthasar Permoser ihren Meister hatte. Seit 1689 wirkte Permoser in Dresden als Hofbildhauer Augusts des Starken. Er und die besten seiner Schüler – Paul Heermann, Benjamin Thomae, Christian Kirchner, Johann Joachim Kretzschmar, Paul Egell – schufen Skulpturen und Plastiken für die Hofbauten, insbesondere für den seit 1709 errichteten Zwinger, und begründeten den neuen Kunststil des Dresdner Barocks. Der künstlerischen Ausstrahlung eines Permoser ist es zu danken, daß auch ausländische Berufskollegen nach Dresden verpflichtet werden konnten, wie 1715 François Coudray.

Heermann gestaltete aus sächsischem Porzellan Figuren und antike Büsten sowie Cäsaren- und Apolloköpfe. Thomae bearbeitete gleichfalls Figuren und Masken, während Kretzschmar Statuetten modellierte. Selbst Permoser versuchte sich an der roten Porzellanmasse, wie das Relief eines von ihm gefertigten Petruskopfes beweist. Dabei ist die Zuordnung solcher frühen Porzellanplastiken nicht immer einfach, wenn die Signatur des Künstlers fehlt.

Von Paul Heermann aus Altdresden ist bekannt, daß er am 9. Oktober 1708 für die Anfertigung von drei Porzellanfiguren 4 Reichstaler ausbezahlt bekam. Auf der Quittung mit dem Namenszug Heermanns notierte sich Bartholomaei noch folgendes: Bei den drei Figuren habe es sich gehandelt um «2 rothe und eine, so zu allererst von recht feinem Gutt gemacht». Was für eine Figur aus feinem weißem Porzellan wird es gewesen sein? Bekannt ist, daß die chinesische Göttin Kuan-yin in Dresden mehrfach kopiert worden ist. Ihr Konterfei aus rotem Böttgersteinzeug und weißem sächsischem Porzellan kann man noch heute in der Dresdner Porzellansammlung bewundern. Bereits in den ersten Inventarlisten aus dem Jahre 1711 sind diese Arbeiten aufgeführt. Fertigte Heermann dazu im Oktober 1708 die ersten Modelle?

Eng dürfte Böttgers Verhältnis zu Benjamin Thomae gewesen sein. Dieser wurde bereits 1709 «als Bildhauer zu Verfertigung neuer Dessins und Statuen ... bey Sr. Königl. Majestät ... neuen Manufacturen ... angenommen». Böttger schenkte ihm später das Brennhaus der Altdresdner Fayencemanufaktur, dessen Grundstück Thomae erworben hatte.

Anregungen dürfte Böttger schon zu dieser Zeit von einem Goldschmied erhalten haben, der sich um die Formgebung des sächsischen Porzellans verdient gemacht hat: der «Hoff-Silber-Arbeiter» Johann Jacob Irminger. Aus Zürich stammend, lebte Irminger wenigstens seit 1682 als Goldschmied in Dresden. Künstlerisch geriet er bald unter den Einfluß des jüngeren Johann Melchior Dinglinger, der seit 1698 Hofjuwelier Augusts des Starken war. Berühmt wurde Dinglinger durch seine Juwelierarbeit «Hofstaat des Großmoguls», im März 1709 fertiggestellt. Doch bereits früher schuf er Meisterwerke, wie sein goldenes Kaffeeservice, das aus fünfundvierzig Einzelgefäßen besteht und dekorativ auf einem Tafelaufsatz angeordnet ist. Dieses «Coffézeugk» hatte Dinglinger im Dezember 1701 dem König in Warschau präsentiert und dafür viel Lob erhalten. Aus purem Gold bestehend und von seinem Bruder, Georg Friedrich Dinglinger, emailliert und bemalt, sieht es Porzellan täuschend ähnlich. Wie gern hätte man es damals aus wirklichem Porzellan gefertigt.

Von Irminger existieren aus Silber getriebene Gefäße, die mit Reliefschmuck, wie Ranken- und Blattwerk, belegt sind. Irminger schuf eine neue Stilrichtung für silbernes Tafelgeschirr, wie man es damals in Europa schätzte. Seine Kunstfertigkeit, aus Silber auf der Drehscheibe Schalen, Pokale, Gefäße zu modellieren, hat der Goldschmiedemeister auf Böttgers Wunsch zuerst den Porzellan-töpfern Geithner und Krumbholz beigebracht. Seit Herbst 1708 arbeiteten sie in Bartholomaeis Haus in der Moritzstraße. Silberarbeiten Irmingers wurden zum Vorbild und Modell für das eigene Porzellan. Es ist denkbar, daß Irminger schon 1708, erwiesenermaßen seit 1709, fest mit Böttger in Fragen der Formgestaltung zusammengearbeitet hat: zunächst beratend, dann verantwortlich für Entwürfe und für Modelle aus Silber und Kupfer und schließlich leitend für die gesamte künstlerische Gestaltung des Steinzeug- und Porzellangeschirrs. Als Meister des Reliefstils ist es Irminger gelungen, der stereotypen Imitierung ostasiatischer Vorbilder Einhalt zu gebieten und für das frühe europäische Porzellan einen eigenen Gestaltungsstil durchzusetzen.

Böttger nutzte das handwerkliche Geschick des Hofsilberschmiedes auch für die Anfertigungen von Silber- und Goldmontierungen. Dieser Zierat, der das rote Jaspisporzellan schmückte, hat praktischen Nutzen: Es wurden nämlich auch Untersätze, Henkel, Deckelknöpfe aus Edelmetall gefertigt. Eigentlich hat Porzellan solche Verschönerungen nicht nötig. Es wirkt bereits durch sich selbst, dank seiner wohlgefälligen Form, seinem feinen transparenten Scherben und der glänzenden Glasur. Eine farblose Glasur für das rote edle Steinzeug wurde aber nicht gefunden, die dauerhaft die rote Jaspisfarbe konserviert und die Gefäße mit Glanz versehen hätte. Frühes Böttgersteinzeug ist deshalb – wenn überhaupt – lediglich mit einem braunen oder schwarzen Glasurüberzug versehen. Dann aber fand man einen Ausweg. Angeregt durch Tschirnhaus' Arbeiten, bearbeitete man das Jaspisporzellan wie einen Halbedelstein und verlieh seiner Oberfläche durch Schleifen und Polieren einen glasurähnlichen Glanz. Überraschenderweise ließ sich das Jaspisporzellan auch schneiden und gravieren. Diesen Filigranschliff und Schnitt auszuführen, überließ Böttger jedoch Glasschneidern. Bereits im September 1708 findet sich in Bartholomaeis Personallisten ein Glasschleifer aufgeführt. Später sollte Böttger Spezialisten aus Böhmen beschäftigen, die diese Arbeit sowohl in Dresden als auch in ihrer Heimat verrichteten. Dank der Anwendung des Glasschnitts und Glasschliffs beim Jaspisporzellan konnte auch die bei mißlungenem Brand schwarzgrau gewordene Oberfläche ganz oder teilweise beseitigt werden. Dabei trat der rote Untergrund leuchtend hervor.

Orangen, Porzellan und – Gold

August der Starke besaß ein ausgeprägtes Kunstverständnis für ostasiatisches Porzellan. Böttger war deshalb klug beraten, sich die Gunst des Königs zu sichern, indem er dessen Interesse an eigenen, künstlerisch möglichst anspruchsvollen Porzellanen wachhielt. In einem 1726 an Premier Flemming gerichteten Brief hat August der Starke seine Sammelleidenschaft nicht ohne Selbstironie als «Maladie» gekennzeichnet: «Ne savez-vouz pas, qu'il est des oranges comme des porcelaines, que ceux qui ont une fois la maladie des uns ou des autres ne trouvent jamais qu'ils en ayent assez et que plus ils en veulent avoir. – Wissen Sie nicht, daß es mit den Orangen wie mit dem Porzellan ist, daß diejenigen, die an der Krankheit leiden, das eine oder andere besitzen zu wollen, niemals finden, genug zu haben, sondern immer mehr haben möchten?»
Orangerien gehörten damals zu jenem Luxus, dem Europas

Barockfürsten huldigten. Auch August der Starke zählte zu den Liebhabern südlicher Gewächse, wie Lorbeer-, Granatäpfel-, Feigen- und Orangenbäume.

Johann Friedrich Böttger hatte einst um die Gunst gebeten, einen solchen Garten anlegen zu dürfen, und der König erlaubte es ihm. Wie aus der Verfügung vom 20. November 1707 über die Einrichtung mehrerer Manufakturen hervorgeht, gestattete er Böttger, «zur Gemüthserfrischung in seiner Einsamkeit ... einen kleinen Orangerie-Garthen» zu betreiben. Seit dem Frühjahr 1708 besaß er wie die Großen des Hofes eine Orangerie. Vielleicht sollte er sich eines Tages auch eine Mätresse leisten dürfen? Wie eh und je in Gefangenschaft gehalten, hatte Böttger eine solche «Gemütserfrischung» nötig. Trotz begeisternder Erfolge bei den Porzellanarbeiten erfüllte sich nämlich eine Hoffnung Böttgers nicht: August der Starke bestand weiterhin auf Fortführung der Goldmacherexperimente. Unter der Last dieser unerfüllbaren Aufgabe sollte Böttger bis ans Ende seiner Tage zu leiden haben.

Es mußte also mit der alchemistischen Arbeit weitergehen. Bereits am 11. November 1707 ermahnte Böttger den Bergrat Pabst, «die Waldenburger Retorten ... balde anher zu schicken», und zwar «solche, als zum Aqua Fort dinstlich, nebst 2 Vorlagen». Auch «Cinober» würde wieder für die Präparation des Steines der Weisen gebraucht. An die Generalsakziseinspektion erging am 30. Januar 1708 der Befehl, zusätzlich zu den Geldern für die Porzellanarbeiten monatlich 450 Taler an Böttger zu zahlen, «zu einem gewißen extraordinairen Bedürffnüß».

Anfang Februar erhielt Pabst von Ohain eine mit königlichem Siegel versehene und von August eigenhändig geschriebene Ordre: Der König verlangte Auskunft über den Stand der Goldmacherexperimente. Pabst berichtete am 12. Februar 1708, daß das «geheimbde Werck» erst jetzt wiederaufgenommen werden könne.

Seine längere Anwesenheit in Kursachsen nutzte August der Starke zu landesweiten Inspektionen. Mitte Juni 1708 begab er sich mit dem Kammerpräsidenten Löwendahl ins Erzgebirge. Freiberg,

Chemnitz, Annaberg, Marienberg, Schneeberg, Johanngeorgenstadt waren Stationen dieser Reise. Wie die «Frankfurter Relationen» zu berichten wußten, habe der König dort «die Silber und Berg-Hammerwercke, wie auch die Blau-Farben-Fabriquen und dergleichen in Augenschein genommen und zu deren Verbesserung allerlei gute Anstalten befohlen».

Nach Pillnitz zurückgekehrt, lobte August der Starke seinen Hofalchemisten Böttger für das bisher zum Porzellan Geleistete. Im Brief vom 30. Juli 1708 finden sich aber nicht nur huldvolle Worte: «Ich hoffe auch, daß Er wird fleißig seyn und auch mich erfreuen, das so offte und noch lezte Versprochene zu adimptiren (erfüllen).» Wo bliebe das zugesicherte Gold?

Doch sollte Böttger bis zum Jahresende vor den Wünschen seines Herrn Ruhe haben. August widmete sich wieder der internationalen Politik. Im «Reichskrieg» gegen Frankreich hatte sich das launische Kriegsglück auf die Seite des deutschen Kaisers Josef I. geschlagen. Deshalb beeilte sich August der Starke, noch am 30. Juli 1708 nach Flandern abzureisen, um am Schlachtenruhm teilzuhaben. Man sagt, daß Sachsens Herrscher im Hauptquartier des Prinzen Eugen vor Lille gern die Freuden des Feldlagers geteilt habe. Die Zitadelle von Lille, flämisch Ryssel, galt als Meisterwerk der Befestigung. Als zum Sturm auf diese Bastion des Feindes geblasen wurde, soll sich der starke August jedoch nach Brüssel zurückgezogen und dort dem Treiben der Sängerinnen und Balletteusen beigewohnt haben. Einige Historiker behaupten dies zumindest. Ein wenig Wahrheit ist wohl dabei. Denn nach der Erstürmung der Festung am 22. Oktober 1708 flocht man nur Prinz Eugen und seinen Generalen Lorbeerkränze.

«Schlachtenmüde» traf unser Held am 24. Dezember 1708 wieder in Dresden ein und versprach seinem Hof, den kommenden Karneval prächtiger denn je zu feiern.

287

Loblied auf E. W. von Tschirnhaus

Die Rückkehr des Königs vertiefte die desolate Stimmung Johann Friedrich Böttgers, in der er sich schon seit Wochen befand. Böttger hatte «einen sehr hohen und werthen Freund verlohren, Ihro Königl. Majestät aber einen recht getreuen Diener»: Tschirnhaus war gestorben. «Gott gebe, das(s) deßen Stelle möge mit einem so getreuen und geschickten Man(n) wieder ersetzet werden, woran ich doch fast zweifele ...» Diese Zeilen, die Böttger am 14. Oktober 1708 in einem Brief an den Statthalter niederschrieb, lassen Schmerz und Trauer erkennen. Dr. Bartholomaei wußte das zu bestätigen. «Der H. Böttger hatt nicht ohne Tränen dieses Mannes Todt betrauert», teilte er Fürstenberg am selben Tag mit. Für Tschirnhaus hatte Böttger stets tiefen Respekt und Verehrung empfunden. Der Grund ist sicher nicht nur in der verständnisvollen Haltung des Gelehrten für das beklagenswerte Geschick des jungen Alchemisten zu suchen, sondern wohl auch in einer Art «Geistesverwandtschaft» der beiden so ungleichen Geister: Tschirnhaus lernte in Böttger einen glänzenden Autodidakten und Experimentator kennen und schätzen, der viele seiner Anregungen in die Praxis umzusetzen verstand.

Der Gelehrte, der sich damals in Dresden aufhielt, war am 28. September erkrankt. Sein altes Steinleiden bereitete ihm Kummer, schließlich trat Dysenterie (Ruhr) hinzu. Tschirnhaus starb am 11. Oktober 1708, Schlag 4 Uhr morgens. «Victoria!» soll sein letztes Wort gewesen sein. Zuletzt hatten sich Bartholomaei und Pabst von Ohain abwechselnd bei ihm eingefunden. Auf Fürstenbergs Geheiß, der sich in Wermsdorf aufhielt, ordneten sie die Briefschaften und Aufzeichnungen des Gelehrten.

Von Lille aus verfügte August der Starke am 20. November 1708, daß nicht nur die Hinterlassenschaften des verstorbenen Gelehrten sekretiert, sondern auch in seinen Bekanntenkreisen Nachforschungen angestellt werden. Tschirnhaus' Erfindungen und Entdeckungen sollten nicht in fremde Hände gelangen. Steinbrück wurde beauftragt, den wissenschaftlichen Nachlaß in Kießlingswalde zu ordnen. Sein Protokoll darüber, eine Inventarliste von 72 Folioseiten, gemeinsam mit einem Notar erarbeitet, datiert vom 20. März 1709. Den Nachlaß zusammenzuhalten gelang jedoch nicht. Er wurde in alle Winde verstreut. Auch Leibniz' Bemühungen, wenigstens die mathematischen Aufzeichnungen zu retten, waren umsonst. Wie aus seinem Brief an den Mathematiker M. G. Hansch hervorgeht, hatte Leibniz zu seinem «großen Schmerz» vom Ableben seines Kollegen erfahren. «Ich verlor in Tschirnhaus einen alten Freund und einen hervorragenden Förderer gemeinsamer Forschung . . . Aber auch ganz Deutschland verliert in Tschirnhaus einen Mann, von dem sehr viel Großartiges noch hätte erwartet werden können.»

Seinen Nachkommen hinterließ E. W. von Tschirnhaus eine große Schuldenlast. Die Gläubiger beschlagnahmten die Familiengüter in Kießlingswalde und Stolzenberg. Als letztes Gut veräußerte der Konkursverwalter die Bibliothek des Gelehrten. Bis zur Auktion im Jahre 1723 war sie von den Gläubigern unter Verschluß gehalten worden und schließlich «durch Vermoderung und Fäulnis theils gantz verdorben». Diese Auskunft gab der Görlitzer Amtshauptmann im Jahre 1721. Bereits im April 1715 hatte sich Johann Conrad Weck junior aus Dresden gegenüber Leibniz bitter beklagt: «Der redliche alte H. von Tschirnhausen ist gantz todt, seine Merita vergeßen und seine Wißenschafften und Vermögen zu Staub . . . Der Baro Adeptus (Böttger) aber ist auß einem Alchymisten in einen Figulum (Töpfer) transmutiret worden.»

Doch Tschirnhaus war nicht ganz vergessen worden. Sein Bruder und Vormund seiner Kinder, Georg Albrecht von Tschirnhaus, ließ 1709 ein Grabmonument in der Kirche zu Kießlingswalde errichten. In lateinischer Schrift sind darauf die Verdienste des verstorbenen Gelehrten in Stein gemeißelt. Dort steht unter anderem, Tschirnhaus habe, «was die Gegenwart bestaunt, die Nachwelt noch bewundern wird, als erster Europäer entdeckt, wie man durchscheinendes Porzellan aller Farben herstellen kann, das das Geschirr der Inder an Glanz und Härte übertrifft».

Bereits im Heft 1, Januar 1709, veröffentlichte die Leipziger

Zeitschrift «Acta eruditorum» ein Elogium für E. W. von Tschirnhaus. Darin werden ebenfalls seine Leistungen bei der Porzellanerfindung hervorgehoben. Schließlich hielt der Sekretär der Académie des Sciences, Fontenelle, 1709 in Paris einen Nachruf zu Ehren des verstorbenen Akademiemitglieds. Er erinnerte daran, daß Tschirnhaus bereits 1701 dem Chemiker Homberg in Paris «das Geheimnis mitgeteilt habe,... Porzellan herzustellen, das dem chinesischen gleicht».

Als Böttger am 14. Oktober 1708 dem Statthalter vom Ableben des Gelehrten berichtete, erwähnte er in seinem Brief auch einen besonderen Vorfall. Einer von Tschirnhaus' Arbeitern hätte «ein großes Schelm(en) Stück begangen». Samuel Kempe, so hieß der Übeltäter, spielte seit langem mit Fluchtgedanken. Er hoffte, zu Wohlstand zu kommen, wenn er anderen Ländern das Porzellangeheimnis offenbarte. Als Tschirnhaus starb, versteckte Kempe einige Briefe und Aufzeichnungen des Gelehrten, Geld und Gold für eine Probe weißen sächsischen Porzellans. Böttger entdeckte die Veruntreuung zuerst und ließ Kempe arretieren. Gegen den Treulosen wurde «mit der Inquisition verfahren», wie Nehmitz im Mai 1709 an den Geheimen Sekretarius Ô Feral berichtete. Es drohte Kempe der «Staupenschlag nebst Landesverweisung oder aber der Strang». Wie Nehmitz in seinem Bericht durchblicken ließ, wäre der König jedoch gesonnen, die Strafe in eine Festungshaft auf dem Königstein zu verwandeln, was auch geschah.

Böttger hat in seinem Brief das gestohlene Porzellan näher beschrieben. Es handelte sich um «kleine Porcellan Becherchen, so Herr von Schürnhausen gemacht». Wer bestreitet, daß Tschirnhaus jemals echtes Porzellan hergestellt hat, weil man vor der Erfindung im Jahre 1709 angeblich nicht wissen konnte, was Porzellan ist, muß sich belehren lassen: Wer hätte damals zutreffender als Böttger beurteilen können, was echtes Porzellan ist und was nicht?

Goldmacher am Galgen

Das Jahr 1709 begann mit grimmigem Frost, der ganz Europa überfallen hatte. «Die Kälte war so penetrant, daß man fast keine Stuben erheitzen können», schrieben die «Dresdner Merckwürdigkeiten». Während des Fluges fielen die Vögel tot zur Erde. Die Annalen aus dieser Zeit melden, daß am 1. Februar verschiedene Staatsgefangene in Freiheit gesetzt wurden: die Gebrüder Beichling und der Geheimrat Ritter. An der Freilassung des Großkanzlers dürfte Böttger indirekt beteiligt gewesen sein. Er hatte bis zuletzt Post von Beichling erhalten und sich bei Nehmitz und Hoym für ihn eingesetzt. Stärker freilich ist der Einfluß der Cosel und Haxthausens zu werten, die schließlich die Freilassung beim König durchsetzten. Außer Romanus waren auch alle anderen Gefangenen, die Böttger auf dem Königstein kennengelernt hatte, begnadigt worden: Holtzbrinck und Einsiedel bereits im Dezember 1707, Constantini im November 1708. Der ehemalige Großkanzler hatte seine politische Rolle ausgespielt: August der Starke befahl den Beichlings, sich auf ihren Familienbesitz in Zschorna zurückzuziehen und mit einer Jahresrente von 4000 Talern zufrieden zu sein.

Am 10. Februar setzte plötzliches Tauwetter ein. Die Elbe trat über die Ufer, und Not herrschte deswegen in der Stadt. Zwei Wochen später fiel erneut Schnee. Anfang März schmolz der Schnee ganz plötzlich, die Elbe konnte das Wasser nicht auffangen und überflutete wiederum alles. Vom Weißeritzer Holzhof schwemmte das Hochwasser mehrere Hundert Schragen Holz hinweg. In einzelnen Gassen Dresdens konnten sich die Leute nur mit Kähnen fortbewegen. Verzweiflung und Hunger griffen unter der ärmeren Bevölkerung um sich.

In trübseliger Stimmung befand sich auch Böttger. Durch den Tod von Tschirnhaus sah er sich eines Freundes und Beschützers beraubt. Seine Gegenspieler bei Hofe, die ehemaligen Königsteiner Mitgefangenen, taten alles, um dem König begreiflich zu machen, daß Böttger ein Scharlatan sei, der kein Gold zu machen, aber es aus anderen Taschen zu ziehen verstünde. Böttgers Leistungen bei der Erfindung des Porzellans galten anscheinend nichts. In ihren Absichten fühlten sich Böttgers Gegner durch Nachrichten aus Brandenburg-Preußen bestärkt. Ein Goldmacher aus Italien, ein vorgeblicher Graf Cajetano, war am Hof Friedrichs I. in Ungnade gefallen. Er hatte sich lange Zeit in dem Ruhm gesonnt, Böttgers Nachfolger zu sein. Seit 1705 spielte Cajetano in Berlin seine Komödie. In Gegenwart des Königs und des Kronprinzen war ihm die Verwandlung von Kupfer in Gold gelungen. Dieses Alchemistenstück fand seinerzeit auch Beifall des kritischen Dippel. Aber Cajetano ließ dem König in all den Jahren lediglich ein prachtvolles Gemälde überreichen: Friedrich I. auf güldenem Thron, umgeben von güldenen Löwen wie einst Salomon, darunter in güldenen Lettern die Inschrift «Restaurata aurea secula» (Wiederhersteller des Goldenen Zeitalters). Gold lieferte der Italiener nicht, führte statt dessen «einen großen Staat», fuhr «allezeit mit zwey Carossen spaziren» und hatte «die schönsten Pferde und 8 bis 10 Bedienstete». So berichteten Berliner «Nouvellen» vom 22. November 1707, zugleich mitteilend, daß Cajetano bei Nacht und Nebel aus Berlin geflohen sei. Seit dem Frühjahr 1708 befand er sich jedoch wieder in Gewahrsam, auf der Festung Küstrin. Friedrich I., der um sein Renommee bei Europas Königshäusern fürchtete, ließ alle Welt wissen, daß Cajetano als Betrüger hingerichtet werde, wenn er nicht längstens in einem Jahr Gold hergestellt habe. Dies sollte gleichsam als Warnung für alle Landesherren dienen, die an ihren Höfen ähnliche «Künstler» beschäftigten.

Angst überfiel Böttger: Sollte er das Schicksal Cajetanos teilen? In dieser Situation konnte Böttger nur eins vor dem Zugriff seiner Feinde retten: Er mußte den König, der ihm zugetan war, von der Unentbehrlichkeit seiner Person überzeugen und nachweisen, daß er ebensolche Erfindungen vollbringen könnte wie Tschirnhaus – zu des Landes Nutzen und dem König zum Ruhme. Böttger schrieb:

«Es sind nunmehro bereits acht Jahre, in welchen ich die hohe Gnade und das Glück habe, mich unter dem Schutz von Ew. Majestät zu befinden... Aber ich erschrecke doch, wenn ich bedencke, daß eine so lange Zeit mich in stetem Unglück, Ew. Majestät aber in immer wehrender Gedult hat erhalten können... Ich bekenne frei, daß sowohl ich als alle Menschen straucheln und irren können..., ob aber der achtjährige Verlust meiner Freyheit so beschaffen gewesen, daß ich als ein Mensch niemals Uhrsache gehabt hätte, betrübt zu seyn, überlaße ich dem höchsterleuchtenden Nachdencken von Ew. Königl. Majestät...»

Auf seine Gegner bei Hofe anspielend, erklärte Böttger: «Es sind einige Personen, welche mich ohne weiteres Nachdencken unter die Zahl solcher Leuthe sezen, deren Künster nur in unnützbaren Subtilitaeten (Spitzfindigkeiten), nicht aber in reelen Wißenschafften zu bestehen pflegen... (Ich) habe meine Zeit wenig mit Müßiggange, sondern mit steter Arbeit und Meditationen zu Erfindung neuer und nützlicher Wißenschafft zugebracht...»

Dieses «allerdemüthigste Memorial» ist datiert «Dreßden, am 28. Martii Anno 1709». Darin zählt Böttger zum Schluß verschiedene Erfindungen auf, die er dem König «in der Perfection zu praestiren» gedachte, darunter «den guten weißen Porcellan, sambt der allerfeinsten Glasur und allem zubehörigen Mahlwerk (Bemalung), welcher dem Ost-Indianischen wo nicht vor, doch wenigstens gleich kommen soll». Dazu rechnete Böttger auch «ein rothes, sehr feines Gefäß, welchen den Ost-Indianischen sogenannten rothen Porcellan in allem die Wa(a)ge halten wird». Des weiteren machte sich Böttger erbötig, Schmelztiegel sowie Gefäße, Platten und Steine aus künstlichem Porphyr und Marmor anzufertigen, dazu Borax, dem venetianischen gleich, und «eine ganz neue Arth von massiven GlasStücken, ...so aller Welt Admirung verdienen». Böttger empfahl sich als Vollstrecker Tschirnhausscher Ideen und Inventionen. Wer aber würde einem so ingeniösen Mann nach dem Leben trachten wollen, nur weil er in den zweifelhaften Ruf eines «Goldmachers» geraten war? Denn Böttger konnte sich noch zugute halten, daß er auch die holländische Steinbäckerei in Gang gebracht hatte, der eine

«Manufactur, worinnen allerhand große und kleine Gefäße dieser Arth können gemacht werden», bald folgen werde.

Dieses von Böttger eingereichte Memorandum vom 28. März 1709 wurde bisher als die erste Meldung über die Porzellanerfindung angesehen. Doch hier irrt man.

Wenn wir heute von «Böttgersteinzeug» und «Böttgerporzellan» sprechen, so ist das statthaft: Die produktionsmäßige Fertigung und künstlerische Veredlung dieser europäischen Keramik sind im wesentlichen dem Erfindungsreichtum, dem experimentellen Geschick, der Initiative und dem Organisationstalent Böttgers zu verdanken. Kein anderer aus dem ehemaligen Contubernium hat so viel geleistet wie Böttger. Wenn allerdings die Begriffe «Böttgersteinzeug» und «Böttgerporzellan» in der Absicht gewählt werden, um den «Alleinerfinder» herauszustellen, so ist das unvertretbar. Realistisch betrachtet, muß der Erfindungsanteil eines Tschirnhaus, Pabst von Ohain, Bartholomaei, Dr. Nehmitz und der Berg- und Hüttenarbeiter Köhler, Wildenstein, Schuberth insgesamt sogar höher veranschlagt werden. Ohne deren Vorarbeit und fachmännische Mithilfe hätte Böttger nicht das Problem der Nacherfindung des Porzellans lösen können. Bötter hat sicherlich mehr als jeder andere zur Erfindung und Produktionsrealisierung des europäischen Hartporzellans beigetragen, doch keinesfalls mehr als die anderen zusammengenommen.

Bliebe noch die Rolle Ehrenfried Walther von Tschirnhaus' zu würdigen. Fest steht, daß Böttger niemals daran gedacht hätte, das chinesische Porzellan nacharbeiten zu wollen, wenn nicht Tschirnhaus ihn überredet und seine Erkenntnisse mitgeteilt hätte. «Wer monathlich so viel Geld hat und einen solchen Anleiter als D. T. (de Tschirnhaus)», schrieb Steinbrück in sein Tagebuch, «der hat leichtlich können Porcellain und solche Öfen (machen), die ja gewiß von D. T . . . .» Dem Gelehrten gebührt das Verdienst, «aus einem Goldmacher einen Töpfer gemacht» zu haben. Mit seiner Experimentalforschung leistete Tschirnhaus Pionierarbeit. Seine Rolle hat Steinbrück, der übrigens wenig zur Erfindungsgeschichte des Porzellans beizutragen vermochte, im wesentlich richtig charakterisiert, wenn er schrieb: «Die inventiösen Köpffe conteniren sich offt (geben sich zufrieden), wenn sie nur die Möglichkeit einer Sache gesehen, ob solche wohl noch nicht ausgemacht, und laßen sich penetrant zu etwas neuen treiben: wie D. T. mit dem Porcellan.»

Das vielzitierte «Erfindungsmemorandum» Böttgers vom 28. März 1709 ist also kein ausschlaggebender dokumentarischer Beweis für die Erfindung des europäischen Porzellans, zumindest ist es nicht die erste Beurkundung. Böttger hat diese Schrift in einer Zwangslage und aus rein persönlichen Gründen verfaßt. Der sich auf Erfindungen beziehende Teil des Memorandums hätte ebensogut ein Jahr früher bekanntgegeben werden können, zumindest noch zu Lebzeiten von Tschirnhaus. Aber zu dieser Zeit benötigte Böttger ein solches «Alibi» noch nicht.

Wie nötig Böttger im Frühjahr 1709 eine solche Verteidigungsschrift brauchte, beweist der weitere Ablauf der Ereignisse: Der Goldmacher Cajetano, obwohl er nie einem Menschen ernstlich Schaden zugefügt hatte, wurde auf Befehl des Preußenkönigs gehenkt! Flugblätter verbreiteten diese Nachricht in allen deutschen Staaten.

Unzweideutig ist auch eine Mitteilung Hoyms, der am 8. September 1709 aus Eger an Flemming, Gouverneur von Dresden, triumphierend schrieb: «Was wegen Cajetano vorgegangen und wie er den Galgen von Küstrin zihret, wird Ewer Excellence bekannt sein, und dienet es zum ewigen Ruhm Seiner Königl. Majestät in Preußen, daß sie sich nicht länger betrügen laßen. Mich deucht, unser Herr wird auf einmahl aufwachen, und mag unser Böttger wohl auch die Mäuse sehr lauffen hören . . .»

8. Die Meißener Manufaktur

Rauschende Feste

In seinem Memorial vom 28. März 1709 hatte Johann Friedrich Böttger angeregt, Sachverständige mögen seine Angaben überprüfen, besonders was die Erfindung des Porzellans anbelangt. Während Böttgers Klagen sonst zumeist ungehört verhallten, hatte man es mit der Einberufung dieser Kommission eilig. Bereits am 11. April erging an den Geheimcn Rat Zech, Kammerpräsidenten Freiherrn von Löwendahl, Kammerrat Nehmitz, Geheimen Kriegsrat von Holtzbrinck, Hofrat Döring und an Bergrat Pabst von Ohain der königliche Befehl, sich zu einer Beratung im Berggemach zu versammeln. Diese Herren sollten die von Böttger vorgelegten «Proben und was er sonst in Vorschlag bringet, nach bestem Wißen und Gewißen genau examiniren».

Als Gefangener durfte Böttger aber das ihm zugewiesene Domizil nicht verlassen. Das bekräftigten Sicherheitsbestimmungen, die am 16. April 1709 durch den König erneuert worden waren. Sie legten fest, daß Nehmitz und Hofrat Seebach – anstelle des verstorbenen Tschirnhaus – für Böttgers Sicherheit verantwortlich zeichneten. Neue Instruktionen schärften den Wachsoldaten cin, darauf zu achten, daß «Böttcher unter verstellter Kleidung nicht etwa aus den Blanquen heraus komme». Man muß sich das vorstellen: Böttger wurde nicht nur auf einer von Waffen und Soldaten starrenden Festung festgehalten, sein Haus schirmte man außerdem mit einer doppelten Reihe von Palisaden ab, zwischen denen ständig Wachsoldaten patroullierten, in einer Gesamtstärke bis zu 120 Mann!

Es muß für Böttger ärgerlich gewesen sein, bei der Kommissionssitzung nicht persönlich Rede und Antwort stehen zu dürfen. In Eile brachte er deshalb am Verhandlungstag noch einige Instruktionen für seinen Bevollmächtigten Matthiae zu Papier. Die Gutachter besahen sich am 17. April Böttgers Erfindungen und vorgelegte Muster nicht ohne Skepsis. Der einzige Sachverständige fehlte: Pabst hatte sich wegen Krankheit entschuldigen lassen. Die anderen wußten nichts Besseres, als sich auf die Zeit nach der Michaelismesse zu vertagen. Bis dahin sollte Böttger ein Stück weißes glasiertes Porzellan mit dem eingebrannten kurfürstlichen Wappen liefern.

Böttger war enttäuscht über den unbefriedigenden Ausgang. Alle seine Bemühungen, sich beim König Gehör zu verschaffen, scheiterten. Für August den Starken war die Tagespolitik vorrangig. Den Auftakt dazu bildete der Besuch Friedrichs IV., König von Dänemark und Norwegen, der von seiner Italienreise zurückkehrte. Sachsens Kurfürst versprach sich von dessen Kommen neue Impulse für die stagnierende Polenpolitik. Er hoffte, die Allianz von 1699 erneuern und seinen Gast zu einem Pakt wider die Schweden bewegen zu können.

Am Abend des 26. Mai 1709 kam der dänische König in Dresden an. Vier Wochen lang sollte sich das barocke Dresden zu Ehren Friedrichs IV. im Festglanz zeigen. Auf dem Programm standen die Aufführungen mehrerer französischer und italienischer Opern und Komödien, Kampfjagden, Tierhatzen, ein monumentales Fußturnier auf dem Altmarkt, Karussellrennen auf der Reitbahn, ein prächtig ausgestalteter Karnevalsaufzug der «vier Weltteile» – Europa, Asien, Afrika, Amerika –, ein nächtliches Ringrennen bei Fackelschein, die Teilnehmer als Götter verkleidet, ein Damenfest mit Feuerwerk und schließlich eine Bauernkirmes im Großen Garten. Baumeister Pöppelmann hatte ein hölzernes Amphitheater vor dem Schloß errichtet, 110 Meter lang, 90 Meter breit: eine Vorstudie des späteren Zwingers. Der Italiener Constantini studierte einige Theaterstücke ein. Auf sein Schicksal anspielend, präsentierte er sich den Zuschauern als übermütiger Harlekin, die zerbrochene Fessel triumphierend in der Hand.

Als strahlende Siegerin beim Wagenrennen und Ringstechen ließ sich die Gräfin Cosel feiern. Kein Wunder: Friedrich IV. lenkte ihren Wagen, und zu den beiden für sie fechtenden Rittern gehörte August der Starke. Nach der Siegesfeier bewegte sich der Wagenzug am Abend des 6. Juni 1709 über den Wall hinauf zur Jungfernbastei. Von den Terrassen des Lusthauses ergötzten sich die hohen Herrschaften an einem phantastischen Feuerwerk: In der Mitte des Elbstromes lag ein hölzernes Kastell verankert – eine Nachbildung der Festung Ryssel – inmitten von 2500 auf dem Wasser tänzelnden Leuchtfeuern. Die große Show begann zu Ehren des Gastes mit dem Aufleuchten riesenhafter Buchstaben «F. 4. R. D.». Dann prasselte ein Feuerwerk los, «dergleichen nie gesehen zu haben alle Welt bekannt, 55 Ellen hoch überm Wasser, in mehr als 150 000 Schlägen versehenen Wasser- und Lufft-Feuern». Das Spektakel, das mit einem siegreichen Bombardement der «Festung» Ryssel endete, war von August dem Starken «selbst invent und also ordiniret worden».

Überwältigt von der Pracht des sächsischen Hofes und der Persönlichkeit Augusts des Starken, schloß Friedrich IV. am 28. Juni 1709 mit den Sachsen ein neues Beistandsabkommen ab. In der Absicht, den Preußenkönig Friedrich I. für das neue Bündnis zu gewinnen, begleitete August seinen Gast nach Potsdam. Am 2. Juli 1709 standen sich die drei Könige zum erstenmal gegenüber. Zwei Wochen lang bemühte sich der sächsische Kurfürst um den Beistand Brandenburg-Preußens. Aber die Staatsminister blieben kühl, und Friedrich I. war lediglich zu einem Stillhalteabkommen bereit. Selbst als man am 12. Juli den dreiundfünfzigsten Geburtstag des Preußenkönigs feierte, ließ sich dieser zu keiner anderen Entscheidung herbei. Auch dann nicht, als Friedrich IV. und August der Starke bereitwillig der Taufe der Prinzessin Friderika Augusta als Gevatter beiwohnten, auf diese Weise ihre Verbundenheit zur Familie des Kronprinzen bezeugend.

Schließlich wagte August der Starke noch einen letzten Versuch, die preußische Diplomatie zum Einlenken zu bewegen. Mit viel Galanterie bat er die Gemahlin des ersten Staatsministers, Graf von Wartenberg, um eine persönliche Unterredung. Bestimmt ist diese Aufforderung von der lebenslustigen Dame mißverstanden worden, denn sie empfing den Abgott aller Frauen im Negligé. Das weitere Geschehen hat Poellnitz in seinem Buch «Das galante Sachsen» pikant ausgemalt. Zum Glück störte der Liebhaber der Frau von Wartenberg, der englische Gesandte Lord Raby, dieses Zusammensein, und August der Starke konnte sich im letzten Moment zurückziehen. Gegenüber dem Grafen von Vitzthum äußerte er ironisch, daß er sich hätte «nicht mit den See-Mächten überwerfen» wollen.

Nach seiner Rückkehr erreichte August II. in Dresden die Nachricht von einer vernichtenden Niederlage, die Karl XII. am 8. Juli 1709 bei Poltawa in der Ukraine durch die russische Armee erlitten hatte. Der Schwedenkönig mußte für fünf Jahre ins türkische Asyl. Jetzt sah August der Starke seine Stunde gekommen. In einem am 8. August publizierten Manifest erklärte er, sich nicht mehr an den Altranstädter Frieden halten und Polens Krone zurückerobern zu wollen. Mit größter Eile traf er Vorbereitungen für einen neuen Zug gen Osten. Sein klügster Minister, Flemming, mußte mit nach Polen. Bald sollte er sich in Warschau seine eigene Kanzlei aufbauen, die die Außenpolitik Augusts II. bestimmte. Die Regierungsgewalt im eigenen Land beließ der König formell beim Statthalter. Gleichberechtigt stellte er Fürstenberg jedoch Hoym und Löwendahl an die Seite, verantwortlich für die Finanz- und Innenpolitik. Dieser gegen den Statthalter gerichtete Schachzug sollte alte Machtkämpfe wiederbeleben.

Goldmacher und Poet dazu

Mit 13 000 Soldaten brach August der Starke am 21. August nach Polen auf. In Thorn traf er mit Zar Peter I. zusammen, dem Sieger von Poltawa. Beide Herrscher verbündeten sich erneut. Im Schutze eines schwedischen Restheeres floh Leszczynski nach Pommern und später nach Frankreich, auf die polnische Krone verzichtend, um seinem Land den Frieden zu bewahren. August der Starke war wieder König in Polen. Der Reichstag in Warschau schwor ihm die Treue. Das Spiel um die Macht konnte von neuem beginnen. Aber Polens König wußte, daß er dazu große Summen Geldes benötigte. Woher nehmen? Böttger! Was war aus dessen Arbeiten geworden? Leichtsinnig hatte Böttger versprochen, das Arkanum des Steines der Weisen seinem König spätestens zu Weihnachten 1709 zu präsentieren. «Weil die Zeit sich heran nahet des bewußten Wercks», ermahnte August der Starke am 20. September aus Polen den unglücklichen Goldmacher. «Also versehe ich mich deßen Determination stündlich und erwarthe Resolution . . .»

Was sollte Böttger darauf erwidern? Seine Antwort vom 19. Oktober klang ziemlich kleinlaut: . . . ist doch Ew. Majestät selbsten allergnädigst bekant, daß es von meinem eigenen Wollen am wenigsten dependiret, sondern ich mus(s) abwarten, was Gott und die Zeit mir vor Glück oder Unglück zufügen . . .» Langes Warten läge nicht im Sinne Ew. Majestät. Holtzbrinck machte dies, an das Schicksal Cajetanos erinnernd, unmißverständlich klar, als er Böttger am 23. Oktober persönlich aufsuchte. Mit Schrecken sah dieser sein Ende kommen. «. . . ich lebe zwischen Furcht und Hoffnung und bin viele Zeit vor Sorgen und Verdruß nicht mehr meiner selbsten», beklagte sich Böttger beim König. Seine Verzweiflung trieb einem Höhepunkt entgegen, als August der Starke im Dezember für kurze Zeit nach Dresden zurückkehrte. Mit Angst im Herzen gestand Böttger in einem Brief vom 26. Dezember 1709, daß es ihm nicht gelingen wolle, Gold zu machen, und er seiner Bestrafung entgegensähe: «. . . indem ich nunmehro nach vieler Mühe und Arbeith überzeiget bin, durch die List und den Betrug meiner

300

Feinde überwunden zu sein. Ich urtheile also, daß dieses das letzte
Schreiben ist, so ich an Ew. Majestät sende . . . Ich bin müde zu
leben . . . und erwarthe also stündlich das Urtheil eines gerechten
und barmherzigen Königs.»
Dem Schreiben war ein Gedicht Böttgers beigelegt, 21 Strophen
lang, zu je 10 Zeilen: ein origineller und, wie es sich zeigte, erfolg-
reicher Versuch, des Königs Gunst zurückzugewinnen.

«Ja, könte rothes Bludt die Erd' in Golde ferben
und where Trähnen Saltz dem Stein der Weisen gleich,
wie willig wolt' ich doch vor Dier, o König, sterben,
mit Freuden würden mihr die Lippen werden bleich,
ich wolte rothes Bludt aus meinen Adern spritzen,
aus meinen Augen solt' ein Bach von Trähnen gehn . . .

Es will der König sich nach goldnen Früchten sehnen,
so doch die schwache Hand nicht überreichen kan,
drum lest (läßt) sie nur Porphir und Borax in Cristallen
jetz(t) vor des Königs Trohn stadt jenes Opfer fallen.

Ja, sie reicht selbst das Hertz in porcelanen Schalen
und bi(e)tet beydes hier zu einem Opfer an,
doch will sie nicht hirdurch die schnöde Schuld bezahlen,
so nur vergoßenes Bludt alleine tilgen kan.»

Kein Geld also, dafür Porphyr, Borax, Porzellan – in der Hoffnung,
daß es der König als Äquivalent für das Leben seines armen Goldmachers gelten ließe, der bereit war, sein Blut für den König zu ver-
gießen:

«. . . solt' nur ein falscher Schein in meiner Seele ruhn,
ich wolte heüßes Bley, Gifft, Pech und Schwefel saufen,
stat Marcipancn wolt ich nehmen Schlangengift,
ich wolte durch die Gludt viel 1000 Jahre laufen . . .»

Begehrenswertes Porzellan aus Sachsen

Obwohl Böttger in seinen Briefen aus dieser Zeit flehentlich um die Gnade des Königs bettelte, vergaß er doch klugerweise nie, seine Verdienste hervorzukehren. «Ich verstehe unter dem, was vertig ist», teilte er am 19. Oktober dem König mit, «erstlich den weißen durchsichtigen Porcellan, 2) den rothen in unterschiedenen Sorten, 3) den Borrax, 4) die schöne Steine auff Phorphier und ander schöne Arthen, 5) daß sogenandte holländische Gudt, so woll in Platgens, als runden Gefäßen . . .»

Die im Frühjahr einberufene Kommission wollte ihre zweite Sitzung am 10. November 1709 abhalten. Deshalb beeilte sich Böttger, einige neue Porzellanmuster, doch ohne das gewünschte Wappen, und Borax bereitzustellen. Als sich die Herren versammelten, lag ihnen auch eine umfangreiche Studie vor: «Unvorgreiffliche Gedancken über meine, Johann Friedrich Böttgers, theils denen Ausländern nachgeahmte, theils durch mich selbst neuerfundene Manufacturen». Der Text enthält Vorstellungen über die zu verwirklichende künstlerische Konzeption des sächsischen Porzellans und über kaufmännische Belange. Angefertigt wurde die Reinschrift von Johann Melchior Steinbrück, der seit April 1709 bei Böttger als «Domestique» Dienst tat. Unterzeichnet hat sie Böttger. Aber stammen deshalb alle darin verankerten Ideen von ihm?

Böttger besaß damals solche Spezialkenntnisse nicht. Auch ist die durch Sachlichkeit geprägte Eingabe nicht in seinem Schreibstil verfaßt. Die geistigen Urheber sind andere gewesen. Steinbrück äußerte sich dazu mehrfach und stellte dabei richtig: Die «Unvorgreifflichen Gedancken» habe «der damahlige Secretario Matthiae aufgesetzet». Tatsächlich fand sich in den Akten der Porzellanmanufaktur Meißen der handschriftliche Entwurf Matthiaes. Er ist mit Korrekturen und Anmerkungen übersät, doch Böttgers Handschrift ist nicht dabei. Christoph Matthiae, seit 1702 bei Böttger, verfügte über kaufmännische Kenntnisse. Bei der Gründung des Manufakturdirektoriums im Januar 1710 wurde er zum Sekretär und Kommerzienrat ernannt. Aber auch er hat sich auf gängige Lehrwerke gestützt, wie Marpergers «Neueröffnete Kauffmanns Börse» aus dem Jahre 1707.

Die künstlerische Konzeption stammt zweifellos von Irminger. Das geht einerseits aus typischen Formulierungen hervor, die der Hofsilberschmied auch in eigenen Schriftsätzen gebrauchte, zum Beispiel: Es müßte die «Facon curieux» (bemerkenswert) sein. Zum andern beweisen dies auch sachliche Bezüge. Mit dem neuen Porzellan wollte man «etwas Extraordinaires» schaffen, «die Services oder Geschirre nach Silber-Arth godroniret ..., ebenso künstlich (künstlerisch) als es in Silber zu praestiren möglich ... Wie denn auch die Facons derer Sachen, so aus vorbeschriebener Masse fabriciret werden, jedesmahl nach der neuesten Arth angegeben und denen Silber-Geschirren, so offt dieselben changieren, nachgefolget» usw.

Kritisch setzte man sich deshalb mit dem Porzellanstil der Chinesen auseinander, charakterisiert durch «plumpe Facons» und «absurde Dessins in ihrer Mahlerey», die «Gefäße und Figuren ... so ungeschickt und irregulativ». In seiner Eingabe betonte Böttger, daß man diesen Fassons etwas Besonderes entgegenhalten müsse. Diese Meinung teilte die Kommission, doch bezweifelte sie, daß sächsisches Porzellan jemals so begehrt sein könnte wie das «indianische». Böttgers Entgegnung ist geradezu klassisch: «Es sind drey Sachen, durch welche die Begierden der Menschen sonderlich auffgemundert werden, dießes oder jenes zu begehren, welches sie sonsten zu ihrem nöthigen Gebrauch noch wohl entrathen könten: alß erstlich die Schönheit, zum andern die Rarität und drittens die mit beyden verknüpfte Nutzbarkeit ... Alle drey Eigenschaften besitzen die hier vorgestellten Gefäße.»

Der König war überzeugt von der Qualität des im eigenen Lande gefertigten Porzellans. Auf seinen Befehl hin erhielt Böttger am 28. November 1709 leihweise acht verschiedene chinesische Porzellangegenstände – Schalen, Becher, Krüge und Figuren –, die man in der Geheimen Verwahrung als Rarität hütete. Es waren Anschauungsmuster für die künstlerische Bearbeitung. Auch Bartholomaei bemühte sich zu dieser Zeit, die Porzellanherstellung voranzutreiben. Manch Hindernis legte sich ihm dabei in den Weg. Am 9. Dezember war er gezwungen, die bei ihm arbeitenden Töpfer Georg Kittel, Peter Geithner und Gottfried Loße ins Verhör zu nehmen. Bartholomaei hatte nämlich, wie er in seinem Rapport schrieb, «höchst mißfällig vernehmen müßen», wie Fremde in sein Haus, «wo die Königliche Manufactur hingeleget», eingedrungen wären und versucht hätten, «von der rothen alß der weißen Maße etwas zu haben». Die Filiale der Dresdner Porzellanmanufactur in der Moritzstraße war vor Spionen nicht mehr sicher.

In Böttgers «Unvorgreifflichen Gedancken» fand auch die Frage der Prüfungskommission eine Beantwortung, ob denn das neue Porzellan überhaupt einen «Debit», also Absatz und Gewinn, einbrächte. Es wurde herausgestellt, «daß die . . . verfertigte Ware sambt und sonders ein schönes, dauerhafftes und vollkommen gangbares Kauffmanns-Gut sey». Der Porzellanmanufaktur würde demnach «der benöthigte Debit so wenig als der Sonnen ihr selbsteigenes Licht mangeln». Nun, «nachdem die schwehren Probir-Jahre zurückgeleget», gäbe es nur eins, was «zu deren völligen Etablirung» noch fehle: Es müsse «Platz und Raum angewiesen werden, an welchen die nöthigen und erforderlichen Öfen, Schleiff-, Schneid-, Polier- und Glaß-Mühlen (Glasur-Mühlen) förderlichst aufgebauet» werden. Sobald dies geschehen, könnte die Fabrik «binnen Jahresfrist» über einen ausreichenden Vorrat verkaufsfähigen Porzellans verfügen. Bei der begrenzten Kapazität der Dresdner Produktionsstätten wäre dies dagegen auf lange Sicht nicht möglich.

Neujahrsmesse in Leipzig 1710. In Schlagzeilen berichteten die «Nouvellen» der Leipziger «Post- und Ordinar-Zeitung», daß «eine große Frequenz von hohen Standes-Personen» zu erwarten sei. August der Starke reiste bereits am 1. Januar, der Kurprinz einen Tag später an. Dann traf die Königin Christine Eberhardine mit dem Herzog von Braunschweig-Wolfenbüttel nebst Prinzessin ein. Am 4. Januar passierten Friedrich I. und Kronprinz Friedrich Wilhelm die Tore der Stadt. Begleitet wurde der Preußenkönig von

Vertretern seines Kabinetts. Und weitere hochgestellte Persönlichkeiten kamen an. Insgesamt sollen es gegen vierzig Fürstlichkeiten gewesen sein.

August der Starke verfolgte mit seiner Einladung einen bestimmten Zweck. Bei Empfängen ließ er seine Gäste an großer Tafel bewirten, die ein exquisites Geschirr aufzuweisen hatte. Es bestand aus kunstvoll verziertem und poliertem rotem sächsischem Porzellan. Erlesene Stücke wurden als Geschenk überreicht. Mit vor Triumph blitzenden Augen machte August der Starke den Preußenkönig auf das neue Porzellangeschirr aufmerksam und nannte dabei den Namen dessen, der es fabriziert hatte. Verärgert zwang sich Friedrich I. zu einigen Worten: «Der heillose Apotheker-Bursch hätte wohl auch in meinen Landen bleiben können. Das braune Zeug ist besser, als ich mir's imaginiret . . .»

Die Vorausinformation zur Leipziger Neujahrsmesse wurde kurz darauf durch ein gedrucktes Patent besiegelt, das über ganz Europa Verbreitung finden sollte. Es trägt das Datum des 23. Januar 1710 und die Unterschriften von Fürstenberg, Friesen und Zech. Der König weilte zum Termin der Drucklegung bereits wieder in Polen. In Leipzigs «Nouvellen» konnte man am 1. Februar lesen, daß dieses «Patent dero bereits etablirten Porcellin- und anderer annoch zu errichtenden Manufacturen» im Verlag der Anne Marie Heß zu haben sei, zunächst nur in deutscher Sprache. Ausgaben in Französisch, Latein und Holländisch sollten bald folgen.

In diesem Dokument wurde kundgetan, daß «die Wiederbringung einer gesegneten Nahrung und Gewerbes im Lande hauptsächlich durch Manufacturen und Commercia befördert» werden könne. Deshalb habe man die Nutzung einheimischer Bodenschätze «einigen in dergleichen Wissenschafften wohlgeübten Personen auffgetragen». Sie hätten «ihre Erfahrenheit und unermüdeten Fleiß darzu angewendet . . . und nicht allein eine Art rothe Gefäße, so die indianischen . . . weit übertreffen», hergestellt, sondern auch «bereits ziemliche Prob-Stücken von dem weißen Porcellan, sowohl glasurt als unverglasurt». Das zeige zur Genüge, «daß aus denen in Unseren Landen befindlichen Materialien ein dem ostindianischen Porcellan ... gleichkommendes Gefäß könne und möge fabriciret werden». Auch Borax, holländische Platten, Delfter runde Gefäße und Schmelztiegel wollte man nun in Kursachsen herstellen und in alle Welt vertreiben.

Sinn dieses Patents, mit dem zum erstenmal die Öffentlichkeit von der geglückten Porzellanerfindung erfuhr, war jedoch in erster Linie eine Werbeaktion: Man suchte nach finanzkräftigen Kaufleuten, die diese Manufakturen mit Kapital unterstützten, und bot ihnen dafür vorteilhafte Bedingungen an. Gemeldet hat sich allerdings niemand, bis auf den in Dresden ansässigen Dr. Bussius. Auch hoffte man auf diese Weise «in ingleichen Dingen wohlerfahrene Künstler und Meister» anwerben zu können, «Glaß- und Stein-Schneider, Schleiffer und Polirer, Gold-Schmiede, Schmeltz- und Glaß-Mahler, Bildhauer und Poussirer, gut und saubere Mahler und Zeichner, ingleichen Töpffer». Interessenten waren aufgerufen, sich beim Direktor dieser Manufakturen, Kammer- und Bergrath Michael Nehmitz, vorzustellen.

Kritische Worte hat Steinbrück zur Veröffentlichung dieses von Matthiae verfaßten Patents gefunden: Dieser habe nämlich, «es sey nun, umb Böttger zu flattiren (schmeicheln) oder auch Privat-Absichten, so großes Aufhebens von denen Böttgerschen Inventis und neu-auffgerichteten Porcellain-Manufacturen gemachet, als ob man bereits im Stande wäre, die halbe Welt mit solchen Waaren zu verlegen ...» Nach Steinbrücks Worten soll es «Böttgern und Matthiaen Angst genug geworden seyn, wenn sich Käuffer gemeldet ... und eine Quantitaet von den versprochenen Waaren verlangt hätten»! Wie dem auch sei: Jedenfalls wurde Christoph Matthiae aufgrund seiner Verdienste zum Kommerzienrat befördert. Gemäß Dekret vom 24. Januar 1710 konstituierte sich ein Manufakturdirektorium, das sich aus Nehmitz und Matthiae zusammensetztc. Im März kam noch der Sekretär Emanuel Jacobi hinzu.

306

Messeexponate
der Königlichen Porzellanmanufaktur Dresden

Bei den Kaufleuten aus aller Welt erfreuten sich die dreimal im Jahr in der kursächsischen Handelsmetropole stattfindenden Messen regen Zuspruchs. Aber noch niemals waren sie mit so großen Erwartungen angereist wie zur Ostermesse des Jahres 1710. Die in vielen europäischen Zeitungen abgedruckte Meldung, wonach es August dem Starken gelungen sei, das Porzellanmonopol der Chinesen und Japaner zu brechen, lockte die Handelswelt nach Leipzig.

«Denen Herren Liebhabern rarer und precieuser Sachen, besonders Kauff- und Handels-Leuten, wird hiermit vermeldet, daß nächst kommende Oster-Messe eine gute Quantitaet derer neuerfundenen und in denen Königlichen Manufakturen zu Dresden unterschiedlich zur Probe verfertigten Porcellan- und andere Gefäße, nicht weniger Plattgens und Rundt-Geschirr, nach Art derer in Holland fabricirten, ... allhier in Leipzig ausgesetzet werden sollen.» Mit dieser Nachricht bereitete die Leipziger «Post- und Ordinar-Zeitung» alle Interessenten auf einen Messeschlager vor. Es würden diese Porzellane «anfänglich zum Ansehen und Behandeln, die letztern 3 Tage der Meß-Woche aber zum freyen Verkauf» bereitstehen.

Zu bewundern war dieses Porzellan im «Blauen Engel» vom 7. bis 9. Mai 1710. Wie die «Post- und Ordinar-Zeitung» am 14. Mai ihren Lesern mitteilte, wurde dieses Messelokal «täglich sehr starck besuchet», weil die Exponate «gantz ungemein und von vortrefflicher Schönheit» wären. Zu sehen waren die besten Schöpfungen aus der Dresdner Porzellanmanufaktur: «Geschirre, als Tisch-Krüge, Thee-Bottgens, türkische Caffé-Kannen, Bouteillen ... von dunckeln und hochrothen Farben, welche theils mit Zug- und Laubwerck künstlich geschnitten, theils auch ... sowohl godroniret oder glatt poliret, als auch eckigt und facet geschliffen sind und vortrefflichen Lustre haben ... Gefäße, welche wie die schönste japanische Arbeit lacciret und mit Gold, Silber und Farben ... auffgetragen sind ... Wie denn auch dergleichen Geschirre vorhanden, welche dunckel glasuret, in solche Glasur aber künstlich geschnitten sind, daß der Schnitt ihre natürliche rothe Farbe zeiget. Die vierte Art bestehet in rothen Gefäßen, so erhabenes emailliertes Blumwerck haben und zum Theil mit Steinen versetzet sind ...»

Auch weißes Porzellan konnten die Besucher bestaunen: neun Eichelblätter, einen Tabakspfeifenkopf, ein Schüsselchen, ein achteckiges Schälchen. Dazu kamen noch fünf unglasierte Schalen. Im Vergleich zum Jaspisporzellan nahm sich diese Kollektion bescheiden aus. «Und zeiget man im übrigen auch einige Proben von dem in obgedachter Manufacturen zu Dresden fabricirten weißen Porcellan», heißt es in dem betreffenden Zeitungsbericht vom 14. Mai 1710, «sowohl glasuret als unglasuret, welcher sehr hart, weiß und durchsichtig ist. Es wird aber diese Messe davon nichts verkauffet werden.»

Außerdem konnte man im «Blauen Engel» «eine Schachtel Borrax à 10 Pfund» besichtigen. Bekanntlich beteuerte Böttger, Borax aus einheimischen Rohstoffen herstellen zu können. Doch echten Borax hat Böttger bei seinen «Syntheseversuchen» nicht erhalten. Als er schließlich selbst begriff, daß dies unmöglich ist, versuchte er es mit List. Sein ehemaliger Kammerdiener, Johann Georg Krüger, gab am 23. Oktober 1713 zu Protokoll: «Er hätte dem Baron müßen lügen helffen, indem dieser ihn in die Läden geschikket und Borrax kauffen lassen und ihn vor den seinen ausgegeben. Er hätte davon auf die Leipziger Messe geschicket, auch etwas daran geändert und hernach der Commission allhier vorgelegt ...»

Aus der Gründungszeit
der berühmten Porzellanmanufaktur Meißen

Bei der Herstellung von Gegenständen aus Porzellan galt es und gilt es auch heute noch, eine Fülle von Teilarbeiten zu verrichten, die koordiniert werden müssen: Massebereitung, Formgebung, Bemalen, Glasieren, Brennen. Diese können in erlesener Qualität nicht von jedem einzelnen Arbeiter ausgeführt, sondern nur arbeitsteilig von spezialisierten Kräften bewältigt werden. Die Porzellanherstellung verlangte also geradezu nach manufaktureller Produktion.

Drei Schlösser standen zur Wahl, als es darum ging, der neuen Porzellanmanufaktur ihren Standort zuzuweisen: Moritzburg, Pillnitz oder Meißen. Das Jagdschloß Moritzburg, im Walde gelegen, hielt man vor räuberischen Überfällen nicht sicher genug. Pillnitz war zu jener Zeit noch der Aufenthaltsort der Gräfin Cosel, der Favoritin Augusts des Starken. Ein Befehl aus Warschau, datiert vom 7. März 1710, bestimmte deshalb, die Albrechtsburg Meißen und einige angrenzende Gebäude des Domstifts räumen zu lassen. Heftig protestierend, appellierte das Domkapitel zu Meißen am 30. April an den König: Doch das half nichts. Ein neuer Befehl aus Warschau vom 6. Mai 1710 bevollmächtigte Nehmitz, das Schloß und die Gebäude in Besitz zu nehmen. Das geschah am 6. Juni 1710 in Gegenwart des Kreisamtmannes von Meißen. Es ist der Gründungstag der berühmten Meißner Porzellanmanufaktur. Am selben Tag meldete Direktor Nehmitz dem König, er habe sich, wie befohlen, «das Schloß daselbst biß an die erste Mauer, so von der großen Küche biß an die Dom-Kirche gehet, nebst den darunter am Berg liegenden Garten» übergeben lassen.

Der Platz vor der Albrechtsburg gliedert sich in zwei Teile, die durch Dom und Kapelle getrennt sind. Zur Elbseite wird das Areal durch die Albrechtsburg abgeschirmt. Für die einzurichtende Porzellanmanufaktur wählte man den südwestlichen Teil, den eigentlichen Schloßhof mit seinen Gebäuden. Er wurde durch die innere Burgmauer abgegrenzt. Mehrere von den Domherren genutzte

Häuser mußten geräumt werden: Kreis-, Prokurator- und Stiftsamt fanden schließlich in der Häuserreihe des Domplatzes eine Unterkunft. Von den Absperrmaßnahmen betroffen waren auch sonntägliche Kirchgänger und alltägliche Besucher der Domschenke. Von nun an mußte der Wirt auf die Sperrzeiten achten, sonst konnte es passieren, daß die Zugbrücke hochgezogen wurde und niemand mehr in die Stadt zurückkehren durfte.

Bei den Akten liegt eine Aufstellung des Manufaktursekretärs Jacobi, aus der hervorgeht, wie sich das Direktorium die Nutzung der Burgräume vorgestellt hatte. Doch als man sich die einzurichtenden Räumlichkeiten der Albrechtsburg näher besah, war bald guter Rat teuer. Holtzbrinck berichtete an den in Polen weilenden König, daß man nicht vorankäme, weil «außer Johann Friedrich Böttger selbst niemandt die bequemen Örter zu Anlegung der Öffen, auch zu Praeparirung der Massen, anweisen kan». August der Starke erlaubte schließlich, daß Böttger, von einer Eskorte bewacht, zum erstenmal seit fast vier Jahren wieder nach Meißen reisen durfte. Seine Anwesenheit vom 21. bis 27. Juli 1710 war gleichsam der Startschuß für das gesamte Unternehmen. Von nun an sollte Böttger mehrmals im Jahr für einige Tage oder gar Wochen auf der Albrechtsburg zu finden sein.

Zu den ersten Mitarbeitern in Meißen gehörten altbewährte Kräfte. Als Tonschlämmer und Massebereiter erhielten am 29. Juli 1710 ihre Instruktion und wurden vereidigt: Johann George Schuberth, David Köhler und Christoph Wieden. Dr. Bartholomaei war ihr Vorgesetzter. Böttger hingegen hatten sie als «Prinzipal und Patron» zu respektieren. Zu diesen Arkanisten der ersten Stunde gehörten auch Paul Wildenstein, der noch einige Monate bei Böttger in Dresden blieb, und Samuel Stöltzel, der Anfang 1711 aus Freiburg zurückkehren sollte. Beide wurden am 12. Juni 1711 auf der Jungfernbastei vereidigt und nach Meißen verabschiedet.

Insgesamt acht Töpfer und Former bekamen am 30. Juli 1710 ihre Instruktion ausgehändigt: Georg Kittel (Küttel), der als Ältester den Brigadier abgab, Peter Geithner, Gottfried Loße, Johann Christoph Krumbholz, Johann Donner, Hans Kittel sowie Johann und Georg Michael. Sie mußten sich unter anderem verpflichten, kein «ungebranntes Geschirr zu veruntreuen oder jemanden zu geben, zu senden, zu verkauffen oder bittlich zu überlassen, noch auch solches in geheim für sich zu brennen». Balthasar Görbig (Gerbich) und Hans Borrmann, die am selben Tag ihren Eid leisteten, waren zuständig für Maurerarbeiten, für den Brennofenbau, für das Anfeuern der Öfen und den Porzellanbrand sowie für die Glasurherstellung. Als ihr Vorgesetzter wurde Dr. Wilhelm Heinrich Nehmitz benannt, der seit Anfang des Jahres 1710 bei der Porzellanmanufaktur mitarbeitete.

In den ersten Jahren ihres Bestehens waren für die Meißner Manufaktur acht bis zehn Massebereiter und Brenner, neun bis zwölf Töpfer, zwei Kapselmacher, zehn bis zwölf Glasschneider und -schleifer tätig. Doch nur die Massebereiter, Former, Brenner und Ofenbauer mußten sich verpflichten, die Arkana «verschwiegen zu bewahren, ... so lieb ihnen ihr Leib und Leben ist». Das Arkanistensystem schrieb ihnen vor, «bloß bei ihrer Arbeit allein zu bleiben». Sie durften «umb dasjenige, was andere zu thun haben, nicht fragen, forschen und sich darumb bekümmern und niemanden von ihrer Wißenschafft etwas offenbahren».

Weitere Verhaltensvorschriften konnten die Arbeiter der Porzellanmanufaktur Meißen einer Verordnung vom 16. August 1710 entnehmen. Danach mußten sie ihre Arbeit um 6 Uhr früh bis 6 Uhr abends verrichten, mit einer Pause zu Mittag von 12 bis 1 Uhr. Harte Strafen drohten bei Disziplinlosigkeit: Wer zwei Stunden Arbeitszeit versäumte, erhielt einen halben Tag Lohnabzug. Bei einem halben Tag Versäumnis wurde ein Tageslohn und bei einem Fehltag ein Wochenlohn abgezogen. Geldeinbuße drohte auch bei «Unfleiß und Nachläßigkeit» und jedem, «so in der Werckstatt Zänkereyen anfänget». Das Zerschlagen von Porzellan wurde bestraft. «Wer ... aus Unachtsamkeit oder Muthwillen etwas zerbricht oder zerschläget, soll dergleichen nach dem Feyerabend von neuem verfertigen oder ... von seinem Lohn zu ersetzen schuldig seyn.»

In der Anfangszeit war der Lohn nicht hoch: monatlich 12 Taler für die erfahrensten Leute, 10 oder nur sechs Taler für die anderen, Lehrjungen bekamen höchstens vier Taler. Die verantwortlichen Arkanisten Dr. Bartholomaei und Dr. Nehmitz erhielten 20 beziehungsweise 30 Taler, Böttger 50 Taler, Sekretär Jacobi 20 Taler. Steinbrück, seit Mai 1711 als Manufakturinspektor tätig, bekam 20 Taler, der Buchhalter 12 Taler, der Inspektor der Schleif- und Poliermühle, Johann Friedrich Schmidt, 15 Taler. Die Künstler waren ein wenig besser dran. Irminger erhielt für seine Leistungen, die nur einen Teil seiner Zeit beanspruchten, 16 Taler Honorar, eine Spitzenkraft wie der Hoflackierer Martin Schnell gar 100 Taler Monatslohn. Die Auszahlung dieser Gelder erfolgte nie pünktlich. Rückstände von mehreren Monaten gehörten zur Tagesordnung.

Seit August 1710 war Leutnant Johann Gottfried Hennig, dem 20 bis 30 Soldaten gehorchten, für den Schutz der Meißner Porzellanmanufaktur verantwortlich. Im Vergleich zu dem Kommando von 120 Mann, das Böttger auf der Jungfernbastei bewachte, erscheint dies wenig. Doch vertraute man auf die isolierte und besonders geschützte Lage der Albrechtsburg. Der Leutnant hatte es trotzdem nicht leicht. Ohne sich aufhalten zu lassen, promenierten die Kirchgänger über den Schloßplatz, dicht vorbei an den Manufakturgebäuden, deren Eingang man schließlich mit einer Schildwache besetzte. Als im September 1710 einige Komödianten in der Domschenke aufspielen wollten, verbot dies Hennig, und Nehmitz gab ihm recht. Diese Schenke war überhaupt ein Sicherheitsrisiko. Sie gehörte dem Domkapitel, und alle Versuche, sie für die Manufaktur zu pachten, scheiterten. Einwohner aus der Stadt trafen sich hier zum fröhlichen Umtrunk, und bald fanden sich auch die «Manufacturiers» ein.

Wie gewöhnlich kehrte August der Starke zum Jahresende aus seinem Königreich wieder zurück in sein Kurfürstentum. Zufrieden mit den Leistungen Böttgers, unterzeichnete er am 29. Dezember 1710 in Dresden ein Dekret, das Böttger zum Administrator der Porzellan- und aller noch von ihm einzurichtenden Manufakturen erhob. Kraft dieser Bestallungsurkunde erhielt Johann Friedrich

312

Böttger, obwohl weiter in Gefangenschaft, «vollkommene Freyheit, Macht und Gewalt eingeräumt, alles und jedes . . ., was er zur Aufnahme und Fortsetzung Unserer Manufacturen vorträglich und heylsam erachten wird, zu thun». Diese «Generalvollmacht» rief sofort den Protest des amtierenden Direktors herauf. Ein weitere Verordnung vom 5. Januar 1711 bestätigte deshalb, daß Nehmitz die Jurisdiktion über die Meißner Porzellanmanufaktur behalte. Der König siegelte und signierte dieses Dekret, als er sich mit Böttger und Nehmitz zusammen zu einer Inspektion in Meißen befand. In seiner Eitelkeit gekränkt, gab sich Nehmitz aber nicht eher zufrieden, bis der König in einem dritten Dekret am 25. Januar 1711 bekräftigte, daß der Kammer- und Bergrat Nehmitz «zu unserem Directorem unserer sämbtlicher Manufacturen, so unser lieber getreuer Johann Friedrich Böttger bereits erfunden . . . oder noch erfinden wird, nunmehro angenommen und bestellet» worden sei. Sein Monatsgehalt betrug 150 Taler.

Die praktizierte Gewaltenteilung barg Konfliktstoff in sich. Hinzu kam, daß Böttger, an die Jungfernbastei gefesselt, wenig für die neue Porzellanmanufaktur tun konnte und auch Nehmitz sich kaum in Meißen blicken ließ. Die administrative Last lag beim Inspektor Steinbrück und Buchhalter Wittich, denn auch Dr. Bartholomaei und Dr. Nehmitz hielten sich lieber in der Residenz auf. Öfters beklagte Böttger diesen Übelstand und meinte gegenüber Steinbrück, «die Manufacturiers in Meißen wären Schafe ohne Hirthen». In einem undatierten Schriftsatz aus dieser Zeit beschwerte sich Böttger über den Arbeitsstil des Direktoriums. In seiner Zusammensetzung wäre es ungeeignet, den «fast in Agonie liegenden Commercien» aufzuhelfen. Deshalb möge der König verstehen, wenn er, Böttger, sich unter diesen Umständen «zur Administration dieser neuen Manufacturen nicht verstehen» könne.

Eine neue Kommission wurde gebildet, um diese Differenzen beizulegen und dabei Böttgers Erfindungen zu prüfen: Graf von Wackerbarth, Geheimer Rat von Seebach, Kammerrat Graf von Lesgewang, Hofrat Döring und Bergrat Pabst. Außer Wackerbarth, der kurzfristig nach Wien beordert wurde, begaben sich alle andern am 23. März 1711 zu Böttger auf die Jungfernbastei. Dort ließen sie sich das neue Porzellan zeigen, wobei «an einigen dieser weißen Porcellain Geschirre, was die Glasur anlanget, noch einiger Mangel . . ., deßen Ursach der Inventor denen Öfen, welcher er in genügsamer Weite und größer erbauen zu laßen zeithero keinen Raum, noch genügend Mittel gehabt, beymißet». Wie bisher erprobte Böttger neue technologische Varianten zuerst bei sich auf der Jungfernbastei.

Vor der Kommission entwickelte Böttger seine weiteren Pläne: Innerhalb kürzester Zeit wollte er dem König die weiße Porzellanmanufaktur, eine Borax-, Tabakspfeifen- und Schmelztiegelfabrik und die baufällige Schleif- und Poliermühle neu einrichten. Verbesserte Brennöfen würden die Arbeit in den Glashütten, Kalk- und Ziegelbrennereien und Brauereien erleichtern und die Herstellung von Salz, Alaun, Vitriol, Salpeter, Schwefel und «chymischen Liquores» (Säuren) verbessern. Außerdem versprach Böttger, einen künstlichen Bernstein, die begehrte Malerfarbe Ultramarin und einen «Liquor zur Conservation todter Körper» herzustellen. «Damit kann wohl denen wenigsten gedienet seyn», wiesen die Kommissare diesen obskuren Vorschlag zurück, «weil doch auß der heiligen Gottes Schrifft bekannt, daß alles Fleisch wieder zu Erden werden müsse . . .» Sie konnten auch nicht ahnen, daß Böttger all diese neuerlichen «Erfindungen» gängigen Rezepturbüchern, wie der «Curieusen Kunst- und Werck-Schul», entlehnt hatte.

Von den anderen Plänen allerdings war man begeistert, besonders von den holzsparenden Öfen. Dabei handelte es sich um die bekannte Erfindung des Herrn von Tschirnhaus, die Böttger weiterentwickelt hatte. Aus Pabsts Munde erfuhr man, daß zur Verhüttung und Schmelzung der Erze «fast unbeschreibliche Kosten» an Holz, Kohlen und für die Gebläse auftreten. Böttger ließ es nicht bei bloßen Worten bewenden. Am 20. April 1711 brachte er in seinem Porzellanbrennofen einen Zentner Kupfer in einer halben Stunde mit gewöhnlichem Holzfeuer ohne Gebläse zum Schmel-

314

zen. Kopfschüttelnd meinte Münzmeister Holland, daß dazu «in der Münze bey vielen Kohlen und weit größerem Feuer vier Stunden Zeit erfordert würde».

Mit Zustimmung des Königs, dem an der Verbesserung der einheimischen Schmelzhütten gelegen war, bereitete Pabst mehrere metallurgische Experimente vor. Gemeinsam mit Hofrat Alemann und Kammerrat Nehmitz reiste Böttger im Juli und August 1711 nach Freiberg und Schmiedeberg, um den Bau der Öfen aus unverschmelzbaren weißen Tonziegeln und die Versuche zur Erzverhüttung, Silberschmelze und Eisengewinnung zu überwachen. Der Erfolg: Wenigstens ein Drittel des sonst benötigten Holzes oder der Kohlen ließ sich einsparen.

Ein ähnliches technisches Experiment führte Böttger im Dezember 1714 auf dem Gut Roßthal, das Nehmitz gehörte, aus. Böttger wollte mehreren Braumeistern beweisen, daß er schneller und besser Bier brauen könnte. «Am Ofen war keine Öffnung oder Ofenloch wie an anderen Brauöfen», stellten die Braumeister erstaunt fest. Das Holz warf man von oben auf den Rost. Als es angezündet wurde, «sah man mit Verwunderung, daß weder Lohe noch Rauch in die Höhe giengen, ja man fühlte auch die geringste Hitze nicht . . ., inmittelst brandte doch das Holz unten weg und die Flamme wurde wie durch ein Gebläse unter der Pfanne, zwischen derselben und dem Heerde, durch sieben Abtheilungen oder sogenandte Züge in das Spatium getrieben» und von dort in die «Feuermäuler». In kurzer Zeit begann das Wasser in der riesigen Braupfanne zu brodeln, und schneller, als jemals geschehen, ließ sich ein gut schmeckendes Bier brauen.

Wie ging es voran bei der Bereitstellung verkaufsfähigen Porzellans? Aller Schwierigkeiten ungeachtet hatte man im Jahre 1710 immerhin für 6150 Taler Jaspisporzellan verkauft. Für das Jahr 1711 wollte Böttger eine Steigerung erzielen. Klarheit über die erreichte Produktion konnte nur eine Inventarisierung bringen. Zum Stichtag, dem 28. Mai 1711, zählte man im Dresdner Warenlager am Neumarkt 2412 Stück verkaufsfertiges «rotes Porzellan» im

Wert von 2243 Talern: Gefäße, Geschirre, Plastiken, Reliefbildnisse, Tabakspfeifenköpfe und vieles andere mehr.

Etwas komplizierter war die Bestandsaufnahme auf der Albrechtsburg. Zu diesem Zweck reisten die Kommissare Seebach, Holtzbrinck und Döring nach Meißen, und Böttger überprüfte später die am 3. August 1711 aufgestellte Inventarliste: 365 Geschirrteile aus edlem rotem Steinzeug, davon 318 geschnitten und poliert, der Rest lackiert. Böttger erklärte der Kommission am 2. September 1711, daß er «an die 200 gantze Service und ebensoviel Aufsätze» zusammenstellen könnte. Weiterhin waren vorhanden: 2345 verschiedene Gegenstände aus Jaspisporzellan, darunter viele Figuren und Reliefs. Insgesamt gab es an fertiggebranntem Gut 2710 Positionen, ungerechnet der 5900 holländischen Fliesen. In den Töpferstuben und im Brennhaus lagerte aber noch fast die vierfache Menge ungebrannten Geschirrs, 10 266 Stück. Die Brennofenkapazität war nicht ausreichend. Deshalb bekam Böttger auch die Erlaubnis, ein neues Brennhaus auf einem freien Platz gegenüber der Domkirche erbauen zu lassen. 6000 Taler bewilligte man ihm dafür. Am 31. August 1711 wurde bereits der Grundstein gelegt. Die Zeremonie führte Steinbrück im Namen des Königs aus. Der große Schwung, den das Unternehmen auszeichnete, wurde jedoch plötzlich gestoppt: Kursachsen war wieder einmal in den Nordischen Krieg gezogen, um Pommern, die Küstenstädte und Rügen von schwedischer Herrschaft zu befreien. August der Starke hatte seinen Minister Hoym angewiesen, die Kassen zu schließen. Es gab kein Geld mehr. Böttger sollte den Bau des neuen Brennhauses nicht mehr erleben. Die am Meißner Elbufer lagernden Baumaterialien schwemmte das Hochwasser weg, oder sie wurden wie das Bauholz auf andere Weise verwendet.

Schäferstündchen mit der schönen Cosel

Die Gräfin Cosel hatte sich von Anbeginn an für Böttgers Goldmacherexperimente interessiert. Wie Haxthausen in seinen Memoiren erzählte, soll sie den König bei all seinen Besuchen in Böttgers Alchemistenlabor begleitet haben. Schließlich begann sie selbst, alchemistische Texte zu studieren, richtete sich in Pillnitz ein Labor ein, bestellte beim Hofapotheker Werner allerlei Substanzen «zu chymischen Elaborationen», wie die Rechnungen besagen, und engagierte auch einen Laboranten.

Die enge «Interessengemeinschaft» zwischen der Cosel und Böttger führte zu weiteren Kontakten. Daraus wurden bald «Affairen», wie der Hofklatsch meinte. Regelmäßig sandte Böttger der verführerischen Konkubine einen Strauß Orangenblüten aus seinem Gewächshaus. Auch räumte er ihr sein «Bethstübgen» in der Sophienkirche ein, wo die Cosel dem Geist des «Meisters» besonders nah zu sein glaubte. Dann aber ereignete sich, in Abwesenheit Ihro Majetät, ein neuer «Eklat»: Die Mätresse des Königs suchte Böttger in seiner Behausung auf – allein, ohne die sonst übliche Begleitung. Böttger hat uns dazu den dokumentarischen Beweis geliefert, in einem Schreiben an Nehmitz vom 12. Oktober 1711: «Gestern ist die Gräfin von Coseln bis späten Abend bey mihr gewesen, auch sehr vergnügt zurückgegangen . . . Sie versprach, bald wiederzukommen und mich öfters zu besuchen . . .»

Nehmitz wird erschrocken sein, als er diese Botschaft erhielt. Wenn der König je davon erfahren würde, könnte es endgültig vorbei sein mit dem Goldmacher. Denn August der Starke duldete keinen Nebenbuhler. Nehmitz hielt den Brief vor dem König verborgen. Nach Nehmitz' Tod, 1739, als man seinen Nachlaß für das Geheime Kabinettsarchiv auszusondern begann, gelangte das inkriminierende Schriftstück zur allgemeinen Kenntnis. Doch zu dieser Zeit fühlte sich niemand mehr davon berührt. Möglich, daß Böttger nochmals in tausend Ängsten schwebte, als bekannt wurde, daß die Cosel im Jahr darauf, 1712, schwanger war. Aber nicht im Juli, sondern erst am 17. Oktober 1712 gebar sie dem

König einen Sohn, Friedrich August, den späteren Grafen von Cosel. Zumindest hatte ihr erster Besuch bei Böttger, am 11. Oktober 1711, keine Folgen gezeitigt.

Der Cosel Schicksal ist bekannt. Bereits 1712 erklärte sich August der Starke von den Reizen einer polnischen Schönen besiegt, Maria Magdalena von Dönhoff. Der klug berechnende Flemming soll «aus staatspolitischer Raison» zu dieser Liaison geraten haben. Er galt als der schärfste Gegner der Cosel, deren «Unterrockpolitik», wie er ihre Einmischung in die Staatsgeschäfte nannte, ihm zuwider war. Repressalien fürchtend, floh die Cosel am 12. Dezember 1715 nach Brandenburg-Preußen. Erst ein knappes Jahr später lieferte sie Friedrich Wilhelm I. aus. Weihnachten 1716 nach Stolpen gebracht, beschloß die einst so heißgeliebte Cosel das Ende ihrer Tage hinter Festungsmauern. Sie starb im Jahre 1765, ihren königlichen Liebhaber um viele Jahre überlebend.

Manche Betrachter leiten aus der Existenz der berühmten Gold- und Silberklumpen Böttgers ab, daß dieser im Jahre 1713 wiederum in den Besitz des Steines der Weisen gelangt sein müsse. Böttger fand zu dieser Zeit den Mut zu einem weiteren Schauexperiment. Erste Andeutungen finden sich in seinem Schreiben an Fürstenberg vom 24. Februar 1713: Nach seiner Rückkehr aus Meißen werde er, Böttger, dem Statthalter «ein reales Vergnügen» bereiten. Und weiter: «Jedoch will vor dieses Mahl nicht viel Worthe gebrauchen, sondern alles auff die That und den Effect selbsten ankommen laßen . . ., zumahlen da es nach dem gemeinen Sprichwort heißet, was lange währet, ist gudt, wenn es nur geschieht.» Diese Mitteilung dürfte Fürstenberg elektrisiert haben: Böttger würde endlich Gold machen! Zuletzt, am 28. Juli 1711, hatte er gegenüber dem König erklären müssen, daß «nicht sein Wille, sondern die Unmöglichkeit verhindert haben, praestanda zu praestiren».

Am 20. März des Jahres 1713 war es schließlich soweit. Im großen Gewölbe, dem Hauptlabor auf der Jungfernbastei, hatte Böttger alle Vorbereitungen getroffen. August der Starke, der für kurze

Zeit aus Polen zurückgekehrt war, Fürstenberg, Holtzbrinck und Nehmitz waren die Zuschauer. Gewichtige Stücke Blei und Kupfer wurden in zwei Tiegeln bis zur Schmelze erhitzt und mit je einem Gran des Steines der Weisen «transmutiert»: Aus Blei wurde Gold, aus Kupfer Silber, wie Nehmitz «als ocularis testis» (Augenzeuge) im Protokoll bestätigte. Zum Schluß zerschlug Böttger die mit kaltem Wasser abgeschreckten Tiegel und entnahm ihnen tatsächlich einen Gold- und einen Silberregulus von 3,5 beziehungsweise 4 Zentimeter Durchmesser, die beide die halbrunde Form des Tiegelbodens angenommen hatten.

Kann man wirklich Gold machen? Das ist eine Frage, die endlich beantwortet werden muß. In der Kerntechnik ist heute die Umwandlung der chemischen Elemente Grundlage allen Experimentierens. Auch Gold läßt sich im Atomreaktor aus anderen Metallen, wie Quecksilber, erzeugen. Das ist der einzig mögliche Weg. Doch dieses künstliche Gold wäre vielfach teurer als das der Erde abgewonnene. Wie aber machte Böttger sein Gold? Zwei prinzipielle Erklärungsmöglichkeiten gibt es für alle erfolgreichen Goldmacherexperimente: Entweder war unbeabsichtigte Selbsttäuschung im Spiel oder aber beabsichtigter Betrug. Entweder reicherten die Alchemisten bei ihren oft langwierigen Schmelz- und Scheideprozessen unbemerkt das in Spuren vorhandene Edelmetall an, wie es bei Verwendung des stets goldhaltigen Grauspießglanzes der Fall war, oder aber sie schmuggelten eine Probe davon unbemerkt unter die Ingredienzen. Wie überliefert ist, gingen sie dabei geschickt und einfallsreich vor: Sie benutzten ausgehöhlte Kohlen, in denen Gold versteckt war, Tiegel mit doppeltem Boden, die ihren goldenen Inhalt freigaben, bliesen Goldstaub mit dem Luftstrom des Blasebalges in die Schmelze, vertauschten die Metallreguli.

Schwer zu durchschauen gewesen sind Tricks, bei denen das echte Gold vorher mit einer silbrigen Amalgamschicht überzogen wurde. Beim Erhitzen verflüchtigte sich das Quecksilber, und Gold blitzte hervor. Deshalb war auch die Umwandlung von «philosophischem» Quecksilber in Gold besonders beliebt. Feinverteiltes

Gold löst sich augenblicklich in Quecksilber, das seine charakteristische Silberfarbe beibehält. Die entstehenden Goldamalgame sind bis zu einem Gehalt von 10 bis 12 Prozent flüssig und sehen wie reines Quecksilber aus. Gewiß hat Böttger einen derart präparierten Mercurius im Jahre 1701 Fürstenberg mit auf die Reise gegeben. Wäre das Fläschchen nicht entzweigegangen, hätten August der Starke und sein Statthalter bei jenem Warschauer Experiment Gold im Schmelztiegel vorgefunden.

Bei seiner Schautransmutation im Jahre 1713 verstand es Böttger, sein Taschenspielerstück vom Oktober 1701 zu wiederholen. Möglicherweise präparierte Böttger größere Stücke Gold und Silber, indem er sie mit einem Mantel aus Blei beziehungsweise Kupfer umhüllte. Blei läßt sich durch Kupellation vertreiben, Kupfer verschlacken. Zurück blieb im Schmelztiegel glänzendes Edelmetall. Daran mangelte es Böttger bekanntlich nicht. Man denke nur an die zurückgelegten Dukaten, die er für die Zubereitung des Lapis philosophorum «benötigte». Die produzierten Edelmetalle sind echt. Der Goldregulus ist keine goldfarbene Legierung, kein trügerisches Alchemistengold. Mit Hilfe der Elektronenstrahlmikroanalyse hat man die beiden Böttgerschen Metallreguli geprüft: Der Goldklumpen, angeblich aus Blei hergestellt, besteht aus 97 Prozent Gold, 2 Prozent Silber, 1 Prozent Kupfer. Blei ist, weil abgetrieben, nicht mehr nachweisbar. Der Silberklumpen, durch «Transmutation» von Kupfer erhalten, setzt sich aus 95 Prozent Silber und 5 Prozent Kupfer zusammen.

Porzellan und Rubinglas für den König

Als August der Starke Anfang April 1713 zurück nach Polen reiste, ging er in der Hoffnung, bald Gold im Überfluß zu besitzen. Vielleicht hat Böttger dessen Erwartungen mit dem Hinweis zurückgeschraubt, er habe bei dem Experiment das letzte Stückchen des Lapis philosophorum verbraucht. Gegen Verdächtigungen, er wollte «in bewußter Sache nichts thun», protestierte Böttger allerdings, wie sein Schreiben an den König vom 3. Mai 1713 beweist: «Solches ist der Wahrheit schnurstracks zuwider, wie denn bloß meine Kohlen Rechnung ein anderes bezeugen kan.» Es waren andere Gründe, die Böttger von der Arbeit abhielten. Eine schwere Erkrankung fesselte ihn seit Karfreitag, dem 14. April 1713, für mehrere Wochen ans Bett. Die Symptome – wechselndes Fieber, Zittern und Durchblutungsstörungen in Händen und Füßen, Übelkeit, starke Sehstörungen – lassen auf eine Vergiftung Böttgers durch Quecksilberdämpfe und Kohlenmonoxid schließen. «Der Dampf von Quecksilber, Spießglanz, Arsenici und Bley ... macht Beschwärung und Enge der Brust, beschweret die Glider, dardurch sie zitrent werden, lähmet auch ..., daß mancher gute Kerl sein Leben vor der Zeit enden und die Erde keuen muß.» Hat Böttger diese Warnung in der «Curieusen Kunst- und Werck-Schul» nicht beachtet? Wohl nicht, denn die Krankheitsursache sieht er woanders (3. Mai 1713): «Die Medici gehen den Schlentrian und seynd furchtsam und nicht vermögend, den übernatürlichen Schweiß zu hindern, wodurch ich abgemattet werde.»

Böttgers Augenleiden war zeitweise so schlimm, daß er Steinbrück nach Dresden rief, um die Korrespondenz von ihm vorlesen und beantworten zu lassen. Es betraf besonders den Briefwechsel mit dem in Polen beim König ausharrenden Michael Nehmitz. Der fernab der Porzellanmanufaktur weilende Direktor gab an Böttger eine Bestellung nach der anderen weiter: Der König benötigte rotes und weißes Porzellan, für sich, für den Hof in Warschau, für den polnischen Adel und den Klerus. Böttger strengte sich an, um August den Starken, den Kunden Nummer eins der Porzellanmanufaktur, zufriedenzustellen. «Der weiße Krug sollte Ihro Majestät Mund Krug seyn», lautete seine einer Sendung beigegebene Empfehlung. August der Starke akzeptierte das kostbare Stück und «verlangte noch einen, der inwendig gantz glat, aber nicht so viel daran vergüldet, sondern mit lebendigen Feuerfarben», wie Steinbrück im Juni 1713 in seinen Notizen vermerkte.

Aber des Administrators Geduld war erschöpft: «... sehe ich keine Mittel mehr, die Fabriquen länger zu erhalten, denn mein

Credit ist todt, die Arbeiter aber wollen sich mit leeren Worthen und Vertröstungen nicht abweisen laßen ... Das nöthigste, wovor ietzo zu sorgen, ist Geld und Colditzer Thon; in Ermangelung dieser beiden gerathen die Wercke in Confusion (8. Juni 1713)... Ich bitte Sie also nochmahls, laßen Sie alle Furcht und Blödigkeit fahren und stellen Ihro Majestät alles pflichtgemäß vor (22. Juni 1713) ... Nun aber würde mit betrübtem Gemüthe ansehen, wenn diese Fabriquen, welche ich als meine Kinder confidenire, vor meinen Augen abgeschlachtet und zu Grunde gerichtet werden sollen (14. August 1713) ... Ich bin erböthig, lieber Saltz und Brodt zu eßen als den Untergang dieser nützlichen Fabriquen mit betrübtem Gemüthe anzusehen (18. Oktober 1713)...»

In einem persönlichen Schreiben an Nehmitz schilderte Steinbrück am 25. Juni 1713, wie sehr Böttger unter diesen Mißständen litt: «... daß er auch seiner Administration, ja des Lebens selbst überdrüßig zu seyn scheinet ... Da gehet er den gantzen Tag allein herumb in seinen Meditationen, da ist keine Lust und noch Muntrigkeit mehr in ihm. Er ist zu allen Dingen verdrüßlich ... In Summa, es jammert einen recht, wenn man siehet, wie er sich unaufhörlich martert und ängstiget.» Es stünde zu befürchten, meinte Steinbrück, daß Böttger «vor der Zeit alt und grau werden oder wohl gar sein Leben praematuriren (frühzeitig beenden) mögte, zum größten Verlust deßen, was er noch hätte thun können, gestalt dergleichen Ingenia nicht aller Orthen, auch nicht zu allen Zeiten wieder anzutreffen seye».

Böttger muß durch die Abwesenheit des Königs und Nehmitz' in eine verzweifelte Situation geraten sein. Niemand in Kursachsen, weder die Landesregierung noch das Finanzkollegium, wollten für die Porzellanmanufaktur einen Taler riskieren. Alle hofften nur auf den «Debit», auf den gewinnbringenden Umsatz. Ungeachtet der desolaten Finanzlage der Manufaktur wartete die europäische Welt auf das sächsische Porzellan. Zur Ostermesse 1713 konnte man erstmals weißes Porzellan nicht nur besichtigen, sondern auch kaufen. Für diesen lange Zeit umstrittenen Sachverhalt liegt jetzt der dokumentarische Beweis vor. Am 13. Mai 1713 druckten die

«Nouvellen», eine Sonderausgabe der Leipziger «Post- und Ordi-nar-Zeitung», folgendes Inserat ab:

«Denen Liebhabern rarer Porcellain-Gefäße wird hierdurch wissend gemacht, daß nunmehro aus der Königl. Polnischen und Churfürstl. Sächsischen Manufactur, sowohl von biß an-hero bereits bekannten polirten, laccirten und glasurten rothen Stücken, als auch insonderheit dem feinen durchsichtigen wei-ßen Porcellain, eine ansehnliche Quantitaet zum freyen Kauf an-hero gebracht und allhier auf der Peters-Straße im Müllerschen Haus bey Herrn Sachsen, auf der vordern Ercker-Stube, eine Treppe hoch, anzutreffen ist.»

Allerdings war das in Leipzig verkaufte Porzellan eben nur weiß und nicht mit jenem farbenreichen Dekor versehen, wie er heute bei den Erzeugnissen der Meißner Manufaktur zu sehen ist. Trotz-dem bemühte man sich, das weiße Porzellan künstlerisch zu ver-vollkommnen. Irminger erdachte neue Formen und Ornamente. Der Goldschmied Georg Funcke, seit Mai 1713 in der Manufaktur tätig, bemalte Trinkgefäße mit Gold und mit Emailfarben. Diese wurden nach dem Garbrand auf das Porzellan beziehungsweise die Glasur aufgetragen und bei schwächerem Feuer eingebrannt. Der Hoflackierer Martin Schnell führte kalte Lackbemalung aus. Aber alle diese Farben zeigten nicht jene Reinheit und Leuchtkraft, wie sie die Chinesen vor allem mit ihrem Blau vorführten. Diese Porzellanfarbe wurde besonders geschätzt. Nicht umsonst bezeich-neten die Chinesen sie als «das Blau einer lieblichen Sommer-nacht».

Alle Versuche mit feuerbeständigen, färbenden Metalloxiden, die eine reiche Palette von Unter-, In- und Aufglasurfarben ver-sprachen, sollten erst Jahre nach Böttgers Tod ihren erfolgreichen Abschluß finden. Dabei beurteilte Böttger seine Experimente zur Herstellung eines geeigneten Unterglasurblaus anfangs optimi-stisch. Auf Böttgers Geheiß hatte Pabst von Ohain bereits 1710 ver-schiedene Kobalterze auf die Jungfernbastei liefern lassen. Im Au-

323

gust 1717 glaubten Böttger und die Massebereiter Köhler, Stöltzel und Schuberth, am Ziel zu sein. Jedenfalls überreichten sie Nehmitz ein Schälchen, das den ersten Brand des Unterglasurblaus gut überstanden hatte. Aber erst in einer am 13. Februar 1720 von Dr. Nehmitz, Steinbrück, Mehlhorn, Köhler und vierzehn weiteren Arbeitern unterzeichneten Eingabe an den König ist davon die Rede, daß «die blaue Farbe aufs weiße (Porzellan) zu bringen, man hierselbsten nunmehro auch inventiret». Auf der Leipziger Ostermesse 1720 wurde erstmals Meißner Porzellan mit Unterglasurblau ausgestellt. Als voneinander unabhängige Erfinder dieser Porzellanfarbe müssen David Köhler und Johann Georg Mehlhorn angesehen werden. Seit August 1713 in Böttgers Diensten und 1715, nach Schmidts Ableben, zum Inspektor der Schleif- und Poliermühle bestellt, zeigte sich Mehlhorn als erfinderischer, wenn auch unsteter Geist. Schließlich behauptete er sogar, zusammen mit seinem Sohn, Johann Gottfried, das Porzellanmachen besser zu verstehen als Böttger.

Einen von seiner Idee besessenen Alchemisten zeichnen nie versagender Arbeitseifer, experimentelles Geschick und ein Gespür für originelle Lösungswege aus. Diese Talente bewies Böttger auch bei ungewöhnlichen Aufträgen. August der Starke hatte ihm im Juni 1713 aus Polen ein venezianisches Filigran- oder Fadenglas übersandt und wünschte, daß es in der Dresdner Glashütte nachgeahmt werde. Zunächst glaubte Böttger nicht an einen Erfolg. «Indeßen ist mir leyd, daß ich die von Ihro Majestät bestellten Gläßer nicht verfertigen laßen kan», schrieb er am 20. Juli an Nehmitz. Aber dann «hat er es doch probiret und auf der hiesigen Glaßhütte ... würcklich zuwege gebracht», wie Steinbrück bestätigte. In seinem Diarium notierte er im September 1713, «daß das aus Stäben gemachte Glas angekommen und Approbation gefunden».

Der Erfolg ermunterte Böttger zu weiteren Glasexperimenten. Nach Kunckels Rezept ließ er in der Dresdner Hütte Rubinglasfluß bereiten und daraus Gläser und Flaschen blasen. Er selbst war mit der Herstellung des Goldrubins zunächst nicht zu Rande gekommen. Wie sich Steinbrück notierte, hatte Böttger deshalb auch 1713 zum Hofapotheker «umb etwas Rubin-Fluß geschicket». Werner, der Böttger wegen dessen Prahlereien nicht leiden mochte, «hätte aber dem Kerl nicht die Liebe thun und ihm solchen zukommen laßen wollen: Wenn er die Tinctur zu machen vorgäbe und sich damit groß machte, warumb er dann nicht einmahl einen Rubin-Fluß verfertigen könte?» Dabei war die Bereitung des Kunckelschen Goldrubins längst kein Geheimnis mehr. Bereits 1702 verstand Fremel in der Dresdner Glashütte dieses rote Glas anzufertigen, wie eine Rechnung über gelieferten «Rubinfluß» beweist. Und in der «Curieusen Kunst- und Werck-Schul» von 1705 konnte man nachlesen, «wie das schöne rothe Rubin-Glaß zu machen» war.

Aus dem Probierbuch hat Böttger mit Sicherheit auch die Anregung für die Anfertigung eines roten Überfangglases empfangen, «wie man an alten Kirchen-Fenstern siehet. Selbiges ist nicht durch und durch, sondern nur auf einer Seite roth, und so das Rothe weggeschliffen, ist das Glaß wieder gantz weiß.» Steinbrück prahlte in seinem Bericht von 1717 allerdings, daß Böttger «eine Arth von Rubin-Glaß erfunden, wovon er auch eines – am 30. Juli 1713 – an Ihro Majestät übersandt und . . . glaubet, daß es das erste, so iemahls gemacht worden». Nach Steinbrücks Worten «bestehet die Invention darin, daß das Glaß . . . nur auf einer Seite, als inwendig oder außerhalb, roth ist . . . Wenn hineingeschnitten und dadurch das rothe Häuthgen hinweg gethan wird, so scheinet das weiße hervor und giebt ein extraordinair schönes Ansehen.» Daran ist nicht zu zweifeln, und die im Grünen Gewölbe erhaltenen, rot überfangenen Spitzgläser und Pilgerflaschen beweisen es. Bereits 1725 wurden sie im «Inventarium derer königlichen Pretiosen» als «Kelchglas von Rubinfluß» beziehungsweise «Bouteillen von Rubinfluß» bestandsmäßig geführt. Böttger deswegen als den Erfinder des Dresdner Goldrubin- oder des roten Überfangglases zu halten – letzteres gab es schon in der Antike – und die von Glasschleifern geschaffenen Meisterwerke als «Böttger-Rubinglas» zu deklarieren, ist aber wohl nicht im Sinne des Erfinders.

Kein Staatsgefangener mehr

Das repräsentative Gästebuch der Porzellanmanufaktur Meißen beginnt mit der Eintragung vom 21. April 1714. Auf der Reise zur Leipziger Ostermesse machte August der Starke mit «pohlnischen Magnaten und sächßischen Hoff-Cavalliers» auf der Albrechtsburg Station und ließ sich dort im großen Saal ein opulentes Frühstück servieren. Zu Ehren des hohen Besuches hatte Böttger einen «Willkomm» anfertigen lassen: ein Trinkgefäß mit Weinlaubbelag aus weißem Porzellan in Gestalt eines riesigen Schlüssels. Das Modell stammte von Irminger. Jeder der Anwesenden genoß den Willkommenstrunk bis zur Neige. Diejenigen freilich, die allzu hastig und ungeschickt tranken, ernteten Gelächter. Denn aus feinen, am oberen Rand angebrachten Löchern ergoß sich dann der Wein in dünnen Strahlen über Gesicht und Kleidung – ein Trinkscherz.

Mit klecksender Feder trug sich der König in das Gästebuch ein, das Böttger ihm vorlegte: Augustus Rex. Hinzu setzte er auch Namen und Titel des ihn begleitenden Fürsten Radziwill, Großkanzlers von Litavia (Litauen), der aus unbekannten Gründen nicht zur Feder griff. Die anderen unterzeichneten selbst: Roberto de Lagnasco, Graf Vitzthum von Eckstädt, Georg von Holtzbrinck und schließlich Böttger als Administrator. Sein während des Empfangs etwas übermütiges Verhalten resultierte aus der Tatsache, daß August der Starke Böttger soeben, mit einem Erlaß vom 19. April, die völlige Freiheit geschenkt hatte – nach fast dreizehnjähriger Gefangenschaft. Als er die Nachricht erhielt, so Steinbrück, habe Böttger «continuirlich gelachet, alle Sachen auch en riducile (lachend) tractiret und Anlaß zu lachen von allen Dingen genommen».

Ein von Böttger handschriftlich niedergelegter Schwur beweist, daß ihm für das Geschenk der Freiheit verschiedene Bedingungen auferlegt worden waren. Zunächst mußte sich Böttger verpflichten, Kursachsen nicht zu verlassen, sich nicht in Staatsaffären einzumischen und die Arkana des Porzellans zu wahren. Dann verlangte der König, daß Böttger ihm die offerierten Arkana des Indigos und türkischen Tragants – genauso unrealisierbare «Erfindungen» wie der Borax – mitteile. Und schließlich mußte Böttger schwören, daß er «den wa(h)rhafftigen Proces des sogenandten Lapidis philosophorum, sowohl zum rothen als weißen . . . elaboriren» wolle, sobald ihm «der große Gott» dieses Geheimnis «communicieret und anvertraut» habe, wie er vorsichtig hinzufügte. August der Starke ließ diese Einschränkung gelten. Vielleicht hoffte er, die ersehnten Millionen in Gold auf andere Weise zu bekommen? War doch 1713 in Dresden ein Mann aufgetaucht, der vorgab, die Kunst der Alchemie zu beherrschen. Er nannte sich Hector von Klettenberg. August der Starke insistierte auf einer Probe, die der Goldmacher in der Dresdner Hofapotheke kurz vor Weihnachten 1713 mit Erfolg bestand. Ein Vertrag vom 7. Januar 1714 räumte Klettenberg günstige Bedingungen ein: Außer Anschaffungsgeldern erhielt er monatlich 1000 Taler für seine Subsistenz, die Charge eines Kammerherrn, und wurde zum Amtshauptmann von Senftenberg ernannt. Natürlich konnten seine «Arbeiten» erst anlaufen, nachdem ein Zentner Spießglanz aus dem Zipser Land, aus Ungarn, «mit güldenen Streifen durchzogen», in Dresden eingetroffen war. Erst Mitte des Jahres 1714 begann in der Hofapotheke, unter Werners Aufsicht, der Athanor zu glühen, monatelang, jahrelang, denn das Feuer durfte nicht verlöschen. Klettenburg wurde später, am 1. März 1720, auf Befehl Augusts des Starken durch das Schwert hingerichtet.

Für Böttger hielt August statt Geld lediglich einen «Schutz- und Ermächtigungsbrief» bereit: Ein königliches Dekret vom 10. Juli 1714 befahl, dem Administrator «nach Vorzeigen dieses . . . in allen, sowohl Justiz- als auch andern Sachen, . . . unverzügliche Assistenz und Hülffe (zu) leisten». Ob dies das richtige Mittel gewesen ist, die desolate Finanzlage der Porzellanmanufaktur beseitigen zu helfen, bleibt fraglich. Wie sollte das auch möglich sein, wenn Böttger, wie er am 19. Juni 1715 dem König sein Leid klagte, «binnen einem halben Jahr zur Unterhaltung dieser Fabriken kein Geld mehr empfangen»?

Bereits im Februar 1715 hatte Böttger deshalb den Advokaten Carl Friedrich Vollhardt nach Warschau gesandt. In seinem Auftrag sollte dieser mit dem König verhandeln. Unter den gegenwärtigen Bedingungen sah Böttger nämlich nur eine Alternative: Die Porzellanmanufaktur mußte entweder finanzkräftigen Kaufleuten oder aber ihm, dem Administrator, «ad dies vitae (lebenslang) zur freyen, gäntzlichen Disposition» überlassen werden. Nur dann würden die Manufakturen lebensfähig bleiben und einen Debit erzielen, ausreichend, alle Unkosten zu bestreiten. Eine Verschwörung bedrohte jedoch diese Pläne, wie Böttger am 14. Mai 1715 den König wissen ließ. Deshalb hielt er es für seine Pflicht, «Ew. Majestät zu offenbaren, wie daß sowohl der Cammer Rath Nehmitz mit seinem Bruder, als auch der Dr. Bartholomaei und der Hoff Silber Arbeiter Irminger unter sich eins worden, die Porcellain-Wercke an sich zu ziehen». Unausgesetzt müßte nun Böttger ihre Vorwürfe ertragen. «Ich ließe alles zu Grunde gehen, wie mir denn wißend ist, daß man bei Ewer Majestät vorgegeben, ich wäre bereits civiliter mortuus (öffentlich tot) und nicht mehr imstande, mein Amt verwalten zu können, indem ich niemahlen nüchtern, auch kein gescheites Wort aus meinem Munde ließe . . .»

Mit seiner Mission hatte Vollhardt Pech. Wie seiner Beschwerde am 3. Juni 1715 zu entnehmen ist, harrte der Advokat «schon 20 Wochen in Warschau mit Pferdt und Knechten auf Ew. Majestät Entschluß». Unverrichteterdinge zog er wieder ab. Erst am 5. Dezember 1715 unterzeichnete August den gewünschten Erlaß. Böttger erhielt die Manufakturen «ad dies vitae» übereignet, in Anbetracht «seiner ohnedem kränklichen Leibes-Constitution, auch da er sonsten weder Besoldung noch Gnaden-Gelder von Unß genießet».

Vollhardt machte nun selbst Ansprüche auf die Porzellanmanufaktur geltend. Er glaubte, dies am besten erreichen zu können, indem er Böttger in Wechselschulden verstrickte. Wie Steinbrück dem König berichtete, habe Vollhardt, bevor er nach Polen reiste, dem vertrauensseligen Böttger «ein Blanquet beym Truncke abgeschwatzet». Im Dezember 1715 präsentierte Vollhardt plötzlich einen Wechsel über 2000 Taler. Da Böttger diesen nicht akzeptierte, Vollhardt vielmehr zur Tür hinauswarf, ließ dieser ihn, mit einem Befehl der Regierung in der Tasche, am 4. Januar 1716 in Wechselhaft setzen. Nichtsahnend wurde Böttger arretiert, «da er eben eine schöne blaue Farbe inventiret und im Begriffe war, auch dergleichen rothe, grüne und gelbe zu erfinden», klagte Steinbrück am 6. Januar. «Weiln nun erwehnter Böttger ohnmöglich bezahlen kan, sonsten aber noch was Guths erfinden und auszuführen gar wohl capable», beschwor Steinbrück den König, müsse er «als eine extraordinair nützliche Person» ungesäumt wieder in Freiheit gesetzt werden.

Als August der Starke von dem Vorfall Kenntnis erhielt, wies er – am 12. Januar aus Posen – den Statthalter und die Geheimen Räte an, Böttger freizulassen, «wider Vollhardten hingegen mit der Inquisition zu verfahren». Fürstenberg, der sich gleichfalls für seinen Schützling verwendet hatte, veranlaßte die Landesregierung, ihren Entscheid aufzuheben. Am 19. Januar befand sich Böttger wieder auf freiem Fuß. Es sollte dies die letzte gute Tat sein, die der Statthalter Böttger zuliebe tun konnte. Nach Pflugks Tod 1712 waren Flemming zum dirigierenden Kabinettsminister und Werthern 1715 zum Kanzler der Landesregierung avanciert. In seiner Machtstellung dadurch stark eingeschränkt, hatte sich Fürstenberg nach Wermsdorf zurückgezogen. Nur ab und zu soll er in Dresden erschienen sein, um zu intrigieren. Fürstenberg starb am 10. Oktober 1716. Ein neuer Statthalter wurde nicht wieder eingesetzt.

Böttger privat

Als freier Bürger der Stadt Dresden litt es Böttger nicht länger auf der Jungfernbastei als zur Arbeit nötig. Bald mietete er sich eine Wohnung im Haus des Oberkommissars Gärthner in der Kleinen Schießgasse, nahe beim Zeughaus. Das Grundstück lag an der östlichen Stadtmauer, wenige Schritte vom Pirnaischen Tor entfernt. Im Dezember 1717 sollte es Böttger als Eigentum erwerben.

An Freund Pabst schrieb Böttger am 27. April 1714 glücklich, daß er sich der wiedergewonnenen Freiheit «täglich bediene». Jedoch schüttelte Steinbrück den Kopf über die Art und Weise, wie dies der Administrator tat: «Meinet, die Freyheit bestehe darin, daß man ... seiner Caprice (Laune) folge.» Böttgers «Capricen» – das waren jene kleinen Laster, die ihm das Leben lebenswert erscheinen ließen. «Hat seine Maitresse öffentlich wie ein großer Herr», empörte sich Steinbrück. Nachzulesen in seinen heimlich über Böttger geführten Personalakten.

Daß Steinbrück derartige «Dossiers» über alle wichtigen Manufakturangestellte angelegt hatte, überrascht und läßt ihn in zweifelhaftem Licht erscheinen. Polizeiaktenähnlich enthalten sie ausschließlich Negatives. Tabellarisch eingeordnet und mit Beispielen belegt, finden sich unter dem Stichwort «Böttger» dessen Schwächen verzeichnet: «Negligence (Nachlässigkeit) und Vergeßenheit»/«Unbedachtsamkeit in Geldausgaben»/«Leibesschwachheit»/«Puerilité» (kindisches Wesen)/«Amour propre» (Eigenliebe)/«Timidité» (Furchtsamkeit)/«Unvermögenheit des Gemüths»/«Negligirung der Arcanorum»/«deßen Caprice (Launen), Jalousie (Neid), Irresolution (Unentschlossenheit)»/«Gravamina» (Belastendes). Diese vertraulichen Notizen sind eingestreut in umfangreiche Aufzeichnungen, die Steinbrück über die Porzellanmanufaktur Meißen angelegt hat.

Wer war jene Mätresse, die Böttger öffentlich aushielt? Sie hieß Christine Elisabeth Klunger, Schwester des seit 1711 an der Porzellanmanufaktur angestellten Materialienschreibers Georg Christian Klunger. Bereits am 6. Januar 1712 wies er Steinbrück an, der Klungerin einen Klafter Holz abzugeben. Bei der Bedeutung, die Brennholz damals hatte, sicherlich eine auffällige Gunstbezeugung. «Jungfer Liesgen», wie man sie nannte, wurde Böttgers «Haushälterin» und nutzte dies weidlich aus. Hin und wieder soll die Klungerin beobachtet worden sein, wie sie «das feinste Porcellain und andere Kostbarkeiten, unterschiedene Körbe und Coffres voll, durch eine Thüre, welche hinten heraus heimlich auff die Vestung gehet, weggetragen» habe. Dies behauptete wenigstens Vollhardt in einer Eingabe vom 5. April 1719.

Gemeinsam mit dem Kammerdiener Johann Christian Pyrner

sorgte sich die Klungerin um Böttger, bis dieser den letzten Atemzug tat. In einem Bittgesuch an den König vom 3. Dezember 1721 erklärte sie, daß sie deswegen «Zeit, Gesundheit, Ehre und andere gute Gelegenheit hindansetzen und versäumen müßen».

Nach Vater Tiemanns Tod 1713 holte Böttger die Mutter und die jüngere Schwester nach Dresden. Aber bereits ein halbes Jahr später fand Böttgers Mutter kein Gefallen mehr an ihrer neuen Heimat. Ursula Tiemann hatte sich das Leben anders vorgestellt. An einer Rückkehr hinderte sie wohl nur die Tochter. Mamsell Tiemann war nämlich «gantz mannstoll» auf Steinbrück, und auch «der Inspector dächt', er wolt' sie griegen; es wär' ein Aug' und ein Hertz...». 1716 heirateten beide, und Steinbrück, damals achtundvierzigjährig, wurde Böttgers Schwager. Glaubt man Bussius, der unterstellte, daß Steinbrück das Tschirnhaussche Porzellan-Arkanum an Böttger weitergegeben habe, so hat Böttger ihm «zur Dankbarkeit hiervor seine Schwester verheyrathet».

Auch zwei Brüder Böttgers versuchten in Dresden ihr Glück zu machen. Leutnant Christoph Dietrich Böttger arbeitete nur wenige Monate in der Manufaktur. Dann wurde er «wegen lüderlicher Aufführung» am 1. August 1712 in die Festung Königstein eingeliefert. Im Juli 1714 entlassen, verbüßte er mehrere Militärstrafen und schließlich im Januar 1718 eine einjährige Zuchthausstrafe in Waldheim. Böttgers Stiefbruder, Just Friedrich Tiemann junior, wurde 1714 bei der Porzellanmanufaktur angestellt und fand schließlich bei der Schleif- und Poliermühle als Kondukteur ein Unterkommen.

Eine gewisse Leichtlebigkeit und Sorglosigkeit, auch gegen sich selbst, sind charakteristisch für Böttger gewesen. Noch mehr aber trugen seine ungesunde Lebensweise, übermäßiger Tabak- und Alkoholgenuß und das chemische Laborieren dazu, seine Gesundheit zu untergraben. «Die Medici sagen..., er müste der gesundeste Mensch seyn», meinte Steinbrück, «wenn ihm nur möglich, ein regimen vitae (geregeltes Leben) zu halten.» Das aber hat Böttger nicht getan. Deshalb wäre «seine sonst treffliche Natur zuletzt doch baufällig geworden», und er hätte «seine ehemalige Hurtigkeit, Adresse (Gewandtheit) und Vivacité (Lebhaftigkeit) fast gantz verlohren».

Der Umgang mit extrem giftigen Chemikalien, wie Arsenik, Quecksilber und seine Verbindungen, das ständige Laborieren in mit nitrosen Gasen und Salzsäurenebeln vergifteten Räumen, die hohe Kohlenmonoxidbelastung beim Arbeiten an den Glüh- und Brennöfen – das alles führte zu einer Vergiftung Böttgers. Im März 1716 schüttelten seinen Körper wieder «Paraxysmi convulsivi». Diese epilepsieartigen Krampfanfälle verliefen stets so heftig, daß «man alle Augenblicke gedencken müsse, daß sie ihn hinwegraffen würden». Steinbrück, der dies beobachten mußte, erlebte auch mit, wie Böttger krankhafte Phantasien quälten, seine Glieder den Dienst versagten, dann wieder wie Espenlaub zitterten, wie fiebrige Schauer und kalter Schweiß bei ihm wechselten und der Körper jede Nahrung verweigerte – Symptome einer bereits akuten Vergiftung.

Der Eindruck, den wir von Böttger in seinen letzten Lebensjahren gewinnen, wird durch sein Leiden stark getrübt. Doch zeichneten ihn bis zuletzt Charakterstärke und Tatkraft aus. Die vermutlich einzige authentische Abbildung, die wir von ihm kennen, vermittelt uns eine Vorstellung davon. Es ist ein Reliefmedaillon aus Böttgersteinzeug, neun Zentimeter im Durchmesser, mit der Aufschrift «Le Baron de Boettger». Im Schloßmuseum zu Gotha befindet sich das einzige heute noch erhaltene Exemplar.

Bildplaketten von sächsischem Jaspisporzellan aus den Jahren 1710 bis 1720 sind mehrere bekannt: Sie zeigen Porträts Augusts des Starken, Peters des Großen, Johann Georgs IV. von Sachsen, Friedrichs I. von Preußen. Meist handelt es sich um Abformungen von Medaillen oder Nachbildungen von Elfenbeinreliefs, wie im Fall des von Permoser modellierten Bildnisses Johann Georgs IV. Das Signum «B. P.» weist auf seine Urheberschaft hin. Doch wer Böttgers Porträt modelliert hat, darüber streiten sich die Kunsthistoriker. Die einen meinen, es müsse Christian Wermuth, Medailleur in Gotha, gewesen sein. Nach der Ansicht anderer war es der aus Paris stammende Hofbildhauer François Coudray, der seit November 1715 in Dresden wirkte. Er soll auch ein Reliefbildnis Augusts des Starken geschaffen haben, das in der Ratsbibliothek Leipzig aufgehoben wurde. Auch das Porträtmedaillon des Königs August II., das die Gebrüder Dinglinger 1720/21 zu einer goldenen Kartusche verarbeitet haben, soll nach einem Relief Coudrays geformt worden sein. Niemand hat sich jedoch versucht, übereinstimmende Details dieser drei Medaillons herauszufinden und mit anderen Arbeiten Coudrays zu vergleichen. Tatsächlich gibt es einige äußere Ähnlichkeiten und Stilmerkmale, die für Coudray als Bildner des Böttgermedaillons sprechen. Wann aber wurde es gefertigt? Wenn Coudray wirklich der Urheber ist, dann kann er es nur in den Jahren 1716/18 originalgetreu modelliert haben. Irritierend sind die rückseitig eingeritzten gekreuzten Kurschwerter. Dieses heute weltbekannte Symbol ist die Schutzmarke für das Meißner Porzellan und wurde als Unterglasurblau frühestens 1723, sicher aber erst nach 1730 eingeführt. Deshalb vermutete man, daß die bewußte Böttgermedaille erst Jahre nach seinem Tod, vielleicht auch erst im 19. Jahrhundert angefertigt wurde. Dann aber könnte Böttgers Porträt nicht mehr als authentisch gelten. Es hat aber als Vorlage für alle anderen Porträts gedient.

Das Porzellanschloß Augusts des Starken

Die schönsten Porzellane der Welt sollten in Dresden zu sehen sein! Unter dieser Devise schickte August der Starke seine «Porcellanagenten» aus — Graf Lagnasco war einer von ihnen —, um Europa nach derartigen Schätzen abzusuchen. Selbst Flemming ließ sich von der Sammelleidenschaft des Königs beeindrucken und verkaufte ihm am 17. September 1715 seine umfangreiche Kollektion. Schließlich hatte auch Graf Werthern eine Idee, wie des Königs «Maladie» vielleicht geheilt werden könnte. Watzdorf versuchte Flemming dafür zu gewinnen und teilte in seinem Brief vom

12. Oktober 1715 nähere Einzelheiten mit: Wie wäre es, wenn man dem «Soldatenkönig» Friedrich Wilhelm I. für Porzellan einige überzählige sächsische Dragoner anböte? Es ließe sich doch «daraus ein schön Bataillon formieren». Denn der Preußenkönig hatte auch eine Sammelleidenschaft – Soldaten, lange Kerls! August der Starke war einverstanden und «meinete, er nähme Porcellain und alles davon an». Preußens Königs wählte schließlich 600 «Kerls» aus, Unteroffiziere aus sächsischen Reiterregimentern, hauptsächlich Dragoner, die er mit 20 Talern je Kopf bewertete. August der Starke erhielt dafür 151 Stück ostasiatisches Porzellan, Schmuckstücke aus den Kabinetten der Schlösser Oranienburg und Charlottenburg. Darunter befanden sich 18 große Vasen, die seitdem als «Dragonervasen» die Porzellansammlung Dresden zieren. Unter militärischem Zeremoniell hatte man diesen Tausch im April und Mai 1717 in der Gegend von Jüterbog vollzogen.

Für August den Starken waren die Porzellane aus brandenburg-preußischem Besitz ein willkommenes Präsent. Obwohl kein Jubiläum, feierte man nämlich seinen siebenundvierzigsten Geburtstag im Mai 1717 mit großem Pomp. Dafür gab es mehrere Anlässe. Der Hofstaat des Königs und alle seine Minister waren Anfang des Jahres aus Warschau zurückgekehrt. Dresden, die alte Residenz, sollte wieder zum Mittelpunkt politischen Lebens und glanzvoller Festlichkeiten werden. Am 23. Mai speisten August der Starke und achtzehn Würdenträger seines Hofes im Lusthaus auf der Festung. Drei Stunden lang feuerten die Kanonen über «300 Gesundheits-Schüsse» ab. Nicht weniger aufwendig verliefen die Festlichkeiten des 15. August, mit einem Feuerwerk auf der Elbe als Höhepunkt: An diesem Tag weihte August der Starke das von Flemming erworbene Holländische Palais ein und stellte darin seine Porzellansammlung mit den «erbeuteten» Dragonervasen aus.

«Die Stadt Dresden scheinet gleichsam nur ein bloses Lustgebäude zu seyn, worin sich alle Erfindungen der Baukünste angenehm miteinander vermischen. Ein Fremder hat fast ein paar Monate damit zuzubringen, wann er alles, was dieser Ort Schönes und Prächtiges hat, in Augenschein nehmen soll.» Mit diesen Worten beginnend, beschrieb Loen in seinen «Gesammelten Schriften» den «Hof zu Dresden im Jahre 1718», den «prächtigsten und galantesten von der Welt». Besonders beeindruckte ihn das Holländische Palais, später unter dem Namen «Japanisches Palais» bekannt. In diesem an der Elbe inmitten schöner Gartenanlagen gelegenen Gebäude entdeckte Loen, «nebst anderen Seltenheiten, einen so reichen Vorrath des schönsten und feinsten Porcellans, welches in der neuen königlichen Fabrick zu Meissen verfertigt wird, daß man solches nicht genug bewundern kann». Begeistert von den ausgestellten Kostbarkeiten, meinte Loen: «Man kann diese Art, das Porcellan zu verfertigen, eine wahre Alchymie nennen, indem solche unsägliche Geldsummen ins Land bringet.» Bereits 1717 und 1718 konnte man also im Holländischen Palais die Porzellanschätze Augusts des Starken bewundern.

«Das Glück ist wanckelmüthig . . .»

Um die Porzellanmanufaktur zum Zeitpunkt von Augusts Rückkehr im April 1717 stand es nicht gut. Denn dort hatten sich während seiner Abwesenheit und der Erkrankung des Administrators «verschiedene Mängel und Gebrechen bey denen von ihm aufgerichteten Fabriquen eingeschlichen», wie es in einem königlichen Bericht vom 29. Oktober 1717 heißt. Eine neue Kommission sollte die in der Porzellanmanufaktur aufgetretenen Mißstände untersuchen. Böttger bedankte sich für die «Zusammenberuffung der hohen Commission», wie er den König am 8. November 1717 wissen ließ. «Es wird umb so viel mehr nöthig seyn, keine Zeit zu verabsäumen, weil meine gefährlich scheinende, mich öffters mit Hefftigkeit anfallende Unpäßlichkeit mir kein allzu langes Leben promittiren will . . .» Doch es blieb alles beim alten. Auch als der Geheime Kriegsrat von Holtzbrinck, der mit Böttger zusammen auf dem Königstein gesessen hatte, am 8. April 1718 «die Administration und Dirigirung der Fabrique in Meißen» kommissarisch übertragen bekam, war dies nur ein formaler Akt, solange Böttger noch lebte.

Böttgers desolaten Zustand nutzten seine Gegner aus. Zu ihnen gehörte der einflußreiche Generalakzisesekretär Dr. Bussius. Im September 1718 legte er eine polemische Studie mit mehreren Anlagen vor: «Gründliche Uhrsache und klahrer Beweiß, warumb bey Böttgers Administration die Porcelain- und übrigen neu erfundenen sächsischen Manufacturen, die Ihrer Königlichen Majestät doch so viel Geldes gekostet, ehender untergehen als in rechten Debit kommen.» Es sind schwere Angriffe und Verleumdungen, die gegen Böttger gerichtet werden. Außer dem bekannten, unhaltbaren Vorwurf, Böttger habe das Porzellan-Arkanum erst aus Tschirnhaus' Aufzeichnungen erfahren, führte Bussius an: Mit dem Administrator und seinen Leuten, «bey denen das tägliche 3mahl Volltrincken in Brandtwein schon zur Gewohnheit worden», wäre kein Auskommen mehr. Böttgers «üble Wirthschafft, auch sehr schlechte Administration» würde dazu führen, daß die Manufakturen «vollends eingehen und nimmermehr zum rechten Debit gebracht werden, solange Böttger darbey und in Freyheit ist».

Der Angeschuldigte brachte nicht mehr die Kraft auf, dieses Intrigenspiel zu durchkreuzen. Wozu auch? «Das Glück ist wanckelmüthig und favorisirt nicht allezeit diejenigen, welche die meisten Meriten besitzen . . .» Diese Empfehlung hatte er einst, in einem Brief vom 15. Juli 1714, Pabst von Ohain mit auf den Weg gegeben. Jetzt beherzigte Böttger diese Worte selbst.

Steinbrücks Notizen aus dem Jahre 1718 lassen ahnen, wie schlecht es damals um Böttger bestellt war: «Ist diesen gantzen Sommer nicht spatziren gewesen . . . Vom October an lieget er beständig aufm Bette, nachdem er zuvor . . . nicht aus der Stuben kommen.» Zu dieser Zeit erhielten Nehmitz, Meerheim und Oberamtmann Vockel einen geheimen, französisch verfaßten Befehl des Königs, ausgefertigt in Grodno am 5. November 1718: «Da wir erfahren, daß Herr Böttger sehr krank ist und sogar zu befürchten steht, daß er an dieser Krankheit stirbt, haben Wir für alle Fälle angeordnet, daß . . . Ihr Euch ohne Verzug in die Wohnung des Verstorbenen zu begeben habt, um alle seine Sachen zu versiegeln,

... damit davon nichts, von niemandem und unter keinem Vorwand, welcher auch immer, besichtigt und verteilt werden kann, ehe es Uns gefällt, etwas anderes anzuordnen.»

Am 2. Januar 1719 rief Böttger seinen Manufakturinspektor zu sich. Böttger wollte Einzelheiten über den Zustand der Schleif- und Poliermühle an der Weißeritz wissen, die durch Witterungsunbilden stark beschädigt worden war. Steinbrück tat ihm den Gefallen, verfolgte aber sonst strikt seine eigenen Pläne. Er schreckte dabei nicht davor zurück, Böttger zu diskreditieren. «Wer siehet also nicht», schrieb er am 17. Januar 1719 an Nehmitz, «daß der guthe Herr die Welt nur zu amüsiren sucht und ... bei der Manufactur mit Fleiß alles in Confusion gerathen läßet und andere, die ihre Pflicht gern beobachten, daran hindert, ... alle Fehler auf andere schiebet, sich aber mit seiner nun über 5 Jahren anhaltenden Krankheit schützet, wiewohl noch in hefftigem Zweifel stehet, ob er eben so kranck sey ...» Ohne Gewissensbisse zu haben, empfahl Steinbrück dem Direktor, «dero Werck einem (anderen) tüchtigen Mann anvertrauen zu wollen». Dabei dachte er an niemand anderen als an sich selbst. Diesen Eindruck gewinnt man auch aus Steinbrücks Studie vom 9. Februar 1719, die betitelt ist: «Ohnmaßgebliches Project, die Fortsetzung der königlichen Porcellan Fabrique betr.» Der Brief vom 21. Februar 1719, der für August den Starken bestimmt war, ist das letzte offizielle Schreiben Böttgers. Darin versprach er dem König, einen alchemistischen Prozeß zu begutachten, den der Kommerzienkommissarius Christan Gottfried Meerheim «elaboriert» hatte. Die Vorgeschichte dazu ist interessant. Sie bringt den Tatbestand ans Licht, daß sich Böttger in späten Jahren erneut zu alchemistischen Arbeiten verpflichtet hatte. Böttger wollte die «Elaboration des Lapidis philosophorum» zum Abschluß bringen, und zwar «binnen Jahr und Tag, vom 1. Januar 1718 an zu rechnen», diesmal «am gelücklichen Ausgang keineswegs zweiffelnd». Das wird in einem von Holtzbrinck ausgefertigten und von Böttger bestätigten Vertrag vom 2. Dezember 1717 beurkundet. Danach sollte nicht Böttger, sondern Meerheim, unter Anleitung freilich, diese Arbeiten ausführen. Seit

Herbst 1711 bei der Manufaktur angestellt – mit 25 Talern Monatsverdienst –, hatte Meerheim an Böttgers alchemistischen Arbeiten Interesse gewonnen. So war es schließlich zu jenem «Dreimännerbund» gekommen, dessen Zusammenarbeit Steinbrück bissig kommentierte: «Da solte nun Meerheim das factum totum im Laboratio seyn, weil Böttger schwachheitshalber nicht hineingehen könnte, und der H. Holtzbrinck behielt die Ober Aufsicht. Böttger solte als Oraculum agiren. Alß aber . . . der Terminus vorbeygestrichen war, entzweyten sich die Collaboratores, und schob einer die Uhrsache des schlechten Erfolges auf den anderen . . .»

Ohne den Lapis philosophorum zu besitzen, reiste August der Starke am 3. März 1719 nach Fraustadt in Polen. Der schwerkranke Böttger raffte sich ein letztes Mal auf, den unmutigen König zu besänftigen, und diktierte Kammerdiener Pyrner einen Brief. Er wurde nicht abgeschickt. Steinbrück las den Entwurf und machte eine Abschrift: «Ich werde zeigen, daß ich unvergeßen bin . . ., denn obschon meine Glieder nun geraume Zeit von der Handt des Allerhöchsten gedrücket worden, so hat er dennoch meiner Seele keine Krafft entzogen, etwas Guthes außfindig zu machen und zu erdencken . . . Inmittelst will ich in Geduld abwarthen, waß Gott über mich beschloßen, und nicht eher aufhören, Ew. Majestät getreu zu seyn, bis daß man zudrücken wirdt die Augen, mit welchen ich angeschauet habe die Nichtigkeit und Vergänglichkeit dieser Erde.»

Wenig später, am 7. März abends, brach der Kranke unter dem ersten einer Serie schwerer Krampfanfälle zusammen. Sie ließen sich nur vorübergehend mit Schlangengift zurückdrängen. Am 10. März reichte ihm der Hofprediger Engelschall das heilige Abendmahl, daß der Kranke, Steinbrück zufolge, «sehr bußfertig genoßen und nachhero sehr andächtig sich bezeuget». Täglich berichtete Nehmitz nach Polen über das Befinden Böttgers. Am 14. März 1719 schrieb er: «Als ich gestern gegen 3 Uhr nachmittags an Euer Königliche Majestät einen allerunterthänigsten Bericht wegen Böttgers tödtlichen Zustandt mit der ordinairen nach Fraustadt gehenden Post abgeschicket hatte undt ich, wie bereits zuvor 5 Stunden geschehen, annoch die Zeit ferner abwarthete, lösete endlich der liebe Gott gedachten Böttger nach seiner 9stündigen Todes Arbeith in Gnade auff, so daß er gegen 6 Uhr abendts, am 13. dieses, als gestern, wie ein Licht verlöschte und starb ...»

Zehn Tage später trug der Kantor und Kirchner zu St. Johannis, Czykam, in das Begräbnisbuch der Residenz Dresden und der Vorstädte ein: Johann Friedrich Böttger, Administrator der Porzellanmanufaktur, Junggeselle, gestorben «am verzehrenden Fieber», wurde «den 23. Marty, früh, stille auf einer neu gelösten Stelle» des Johannis-Friedhofes vor den Toren der Stadt begraben. Im Volk kursierte bald ein Spottvers – ein «Epithaphium auf den berühmten Gold- und Porzellanmacher Baron Böttchern». Die letzte Strophe lautete: «Ach großer Gott und Schöpfer, aus einem Goldmacher machtest du einen Töpfer.»

Pabst von Ohain, der erst am 28. März 1719 von Böttgers «allzu frühzeitigem Ableben» erfahren sollte, meinte zu Nehmitz, daß es nun einige Sorgen weniger geben werde. Nehmitz teilte diese Auffassung nicht, sondern schrieb am 30. März zurück: Man habe «nicht allein bey seinem Leben viel Schaden, Verdruß und Verfolgung erlitten, sondern dergleichen continuiret auch nach seinem Tode».

Wegen seiner Erfahrung sollte der Bergrat für die Porzellanmanufaktur Meißen weiterhin unentbehrlich sein. Auf Anordnung des Königs brachte er 1720/21 seine Kenntnisse über die Herstellung des Porzellans zu Papier und kam dabei zu folgendem Schluß: «Aus diesem und allem obigen erhellet, daß mit denen beyden wohl seeligen Herrn von Zschirnhauß und Herrn Böttichern nicht alles abgestorben, sondern vielmehr noch Verschiedenes, so selbige nicht gewußt, beygesezet worden.» Die Porzellanmanufaktur Meißen erlebte einen neuen Aufschwung.

Der Tod Böttgers war für Steinbrück Anlaß, Dresden zu verlassen. Mit seiner Frau, Böttgers Schwester, und der Mutter zog er am 12. August 1719 nach Meißen. Wie negativ auch Steinbrück zuletzt über Böttger dachte – in seinem Urteil, niedergeschrieben im Mai 1717, hat er seine Bewunderung nicht verbergen können:

«Johann Friedrich Böttger . . . Was seinen Verstand anbetrifft, so ist selbiger in Wißenschafften von ungemeiner Penetration und kan sich in alles finden . . . Sonderlich aber hat er in rebus naturalibus und physicis ein vortreffliches Licht und Erkäntnüß . . . Wie aber nichts Rarers auf der Welt ist als Leuthe, die etwas gantz Neues erfinden . . ., also scheue mich nicht zu avanciren, daß der H. von Böttger zu dieser Arth Leuthe gehöre, wovon man alle 100 Jahre nur einen zu sehen bekombt . . . Von humeur (Gemütsart) ist er, wie fast durchgehend alle Virtuosi, singulair (eigen), und läßet sich nicht gern einreden; jaloux (eifersüchtig) über seine prérogative (Vorrechte) in Wißenschafften; depenseur (verschwenderisch) in Experimenten; irresolu (unentschlossen) und schiebet gern eine Sache auf, fält auch leicht von einer auf die andere, bevor die erstere ausgemacht, und wil immer was Neues; content (zufrieden), wenn er eine Invention im Gemüthe durchsiehet, ob er sie gleich noch nicht zu Wercke gerichtet: inventieurx (erfinderisch), und kan auf Dinge gedencken, die andern Leuthen nicht in den Sinn kommen: indifferent und sorglos vor das Künfftige, als einer, dem es nicht fehlen könne und deswegen das Geld nicht achtet, als soweit er es täglich vonnöthen hat: glorieux (ruhmredig); Liebhaber von Eclat (Aufsehen) und geneigt zu extraordinairen Sachen; infatigable (unermüdlich), wenn er worauf kombt, das er ausgemachet sehen will; soupconneux (mißtrauisch) und leichtgläubig in widrigen Dingen und endlich auch viel gutthätig und liberal, aber wenig économé. Dieser ist nun der Inventor derer sächsischen neuen Porcellain-, auch einiger anderer Fabriquen . . .»

Johann Friedrich Böttger ist in die Geschichte als Erfinder des europäischen Porzellans eingegangen. Jedoch ist sein Bild nicht immer klar umrissen gewesen. Heute wissen wir, daß das Hartporzellan in arbeitsteiliger Gemeinschaftsproduktion erfunden worden ist. Böttger muß dabei der umfangreichste Anteil zugebilligt werden. Es ist ein Glücksfall für Böttger gewesen, daß seinen Lebensweg für Naturwissenschaft, Technik und Kunst aufgeschlossene Staatsmänner kreuzten, wie August der Starke und dessen Statthalter Fürstenberg. Zu denen, die Böttgers Talent erkannten und förderten, gehörten aber auch Gelehrte und Fachleute von Rang und Einfluß, wie Kunckel, Pabst von Ohain, Tschirnhaus.

Autograph Augusts des Starken (18. Juli 1709)

Verräterische Arkanisten

Durch die Bekanntgabe vom 23. Januar 1710 und die Handelstätigkeit auf den Leipziger Messen erfuhr die Öffentlichkeit frühzeitig von dem einzigartigen Monopol, das August der Starke besaß. Neidisch blickten die Nachbarländer auf die einzige Produktionsstätte europäischen Porzellans, die sich in Kursachsen befand.

Bereits im Jahre 1711 stellten sich in Meißen die ersten neugierigen Besucher ein. Darunter befanden sich solche, die man nicht gut abweisen konnte. Zu ihnen zählte der päpstliche Nuntius Sandini. Von der Schönheit des hergestellten Porzellans beeindruckt, meinte er: Die Porzellanmanufaktur wäre ein «herrlicher Fruchtgarten, den Gott aus Liebe für Sachsens großen Monarchen in dessen schönem Lande habe entstehen lassen». Der englische Gesandte Lord Scott sah dies, am 10. Oktober 1711, mit nüchternem Blick: «Wenn dergleichen Manufactur in Engelland, wäre daselbst mehr damit auszurichten . . .»

Rußlands Zar Peter I. weilte im September 1711 mehrere Tage in Dresden, besichtigte dort den Königlichen Garten, die Festung,

341

das Zeughaus, die Glashütte, erwarb ein Tschirnhaussches Brenn-glas und reiste weiter über Freiberg nach Karlsbad. Bei seiner Rückkehr beehrte er im Oktober die Residenz Augusts des Starken erneut mit seinem Besuch. Ein Gerücht verbreitete sich, daß der Zar auch die Porzellanmanufaktur Meißen zu sehen wünsche. Böttger instruierte den verängstigten Inspektor, daß man «Ihro Czaarliche Majestät auf Begehren nicht nur das Schloß, sondern auch das Waaren Lager, die Töpfer Stuben, Glaßschneider-Werck-stätte und was zu denen Arcanis nicht gehörig, zeigen und sehen laßen» müsse. Jedoch würden das Schlämm- und das Brennhaus verschlossen bleiben. Auf mögliche Fragen, «wie die Waaren ge-trucknet würden», sei ausweichend zu antworten und auf die Dresdner Produktionsstätte zu verweisen. Aber Peter I. ließ sich in Meißen nicht blicken.

Eigenartig verhielt sich auch der russische Gesandte von Dasch-kow, der im Mai 1713 Schloß und Warenlager besah, den Blick von der Albrechtsburg genoß, aber sonst kein Wort sprach. Für Kom-merzienrat Seebach stand jedoch außer Frage, «daß die Moscowi-ter nach dem Porcellain trachteten und ihr Envoyagé zu Dresden Töpfer anwerben wollte»: Im November 1717 versuchte man Wil-denstein nach Rußland abzuwerben. Aber der Gehilfe beichtete alles Böttger, und der Plan flog auf. Den gleichfalls umworbenen Eggebrecht ließ Böttger allerdings im November 1718 nach St. Pe-tersburg ziehen. Der Holländer fabrizierte dort auch kein Porzel-lan, sondern nur Fayence.

Zu der Zeit, als dies geschah, gab es bereits einige Arkanisten, die trotz Androhung drakonischer Strafen die Flucht gewagt und im Ausland versucht hatten, Konkurrenzfabriken ins Leben zu rufen. Angefangen hatte es im Jahr 1713. Samuel Kempe war der Übeltä-ter. Nach seiner zweijährigen Festungshaft von Böttger erneut in Gnaden aufgenommen, floh er im Frühjahr 1713 nach Berlin. Ob er einige Porzellane, wie seinerzeit Tschirnhaus' Becher, entwendet und mitgenommen hatte, ist unbewiesen, doch wahrscheinlich. Seinem neuen Herrn, dem Etatsminister von Görne, bot Kempe ein Verfahren an, wie man mit wenig Holz starke Hitze erzeugen kann, die sowohl beim Salzsieden als auch Porzellanbrennen vonnöten sei. Der geschäftstüchtige Görne hatte daraufhin die Idee, mit Kempes Hilfe eine Produktionsstätte für rotes Jaspisporzellan einzurichten. Dazu nutzte er sein Gut in Plaue an der Havel, wo bereits eine bescheidene Fayencemanufaktur stand. Im Juni 1713 begann das Unternehmen zu florieren, und am 1. August 1714 schloß Görne darüber mit dem Maler Pennewitz einen Sozietätsvertrag ab.

Kempe hielt es nicht länger in Brandenburg und wanderte durch Böhmen und andere Länder des Reiches. Böttger und Steinbrück erhielten im Oktober 1718 die Nachricht, daß Kempe «die Fabrique des braunen Porcellains zu Bayreuth aufgerichtet» habe, doch dann «mit einigen entwendeten Sachen durchgegangen» sei. Man habe ihn aufgegriffen, «und damit er niemanden weiter betrügen könne, auf die Festung Kulmbach bringen laßen, da er zeitlebens sitzen soll».

Erste Nachrichten über die brandenburgische Konkurrenz gelangten im Februar 1715 nach Dresden. Baron von Manteuffel, der königlich-polnische und kurfürstlich-sächsische Botschafter in Berlin, lieferte die Informationen. Bald darauf fiel Böttger ein Schreiben aus Plaue vom 19. März 1715 in die Hände. Ein Glasschneider, der füher in Dresden gewesen war, bemühte sich, Christoph Krumbholz oder einen anderen erfahrenen Töpfer zur Mitarbeit zu bewegen. Darauf schickte Böttger, zum Schein auf diese Abwerbung eingehend, den Töpfer Johann Georg Mehlhorn zur «Gegenspionage» nach Plaue. Mit ihm schlossen Görne und Pennewitz auch sogleich – am 30. April 1715 – einen neuen Sozietätsvertrag ab mit dem Ziel, das weiße Porzellan zu produzieren. Enttäuscht mußten sie miterleben, wie ihr neuer Geschäftspartner nach vier Tagen das Weite gesucht hatte. Nach Dresden zurückgekehrt, berichtete Mehlhorn dem Administrator, was er gesehen: Zwar besäße man in Plaue die rechte rote Masse und ganz brauchbare Öfen, doch brächte man das weiße Porzellan noch lange nicht zustande.

Die Produktion in Plaue verbesserte sich jedoch zusehends,

wenn sie auch das Meißner Jaspisporzellan weder in seiner keramischen noch künstlerischen Qualität erreichen sollte. Erstmals zur Leipziger Michaelismesse 1715 konnte Geschirr aus Plauer rotem Steinzeug gekauft werden, im Rothaupthof, bei dem Kaufmann Leupold. Auch August der Starke, aus Polen zurückgekehrt, besichtigte Anfang Oktober die Exponate der brandenburgischen Manufaktur. Nach seinem Urteil waren sie den eigenen Erzeugnissen nahezu gleichwertig, wenn auch «nicht so sauber gearbeitet und so fleißig bossirt als das Dresdner». Angebote des Ministers Görne, die auf eine geschäftliche Vereinigung der Manufakturen in Plaue und Meißen abzielten, zerschlugen sich nicht zuletzt wegen Böttgers Einspruch. Zwar erlebte die Manufaktur in Plaue noch einen Aufschwung, beschäftigte 34 Arbeiter, doch sollte sie auf der Michaelismesse 1718 zum letzten Mal mit «rotem Porzellan» vertreten sein. Die Konkurrenz aus Meißen war zu stark. Finanzielle Engpässe führten schließlich zur Liquidation. Weißes Porzellan zu fertigen, dieses Ziel hat man in Plaue nicht erreicht. Das gelang erst der ersten Berliner Porzellanmanufaktur, die viel später, 1751, gegründet wurde.

Zur Errichtung einer Konkurrenzfabrik kam es in Wien. Böttgers Stiefbruder Tiemann hatte sich am 24. August 1717 aus Dresden verabschiedet und war nach Wien gegangen, «umb daselbsten in der Mahlerey und Kriegsbaukunst sich zu üben». In seiner Tasche trug er maßstabsgerechte Zeichnungen von Porzellanbrennöfen, die er im Auftrag Böttgers einmal angefertigt hatte. Aktivitäten des kaiserlichen Gesandten in Dresden führten schließlich zur Abwerbung des Goldschmiedegesellen Christoph Conrad Hunger, der seit Beginn des Jahres 1717 für Böttger arbeitete. Später, in einem Brief vom Juni 1718, erklärte Hunger, «Herr von Böttger habe ihm die Kunst des Porcellain Machens selbst gelehret, die Materie dazu gezeiget und gegeben und die Praeparation entdecket».

Im Oktober 1717 floh Hunger nach Wien. In der Kaiserstadt wurde er von dem Hofkriegsagenten Du Paquier empfangen. Dieser hatte die Schriften d'Entrecolles' zwar eifrig studiert, aber es nicht allein fertiggebracht, eine Porzellanmanufaktur auf die Beine zu stellen. Wie die Akten berichten, sollten aber Du Paquier und Hunger von Tiemann für 50 Taler «den Riß zum Ofen und andere Nachricht» empfangen. Du Paquiers Bestrebungen fielen in eine günstige Zeit. Im Juni 1717 hatte Karl VI. ein Patent «zur Einricht-, Beförder- und Vermehrung des Comercii» erlassen. Darin verkündete der Kaiser seinen Willen, die «Manufakturen zu vermehren und zu verbessern, auch neue auf- und anzurichten, denen hierzu betrefflichen auß- und inländischen Maistern ... gedeyhliche Privilegia und Freyheiten zu ertheilen, ankommende frembde Maister gewiße Wohn-Orther anzuweisen usf.». Bereitwillig unterzeichnete deshalb Karl VI. am 25. Mai 1718 ein kaiserliches Privilegium. Es sicherte Du Paquier für fünfundzwanzig Jahre das alleinige Recht innerhalb der österreichischen Erblande zu, echtes Porzellan herzustellen und zu verkaufen. Zu seinen Kompagnons gehörten die Wiener Kaufleute Becker und Zerder als Geldgeber und Hunger. Untergebracht war die Wiener Manufaktur in der Dreimohrengasse an der Roßau, «in des Grafen Kuffsteins seinem Hause neben dem Fürst von Lichtenstein seinem Garthen». Diese Anschrift gab Hunger in einem Brief an, den er am 6. Mai 1718 an Johann Georg Mehlhorn richtete. Als Anlage fand sich darin ein Wechsel über 100 Reichstaler. Mit diesen «Reisespesen» und dem Angebot, jährlich 1000 bis 1500 Gulden verdienen zu können, wollte man den Arkanisten nach Wien locken.

Als Mehlhorn noch mit Steinbrück beriet, was zu tun sein, ereignete sich ein weiterer Skandal: Der Arkanist Stöltzel war am 5. Januar 1719 nach Wien geflohen. Er besaß einen uneinholbaren Vorsprung, denn erst zehn Tage später wurde seine Flucht bekannt. «Ich thät gewiß die größte Sünde an mir selbst, wenn mir Gott ein Glück zeugte und ich solches freventlich von mir stieße», hieß es in einem zurückgelassenen Brief Stöltzels, der an seinen Vater, einen Obersteiger in Freiberg, gerichtet war.

Als Stöltzel in der Wiener Manufaktur eintraf, arbeiteten dort bereits zehn Mann, darunter ein begabter junger Künstler, der, aus

Jena gebürtig, zuletzt in Straßburg als Tapetenmaler sein Brot verdient hatte: Johann Gregorius Höroldt. Im Laufe der Jahre sollte er zu einem der berühmtesten europäischen Porzellanmaler werden. Ein einziger Brennofen stand zur Verfügung. Die weiße Erde aus Passau besaß jedoch nicht die Qualität der in Mcißen verwandten Tonsubstanzen, wie Stöltzel feststellte. Hier konnte nur Kaolin aus Aue helfen. Ein Chemnitzer Kaufmann vermittelte mehrere Fuhren. Heimlich mußten die Fässer mit der seltenen Erde über die Grenze außer Landes geschafft werden. Nach einiger Zeit wurden diese Lieferungen verboten, und Wien mußte sich aus einheimischen und ungarischen Vorkommen selbst versorgen.

Über den weiteren Fortgang in Wien wurde man durch Berichte des sächsischen Gesandten Anacker informiert. In Dresden rieb man sich bald zufrieden die Hände, als dieser am 31. Januar 1720 mitteilen konnte, daß «große Uneinigkeit» zwischen den Kompagnons herrschte, «Hunger und Stöltzel sich wie Hund und Katze vertragen», ersterer schließlich Arrest bekam und die Geldgeber sich von dem Unternehmen zurückzuziehen begannen.

Stöltzel hatte Heimweh. Mit Anackers Hilfe richtete er am 14. Februar 1720 ein Bittgesuch an August den Starken «Ew. Königliche Majestät werden zu meinem größten Gemüths-Bekümmernis bekant gemacht worden seyn, daß ich wegen allzu harten Tractements, so mir theils der verstorbene Baron von Bötticher, theils meine Cameraden vielfältig angethan, genöthigt worden, mein Stück Brod anderweits zu suchen ...» Inzwischen habe er, Stöltzel, erfahren, daß man ihm «Pardon und Geleitsbrieff» übermitteln wollte, wenn er wieder zurückkäme. Als Gegenleistung versprach Stöltzel, «die hiesige Fabrique in solchem Stande zu verlaßen, daß selbige sich wieder zu erhohlen und empor zu kommen niemahls vermögend seyn würde».

Am 7. April 1720 schlichen sich Gestalten durch die Tore Wiens: Stöltzel, der den gesamten Massevorrat der Manufaktur in einem Sabotageakt unbrauchbar gemacht, und Höroldt, den jener mitgenommen hatte. Im Gepäck führten sie die gelungensten Stücke Wiener Porzellans mit sich, bemalt in blauem und rotem

Dekor. In einem Kommissionsbericht vom 22. Mai 1720 heißt es dazu, diese in Dresden vorgelegten Porzellanarbeiten wären «den hiesigen gleich, wo nicht vorgehend gewesen». Es war dies ein Kompliment für den kunstfertigen Maler Höroldt, der seine Arbeit am 3. Juni 1720 an der Meißner Porzellanmanufaktur aufnahm.

Noch bevor Stöltzel und Höroldt Wien verließen, hatte Hunger das Weite gesucht: In Venedig stellte er mit Hilfe der weißen Erde aus Sachsen Porzellan her und gründete dort die nächste Porzellanmanufaktur Europas. Nach fünf Jahren kehrte er Italien den Rücken, um 1727 wieder in Meißen Arbeit zu finden. Von dort ging Hunger nach Schweden und Dänemark, schließlich nach St. Petersburg. Überall verlangte man von ihm, Manufakturen für Porzellan einzurichten oder zu verbessern, doch nirgendwo gelang es ihm zufriedenstellend. So hat Hunger auch in der 1744 in St. Petersburg gegründeten Porzellanmanufaktur «kaum ein halbes Dutzend schlecht geratener Tassen gefertigt», wie ein Chronist berichtete. Als Erfinder des russischen Porzellans ging D. Winogradow in die Annalen ein.

Auch ohne den Verrat einiger Arkanisten wäre die Porzellanherstellung im Europa des 18. Jahrhunderts bald bekannt geworden, wenn auch nicht so schnell. Die Zeit war dazu reif. August der Starke wollte sein Porzellanmonopol sicher für sich behalten. Doch die Umstände erlaubten es nicht. Trotz der frühzeitig aufkommenden Konkurrenz oder vielleicht gerade deshalb hat die Porzellanmanufaktur in Meißen ihre Vorrangstellung behalten und ausbauen können. Arbeiten exzeptioneller Künstler, wie des Malers Höroldt und des seit 1731 tätigen Formgestalters Kaendler, haben ebenso zum Weltruf der «Blauen Schwerter» beigetragen wie die Leistungen Johann Friedrich Böttgers und seiner Mitarbeiter.

Zeittafel

1680 Berufung des Magdeburger Münzmeisters Johann Adam Böttger an die Münze in Schleiz.

1682 4. Februar: Geburt des Sohnes Johann Friedrich in Schleiz; Rückkehr der Familie nach Magdeburg; Tod des Vaters.

1685 Böttgers Mutter Ursula, geb. Pflug, verheiratet sich mit dem Magdeburger Stadtmajor Johann Friedrich Tiemann.

1694 27. Februar: Ehrenfried Walther von Tschirnhaus teilt Leibniz mit, daß er das in Europa überaus begehrte ostasiatische Porzellan nacherfinden wolle.

1696 Böttger beginnt seine Lehre beim Apotheker Friedrich Zorn in Berlin.

1697 Krönung des sächsischen Kurfürsten Friedrich August I. (August des Starken) zum König August II. in Polen.

1700 Beeindruckt vom französischen Merkantilismus, veranlaßt Tschirnhaus die Gründung mehrerer Manufakturen, u. a. einer Steinschneide- und Poliermühle (1699) und einer Glashütte in Dresden. Ausbruch des Nordischen Krieges, der bis 1721 währt.

Bekanntschaft Böttgers mit Johann Kunckel; Hinwendung zur Alchemie.

1701 Januar: Kurfürst Friedrich III. von Brandenburg läßt sich zum König Friedrich I. in Preußen krönen.

1. Oktober: Goldmacherexperiment Böttgers in Berlin, über dessen spektakulären Ausgang in alle Länder des Reiches Berichte gehen.

26. Oktober: Flucht Böttgers nach Wittenberg; Gefangennahme.

29. November: Einlieferung des vermeintlichen Goldmachers nach Dresden. Bergrat Pabst von Ohain und andere Mitglieder des Contuberniums beaufsichtigen Böttgers Arbeiten.

1702 15. Februar: Einlieferung Böttgers in die Festung Königstein; vorübergehender Aufenthalt bis Mai.

Februar: Tschirnhaus kehrt von einer fünfmonatigen Studienreise des westeuropäischen Manufakturwesens zurück.

348

1703	März: Beginn der Arbeiten Böttgers im Dresdner Goldhaus.
	Juni: Erfolglose Flucht Böttgers nach Böhmen und Österreich.
1704	Mai: Tschirnhaus übernimmt mit Pabst von Ohain zusammen die Aufsicht über Böttgers alchemistische Tätigkeit.
	Juli: Schwedenkönig Karl XII., Sieger in den Schlachten des Nordischen Krieges, setzt die Entthronung Augusts II. durch.
1705	September: Zusammen mit Freiberger Berg- und Hüttenarbeitern wird Böttger auf die Albrechtsburg Meißen gebracht.
1706	13. Februar: Vernichtende Niederlage des sächsisch-polnischen Heeres bei Fraustadt.
	Mai: Böttger, Tschirnhaus und Pabst von Ohain entdecken das Herstellungsprinzip des roten und weißen chinesischen Porzellans; bereits erste Erfolge beim Brand von rotem Porzellan (Jaspisporzellan, Böttgersteinzeug).
	5. September: Vor den in Kursachsen einfallenden Schweden werden Böttger und seine Gehilfen Köhler, Schuberth und Wildenstein auf die Festung Königstein in Sicherheit gebracht.
	24. September: Abschluß des Altranstädter Friedens.
1707	Anfang September: Abzug der Schweden aus Sachsen.
	22. September: Böttger wird vom Königstein auf die Jungfernbastei der Festung Dresden gebracht zur Fortsetzung alchemistischer und keramischer Experimente.
	Oktober/November: In enger Gemeinschaftsarbeit gelingt Böttger, Tschirnhaus, Pabst von Ohain und den Freiberger Berg- und Hüttenleuten die Erfindung des weißen europäischen Hartporzellans. Zweihundert Jahre erfolglosen Bemühens in Europa finden ihren krönenden Abschluß.
	Nachentwicklung der Delfter Fayence («holländisches Porzellan»); Vervollkommnung des bereits 1706 erfundenen Jaspisporzellans.
1708	15. Januar: Laborprotokoll Dr. Bartholomaeis über weitere Masseversätze für weißes Porzellan.
	24. April: Gründungsdekret der Porzellanmanufaktur Dresden (Manufaktur des roten und weißen Porzellans).
	4. Juni: Gründungsdekret für die Stein- und Rundbäckerei in Dresden (Manufaktur des «holländischen Porzellans»).
	September: Beginn der künstlerischen Bearbeitung und Veredlung des roten und weißen Porzellans.
	11. Oktober: Tschirnhaus stirbt.
1709	28. März: Memorandum Böttgers, in dem er auf verschiedene Erfindungen eingeht, darunter des weißen und roten Porzellans.
	Mai/Juni: Festlichkeiten in Dresden anläßlich des Staatsbesuchs Friedrichs IV., Königs in Dänemark und Norwegen.

8. Juli: Niederlage des Schwedenkönigs durch Zar Peter I. bei Poltawa.
8. August: August der Starke erklärt den Altranstädter Frieden für nichtig und wird wieder König in Polen.
23. August: Friedrich I. läßt den Goldmacher Cajetano hinrichten.

1710 Januar: Zur Neujahrsmesse in Leipzig überreicht August der Starke mehreren Fürstlichkeiten, darunter Friedrich I., rotes Jaspisporzellan zum Geschenk.
23. Januar: Gedrucktes Patent in vier Sprachen, die Gründung von Manufakturen in Kursachsen betreffend. Erstmals Bekanntgabe der Erfindung des Porzellans und Mitteilung über das Bestehen einer Porzellanmanufaktur in Dresden.
Mai: Erste Ausstellung von verkaufsfähigem Geschirr aus rotem Jaspisporzellan und Schaumustern glasierten und unglasierten weißen Porzellans zur Leipziger Ostermesse.
6. Juni: Gründungsdekret der Porzellanmanufaktur Meißen.
29. Dezember: Dekret, das Böttger zum Administrator der Porzellanmanufaktur und aller noch einzurichtenden Manufakturen bestellt.

1713 Flucht von Böttgers Mitarbeiter Kempe nach Berlin – Brandenburg.
20. März: In einem alchemistischen Experiment produziert Böttger in Gegenwart des Königs einen Silber- und einen Goldregulus. Beide Proben werden in der Porzellansammlung Dresden aufbewahrt.
Mai: Zur Leipziger Ostermesse wird erstmals weißes glasiertes Porzellan aus der Meißner Manufaktur verkauft.

1714 19. April: Nach über zwölfjähriger Gefangenschaft erhält Böttger seine persönliche Freiheit zurück.
1. August: Gründungsvertrag der Porzellanfabrik Plaue an der Havel / Brandenburg (Nachahmung des roten Böttgersteinzeugs).

1715 5. Dezember: August der Starke überläßt Böttger die Porzellanmanufaktur lebenslang zur freien Disposition.

1716 November: Böttger läßt die Brennöfen auf der Jungfernbastei abreißen, was definitiv das Ende der Dresdner Porzellanmanufaktur bedeutet.

1717 August der Starke erwirbt das Holländische Palais in Dresden, später als Japanisches Palais bekannt, das seine einzigartige Porzellansammlung aufnimmt.
Oktober: Flucht des Arkanisten Hunger nach Wien.

1718 27. Mai: Gründungsdekret der Porzellanmanufaktur Wien.

1719 5. Januar: Flucht des Arkanisten Stöltzel nach Wien.
13. März: Böttger stirbt in Dresden.
18. März: Einlieferung des Goldmachers Baron von Klettenberg in die Festung Königstein.

1720 1. März: Hinrichtung Klettenbergs.

April: Rückkehr Stöltzels aus Wien nach Meißen. Er bringt den genialen Maler Höroldt mit, dessen Arbeiten dem Meißner Porzellan eine neue künstlerische Qualität verleihen.